品牌农业

包乌兰托亚 江文斌 李琳 主编

中国建设科技出版社有限责任公司
China Construction Science and Technology Press Co., Ltd.
北 京

图书在版编目（CIP）数据

品牌农业 / 包乌兰托亚，江文斌，李琳主编. —
北京：中国建设科技出版社有限责任公司，2025.4.
ISBN 978-7-5160-4415-5

Ⅰ.F326.5

中国国家版本馆 CIP 数据核字第 2025DL4967 号

品牌农业
PINPAI NONGYE
包乌兰托亚　江文斌　李　琳　主编

出版发行：中国建设科技出版社有限责任公司
地　　址：北京市西城区白纸坊东街 2 号院 6 号楼
邮　　编：100054
经　　销：全国各地新华书店
印　　刷：北京印刷集团有限责任公司
开　　本：787mm×1092mm　1/16
印　　张：22.75
字　　数：530 千字
版　　次：2025 年 4 月第 1 版
印　　次：2025 年 4 月第 1 次
定　　价：69.00 元

本社网址：www.jskjcbs.com，微信公众号：zgjskjcbs
请选用正版图书，采购、销售盗版图书属违法行为
版权专有，盗版必究。本社法律顾问：北京天驰君泰律师事务所，张杰律师
举报信箱：zhangjie@tiantailaw.com　　举报电话：(010)63567684
本书如有印装质量问题，由我社事业发展中心负责调换，联系电话：(010)63567692

前 言

随着全球农业市场的不断扩展和品牌意识的深入发展,品牌化已成为提升农产品竞争力、推动农业全产业链转型升级的关键因素。在我国农业现代化进程加快和乡村振兴战略全面实施的背景下,农业品牌化建设不仅为农产品赋予了更高的市场价值,也为农村经济的可持续发展提供了强大的推动力。现代农业技术、信息技术与全球化市场的快速融合,使得农业品牌化建设呈现出多样化、创新化和数字化的趋势,品牌农业正在成为农业产业发展的核心竞争力和驱动力。

本书作为农林经济管理专业的核心教材之一,既注重理论知识的系统传授,也强调实践应用能力的培养。面对移动互联网、大数据、物联网、人工智能等新兴技术带来的机遇与挑战,社会对具备创新思维和实践能力的农业品牌管理人才需求日益增长。为此,本书致力于打造一套内容科学、结构严谨、应用性强的教材,帮助学生在学习过程中掌握农业品牌化管理的关键理论与实操技能,培养他们在未来职业中运用所学知识进行品牌管理与创新的能力。

本书编写立足于品牌管理与营销学的前沿理论,结合中国农业的实际情况,深入探讨了农业品牌建设的关键环节与实践策略,从战略品牌管理的流程入手,逐步延伸至农业品牌的创建、管理、评估和优化,力求为读者提供一套完整的农业品牌管理工具和方法,也为农业从业者、研究人员以及高等院校的师生提供有益的参考。

全书共分为十三章,从品牌和品牌管理的基础理论出发,逐步深入探讨中国农业品牌的创建价值、基于顾客的品牌资产战略、品牌定位战略、农产品区域公用品牌创建战略以及品牌文化的构建等核心问题。每一章节都设有明确的知识与技能目标,并结合实际案例与操作指导,帮助读者在理解理论的同时,提升实际应用能力。本书还特别设计了知识拓展、案例、复习思考题等板块,旨在通过实用的案例分析与具体操作指导,使读者能够深入理解所学内容,并将其转化为实际操作能力。案例选材注重时效性与实用性,帮助读者培养分析与解决问题的能力。

在教材编写过程中,我们特别注重以下特色:

第一,系统性与实用性相结合。本书涵盖了品牌农业的基础理论、战略应用、营销方法和品牌管理保障等方面的内容。通过系统的知识架构,学生不仅能够全面理解品牌管理的核心概念,还能掌握品牌在农业领域中的实际运用方法。书中结合了大量的真实案例,帮助学生在理论与实践中建立有机联系,增强其解决实际问题的能力。

第二,任务驱动的教学模式。全书采用任务驱动的教学模式,内容设计以基本知识、实际操作和应用为主线。每章以案例引出学习内容,提出具体的任务或学习目标,围绕这些任务和目标展开知识点的讲解和实践指导。编写过程中穿插案例分析、知识拓展、学与思等环节,增加学生对任务的认知和对知识的深入理解,每章还提供案例总结、知识点归纳和思考问题,进一步巩固学习效果。

第三，创新性与前瞻性。本书特别关注品牌农业中的新兴技术和创新模式，如数字化品牌管理、农业品牌的整合营销传播、次级品牌联想及文脉品牌的创造策略等，通过对这些前沿话题的探讨，帮助学生在快速变化的农业环境中保持前瞻性，培养创新思维和应对复杂市场环境的能力。

第四，丰富的教学资源。为支持教学实践，本书配套多媒体课件、电子教案、视频材料、章节练习及答案、案例集及案例分析等丰富的电子资源。这些资源为教学过程提供了多维度的支持，有助于教师根据教学需求灵活设计课程内容，学生也能通过这些资源进行自主学习与巩固。

第五，实用导向的编写体例。本书在编写体例上注重知识的传递与能力的培养相结合。每章节通过设定明确的知识与技能目标，引导学生掌握核心内容，并通过案例分析与实践操作环节，提升他们的实际应用能力。书中内容以实际案例为支撑，选材注重时效性和实用性，帮助学生在学习过程中紧密联系实际，深入理解和运用所学知识。

本书由包乌兰托亚、江文斌、李琳担任主编，马龙波、鞠立瑜、王慧担任副主编。其中，第一、二章由包乌兰托亚、马龙波、鞠立瑜、唐威完成，第三、四、五、八、九章由江文斌完成，第六、七、十、十一章由包乌兰托亚完成，第十二章由包乌兰托亚、李琳完成，第十三章由包乌兰托亚、王慧完成。全书的统稿、修改、定稿由包乌兰托亚、江文斌、李琳完成。本书的编写得到了中国农业大学、福建农林大学、河北农业大学等院校专家学者的大力支持与指导。在编写过程中，广泛借鉴了国内外品牌管理与农业品牌建设领域的最新研究成果与发展动态，力求在理论性与实用性之间取得最佳平衡，为读者提供一本兼具深度与广度、理论与实践的专业教材。在此，谨向各位作者及支持本书出版的各单位表示诚挚的感谢。

由于编者水平所限，书中难免存在不足之处，恳请广大读者批评指正，并提出宝贵意见，以便在修订时使本书更加完善。

编者

2024 年 8 月

目 录

第一篇 导 论

第一章 品牌和品牌管理 ⋯⋯⋯⋯⋯⋯⋯⋯⋯⋯⋯⋯⋯⋯⋯⋯⋯⋯⋯⋯⋯⋯⋯ 3
    第一节 品牌及其含义 ⋯⋯⋯⋯⋯⋯⋯⋯⋯⋯⋯⋯⋯⋯⋯⋯⋯⋯⋯⋯⋯ 4
    第二节 品牌的社会经济意义 ⋯⋯⋯⋯⋯⋯⋯⋯⋯⋯⋯⋯⋯⋯⋯⋯⋯⋯ 10
    第三节 战略品牌管理过程 ⋯⋯⋯⋯⋯⋯⋯⋯⋯⋯⋯⋯⋯⋯⋯⋯⋯⋯⋯ 17

第二章 中国农业品牌的创建价值 ⋯⋯⋯⋯⋯⋯⋯⋯⋯⋯⋯⋯⋯⋯⋯⋯⋯ 25
    第一节 宏观价值 ⋯⋯⋯⋯⋯⋯⋯⋯⋯⋯⋯⋯⋯⋯⋯⋯⋯⋯⋯⋯⋯⋯⋯ 26
    第二节 中观价值 ⋯⋯⋯⋯⋯⋯⋯⋯⋯⋯⋯⋯⋯⋯⋯⋯⋯⋯⋯⋯⋯⋯⋯ 30

第二篇 农业品牌战略

第三章 农业品牌概述 ⋯⋯⋯⋯⋯⋯⋯⋯⋯⋯⋯⋯⋯⋯⋯⋯⋯⋯⋯⋯⋯⋯ 41
    第一节 农产品品牌、品牌农业与农业品牌 ⋯⋯⋯⋯⋯⋯⋯⋯⋯⋯⋯ 42
    第二节 农业品牌的内涵特征 ⋯⋯⋯⋯⋯⋯⋯⋯⋯⋯⋯⋯⋯⋯⋯⋯⋯⋯ 45
    第三节 农业品牌类型 ⋯⋯⋯⋯⋯⋯⋯⋯⋯⋯⋯⋯⋯⋯⋯⋯⋯⋯⋯⋯⋯ 48
    第四节 农业品牌建设的时代背景 ⋯⋯⋯⋯⋯⋯⋯⋯⋯⋯⋯⋯⋯⋯⋯⋯ 52

第四章 基于顾客的品牌资产战略 ⋯⋯⋯⋯⋯⋯⋯⋯⋯⋯⋯⋯⋯⋯⋯⋯⋯ 59
    第一节 品牌资产 ⋯⋯⋯⋯⋯⋯⋯⋯⋯⋯⋯⋯⋯⋯⋯⋯⋯⋯⋯⋯⋯⋯⋯ 60
    第二节 品牌知识 ⋯⋯⋯⋯⋯⋯⋯⋯⋯⋯⋯⋯⋯⋯⋯⋯⋯⋯⋯⋯⋯⋯⋯ 65
    第三节 品牌共鸣与品牌创建 ⋯⋯⋯⋯⋯⋯⋯⋯⋯⋯⋯⋯⋯⋯⋯⋯⋯⋯ 72
    第四节 品牌价值链 ⋯⋯⋯⋯⋯⋯⋯⋯⋯⋯⋯⋯⋯⋯⋯⋯⋯⋯⋯⋯⋯⋯ 80

第五章 基于顾客心智的品牌定位战略 ⋯⋯⋯⋯⋯⋯⋯⋯⋯⋯⋯⋯⋯⋯⋯ 88
    第一节 基于顾客心智的定位理论 ⋯⋯⋯⋯⋯⋯⋯⋯⋯⋯⋯⋯⋯⋯⋯⋯ 89
    第二节 农业品牌定位基本概念 ⋯⋯⋯⋯⋯⋯⋯⋯⋯⋯⋯⋯⋯⋯⋯⋯⋯ 95
    第三节 农业品牌定位过程 ⋯⋯⋯⋯⋯⋯⋯⋯⋯⋯⋯⋯⋯⋯⋯⋯⋯⋯⋯ 99
    第四节 农业品牌定位策略 ⋯⋯⋯⋯⋯⋯⋯⋯⋯⋯⋯⋯⋯⋯⋯⋯⋯⋯⋯ 109

第六章　农产品区域公用品牌创建战略　121
第一节　区域品牌的类型及其特征　122
第二节　农产品区域公用品牌　129
第三节　中国农产品区域公用品牌类型　133
第四节　中国农业品牌的生态结构系统　150

第七章　农产品地理标志的品牌化战略　160
第一节　农产品地理标志　161
第二节　中国农产品地理标志的品牌化基础　176
第三节　中国农产品地理标志的品牌化路径　178

第三篇　农业品牌营销活动设计

第八章　农业品牌形象识别与要素设计　189
第一节　农业品牌要素的内涵与意义　190
第二节　农业品牌显性要素设计　193
第三节　农业品牌形象识别系统　205
第四节　农业品牌体验与感官体验　207

第九章　农业品牌营销方案设计　215
第一节　产品策略　216
第二节　定价策略　222
第三节　渠道策略　227

第十章　农业品牌整合营销传播策略　236
第一节　农业品牌传播的理论背景　237
第二节　中国农业品牌传播的策略　245
第三节　农业品牌的媒介传播组合　260

第十一章　利用次级品牌联想创建农业品牌资产　276
第一节　次级品牌联想的内涵与作用　277
第二节　国家与区域产业杠杆　281
第三节　农产品品牌代言人杠杆　287
第四节　品牌联盟杠杆　294

第十二章　品牌文化与农产品文脉品牌创造策略　300
第一节　品牌文化的内涵与特征　301
第二节　塑造农产品品牌文化　304
第三节　农产品文脉品牌创造方法　309

第十三章　品牌资产评估与农业品牌建设评价 ·· 322
　　第一节　品牌资产的构成 ··· 323
　　第二节　品牌资产评估 ··· 330
　　第三节　农业品牌价值评估 ··· 341

参考文献 ·· 350

第一篇 导 论

第一章　品牌和品牌管理

 知识与技能目标

（1）理解品牌的不同定义角度，如"符号说""关系说""综合说""资产说"，并能阐述其内涵。

（2）熟知品牌对消费者、企业和社会的价值体现，并能通过实际案例进行分析。

（3）理解战略品牌管理的流程，包括识别和确立品牌定位和价值、规划并执行品牌营销活动、评估和诠释品牌绩效、提升和维系品牌资产。

（4）能够运用品牌资产评估的方法对品牌进行评估和管理。

 情境导入

五常市按照"打造一个品牌、带活一个产业、富裕一方农民"的思路，深入实施五常稻米产业提升工程，打造五常大米区域公用品牌，通过大胆创新实践，走出了一条"六动"齐驱、协力发展的五常大米区域公用品牌建设之路。五常大米先后获得地理标志产品认证、原产地证明商标认定、中国驰名商标认定等，被列入中国农业品牌目录及《中华人民共和国与欧洲联盟地理标志保护与合作协定》第一批地理标志产品名单。五常市高度重视五常大米品牌管理，成立了以市委书记、市长为组长，市委宣传部、政府办、农业农村局、市场监管局、税务局、商务局、财政局、电视台等为成员单位的工作领导小组，农业农村局设有绿色食品产业办公室，市场监管局设有地理标志产品保护管理办公室。成立大米产业服务中心，将原来多部门交叉管理归口为一个部门统一负责，统筹推进品牌的培育、标准制定、包装、运营、管理、推介、监管、保护等建设工作，提高了打造五常大米品牌的能力和水平。做大做强做优企业是提升五常大米区域公用品牌发展实力的重要举措。多年来，五常市大力开展招商引资，先后引进中粮、华润、东方、北大荒等大型企业集团，培育了乔府大院、金禾、彩桥、五米常香、华米、葵花阳光等本土大米加工龙头企业。目前，五常市大米加工企业达到555家，其中规模以上企业达到182家。在企业带动下，五常大米区域公用品牌和多个产品品牌受到全国消费者青睐，成为稻米行业的领军品牌。五常市把品牌保护作为五常大米区域公用品牌建设的重中之重，发布了《五常大米品牌建设与保护工作实施方案》《五常大米地理标志产品保护管理办法》《五常大米溯源防伪管理规定》《五常大米证明商标授权使用管理办法》等一系列文件，明确规定了五常大米证明商标的授权、使用范围，加强了监管工作。

资料来源：中国农业品牌公共服务平台．五常大米："六动"齐驱 推动品牌行稳致远[EB/OL]．http：//www.brand.zju.edu.cn/2023/0322/c57338a2731650/page.htm，2023-

03-22/2024-07-15.

思考：各地在建设农产品区域公用品牌时，如何借鉴五常市的经验，结合自身特点，从品牌管理体制、企业培育、品牌保护等方面入手，打造具有竞争力和影响力的区域公用品牌？

党的十八大以来，习近平总书记高度重视品牌建设，多次提出明确要求，为中国品牌建设指明了方向与路径。2014年5月10日，习近平总书记在河南考察时提出"推动中国制造向中国创造转变、中国速度向中国质量转变、中国产品向中国品牌转变"，"三个转变"为推动我国产业结构转型升级、打造中国品牌指明了方向①。在2016年12月14日的中央经济工作会议上，习近平总书记强调，要"狠抓农产品标准化生产、品牌创建"。2023年3月22日，习近平总书记在福建考察武夷山市星村镇燕子窠生态茶园时强调，要统筹做好茶文化、茶产业、茶科技这篇大文章，坚持绿色发展方向，强化品牌意识，优化营销流通环境，打牢乡村振兴的产业基础。国家发展改革委认真履行品牌建设牵头部门职责，近年来牵头印发了《国家发展改革委等部门关于新时代推进品牌建设的指导意见》，组织编制了年度《中国品牌建设报告》，并会同有关部门和地方依托中国品牌日活动平台，宣传推介国货精品，讲好中国品牌故事，推动我国品牌建设取得了明显成效。

品牌是质量、技术、信誉和文化的重要载体，是推动经济高质量发展、提升国际竞争力的核心要素之一。加快品牌建设，有助于推动我国从经济大国向经济强国和品牌强国转变，满足人民群众对美好生活的向往。

第一节　品牌及其含义

一、品牌的基本概念

（一）品牌的定义

品牌（Brand）一词最早起源于古挪威语Brandr，当时的含义是通过在牲畜身上做标识起识别作用，到了中世纪的欧洲，手工艺匠人用这种打烙印的方法在自己的手工艺品上制作标记，以便顾客识别产品的产地和生产者。品牌可以是一种名称，也可以是一种标记或某些图案，用于区分不同销售者的产品或服务，从而使其与竞争者之间产生差别。在汉语中，品牌为"品"和"牌"的组合，意在借助"牌"来让消费者清楚识别不同的"品"。随着社会的不断发展，品牌的含义也不断发生变化，它已经不再仅仅是一种标识，而是产品品质与服务的象征。

素有"营销管理之父"美誉的菲利普·科特勒（Philip Kotler）认为营销的艺术在于塑造品牌。英国英特品牌集团董事保罗·斯图伯特（Paul Sturbert）认为强势品牌非常有价值②。强势品牌表现出的适应需求变化和保证需求稳定的非凡能力对投资者来说

---

① 中共中央文献研究室. 习近平关于科技创新论述摘编[M]. 北京：中文文献出版社，2016.
② 李敏. 国外农产品品牌研究述评[J]. 乡镇经济，2009，25（10）：92-95.

具有独一无二的吸引力①。凯文·莱恩·凯勒（Kevin Lane Keller）指出：随着企业间竞争的日益加剧，产品的同质化时代已经到来，品牌成为引导顾客识别和辨认不同厂家和销售商的产品和服务，并使之与竞争对手区别开来的唯一利器，它是比企业产品更重要和更长久的无形资产与核心竞争力。尽管企业产品设计及生产过程经常容易被竞争对手所模仿，但根植在顾客心目中的品牌形象和对企业的高度认同与忠诚感则不然②。皮埃尔·柏松（Pierre Berthon）等人认为，与无品牌的产品相比，品牌产品可以提供给消费者超出产品功能的价值③。这些价值既包括减少买卖双方信息不对称带来的不确定性，如降低购买风险、增强消费者信心等，也包括蕴含在品牌中可以带来独特的社会、心理反应的附加价值④。

关于品牌的定义，可以归类为四种不同的角度，即品牌的"符号说""关系说""综合说"和"资产说"。

1. 品牌"符号说"

美国市场营销协会（American Marketing Association，AMA）对品牌的定义：品牌是用以识别一个或一群产品或劳务的名称、术语、象征、记号或设计及其组合，用以和其他竞争者的产品或服务相区别。品牌的名称、术语、标记、符号、设计，或其组合被称为品牌元素。菲利普·科特勒（Philip Kotler）认为，品牌就是一个名字、称谓、符号或设计，或者是上述要素的总和，其目的是使自己的产品或服务有别于其他竞争者。这两个定义均强调了品牌符号系统设计的重要性，认为品牌符号是品牌与消费者沟通的重要工具，能够有效地传递品牌的信息和价值。品牌符号的设计和运用应当具有一致性和稳定性，这样有助于在消费者心中建立起清晰、稳定的品牌形象。

【知识拓展】美国市场营销协会于1937年由当时美国市场营销企业界及学术界具有远见卓识的人士发起成立。如今，该协会已发展成为世界上规模最大的市场营销协会之一，拥有30000多名会员，他们在世界各地从事着市场营销方面的工作以及营销领域的教学与研究。

2. 品牌"关系说"

公共关系国际集团奥美（集团）有限公司提出的"品牌是消费者与产品之间的关系"，着力强调了"关系"的概念，即产品及符号体系如果没有产生被消费者所注意、所认知、所喜欢、所购买并反复消费等关系，它便只是一个产品而不是品牌。在品牌关系说中，品牌被视为具有个性、价值观和承诺的"个体"，与消费者进行互动和交流。良好的品牌关系能够增强消费者的忠诚度，促使消费者愿意为品牌支付更高的价格，并且积极为品牌进行口碑传播。品牌与消费者之间的关系可以从多个维度来衡量，如信任度、满意度、亲近感等。企业通过不断传递一致的品牌信息，提供优质的产品和服务，以及积极与消费者进行沟通和互动，来建立、维护和深化这种关系。

---

① 李敏. 基于消费者行为理论的农产品品牌价值研究 [J]. 江苏农业科学，2010（05）：511-513.
② 龙琳丽. 湖南农产品品牌营销研究 [D]. 长沙：中南林业科技大学，2012.
③ 陆松福. 品牌价值的宝塔模型与中小企业品牌升级路径 [J]. 商场现代化，2008（36）：21-23.
④ 蔡霞. 设计管理提升企业品牌价值 [D]. 武汉：武汉理工大学，2007.

3. 品牌"综合说"

大卫·奥格威（David Ogilvy）认为"品牌是一种错综复杂的象征，它是品牌属性、名称、包装、价格、历史、声誉、广告方式的无形总和。"这些要素包括品牌的名称、标识、形象、产品或服务的质量、性能、价格，以及品牌所传递的价值观、文化内涵、消费者的体验和情感联系等。一个成功的品牌是通过精心策划和持续努力，将这些要素有机地融合在一起，形成一个独特而具有吸引力的整体。它能够在消费者心中树立清晰、积极的形象，从而在市场竞争中脱颖而出，赢得消费者的青睐和信任。

4. 品牌"资产说"

日本电通公司认为，品牌并不是企业单方所有，而是和消费者等相关利益者共同拥有的公共物，是超越企业和消费者的立场的共同拥有的共同物。它强调了品牌的形成和发展并非仅由企业单方面决定和塑造，而是在与包括消费者在内的相关利益者的互动和交流中共同构建的。当消费者对品牌产生认同感、忠诚度，并积极参与品牌的传播和推广时，他们实际上就成为了品牌价值的共创者和维护者。美国西北大学的"整合营销之父"唐·舒尔茨（Don Schultz）认为，品牌是为买卖双方所识别并能够为双方都带来有价值的一种符号。

总体来看，品牌的价值、文化和个性构成了品牌实质，其代表着卖者对交付给买者的产品特征、利益和服务的一贯性承诺，最佳品牌就是产品或服务质量的保证。品牌还是一个更复杂的象征，整体含义包含属性、利益、价值、文化、个性和用户六个层次：属性，产品给消费者带来的使用价值；利益，属性需要被转化成具体的功能和情感利益；价值，品牌应当反映生产经营者的价值观；文化，品牌代表生产者倡导、遵守和践行的文化；个性，品牌代表着不同的生产经营者的个性；用户，品牌体现了购买或使用这种产品的是消费者群体。品牌通过产品与符号生产，沟通消费者及其相关利益者，提升产品的价值体系，形成独特的价值系统。

（二）品牌与产品的区别

产品是指能够提供给市场，被人们使用和消费，并能满足人们某种需求的任何东西，包括有形的物品、无形的服务、组织、观念或它们的组合。产品具有五个层次的意义，从核心利益到潜在延伸层次，涵盖了消费者需求的不同方面。

（1）核心产品层是指消费者通过消费产品和服务来满足其基本的需求和欲望。

（2）一般产品层是指产品的基本外观，包括对于其功能来说绝对必要的那些属性特征，但不是显著的特性，是一个基本的、朴素的、能够圆满地实施产品功能的产品外观。

（3）期望产品层是指购买者在购买产品时，期望能获得的一系列产品属性或特征。

（4）延伸产品层是指产品区别于竞争对手的附加属性、利益或相关的服务。

（5）潜在产品层是指产品最终将要经历的各种延伸和转变。

【知识拓展】

产品整体概念

产品整体概念包含核心产品、一般产品、期望产品、延伸产品和潜在产品五个层次。人们通常对产品的理解是指具有某种特定物质形状和用途的物品，这种理解属于狭义的产品定义。而市场营销学认为，广义的产品是指人们通过购买而获得的能够满足某种需求和欲望的物品的总和，它既包括具有物质形态的产品实体，又包括非物质形态的利益，这就是"产品的整体概念"。

品牌是消费者对产品的认知的综合体现，包括品牌名称、标志、形象、声誉、价值主张等一系列元素，它代表了消费者对产品的感受、印象和联想。品牌通过附着于产品、服务、符号及体验中的功能、情感和价值等，满足消费者的多层次需求。

从性质上看，产品更侧重于功能和特性，具有一定的生命周期，会随着技术进步和市场需求的变化而更新换代甚至被淘汰；而品牌更侧重于情感和心理层面，是一种长期积累的资产，一旦建立，具有相对的稳定性和持久性。从价值体现上看，产品的价值主要体现在其使用价值和价格上，通过满足消费者的功能需求来实现价值交换；品牌的价值除产品本身的价值外，还包括品牌附加值，如品牌忠诚度、品牌形象溢价等，能够为企业带来更高的利润和市场竞争力。

【知识拓展】

品牌与商标

品牌是一个名称、词语、标志、符号或图案，或是它们的相互组合，用于识别产品的经营者和区别竞争者的同类产品。商标是经有关政府机关注册登记受法律保护的品牌整体或其部分。商标具有区域性、时间性和专用性特点。品牌与商标的区别为，品牌是一个商业名称，其主要作用是宣传商品，品牌无国界；商标也可以宣传商品，但重要的是，它是一个法律名称，受法律保护，商标有国界。品牌与商标的联系为，品牌的全部或部分作为商标经注册后，这一品牌便具有法律效力；品牌与商标是总体与部分的关系，所有商标都是品牌，但品牌不一定都是商标。

二、品牌的特征

（一）品牌的表象性

品牌是企业的重要无形资产，不具有独立的实体，也不占有空间，其目的是通过一个容易记忆的形式让消费者识别并记住企业或产品。因此，品牌必须依附于一定的物质载体来表现自己，使品牌更具形象化。品牌的直接载体主要是文字、图案和符号，间接载体主要有产品质量、服务、知名度、美誉度、市场占有率。缺乏物质载体的品牌难以有效传播，更难以实现其核心的传播与识别功能。

（二）品牌的专有性

品牌名称和标志的独占性。品牌所有者通过法律手段，如通过商标注册，获得对特定品牌名称、标志、图案等元素的独家使用权。这意味着其他企业或个人未经授权不得使用相同或相似的名称和标志，以避免消费者产生混淆。品牌所拥有的知识产权，如专利、版权等，也为品牌的专有性提供了法律保障。

（三）品牌的信用性

品牌以商标注册作为其权益的法律依据，形成一个品牌对消费者及相关利益者的承

诺，获得品牌管理、品牌维权的权利。独特的品牌信用始终能够保证其产品或服务达到或超越所宣称的质量标准，从而赢得消费者的信赖。消费者在多次购买和使用该品牌产品或服务时，能够感受到其性能和效果的一致性和可靠性。

（四）品牌信息的丰富性

品牌既包括了名称、标志等显性要素，也向消费者传达了包括产品质量、营销服务、市场信誉等内在的信息，代表了品牌建设者的承诺和消费者的体验。品牌建设者通过提供高质量的产品、贴心的服务和积极维护信誉来履行对消费者的承诺。同时，消费者在与品牌的每一次接触和互动中，形成对品牌的独特体验，这种体验进一步影响品牌在消费者心中的形象和地位。

（五）品牌的价值性

品牌的知名度能够让更多消费者知晓并关注该品牌，从而降低市场推广的难度和成本。较高的忠诚度意味着消费者会持续购买该品牌的产品或服务，降低企业获取新客户的成本。由于品牌具有独特的价值和形象，消费者往往愿意为其支付更高的价格，从而为企业带来更高的利润。强大的品牌能够在市场竞争中脱颖而出，建立独特优势，与竞争对手形成差异化，吸引更多的消费者，增强企业的市场竞争力和抗风险能力。这种价值不仅体现在财务层面，还体现在品牌所积累的无形资产上，如品牌形象、声誉、消费者的情感联系等，这些都为企业的长期发展奠定了坚实的基础。

（六）品牌的系统性

品牌与品牌产品本身、品牌拥有者、供应商、消费者、中间商、竞争者、大众媒体、政府、社会公众等利益相关群体共同构成了一个相互作用、相互影响的品牌生态系统。有效的品牌生态系统管理需要协调各方利益，实现品牌的可持续发展和价值最大化。

（七）品牌的扩张性

品牌的知名度和美誉度能够加速新产品或服务被市场接受。因为消费者对品牌已经建立了信任和好感，这种信任会进一步延伸到新的业务领域。强大的品牌也可以增加企业在并购、合作等活动中的谈判筹码。其他企业可能会因品牌的价值而选择与其合作或接受其收购。

三、品牌的分类

品牌可以依据不同的标准划分为不同的种类。

（一）依据品牌的知名度和辐射区域

根据品牌的知名度、销售范围和市场影响力，可以将品牌分为地区品牌、国内品牌、国际品牌。地区品牌是指在特定区域内生产销售的品牌，这些产品一般在一定范围内生产和销售，产品辐射范围不大，并主要受产品特性、地理条件及某些文化特性影响，如特色农产品烟台苹果、库尔勒香梨等。国内品牌是指国内知名度较高，产品销售辐射全国的产品，如褚橙、佳沃等。国际品牌是指在国际市场上知名度、美誉度较高，产品辐射全球的品牌，如新西兰的佳沛奇异果。

（二）依据品牌产品生产经营的不同环节

根据产品生产经营的所属环节划分，可以将品牌分为生产商品牌和经销商品牌。生产商品牌是指制造商为其自有产品设计的品牌。经销商品牌是指经销商根据市场需求，通过对市场的了解，结合企业发展需要创立的品牌，如三只松鼠、维吉达尼等。许多农产品生产的组织者为更好地销售农产品而进行的品牌建设，属于使用生产者品牌，如合作社将品牌注册后拥有商标的所有权，享有盛誉的商标可以通过收取一定的特许权使用费的方式租借给他人使用，以此来扩大合作社的生产规模和实现更多的盈余；如果合作社的农户自己生产的农产品有品牌，由合作社进行产品的销售，也属于使用生产者品牌。在日本生活协同组合的商场中，可以看到有些农产品专柜中贴有种植农户的姓名和照片，农产品上有农户自己的标贴，这些农户自己的品牌也同样可以起到很好地帮助顾客识别、促进产品销售的作用。

（三）依据品牌来源

根据品牌的来源划分，可以将品牌分为自有品牌、外来品牌和嫁接品牌。自有品牌是企业依据自身需要自主设计并推广的品牌。外来品牌是指企业通过特许经营、兼并、收购或其他形式而取得的品牌。嫁接品牌主要指通过合资、合作方式形成的，同时带有双方品牌的新产品。

（四）依据品牌的生命周期长短

根据品牌的生命周期长短划分，可以将品牌分为短期品牌、长期品牌。短期品牌是指生命周期较短的品牌，由于某种原因在市场竞争中昙花一现或持续一时。长期品牌是指品牌生命周期能够跨越产品生命周期多次更替，经久不衰，永葆青春的品牌，如餐饮行业中的老字号全聚德等。

（五）依据品牌产品内销或外销

根据产品品牌是针对国内市场还是国际市场划分，可以将品牌划分为内销品牌和外销品牌。由于世界各国在法律、文化、科技等宏观环境方面存在巨大差异，一种产品在不同的国家市场上有不同的品牌，在国内市场上也有单独的品牌。单纯按照内销品牌和外销品牌划分，可能会影响企业的品牌整体形象传播，但由于历史、文化等原因不得不采用，因此新的品牌命名需兼顾本地化与国际化的平衡，以提升全球市场认可度。

（六）依据品牌的所属行业

根据品牌产品所属的行业领域不同，可将品牌划分为消费品品牌，如食品、服装、日用品等面向消费者的品牌，以及工业品品牌，如机械设备、原材料等工业生产领域的品牌。

（七）依据品牌的原创性与延伸性

根据品牌的原创性与延伸性划分，可以将品牌划分为主品牌、副品牌、副副品牌。主品牌通常是企业最核心、最具代表性的品牌，承载着企业的主要价值和形象；副品牌则是在主品牌的基础上，为了突出产品的某些特点、目标市场或个性而创建的；副副品牌则更加细分和具体，进一步强调产品的某些特定属性或面向更狭窄的消费群体。品牌可分为母品牌、子品牌和孙品牌等层级，母品牌是处于较高层级、具有较大影响力和包

容性的品牌，子品牌相对母品牌而言，具有一定的独立性，但又依托于母品牌的资源和声誉，孙品牌则是在子品牌之下进一步细分和延伸的品牌。这种划分方式有助于企业更精准地定位市场、满足不同消费者的需求，同时也能合理配置资源，实现品牌的多元化发展和精细化管理。

第二节 品牌的社会经济意义

品牌在社会经济中发挥着不可或缺的作用，对于推动经济发展、提升消费者福利、促进创新和产业升级等方面有着重要的意义。可以从品牌对消费者、企业和社会三个视角分析其社会经济价值。

一、品牌对消费者的价值

（一）品牌可以降低消费者的搜寻成本

品牌通过提供明确的信息标识、积累的声誉口碑、稳定的产品表现以及有效的市场传播，显著降低了消费者在购买决策过程中的搜寻成本，提高了消费决策的效率和便利性。

首先，品牌提供了一种信息简化和分类的方式。在商品种类繁多、信息繁杂的市场中，消费者无须对每一个产品的详细特征进行深入了解和比较。品牌作为一种标志，能够迅速传达产品的大致定位、品质水平和特点，帮助消费者快速筛选出符合自己需求和期望的产品范围，节省了大量用于搜索和筛选的时间与精力。

其次，品牌积累的声誉和口碑为消费者提供了重要的参考。消费者可以依据品牌过往的表现和其他消费者的评价，快速形成对产品质量和服务的预期，而不必亲自去逐一尝试不同的产品。这种基于品牌声誉的判断，大大减少了消费者在试错过程中可能产生的成本和风险。

最后，品牌的稳定性和一致性使得消费者在再次购买时无须重新搜寻和评估。一旦消费者对某个品牌建立了信任和偏好，他们在后续的购买决策中就可以直接选择该品牌，无须重新进行广泛的市场调研和比较，从而有效地降低了搜寻成本。

（二）品牌可以降低消费者的购买决策风险

研究人员把产品和与其相关的属性或者利益分成了三类：搜寻类产品、经验类产品和信任类产品。搜寻类产品的特点是其质量、性能、价格等关键属性在消费者购买之前就能够相对容易地通过观察、比较和信息搜索来确定，如电子产品、家具、服装等。消费者可以在购买前查看产品的规格、参数、材质，甚至可以在不同的销售渠道进行价格比较，从而做出较为明智的购买决策。经验类产品的质量和性能只有在消费者使用或体验之后才能确切了解，食品、化妆品、旅游服务等都属于典型的经验类产品。消费者在购买这些产品之前，很难仅仅通过外观、描述等获取到完全准确的信息，必须亲身使用或体验后才能真正判断其是否符合自己的需求和期望。信任类产品的质量和性能即使在消费者使用之后也难以完全判断，而需要依赖于对品牌、生产者或服务提供者的信任，典型的如医疗服务、金融投资产品、汽车维修服务等。由于这些产品涉及较高的专业性、复杂性或不确定性，消费者往往缺乏足够的知识和能力来准确评估，因此信任在购买决策中起着至关重要的作用。

由于经验类产品和信任类产品的属性和利益难以评估和明确，所以品牌就成为消费者判断这些产品的质量和特点的重要依据。在购买和使用产品的过程中，消费者可能会感知到多种不同类型的风险，如功能风险，消费者可能担心产品无法达到预期性能或满足实际需求；财务风险，涉及购买产品可能导致的经济损失，如产品价格过高、性价比低，或者购买后很快贬值；健康风险，使用产品可能对身体造成伤害或不良影响；心理风险，消费者担忧购买决策可能带来的心理负担或压力，如购买了不符合自身形象或社会期望的产品而感到尴尬、焦虑；社会风险，害怕购买和使用某种产品会导致他人对自己的负面评价或社会地位的下降；时间风险，担忧购买或使用产品耗费过多时间或效率低下；机会风险，因选择某一产品可能错过更好的替代产品或机会。

这些不同类型的风险会综合影响消费者的购买决策和使用体验。品牌则通过声誉、品质稳定性、售后服务、信息透明度和市场影响力等多方面因素，显著降低了消费者在购买决策过程中所面临的风险。其一，品牌代表着一定的声誉和口碑。知名品牌通常在市场上经过了长期的考验，积累了良好的声誉，消费者基于对品牌过往表现的了解和信任，认为选择该品牌出现质量问题或不满意的可能性较小，从而降低了决策的不确定性和风险。其二，品牌往往具有相对稳定的品质和性能标准。消费者在多次购买同品牌产品或服务后，能够形成对其品质的预期。这种一致性和稳定性让消费者在购买时更有信心，不必担心产品或服务的质量会有大幅波动。其三，品牌通常会提供一定程度的售后服务和保障。如果在购买和使用过程中出现问题，消费者相信品牌方会负责解决，这在心理上为消费者提供了一层保护，减轻了他们对可能出现问题的担忧。此外，品牌的市场影响力和知名度也能在一定程度上降低风险感知，消费者普遍认为，被广大消费者认可和选择的品牌相对更可靠，出现严重问题的概率较低。

（三）品牌帮助消费者认知自我

普利策奖获得者、作家丹尼尔·布尔斯廷（Daniel Boorstein）指出，对许多人来说，品牌在其心中扮演着类似亲密伙伴的角色。它们不仅帮助人们认识自我，还向他人传递对自我的认知。品牌不仅是商品或服务的提供者，更是消费者认知自我、表达自我和实现自我价值的重要途径。其一，品牌的选择和消费行为往往反映了消费者的个人价值观和生活方式。消费者会倾向于选择那些与他们内心认同的价值观相契合的品牌，例如，注重环保的消费者可能会选择具有可持续发展理念的品牌，这一选择过程实际上是对自身价值观的一种确认和表达。其二，品牌所塑造的形象和传递的文化内涵，可以成为消费者自我表达的工具。消费者通过选择特定品牌的产品或服务，向外界展示自己的个性、品位和社会地位，从而在一定程度上塑造了他人对自己的认知，同时也强化了自己对自身形象和身份的认知。其三，品牌的社群和粉丝文化能够让消费者找到归属感。当消费者成为某个品牌的忠实追随者，他们会加入品牌相关的社群，与具有相似喜好和消费观念的人交流互动。在这个过程中，消费者能够从群体中获得认同和反馈，进一步明晰自己在社会中的角色和定位。其四，品牌的不断创新和发展也会启发消费者对自身需求和欲望的思考。新的品牌理念、产品设计和服务模式可能会激发消费者探索新的生活方式和兴趣爱好，从而帮助消费者实现自我认知的更新和拓展。

【案例1-1】

红牛饮料广告语演变：从功能到情感的跨越

市场营销圈流传着这样一个认知准则：初级的品牌列参数和形容词；中级的品牌讲卖点；高级的品牌讲场景；最厉害的品牌，讲价值观和自我意识。有的品牌虽没有明确的价值观，但让用户"可信赖"本身就是一种非常强的情绪。

品牌，是一群价值观相近的消费者的聚集地。品牌通过营销传递品牌价值观和情绪价值，唤起消费者的自我意识，使其产生情绪共鸣，从而在心理层面给予自己暗示自己想属于或成为某类人群。例如，国潮的爆火就是抓住了当代年轻人需要通过介质展示自己独特、自我的个性和生活方式的需求。他们通过购买产品形成自我暗示：我买了国潮产品，我是潮流的，我是有文化审美的。红牛刚进入中国的时候，广告语是："补充体力、精力十足""渴了喝红牛，困了累了更要喝红牛"。现在，红牛的广告语则变为"你的能量超乎你想象"，从"自我"的情绪层面激发用户。

资料来源：产品心理学实验室微博．产品心理学：品牌唤起消费者的自我意识［EB/OL］．https：//weibo.com/ttarticle/p/show？id＝2309405039776448512201，2024-05-30/2024-07-19．

思考：在如今竞争激烈的市场环境中，新品牌应如何更快获得消费者的认可并建立忠诚度？

（四）品牌带给消费者价值感知与情感满足

品牌通过提供价值感知和满足消费者的情感需求，在消费者心中占据重要的位置，进而影响消费者的购买决策和忠诚度。品牌往往象征着一定的品质保证。消费者认为知名品牌通常会采用更优质的原材料、更先进的生产工艺及更严格的质量控制，从而确保产品或服务的高质量。这种对品质的信赖使消费者愿意为品牌支付更高的价格。品牌还代表着独特的功能和性能。例如，某些科技品牌因其领先的技术研发，为消费者带来更出色的使用体验；运动品牌则借助专业的设计，提供更好的运动辅助效果。品牌有时也意味着良好的性价比。一些品牌通过优化供应链、降低成本等方式，在保证一定品质的基础上，为消费者提供价格相对实惠的产品，让消费者感到物有所值。此外，品牌能够唤起消费者的归属感。当消费者认同某个品牌所倡导的价值观和生活方式，并成为其忠实用户时，会产生一种归属感，仿佛自己是品牌社群的一部分。品牌可以给予消费者自豪感，拥有或使用某些高端、知名品牌的产品或服务，会让消费者感到自豪和有面子，提升自我形象和社会地位。

二、品牌对企业的价值

品牌是企业竞争力和可持续发展能力的重要保障，它既是企业配置资源和开拓市场的重要手段，也是企业提高附加值、形成市场溢价能力的重要砝码。拥有差异化和高水准的品牌优势，日益成为企业赢得市场竞争的关键。

（一）品牌是企业对其产品进行法律保护的载体

从法律层面来看，品牌通常以商标的形式存在。企业通过商标注册等法律程序，获得了对品牌名称、标志、图案等元素的专用权。这意味着其他企业或个人未经授权不得擅自使用相同或相似的品牌元素，否则将构成侵权行为，企业可以依法追究其法律责任。这种法律保护为企业提供了稳定的市场环境，它保障了企业在投入大量资源进行产品研发、品牌建设和推广后，能够独享品牌所带来的商业利益，防止竞争对手通过模仿或抄袭侵占市场份额，造成企业利润损失。同时，法律保护也增强了企业的市场竞争力。一个受到法律严格保护的品牌，能够在消费者心中建立起可靠、正规的形象，从而吸引更多的消费者选择其产品或服务。当企业面临侵权纠纷时，法律保护使得企业有依据可循，可以通过法律途径来维护自身的合法权益，要求侵权方停止侵权行为，并获得相应的赔偿。

（二）品牌是企业提高产品附加值及获取溢价收益的利器

通过品牌提升产品在消费者心中的形象、价值和信任度，帮助企业提升产品附加值，并实现溢价收益，是企业在市场竞争中取得成功的关键因素之一。强大的品牌能够为产品赋予独特的形象和价值。通过品牌塑造，企业可以为产品注入特定的情感、文化和生活方式等元素，使其在消费者眼中不仅是一个具有实用功能的物品，更是一种象征、一种体验。这种独特的价值感知使消费者愿意为品牌产品支付更高的价格。当消费者对某个品牌产生信任和喜爱时，他们往往愿意持续购买该品牌的产品，甚至在价格略高于竞争对手的情况下也不改变选择。这种忠诚度为企业带来了稳定的销量和利润，同时也为品牌溢价创造了条件。

（三）品牌是企业形成差异化竞争优势的手段

在竞争激烈的市场中，产品的功能和质量日趋雷同。而独特的品牌形象、品牌故事和品牌价值观能够使企业的产品在众多同类产品中脱颖而出，为企业赢得差异化竞争的机会，进而实现产品的溢价销售。品牌能够在形象、定位、文化、体验和故事等多个方面形成差异化，帮助企业在激烈的市场竞争中脱颖而出，赢得消费者的青睐和市场份额。

品牌的差异化主要体现在以下几个方面：

1. 品牌形象的差异化

企业可以通过独特的品牌标识、包装设计、广告宣传等手段塑造与众不同的品牌形象。例如，华为公司以其简约、时尚的设计风格和创新的品牌形象在众多科技品牌中脱颖而出。

2. 品牌定位的差异化

企业可以针对特定的目标市场和消费群体进行精准的品牌定位。例如，有些品牌定位于高端市场，提供高品质、高价格的产品和服务；而有些品牌则专注于性价比，满足大众消费者的需求。

3. 品牌文化的差异化

每个品牌都可以拥有独特的文化内涵和价值观。这种文化差异能够吸引具有相同理念和价值观的消费者，形成品牌的忠实粉丝群体。

4. 品牌体验的差异化

企业可以通过提供独特的购买体验、使用体验和售后服务体验来打造差异化竞争优

势。例如，海底捞以其出色的服务体验在餐饮行业中独树一帜。

5. 品牌故事的差异化

一个引人入胜的品牌故事能够使品牌更具魅力和个性，从而与竞争对手区分开来。例如，可口可乐的品牌故事讲述了其独特的配方和悠久的历史。

（四）品牌是企业重要的无形资产

从价值创造的角度来看，品牌能够为企业带来持续的经济利益。一个知名且受消费者信赖的品牌，可以吸引更多的顾客，提高产品或服务的售价，增加企业的收入和利润。在市场竞争方面，品牌是企业区别于竞争对手的重要标识。在产品和服务同质化严重的市场环境中，独特而强大的品牌能够帮助企业脱颖而出，赢得消费者的选择。从企业的长期发展角度考虑，品牌具有持久的生命力。与有形资产可能会折旧、损耗不同，品牌如果得到妥善的维护和管理，可以不断增值，为企业创造长期的竞争优势。在资源整合和合作拓展方面，强大的品牌有助于企业吸引优质的资源，包括人才、资金、渠道、合作伙伴等，这也为企业的发展提供了更广阔的空间和更多的机遇。

同时，品牌作为企业的合法无形资产，在企业的合并、收购、重组等重大商业决策中具有重要的价值评估作用。品牌的知名度、美誉度、市场占有率等因素都会影响其资产价值的评估，进而影响企业在相关交易中的定价和谈判地位。在企业的融资活动中，良好的品牌资产也能够增加企业的信用评级和融资能力，为企业获取资金支持提供有力的保障。

【案例 1-2】

品牌资产——企业最该重视的资产之一

在市场上，可口可乐、麦当劳、肯德基、王老吉、海尔等耳熟能详的品牌名称俯拾皆是，这些品牌名称，对于企业来说都是核心资产，其价值会随着企业的发展不断扩大。

很多企业只注意到企业的有形资产，如土地、设备、厂房等，而忽略了最重要的无形资产——品牌资产。而提到卖货，很多人想到的就是直播和促销，殊不知，两者都是基于降价基础之上，是一种典型的短期促销行为。

其实，品牌资产才是企业实现价值突破和基业长青的保障，是企业最应该重视的资产。品牌资产是企业最有价值的资产之一，也是营销投入之后的有价值的沉淀。

可口可乐总裁曾说："假如可口可乐的所有工厂在一夜之间被大火全部烧毁，第二天就会有银行愿意贷款给可口可乐，可口可乐也能在一夜之间起死回生。"可口可乐的这种自信靠的就是多年积累的品牌资产。

在市场中，不少品牌都通过设计与营销手段来建立自身的品牌资产。例如，喜茶仅以简单的两个字，便建立起国产奶茶第一的品牌形象；旺旺集团的旺仔，也以其大眼玩偶的形象深入80后、90后心中；王老吉凉茶的红罐设计则成为其败火顺气的色彩象征；海底捞火锅通过打造优质的用餐服务体验，成为火锅爱好者的不二选择……显然，企业如果成功建立起自身的品牌资产，便可以快速从同类品牌中脱颖而出，获得更多消费者的青睐。

资料来源：洞察 Insight. 品牌资产——企业最该重视的资产之一［EB/OL］. https：//www.sohu.com/a/417246091_575121，2020-09-09/2024-07-19.

三、品牌对社会的价值

品牌在经济、文化、生活等多个层面都发挥着积极的作用，为社会的发展和进步带来了重要的价值。

（一）经济发展的推动作用

品牌作为经济发展的重要驱动力，对于提高经济活力、优化产业结构、促进就业和贸易等方面都发挥着至关重要的作用。首先，知名品牌往往能够吸引消费者的注意力，激发他们的购买欲望。消费者更愿意为品牌产品或服务支付更高的价格，从而增加市场的总体消费规模。品牌赋予产品独特的形象、品质和声誉，使其能够在市场上获得更高的定价，这种附加值的增加有助于提高企业的利润率，促进企业的发展和创新。其次，为了维护品牌形象和满足消费者对高品质的需求，企业会不断改进生产技术、优化管理流程、提升产品质量，从而推动整个产业链的升级和优化。良好的品牌形象和市场前景能够吸引投资者的关注和资金投入，为企业的扩张和发展提供必要的资金支持，进一步推动经济的增长。一些地方特色品牌的发展能够带动当地相关产业的集聚和发展，促进区域经济的繁荣，提升区域的知名度和影响力。最后，拥有强大品牌的企业在扩张过程中会在生产、研发到销售、服务等各个环节招聘大量员工，为社会提供丰富的就业岗位。具有国际影响力的品牌有助于企业拓展海外市场，增加出口，促进国际贸易的平衡和发展，同时，也能提升国家在全球贸易中的地位和竞争力。

（二）消费引导与教育作用

品牌在消费者的购买行为和消费观念的形成过程中具有重要的引导和教育作用，影响着消费者的选择和消费模式。一是塑造消费观念，品牌通过广告宣传、营销活动等方式，向消费者传递特定的价值观和生活方式。例如，环保品牌强调可持续发展的理念，引导消费者关注环境保护，选择绿色、低碳的产品，从而逐渐改变消费者的消费观念，使其更加注重环保和社会责任。二是引导消费升级，优质品牌往往会不断创新和提升产品品质，引导消费者追求更高品质、更具功能性和更能满足个性化需求的产品，从而推动消费升级。三是树立消费标准，知名品牌通常以较高的品质和服务标准为消费者所认可，这使得消费者在购买其他商品时会以这些品牌为参照，从而形成对产品质量和服务的基本要求和判断标准。

（三）文化传承与创新作用

品牌在传承和弘扬传统文化的同时，不断推动文化的创新和融合，为文化的发展和繁荣做出积极贡献。其一，传承传统文化，许多品牌将传统的文化元素融入到产品设计、品牌故事和营销活动中。例如，一些中华老字号品牌在制作工艺、包装设计上保留了传统的特色，让古老的技艺和文化得以延续，并通过品牌的传播，使更多人了解和接触到传统文化。其二，传播地域文化，某些品牌能够代表特定的地域文化。例如，一些地方特产品牌，其产品的原材料、制作方法和风味都体现了当地独特的自然环境和人文风情，品牌的推广有助于将该地区的地域文化传播到更广泛的地区，促进地域文化的交流和发展。其三，创新文化表达，品牌为了吸引消费者，会不断创新文化的表达方式。将现代的设计理念、营销手段与传统文化相结合，创造出新颖、时尚且富有文化内涵的产品和服务。这种创新让传统文化在当代社会焕发出新的活力。其四，引领文化潮流，具有影响力的品牌往往能够引领文化的发展方向。它们通过推出具有创新性和前瞻性的产品或理念，引发社会的关注和效仿，从而形成新的文化潮流和消费趋势。其五，促进文化融合，在全球化的背景下，品牌可以将不同国家和地区的文化元素进行融合，推出兼具多元文化特色的产品，促进不同文化之间的交流与融合，丰富文化的内涵。

（四）社会信任构建作用

品牌通过质量保证、责任履行、长期稳定以及信息传递等方式，在社会中建立起消费者与企业之间的信任桥梁，促进了市场的健康发展和社会的和谐稳定。

首先，品牌是质量承诺的象征。一个知名且成熟的品牌通常向消费者传递了其对产品或服务质量的坚定保证。消费者在众多选择中，通常更倾向于信赖具有良好口碑和形象的品牌，因为品牌代表着一定的质量标准和稳定性。其次，品牌体现了企业的责任和信誉。一个注重品牌建设的企业会更加自觉地遵守法律法规、道德规范和承担社会责任。它们会努力提供真实准确的产品信息，积极处理消费者的投诉问题，以维护品牌的声誉，这种负责任的经营态度有助于增强社会对企业的信任。最后，注重品牌形象的企业更倾向于积极履行社会责任，如环保、公益活动等，从而增强社会对企业的信任和认可。

（五）社会形象塑造作用

具有国际影响力的品牌能够成为国家软实力的一部分，展示国家的创新能力、制造水平和文化特色。例如，德国的汽车品牌奔驰、宝马，以其精湛的工艺和领先的技术，展现了德国在制造业方面的卓越能力，让世界对德国的工业实力有了深刻的认识。而地方品牌对于城市名片的打造则具有不可忽视的作用，像中国的青岛，以青岛啤酒这一知名品牌而闻名，青岛啤酒所代表的独特酿造工艺和文化底蕴，成为青岛这座城市的特色标识，提升了青岛的知名度和旅游吸引力。还有法国的戛纳，因每年举办的戛纳电影节这一品牌活动，使这座小城成为世界电影之都，吸引了众多游客和电影从业者，极大地提升了城市的形象和魅力。

（六）社会资源整合与优化作用

品牌能够有效地整合和优化社会资源，提高资源的利用效率，促进经济的发展和社会的进步。首先，整合产业链资源，强大的品牌有能力整合上下游产业链的资源。例如，与优质的供应商建立长期稳定的合作关系，确保原材料的高质量供应；与高效的物流企业合作，实现产品的快速配送。通过这种整合，可以提高整个产业链的运作效率。其次，促进资金流动与优化，良好的品牌形象能够增强投资者的信心，吸引更多的资金投入。这些资金可以用于品牌研发、生产扩张、市场推广等方面，推动企业的发展，同时也促进资金在社会经济中的合理流动和优化配置。再次，推动技术创新与共享，品牌企业为了保持竞争优势，往往会投入大量资源进行技术创新。这些创新成果不仅为企业自身带来利益，也可以通过技术转让、合作开发等方式在行业内共享，带动整个行业的技术进步。最后，品牌在市场推广过程中，会整合并传播大量的产品信息、消费需求等，有助于消费者做出更明智的购买决策，同时也促使企业根据市场反馈及时调整生产和服务，优化资源配置。

第三节 战略品牌管理过程

战略品牌管理涉及创建、评估及管理品牌资产的营销规划和活动的设计与执行。战略层面的品牌经营，注重对市场趋势、消费者需求的变化以及对竞争动态的持续研究和洞察，以便及时调整品牌策略，适应不断变化的市场环境。

战略品牌管理流程包括以下四个主要步骤：第一，识别和确立品牌定位和价值；第二，规划并执行品牌营销活动；第三，评估和诠释品牌绩效；第四，提升和维系品牌资产。

一、识别和确立品牌定位和价值

在战略品牌管理流程中，首先要清晰地理解品牌代表什么及如何定位品牌。以下关键概念可以更好地理解这一步骤。

（一）心理地图

品牌定位心理地图，也被称为心智地图或心智雷达图，是一种用于分析和展示消费者心智中品牌认知和竞争格局的工具。它的主要作用是帮助企业更好地了解市场和竞争对手在消费者心目中的位置，从而找到自身品牌的定位机会。绘制品牌定位心理地图通常包括以下步骤：

（1）列出消费者心智中自身品牌存在的位置，确定与产品或服务相关的各个品类或属性；

（2）分析竞争环境，为每个品类或属性找出具有代表性的品牌；

（3）寻找空位，发现哪些位置尚未被竞争对手充分占据；

（4）分析可抢占的空位，考虑自身品牌是否有机会抢占这些空位；

（5）关注消费者心智环境和趋势变化，以开创新的品类或发现新的定位机会。

通过品牌定位心理地图，企业可以更直观地看到不同品牌在消费者心智中的分布情况，进而明确自身品牌应如何在竞争激烈的市场中脱颖而出。与传统心智地图的直观画法相比，心智雷达图借用了管理学的思维模型，更能呈现出品牌之间的竞争格局，它将不同的品类或属性视为雷达图的各个维度（角），每个角代表一个品类机会，品牌在这些维度上的表现可以用距离或面积等方式进行表示，从而更清晰地展示出品牌之间的差异和竞争态势。

（二）竞争性参考框架

竞争性参考框架是品牌定位和市场分析中的一个重要概念。它是指用于定义和比较品牌竞争地位的一组竞争品牌或产品类别。简单来说，就是确定在市场中与特定品牌直接或间接竞争的对象集合。构建竞争性参考框架通常需要考虑产品或服务的相似性、目标市场的重叠、价格区间的接近性、渠道和销售模式等几个关键因素。通过明确竞争性参考框架，企业能够更准确地评估自身品牌的竞争优势和劣势，深入了解竞争对手的策略和行动，从而更好地制定应对策略，发现市场中的空白和潜在机会，为品牌定位和差异化提供依据。

（三）品牌共同点和品牌差异点

品牌需要在建立共同点的基础上，突出差异点，以吸引消费者并在市场中占据有利地位。品牌共同点是指那些被消费者认为在特定产品或服务类别中，大多数品牌都应该具备的联想。它可以分为品类共同点和竞争性共同点。品类共同点是指消费者认为某一品类产品所必备的属性或特征。例如，对于智能手机，清晰的屏幕显示、良好的通信功能等就是品类共同点。竞争性共同点则是指为了与竞争对手抗衡，品牌所需要具备的一些联想。例如，在众多智能手机品牌中，快速充电功能可能成为一个竞争性共同点。

品牌差异点是指那些独特的品牌联想，使品牌能够区别于竞争对手。品牌差异点要具备相关性、独特性和可信性。相关性意味着差异点必须与消费者的需求和期望相关，能够为他们带来价值；独特性确保品牌在众多竞争对手中脱颖而出；可信性则让消费者相信品牌所声称的差异点是真实可靠的。

（四）核心品牌联想

核心品牌联想是消费者记忆中与品牌密切相关的一系列关键的想法、形象、感知和情感等。这些联想是品牌在消费者心智中占据独特位置的关键元素，会对消费者的购买决策和品牌忠诚度产生重要影响。核心品牌联想通常具有以下特性：①显著性（在消费者的心智中具有突出和显著的地位，容易被唤起和记住）；②独特性（区别于竞争对手，使品牌具有独特的识别度）；③积极性（给消费者带来正面的感受和评价）；④稳定性（在一定时间内保持相对稳定，不会轻易改变）。例如，可口可乐的核心品牌联想可能包括其独特的配方带来的口感、红色的包装、欢乐的品牌形象等。核心品牌联想可以通过多种方式建立和强化，如品牌传播、产品体验、品牌形象塑造等，它们帮助品牌塑造清晰的形象，与消费者建立情感连接，从而增强品牌的竞争力和市场地位。

【案例1-3】

章丘大葱

山东章丘大葱以其高、大、脆、白、甜在全国久负盛名，被誉为"葱中之王"。目前，章丘大葱种植规模高达10万亩，被认定为中国百强农产品区域公用品牌、中国名牌农产品，截至2020年，品牌价值近50亿元。章丘大葱如此畅销，得益于章丘品牌农业兴农战略。创品牌，当然要组织先行，经营主体健康，产业才会强壮。章丘市成立了"章丘大葱"协会，在大葱主产乡镇设立分会，以协会为主体开展提质创品牌工作。在政府的支持下，章丘市大葱产业诞生了国家级农业龙头企业1家、省级农业龙头企业5家、济南市级农业龙头企业58家、济南市级农业园区49家、家庭农场260家、农民专业合作社1050家。它们成为章丘大葱产业的骨干。近年来，大葱产业协会进行了重组，旨在加强协会对章丘大葱经营主体的服务协调能力，培育新型职业葱农，推广新型经营模式。2019年，大葱协会组织科技人员加强提纯复壮、四季种植、太空育种等技术研究，强化组织、研发能力建设。目前太空育种收获3代种，97个中日大葱杂交穗长势良好。协会在市政府的支持下，建立目标价格保险机制，用保险做价格保障，用市场的方法为农民利益保驾护航。保险成本每亩 5500 元、目标价格每斤 1.09 元，费率 8%、每亩保费 440 元，葱农承担 20%、政府补贴 80%，用市场的方法解除农民的后顾之忧，效果很好。

资料来源：地理标志服务．我国农产品区域公共品牌经典案例分享［EB/OL］.https：//www.sohu.com/a/445383922_99933657，2021-01-19/2024-07-19.

思考：章丘大葱所塑造的"高、大、脆、白、甜"的产品特点，以及其品牌农业兴农战略的成功实施，会让消费者产生哪些核心品牌联想？这些联想如何影响消费者的购买决策和对品牌的忠诚度？

（五）品牌真言

品牌真言是以简洁、有力的语言对品牌核心价值和灵魂的提炼与概括。它能够清晰地传达品牌的独特之处、品牌对消费者的承诺以及品牌所代表的情感和理念。品牌真言通常用简短而精准的语句表达，易于记忆和传播，简单明了，突出品牌与竞争对手的差异，能够触动消费者的情感，引发共鸣，也为品牌的各种活动和传播提供明确的方向和指导。例如，耐克的品牌真言"Just Do It"（只管去做），不仅简洁有力，还传达了勇敢挑战、勇于行动的品牌精神。品牌真言有助于在企业内部统一对品牌的理解和认知，确保所有的品牌决策和行动都与核心价值保持一致，同时也能有效地向消费者传递品牌的核心信息，增强品牌的影响力和吸引力。

二、设计并执行品牌营销活动

创建品牌资产要求在消费者心智中进行合理定位，尽可能获得消费者的品牌共鸣。一般来说，这种知识构建流程取决于以下三个因素：其一，构成品牌元素的初始选择，以及如何进行组合搭配；其二，营销活动及营销支持方案，以及将品牌整合进去的方式方法；其三，通过与其他一些实体（如公司、原产国、分销渠道或其他品牌）相关联，从而间接产生的品牌联想。

（一）品牌元素的组合与匹配

品牌元素的组合与匹配是指将品牌名称、标志、符号、包装、广告曲、品牌角色等各种品牌元素进行合理搭配和协同运用，以创造出一致且强大的品牌形象。在进行品牌元素的组合与匹配时，需要重点关注以下几个方面。

一是一致性。所有的品牌元素应传达一致的品牌信息和价值。例如，品牌名称传达的形象应与品牌标志的设计风格、色彩选择等相互呼应，共同塑造统一的品牌个性。

二是独特性。组合后的品牌元素应具有独特的特征，能够在众多竞争对手中脱颖而出，吸引消费者的注意并易于识别和记忆。

三是扩展性。品牌元素的组合应能够适应品牌在不同市场、产品线和传播渠道上的扩展需求，保持品牌形象的连贯性和一致性。

四是适应性。要考虑到不同文化、地域和目标受众的特点，确保品牌元素在各种环境和受众中都能被正确理解和接受。

五是协同性。各个品牌元素之间应相互补充和强化，共同提升品牌的影响力和认知度。例如，品牌的广告曲应与品牌的视觉元素和宣传口号相配合，形成整体的品牌体验。

（二）品牌营销活动的整合

在制定营销活动的目标时，要充分考虑品牌的定位和核心价值，确保活动的目标与品牌的长期愿景和短期策略相一致，强化品牌形象。在活动策划阶段，应从主题选择、活动形式到传播渠道的运用，都要充分融入品牌元素。例如，活动主题可以体现品牌的独特卖点或品牌理念；活动形式可以根据品牌的个性使设计富有创意或专业严谨；传播渠道的选择应契合品牌的涉众习惯，如年轻人更倾向于社交媒体平台。在营销方案中，如广告宣传、促销活动、公共关系等方面，同样要以品牌为核心。广告的创意和文案要突出品牌的特点和优势，促销活动的优惠方式和规则要与品牌形象相符，公共关系活动要积极传播品牌的正面形象和价值观。另外，通过整合营销活动，可以实现资源的优化配置。以品牌为导向，能够更有针对性地投入人力、物力和财力，提高营销活动和营销方案的效果和效率。

（三）提升次级联想

次级联想是指那些通过与品牌相关的元素、事件、人物、组织等间接建立的品牌联想。品牌可能发生关联的要素包括公司、国家或者其他地理区域、分销渠道、其他品牌、个性、代言人、体育和文化事件或其他第三方来源等。如通过与在市场上具有良好声誉和形象的品牌或机构建立合作关系，借助对方的品牌影响力来提升自身品牌的形象；选择与品牌形象和价值观相契合的代言人，代言人的正面形象和知名度能够为品牌带来积极的次级联想；积极参与公益事业，展现品牌的社会责任感，从而在消费者心中建立良好的品牌形象。此外，如果品牌具有地域特色，可以充分挖掘和利用当地的文化元素，为品牌增添独特的魅力。

三、评估和诠释品牌绩效

成功的品牌管理需要有效设计并执行品牌资产评估系统。品牌资产评估系统由一系列研究步骤构成，它将为营销者制定短期最优策略和长期最佳战略，提供及时、精确和可溯及的信息。品牌资产评估的三个关键步骤为品牌审计、品牌追踪和执行品牌资产管理系统。

品牌审计是对品牌的全面检查和评估，旨在深入了解品牌的现状、优势、劣势及面临的机会和威胁。品牌审计要求同时从公司和消费者视角来理解品牌资产的来源。包括评估品牌的知名度、美誉度、忠诚度等方面的表现；分析品牌在消费者心目中的形象，包括品牌个性、价值观、视觉元素等；审查品牌的广告、促销、公关等传播活动的效果和一致性；研究品牌在市场中的份额、销售趋势、竞争地位等；评估品牌的战略规划是否与企业整体战略相契合，是否适应市场变化；考察企业内部对品牌的管理流程、组织架构、资源配置等方面的情况。

品牌追踪是一种持续监测和评估品牌在市场中的表现、消费者认知和态度变化的研究方法。主要目的在于了解品牌知名度和认知度的变化、评估品牌形象和声誉、测量消费者的态度和情感、跟踪品牌忠诚度、监测市场份额和销售表现。通过品牌追踪，企业可以及时发现品牌中存在的问题和机会，采取针对性的营销策略和改进措施，保持品牌的竞争力和活力。

执行品牌资产管理系统是一项综合性的工作，旨在有效地管理和提升品牌的价值。品牌资产管理系统主要包括三个方面：创建品牌资产章程、收集品牌资产报告和定义品牌资产任务。

四、提升和维系品牌资产

提升和维系品牌资产非常具有挑战性。品牌资产管理活动是从更广阔和更多元化的视角理解品牌资产和品牌战略应如何反映公司所想，以及根据时间、地理位置或者多个细分市场进行调整。

（一）品牌组合和架构

公司的品牌结构涉及如何在所有不同产品中应用品牌元素并提供通用原则。品牌组合和品牌架构是制定公司品牌战略的两个主要工具。品牌组合是指特定公司在特定品类内出售的所有品牌的集合；品牌架构反映公司不同产品之间品牌元素的统一性与独特性。

（二）长期管理品牌资产

长期管理品牌资产是一项具有战略意义且持续的工作，旨在维护和增强品牌的价值、声誉及市场地位。首先，要保持品牌的一致性和连贯性。这包括品牌的核心价值观、品牌形象、品牌承诺等关键元素在时间上的稳定性，让消费者能够始终清晰地识别和认同品牌。其次，持续创新是关键。不断根据市场变化和消费者需求，对产品或服务进行改进和升级，以保持品牌的竞争力和吸引力。再次，注重品牌的传播和推广。通过多样化的渠道，如广告、公关、社交媒体等，持续向消费者传递品牌信息，强化品牌在消费者心中的印象。最后，建立良好的客户关系管理体系，关注消费者体验，及时回应消费者的反馈和诉求，提高消费者满意度和忠诚度。品牌营销方案的任何变化将改变消费者对品牌的认知，并最终影响未来营销方案的成功。因此，长远视角还要积极设计品牌战略，以长期维护和提升基于顾客的品牌资产，并在品牌面临困难和问题时，制定品牌激活战略。

（三）品牌延伸

品牌延伸战略应考虑跨越地理界限、文化及细分市场来管理品牌资产。在不同的地区和文化中，消费者的需求、偏好、价值观及购买行为可能存在显著差异。国际性事件能够为品牌提供展示和传播的机会，但也需要谨慎应对，以避免可能出现的文化冲突或误解。全球品牌化战略需要在保持品牌核心价值和形象一致性的基础上，根据不同市场进行适度的本地化调整。这意味着营销部门不仅需要掌握细分市场的人口统计特征、消费能力等基础信息，还要深入了解当地的文化习俗、审美观念、社会规范等深层次因素对消费者行为的影响。此外，通过对细分市场具体信息和消费者行为的精准分析，企业能够更有效地在海外市场创建和积累品牌资产，提高品牌的知名度、美誉度和忠诚度，实现品牌的可持续发展和全球扩张。

【知识拓展】

品牌延伸

品牌延伸是指利用现有品牌名进入新的产品类别，推出新产品的做法。品牌延伸能够让企业以较低的成本推出新产品，是企业推出新产品的主要手段。品牌延伸并非只是简单借用表面上已经存在的品牌名称，而是对整个品牌资产的策略性使用。品牌延伸策略可以使新产品借助成功品牌的市场信誉在节省促销费用的情况下顺利占领市场。

资料来源：王海忠.品牌管理[M].北京：清华大学出版社.2014.

本章小结

（1）关于品牌的定义可以归类为四种不同的角度，即品牌的"符号说""关系说""综合说"和"资产说"。品牌与产品不同，品牌是消费者对产品的认知总和，包括品牌名称、标志、形象、声誉、价值主张等一系列元素，它代表了消费者对产品的感受、印象和联想。

（2）品牌的特征包括品牌的表象性、专有性、信用性、价值性、系统性、扩张性、信息的丰富性。品牌可以依据不同的标准划分为不同的种类。

（3）品牌对消费者的价值主要在于可以降低消费者的搜寻成本、降低消费者的购买决策风险、帮助消费者认知自我、带给消费者价值感知与情感满足。品牌对企业的价值主要在于品牌是企业对其产品进行法律保护的载体，是企业提高产品附加值及获取溢价收益的利器，是企业形成差异化竞争优势的手段，是企业重要的无形资产。品牌对社会的价值主要在于品牌对经济发展的推动作用、消费的引导与教育作用、文化传承与创新作用、社会信任构建作用、社会形象塑造作用、社会资源整合与优化作用。

（4）战略品牌管理涉及创建、评估及管理品牌资产的营销规划和活动的设计与执行。战略品牌管理流程包括四个主要步骤：识别和确立品牌定位和价值；规划并执行品牌营销活动；评估和诠释品牌绩效；提升和维系品牌资产。

（5）品牌定位心理地图，也被称为心智地图或心智雷达图，是用于分析和展示消费者心智中品牌认知和竞争格局的一种工具。

（6）竞争性参考框架指的是用于定义和比较品牌竞争地位的一组竞争品牌或产品类别。

（7）核心品牌联想是消费者记忆中与品牌密切相关的一系列关键的想法、形象、感知和情感等。品牌真言是用简洁、有力的语言对品牌核心价值和灵魂的提炼与概括。次级联想是指那些通过与品牌相关的元素、事件、人物、组织等间接建立的品牌联想。

（8）品牌元素的组合与匹配是指将品牌名称、标志、符号、包装、广告曲、品牌角色等各种品牌元素进行合理搭配和协同运用，以创造出一致且强大的品牌形象。品牌组合是指特定公司在特定品类内出售的所有品牌的集合。

（9）品牌资产评估包括三个关键步骤：品牌审计、品牌追踪和执行品牌资产管理系统。

（10）品牌架构显示公司产品之间相同的和独特的品牌元素的数量和性质，以及品牌的类别。

思考与讨论

（1）以具体快消品牌为例，讨论其品牌是如何体现表象性、专有性、信用性、价值性、系统性、扩张性和信息丰富性这些特征的。

（2）品牌对于消费者、企业和社会的价值往往是相互关联的。请以具体品牌为例，分析其是如何同时实现这三个方面的价值的。

（3）运用品牌定位心理地图，分析当前预制菜市场中主要品牌的竞争格局，并探讨新进入者可能的机会。

（4）以可口可乐为例，分析其核心品牌联想和品牌真言分别是什么，以及如何通过营销活动来强化这些联想和真言。

（5）假设一家传统食品企业计划进行品牌资产评估，你认为在品牌审计阶段应重点关注哪些方面？

（6）以具体知名品牌的品牌架构为例，探讨其品牌元素的数量、性质和类别是如何协同作用以塑造品牌形象的。

案例分析

东港草莓：品牌营销模式创新　助力"小草莓"变身"当家果"

近年来，辽宁省东港市以草莓为主导产业，加快东港草莓区域公用品牌培育打造，探索出"品牌打造+电商营销"的发展路径，让一颗小草莓成为东港农业的致富果和当家果，让东港草莓品牌成为引领产业高质量发展的新动能和新引擎。

东港市具有近百年的草莓栽培历史，是我国优质草莓生产基地和最大的草莓出口基地。目前，草莓种植面积达19.1万亩，年产量30万吨，鲜果产值达60亿元。拥有草莓专业合作社324家、家庭农场49家、草莓深加工企业42家，通过HACCP认证企业4家、亿元规模以上企业4家。近年来，东港市加大品牌培育力度，做强电商品牌营销，电商带动草莓销售高达70%，品牌知名度和市场占有率显著提高，东港草莓正在实现"接棒百年产业，跨入百亿产值"战略目标。东港草莓也被纳入中国百强农产品区域公用品牌和中国农业品牌目录。

加大政策扶持　奠定品牌电商发展基础

东港市制定《东港草莓产业发展规划（2019—2024）》，实施五大工程，完善九大体系，解决产业发展的土地、金融、技术等问题。印发《农业设施产权证颁发暂行办法》，在全国率先开展大棚设施抵押贷款，累计融资2.4亿元。出台《商贸流通业发展扶持办法》等系列政策，统筹财政、土地、金融、人才等资源，五年累计投入2亿元，实现县域电商公共服务、乡村网点、物流配套和光纤到村"四个全覆盖"。制定《东港市加快电子商务发展指导意见》，设立农村电商发展扶持资金500多万元，并投入财政资金1900多万元，带动企业投资2800多万元。印发《"东港草莓"品牌打造实施方案（2020—2025）》，设立品牌打造专项资金，成立东港草莓协会，加快推动东港草莓品牌创新发展。

织密电商配套网络　激发线上线下营销潜能

推进县乡村三级服务体系、农村物流配送体系、电商培训体系建设，以东港市县域

农村电商公共服务中心为依托，建立县镇村三级电商服务站点，包括6个镇级和124个村级服务站点，实现村网点全覆盖，有效畅通草莓上行进城、生产资料下行进村渠道。在"一件代发""草莓专机""智慧物流"等多种快递服务模式下，东港草莓能够第一时间封装、寄递，实现了从"田间"到"舌尖"的快速对接。京东、顺丰等物流企业于每年草莓旺季前，在东港分别召开以"京东快递、莓好鲜到""草莓寄递、顺丰领鲜"等专题推介会，为东港草莓冷链运输保驾护航。

构建多线传播模式　实现品牌促进消费

开展全媒体宣传，提升品牌曝光率。人民日报刊登《丹东：村里有电商，卖货不再慌》《辽宁东港市借智借力铺就致富路——边陲小草莓网上卖得欢》、新华社刊登《东港草莓为什么这么红》、中国中央广播电视总台新闻播出《丹东草莓线上扩销路，"互联网＋"助力农产品销售》、光明日报刊登《当"草莓第一县"遇上"互联网＋"》等。东港市农村电子商务公共服务中心联合腾讯、新浪、抖音、快手等平台，共同开展"东港草莓季·系列直播活动"，发起草莓话题系列挑战赛，通过线上线下、产地销地相结合的方式广开销路，采用"传统媒体＋现代媒体"相结合的矩阵式宣传，大大提升品牌传播声量，扩大了品牌知名度和影响力。

东港草莓是"品牌打造＋电商营销"的典型代表，抓住了电商平台发展机遇，通过政府引动、政策拉动、电商平台和物流企业联动、公共服务促动等方式，建立了"电商平台＋骨干企业＋网商网店"品牌营销"雁阵"，走出了一条电商带动品牌创新发展的有效路径。

资料来源： 中农富通长三角规划所. 东港草莓：营销模式创新 助力"小草莓"变身"当家果"［EB/OL］. https://baijiahao.baidu.com/s?id=1769938745678228467&wfr=spider&for=pc, 2023-06-28/2024-07-15.

思考：

（1）在东港草莓的品牌培育过程中，当地政府出台了一系列政策和规划。请讨论政府在农业品牌发展中应扮演怎样的角色，以及如何更好地发挥其作用。

（2）分析东港草莓品牌发展过程中，电商平台、物流企业、骨干企业和网商网店之间的协同合作机制，以及如何进一步强化这种合作。

第二章　中国农业品牌的创建价值

 知识与技能目标

（1）理解中国农业品牌在宏观层面对于支撑国家品牌战略、应对全球化竞争、推进农业现代化建设、推动可持续的生态发展，以及实现乡村振兴战略的具体作用和意义。

（2）掌握中国农业品牌在中观层面如何有利于区域农业经济发展、整合提升资源价值、提升农产品竞争力、构建区域新型产业生态、表征区域品牌形象以及提升消费市场信心。

（3）掌握整合农业资源、提升农产品品质和竞争力的方法和技巧，能够运用到实际的农业品牌创建中。

（4）学会构建区域新型产业生态的策略和模式，促进农业品牌与相关产业的协同发展。

 **情境导入**

雷波县地处四川省凉山彝族自治州，曾经是国家级贫困县。近年来，雷波县大力发展脐橙特色产业，打造雷波脐橙品牌，念脐橙经、打脐橙牌、发脐橙财，让一个"一穷二白"的贫困县走上了脱贫致富的幸福路，展现出日新月异的乡村发展活力。2021年，雷波县主动谋划，积极争取，首批纳入农业农村部脱贫地区农业品牌公益帮扶行动。在部品牌帮扶组的指导下，成立省—州—县三级工作小组，制定雷波脐橙品牌发展中长期规划，组织开展线上线下培训，重构品牌产品形象，并实现与阿里巴巴等大型电商平台对接，顺利入驻盒马生鲜等高端商超，助力雷波脐橙品牌升级。雷波县将品牌营销和品牌保护同步推进。制定雷波脐橙品牌维护方案，发布雷波脐橙品牌维护和打假公告，开展脐橙地理标志维权行动，保障雷波脐橙品牌形象，为雷波脐橙宣传推广和市场销售营造良好环境。加大品牌营销推介力度，雷波县委书记在中国国际农产品交易会上亲自为雷波脐橙代言，现场销售17450吨。通过中央电视台农业频道《谁知盘中餐》栏目展示脐橙采摘、储存、运输和售卖全过程，提升消费者的信任度和认同感。登上四川电视台《蜀你最美》栏目、四川电视台农民春晚等，不断提升雷波脐橙的知名度和美誉度。2021年，浙江省宁波市象山县对雷波县开展品牌消费帮扶活动，通过推介展销、订单采购、东西部扶贫车间生产销售、线上线下推广、建立"雷波农特产品展馆"等形式，全面助推以脐橙为代表的雷波名优特产出山达海，走出大凉山。

资料来源： 中国农村网. 雷波脐橙：打造特色品牌 增强脱贫致富新活力［EB/OL］. https：//journal.crnews.net/ncpsczk/2024n/d4q/sdpp/962718_20240424094338.html，

2024-04-24/2024-07-15.

思考：雷波脐橙品牌创建过程中，对当地农民的生产观念、市场意识和生活水平产生了哪些深远影响，以及这些影响所带来的价值是什么？

农业是实现中华民族伟大复兴的基础，加快建设农业强国，农业品牌是重要标志①。中国政府高度重视农业品牌创建，并出台了一系列相关政策文件。2023年，中央一号文件提出"支持脱贫地区打造区域公用品牌"。打造农产品区域公用品牌，对于乡村产业振兴、农民家庭增收、农业企业发展具有重要促进作用。具体表现为：有助于整合特定地域内的农业产业资源，提高农业产业的组织化程度，促进形成特色农业产业集群，推动农业生产要素向优势区域集中，推进特色农业规模化、标准化、绿色化和专业化发展，增强市场竞争力和可持续发展能力；帮助农民通过多种形式直接获得经济收益，借助品牌赋能提升农产品的市场竞争力和附加值，拓展销售渠道，促进农民家庭增收；助力龙头企业依靠品牌影响力获得更大发展空间，聚合更多要素，加速企业成长，同时推动企业产业链优化升级，增强产品的市场竞争力。

第一节　宏观价值

从宏观层面看，农业品牌创建可以应对全球品牌竞争态势，支撑国家品牌战略，推动可持续生态发展，助力乡村振兴，提升资源价值，构建新型产业生态②。

一、支撑国家品牌战略

农业是中国文化的渊源，农民占中国人口的大多数，农村是中国人心之根本。发展品牌农业，不仅能解决农业产业的发展与竞争问题，还有助于解决"三农"问题，让农民获得更高的收益和生活品质；以品牌农业参与国际市场竞争，既能实现农产品溢价销售，又能推动附着在农产品上的中国文化输出，实现中国理念与价值观的立体传播。将"以农立国、品牌强国"作为国家核心战略，将农业品牌作为国家品牌的行业支柱，可扎实提升国家品牌的竞争实力与价值。

农业作为国家的基础产业，始终是国民经济的命脉所在。"以农立国"意味着从根本上重视农业的基础性地位，保障国家的粮食安全，稳定农业生产，确保农产品的充足供应，为社会的稳定和发展提供坚实的物质基础。在此基础上，"品牌强国"战略的推行，能够让农业从传统的粗放式发展模式向精细化、品牌化转变。通过精心打造具有影响力的农业品牌，不仅能够提升农产品的附加值，增加农民的收入，更能够在国内外市场上树立起中国农业的优质形象。

强大的农业品牌能够促进农业产业的优化升级。推动农业生产技术的创新，提高农业生产效率，促进农业产业链的延伸和拓展，形成从种植、养殖到加工、销售的完整产业链条，从而提升整个农业产业的综合竞争力。另一方面，优质的农业品牌有助于塑造国家品牌的良好形象。农业品牌所代表的绿色、环保、安全、高品质的理念，能够传递

---

① 侯雅洁. 强化政策研究，为创新农业品牌发展提供有力支撑［N］. 农民日报，2023-05-09（002）.
② 胡晓云. 中国农业品牌论：基于区域前提的战略与传播研究［M］. 杭州：浙江大学出版社，2021.

出国家对于可持续发展的追求，以及对消费者健康和福祉的关注。这种积极的形象塑造，能够增强国家品牌在国际市场上的吸引力和美誉度。同时，农业品牌的国际化发展，能够加强国际间的农业交流与合作，引进先进的农业技术和管理经验，提升我国农业在全球农业格局中的地位和影响力。

二、应对全球化竞争

在全球化的时代浪潮下，世界经济的融合日益紧密，各国的市场相互连通，竞争也愈发激烈。当我国成为世贸组织的一员，农产品市场就不再局限于国内，而是被置于国际大舞台之上，直接与来自世界各地的农产品同场竞技。但是，尽管我国拥有众多独具特色、品质优良的农产品，在品牌建设方面却存在明显的短板。多数农产品虽然名声在外，以其独特的地域特色或优良品质为人所知，却未能形成具有广泛影响力和市场号召力的知名品牌。这种"有名品、无名牌"的尴尬局面，使我国的农产品在国际竞争中常常处于劣势。农业品牌作为一种具有完整标准体系、为客户提供增值农产品及良好服务的新型农业，可以给客户带来更高的质量和信誉保障，是提高农产品市场竞争力与农业国际竞争力的有效工具。实践证明，品牌农产品在国内外市场竞争中，其优势地位与作用要远胜于那些没有品牌的农产品。

创建强势的中国农业品牌集群已成为当务之急。这意味着我们不能仅仅满足于拥有优质的农产品，更要致力于打造一系列具有强大市场竞争力和品牌影响力的农业品牌。通过整合资源、优化产业结构、提升产品质量和服务水平，形成一批能够代表中国农业实力和形象的品牌方阵，才能让中国农业顺利进入全球品牌竞争话语体系，并在世界品牌之林中立足。

国际市场是品牌的天下。具有优质、特色、科技含量高、信誉好、绿色环保等特点的农产品品牌具有强大的国际竞争力，可以打破贸易壁垒，更多、更快、更好地进入国际市场，获得较高的经济效益[1]。我们应大力推进农业品牌战略，不断改善和优化政策、法律和舆论环境，规范市场秩序，推动农业科技进步和制度创新，提高农业经营管理水平，形成优胜劣汰、奋力争先的竞争格局，提升农业的整体素质和效益，增强农产品的国际竞争力[2]。农业国际竞争能力强就意味着农业强国建设不能仅满足于保障国家粮食安全的底线任务，还要具有全球竞争视野，在持续提升本国农业生产经营效率的基础上，重点通过推进建设国际化农业品牌、打造世界一流农业龙头企业、促进农业高水平对外开放合作等举措，不断增强本国农业的全球竞争力[3]。

三、推进农业现代化建设

农业品牌化是衡量农业现代化水平的核心标志，品牌是农业核心竞争力的综合体现[4]。在当今时代背景下，农业的发展已不再局限于传统的生产模式，而是朝着现代

---

[1] 邱岗. 永泰"芙蓉李"品牌战略发展对策研究[D]. 福州：福建农林大学，2010.
[2] 关红. 农产品品牌战略与策略研究[J]. 杂粮作物，2008（5）：339-340.
[3] 谢文帅. 农业强国的概念特征、国际比较与中国方案[J]. 上海商学院学报，2024，25（1）：60-74.
[4] 申振华，王继红，刘超. 推动专业化建设走深走实：四川乡村频道 擦亮农业大省"金字招牌"路径研究[J]. 西部广播电视，2023，44（S1）：1-7.

化、高效化、可持续化的方向迈进。农业品牌化战略作为这一转型过程中的关键举措，具有不可替代的重要性。农业品牌化之所以成为衡量农业现代化水平的核心标志，是因为它涵盖了农业生产的多个关键环节。一个成功的农业品牌，不仅代表着高品质、标准化的农产品，更意味着先进的种植养殖技术、科学的管理模式、完善的质量追溯体系以及高效的市场营销策略。品牌化促使农业生产从分散、粗放向集中、精细转变，从注重数量增长向追求质量提升过渡。

品牌作为农业核心竞争力的综合体现，凝聚了农业生产中的各种优势资源。优秀的农业品牌能够整合土地、资金、技术、人才等要素，形成强大的合力。通过品牌的引领，能够激发农业生产者的创新意识和质量意识，推动农业科技的研发和应用，提高农业生产的效率和效益。

党的二十大报告中关于"加快建设农业强国"和"推进农业高质量发展"的要求，为农业品牌化战略指明了方向。加快建设农业强国，需要依靠品牌化来提升农业的国际竞争力，打造具有全球影响力的农业品牌，让中国农业在世界农业舞台上占据重要地位。推进农业高质量发展，离不开品牌化的支撑。只有通过品牌化，才能实现农产品的优质优价，满足消费者日益增长的美好生活需要，推动农业产业结构的优化升级，促进农业可持续发展。

四、推动可持续的生态发展

品牌农业以安全生产、安全消费为基础，对"三品一标"、环境生态友好、物种独特性保护、产品差异化开发、文化价值提炼升华等有基本要求。其不仅对农业产业生态化发展起重要作用，也为其他产业的健康生态发展和人类消费品质提升奠定基础，体现了人类可持续发展的战略要求。

在现代社会的发展进程中，品牌农业已然成为农业领域的重要发展方向。它将安全生产和安全消费视为根本基石，这意味着从农产品的种植、养殖，到加工、运输，再到最终的销售和消费环节，都必须严格遵循一系列高标准和严要求。绿色食品、有机农产品和农产品地理标志，是品牌农业发展的重要衡量指标。品牌农业追求的不仅是产品符合相关标准，更是在生产过程中最大限度地减少化学物质的使用，保障农产品的天然品质和营养价值。同时，品牌农业高度重视环境生态友好。它倡导采用可持续的农业生产方式，减少对土壤、水源和空气的污染，保护生态平衡，促进农业生态系统的良性循环。通过合理的土地利用、水资源管理和生物多样性保护，为子孙后代留下美丽宜居的生态环境。

品牌农业的这些要求和实践，产生的影响远不止于农业领域本身。它对农业产业的生态化发展起到了强大的推动作用，促使农业从传统的高消耗、高污染模式向绿色、低碳、循环的生态模式转变。同时，为其他产业的健康生态发展树立了榜样。例如，为食品加工业提供优质的原材料，推动加工业向绿色、安全、高品质的方向发展；为旅游业提供丰富的农业观光、体验项目，促进农旅融合。

品牌农业也为消费品质的提升奠定了坚实基础。让消费者能够享受到安全、健康、美味且富有文化内涵的农产品，满足人们对美好生活的向往，进而推动整个社会形成绿色、健康、可持续的消费观念和生活方式。

品牌强农，有助于将绿色发展理念贯穿农业生产经营全过程，构建绿色产业价值链，推进农业绿色化、优化化、特色化、品牌化，变绿色为效益，实现产业与生态的共建共享，推动人与自然的和谐共生[①]。在农业品牌的建立过程中，品牌战略及其实施会倒逼生产者的生态环境保护意识与行为，倒逼适度规模化、标准化与品质管理，并以消费者需求满足为目标导向等，从而有效推动可持续生态发展战略的实施。

五、实现乡村振兴

乡村作为城市的起源和基础，不仅承载着城市居民深层次的情感归属和文化认同，也在城市发展过程中发挥着重要的支撑作用。乡村不仅是城市居民精神慰藉与心理归属的象征，更是城市经济社会运行不可或缺的资源供给地，为城市提供源源不断的基础物资与生态支持。然而，在城市化的汹涌浪潮中，中国乡村却面临着严峻的挑战。空心化使得乡村失去了往日的热闹与活力，大量青壮年劳动力外流，老龄化现象日益严重，乡村的发展动力逐渐匮乏。也正因为如此，乡村振兴战略应运而生，成为我国发展规划中的关键一环。这一战略明确提出了内涵丰富的"二十字方针"："产业兴旺、生态宜居、乡风文明、治理有效、生活富裕。"这二十个字犹如一盏明灯，为乡村的未来发展指明了方向。

发展品牌农业，可以挖掘、提升、重塑中国"三农"的价值，实现产业兴旺。而产业兴旺则是乡村振兴的首要任务。品牌农业不仅可以发展中国农业丰富的物质价值，传承中国农村特殊的文化价值，提升中国农民的知识结构与精神气质，也能够实现"弯道超车""变道超车"，实现产业增效、农民增收、农村变美。

品牌农业在推动乡村振兴的道路上，发挥着举足轻重的作用。它深入挖掘农业的物质价值，让那些曾经被低估或忽视的优质农产品，通过品牌的塑造和推广，展现出其应有的价值和魅力。在传承的基础上，不断创新发展，为农业产业注入新的活力和动力。品牌农业也注重农村文化价值的传承与提升。农村拥有着独特而深厚的文化底蕴，如民俗风情、传统技艺、农耕文化等。通过品牌的打造，这些文化元素得以融入到农产品中，使其不仅是一种物质产品，更是一种文化的载体。对农民而言，品牌农业的发展促使他们不断学习新知识、新技术，优化自身的知识结构和提高自身素养，在市场竞争的洗礼中，逐渐塑造出积极进取、勇于创新的精神气质，成为新时代有知识、有追求的新型农民。此外，品牌农业突破了传统农业发展的瓶颈和困境，以创新的思维和模式，实现了产业的高效发展。产业增效带来了经济效益的显著提升，农民的收入大幅增加，农村的环境和基础设施也得到了极大改善，实现了美丽蜕变。

【案例 2-1】

都匀毛尖：创新发展 引领黔茶出山

近年来，贵州省黔南州顺势而为、借势而进，依托资源优势，落实新发展理念，统筹做好茶文化、茶产业、茶科技这篇大文章，走出了一条茶品牌创新发展之路。黔南州

---

① 唐珂. 品牌强农与乡村振兴 [EB/OL]. 中国农村网, http://journal.crnews.net/ncpsczk/2018n/dsjq/gz/923712_20180620102328.html, 2024-7-19.

先后出台《关于进一步加快茶产业发展的实施意见》《黔南州促进茶产业发展条例》等政策文件，设置专项扶持资金，每年给茶叶重点县支持1000万元以上、其他县500万元以上，每年整合2亿元以上项目资金，支持茶产业发展。以做强"干净茶"为目标，以标准化为引领，修订发布了《都匀毛尖茶综合标准化体系》，明确从茶青原料到生产加工及产品包装等实行规范化生产、标准化工艺全流程，实现茶产业由传统产业向生态化、规范化、专业化发展。通过绿化荒山、打造万亩茶园乡镇，黔南州擦亮了"绿水青山"底色，提升了"金山银山"成色，带动14655户贫困户51420人实现稳定脱贫，人均增收1314元。黔南州将茶文化园、生态茶园、茶企茶市等打造成茶旅景点，将茶产品、牙舟陶、马尾绣等开发成茶旅商品，将茶民俗、茶文化、茶影视等打造成茶旅品牌，形成"以茶促旅、以旅带茶、茶旅互动"的发展格局。建成中国茶文化博览园、绿博园、"中国天眼"科普茶文化园等，形成都匀毛尖镇、贵定云雾镇、瓮安欧标茶旅小镇、独山影山镇等茶旅特色小镇。茶旅一体化年均接待游客量80万人次，旅游收入2.7亿元，带动周边群众实现年户均增收2635元，全州文化产业增加值占GDP比重4.5%，位居全省第一。"云端茶海·心上毛尖之旅"入选全国20条茶乡旅游精品线路。

资料来源：中国农村网．都匀毛尖：创新发展 引领黔茶出山［EB/OL］. https：//journal.crnews.net/ncpsszk/2023n/d10q/sdpp/95636820230724060107.html，2023-07-24/2024-07-15.

思考：农业品牌创建对于农村地区的社会经济发展还有哪些潜在的积极影响？

第二节　中观价值

一、有利于区域农业经济发展

农业品牌建设通过提升产品价值、拓展市场、推动产业升级、促进就业增收、推动产业融合和区域形象塑造等多种途径，有力促进了区域农业经济的发展。农产品区域公用品牌的打造，提供了发展区域经济的"准公共品"。这些"准公共品"事实上可以为一个区域经济的发展赋予品牌价值，赋能区域农业经济。各地通过"一县一品"策略所造就的，以集体商标、证明商标等多样商标类型注册而成的农产品区域公用品牌，已然成为各区域农业经济的核心农产品平台品牌以及坚实的农业基础品牌。这些至关重要的农业基础品牌和平台品牌，正充分发挥其引领作用，有力地带动着区域内相关的农业企业品牌、农产品品牌以及其他各类相关品牌协同发展，不断为区域农业经济增添动力，最终成功塑造出独具特色的区域农业品牌经济生态，助力区域农业经济向高质量和可持续的方向稳步迈进。

【案例2-2】

盱眙龙虾：加强品牌协同　带动区域经济红红火火

江苏省盱眙县立足小龙虾产业，紧扣高质量发展目标，聚力产业融合，推动品牌协同，走出一条绿色富民、品牌强农、产业振兴新路子，造就了全国知名的区域公用品牌——盱眙龙虾。龙虾产业现已成为盱眙县支柱性产业。目前，盱眙全县龙虾养殖面积达83.5万亩，龙虾年产量约12万吨，交易量约17万吨，形成了龙虾美食、龙虾香米、龙虾调料、龙虾文创四大系列产品，达到百亿级产业规模，做到了"培育一个品牌、带动一个产业、造福一方百姓"。全县超过1/4的人口从事与龙虾相关的产业，农村居民人均纯收入中约1/4来自龙虾产业，龙虾产业的收入约占全县GDP总量的1/4。

盱眙县制定《盱眙龙虾产业"十四五"规划》《龙虾产业发展扶持引导基金设立及使用管理办法》《盱眙县"十四五"期间龙虾产业二次创业行动方案》等系列政策。成立盱眙龙虾产业发展服务中心，指导盱眙龙虾"三品协同"发展。成立盱眙龙虾产业发展股份有限公司，进行盱眙龙虾及延伸产品全产业链打造、品牌提升和项目建设。成立江苏省盱眙龙虾协会，拥有1000余家团体会员，会员及加盟单位覆盖全国20多个省、自治区、直辖市，对盱眙龙虾产业进行规划、指导、协调和行业监督，制定盱眙龙虾行业各类标准，协调整合各种社会资源，延伸打造盱眙龙虾产业系列品牌和盱眙龙虾文化创意品牌，有效规范了盱眙龙虾市场，维护了品牌形象。

资料来源：农产品市场—中国农村网．盱眙龙虾：加强品牌协同 带动区域经济红红火火［EB/OL］．http：//journal.crnews.net/ncpsczk/2023n/d13q/sdpp/956525_20230726013302.html，2023-07-26/2024-07-15.

思考：在盱眙龙虾产业发展过程中，政府出台的系列政策、成立的相关机构以及制定的行业标准，是如何协同构建起盱眙特色的新型龙虾产业生态的？

二、整合提升资源价值

农业品牌提升资源的价值主要体现在经济特性上，农业品牌的经济特性体现在通过品牌化过程，不断提高农业劳动生产率、土地生产率和综合农业生产率。农业品牌的经济特性又可以分为效率特性和效益特性两个方面：农业品牌的效率特性包括资源配置效率、管理效率和结构的变动效率；农业品牌的效益特性则包括农民（农户）、集体和国家共享的社会效益、经济效益和生态效益。农业现代化作为一个相对完整的投入产出系统，投入和产出的高效益是维持其发展的基本条件[1]。其中，最为关键的是农业品牌资源配置的高效率，虽然不同国家或地区发展农业品牌的路径不尽相同，但其高效率的资源配置是一致的。如美国的弗农·拉坦（Vernon L. Ruttan）和日本的速水佑次郎（Yujiro Hayami）在研究美国和日本农业品牌成功经验时发现：尽管美国、日本农业品牌化道路不同，但资源配置高效率的经济原理是一致的[2]。在美国，农业发展面临的主要制约因素是劳动力，而日本则主要是土地，所以美国选择了以机械化为主的发展道路来提高其资源总体利用水平，而日本则通过采用良种、化肥和水利，增加土地面积的有效供给。

农业品牌既有开拓市场和整合资源等"硬功能"，也有文化凝聚和地区名片等"软

---

[1] 王润润．江苏率先实现农业基本现代化的产业化信息化融合发展路径研究［D］．南京：南京邮电大学，2012.

[2] 李敏．国外农产品品牌研究述评［J］．乡镇经济，2009，25（10）：92-95.

实力"[①]。从实践看，农产品区域公用品牌是整合资源、缔造标准、组织供给的平台，一端连接"大国需求"，一端连接"小农供给"。通过品种选择、标准制定、产品分选、品牌授权、组织构建等一系列手段，将"小散乱"非标化的生产者组织起来，向市场供给大规模标准化的产品，以满足"大国市场"的需要。与此同时，它又能通过市场需求引导和规范生产，促进产业升级，提高"小农生产"的水平[②]。

通过精心创建具有影响力和独特魅力的农业品牌，以优质的农产品作为起始点，进而引发一系列相关资源的全面整合与深度融合。这种整合与融合不是简单地局限于农业领域，而是跨越了多个产业界限，成功构筑起从基础的第一产业，逐步延伸至以加工制造为主的第二产业，以及以服务为导向的第三产业的全方位产业联动体系。在此基础上形成了"一品长链"的品牌延伸体系，即以某一特色鲜明、品质卓越的农产品为核心原点，通过不断地创新拓展，逐步发展出涵盖多个产业环节的产业集群和品牌集群。

这种发展模式对于区域内的相关产业及其区域经济产生了广泛而强大的整体带动力。一方面，促进了农业生产的规模化和专业化，提高了农产品的产量和质量；另一方面，推动了农产品加工业的发展，增加了产品的附加值，创造了更多的就业机会。同时，还带动了农业相关服务业的兴起，如农业旅游、农村电商等，丰富了区域经济的产业结构。目前，在中国众多的农业品牌中，已经有一部分杰出的品牌借助成功的品牌化策略，巧妙地整合并显著提升了农业资源乃至整个区域资源的价值，成功达到了"一品长链"的理想品牌效应。

农业品牌建设还能够有效地集聚各类资源，通过对产品之外的诸多无形价值进行深入挖掘和发现，如源远流长的文脉、精湛独特的工艺、令人敬仰的人物、引人入胜的故事、鼓舞人心的精神等，并将这些无形价值加以整合，使之成为产品的附加价值，从而使产品在品质优良的基础上，能够以较高的价格出售，进而产生显著的品牌溢价。

资源聚焦是品牌创造的第一步，对后续发展形成关键影响。中国成功的农业公共品牌都是在关注资源和充分挖掘资源背后的潜在价值的基础上开发的。实际上，在中国的贫困地区存在着数量众多且极具潜力的优势资源。然而，令人遗憾的是，由于缺乏有效的提炼与聚合手段，这些宝贵的资源长期处于沉睡状态，未能充分发挥其应有的价值和作用。这些地区可能拥有独特的传统手工业，传承着古老而精湛的技艺，但由于没有被系统地整合和宣传，难以在市场上形成影响力；一些感人至深的民间故事和坚韧不拔的人物精神，也未能被巧妙地融入产品之中，使其缺乏文化内涵和情感共鸣；一些丰富的自然资源和生态景观，也因缺乏科学合理的规划与整合，无法转化为具有吸引力的旅游资源和经济增长点。

三、提升农产品竞争力

农业农村部印发《农业品牌精品培育计划（2022—2025年）》，明确指出要加快农业品牌打造，促进消费升级，全面提升农业品牌竞争力、影响力和带动力[③]。

---

① 宗锦耀. 品牌引领推动农产品加工业转型升级[J]. 农产品加工，2014（3）：4.
② 农本咨询. 农产品区域公用品牌建设热潮的三个起因[EB/OL]. https://www.Sohu.con/a/514274258_649712，2022-01-04/2024-07-19.
③ 王雯. 培育壮大特色农业的挑战和对策[J]. 中国发展观察，2023（Z2）：170-174.

农业品牌的发展不仅对于保护农产品生产经营者、消费者和政府的合法权益具有重要意义，同时，农业品牌化也是提升农产品市场竞争力的重要手段[①]。首先，通过建立完整的标准体系和规范化的运作，农业品牌为农产品品牌所有者提供了法律保护，使其在取得商标专用权后不仅能够防止侵权仿冒行为，还能激励其更加注重产品质量和品牌信誉的维护。这种保护措施不仅有利于构建公平竞争的市场环境，还能够促进农产品品牌的不断创新和提升，从而增强农产品的市场竞争力。其次，有利于约束企业的不良行为，督促企业着眼于消费者利益、社会利益和自身的长远利益，规范自己的营销行为。这种规范化的经营行为不仅有利于提升企业的社会形象，还能够增强品牌在市场中的认知度和美誉度，从而提高农产品的竞争力。再次，品牌农产品的建立也为消费者的合法权益提供了保障，因为品牌形象与信誉的维护要求生产经营者确保产品质量和价格水平的统一，从而为消费者提供了可靠的购买保障。这种保障措施不仅有利于消费者的权益，还能够增强消费者对品牌的信赖度，从而提升农产品品牌在市场竞争中的地位。

农业品牌是发展现代农业的核心竞争力[②]。通过提升农产品的竞争力，农业品牌的发展趋势必将推动农产品市场向着更加规范化、高效化和竞争力强劲的方向迈进。

四、构建区域新型产业生态

一直以来，农业作为第一产业被予以人为的限定。但从品牌的视角看农业，农业不仅具有一次产业的特征，还应当以品牌农业、品牌农产品为原点[③]。它孕育并潜存着多次产业延伸、产业跨越的巨大潜能。农业品牌战略是新型产业生态战略。战略性调整农业结构，并非农业某个环节的局部性调整，也不只是单纯解决生产什么、生产多少的问题，而是要把农业发展的量与质、生产加工及销售进行全局考虑，使农业的结构符合市场的消费结构。

优化农业品牌建设的产业生态，做大品牌要以科学完善的产业布局为支撑，发挥出特色农业产业集群的优势，展现规模效应，为消费者提供品质保障[④]。农业品牌是以市场为导向的一种现代农业模式，大力发展农业品牌对产业生态的调整与优化具有重要的作用，主要表现在以下几个方面：一是可以促进农业生产结构的优化。发展农业品牌，首先要求农产品生产经营者必须树立以市场为导向的经营理念，也就是说生产什么农产品、生产多少农产品必须建立在充分的市场调查与预测的基础上，必须依据国内外农产品市场的发展变化来组织农业的生产，进而形成与市场消费需求相吻合的农业生产结构。二是可以促进农村产业结构的调整与优化。发展农业品牌以实现农业品牌比传统农业更多的增值，不仅要求生产经营者生产出高质量的农产品，还必须以农产品产业链的延伸作为其运作模式，实现贸工农一体化发展，也就是说除了优质的农产品，还必须努力拓展农产品加工、物流（包括农产品的储藏、包装、运输与配送等）、销售、各种农产品的中介服务（包括农业科技咨询、信息咨询等）以及其他领域。只有这样，农业品牌的效益才能得以实现。因此，农业品牌的创造，农产品的采购、运输、仓储和批发零

---

① 邱烜，易婷.陆川猪的"新"路历程［J］.当代广西，2024（Z1）：72-73.
② 冯志峰.把基层党组织建设成为群众致富的领路人［J］.求知，2024（1）：47-51.
③ 胡晓云.中国农产品的品牌化：中国体征与中国方略［M］.北京：中国农业出版社.
④ 贺亮军，黄永瑾.培育壮大"桂字号"农业品牌［J］.当代广西，2022（7）：47.

售,既可以解决农民卖粮难的问题,也可以解决农民工的就业问题①。三是发展农业品牌有利于农业生产专业化和区域化。诸多的研究和实践表明,品牌战略的规模经济功能可以促进农业主导产品和支柱产业的区域化布局、专业化生产和基地化建设②。

品牌产品和农业品牌战略不但可以给企业带来巨大的经济效益,促进农业区域布局、专业化规模化生产,而且可以推进农业产业化,促进农民增收和农业现代化建设③。

【案例2-3】

正阳花生：三产融合 三链同构—小花生做出"大花样"

正阳花生是河南省正阳县的主导产业,是目前全国种植面积最广、产量最高的油料类区域公用品牌。近年来,正阳县以区域公用品牌建设为抓手,通过做优一产、做强二产、做活三产,实现了花生产业三产融合;通过打造供应链、延伸产业链、提升价值链,实现了花生产业"三链同构",围绕"小花生",做活了"大产业"。

为保护好正阳花生这个金字招牌,正阳县出台了《加快花生食品加工企业发展意见》《高层次人才引进与管理办法》等若干扶持政策,鼓励社会资本和龙头企业投资花生精深加工业,推动形成百亿级的中国花生和植物油品牌集群。对获得花生有机、绿色食品的单位分别奖励10万元、4万元。制定《"正阳花生"农产品区域公用品牌使用管理办法（试行）》,对申请使用正阳花生的企业进行授权管理,吸引了君乐宝、正阳鲁花相继落户,培育了正花食品、花生天地等本地花生精深加工企业共32家,壮大了一大批企业品牌和农产品品牌,"正花"花生、59℃冷榨花生油等5个农业企业,"代兴"花生、"柏雄"花生、"安胡克"花生等9个特色农产品入选《河南省知名农业品牌目录》。培育创新创业企业和新型经营主体282家,吸收就业人数1万多人。

正阳花生呈现出品牌突出、特色明显、融合发展、效益显著等特点,花生产业、基础设施、公共服务等齐头并进、迅速崛起,打造了真正的"正阳速度",日益成长的正阳走出了一条农业农村高质量发展和乡村产业振兴的新路子!小花生做活大产业、做强大品牌,政策倾斜扶持、引进龙头企业、加速三产融合是动力,构建品牌利益联结机制、激发富民长效动能是关键,优化公共服务、助力品牌营销是保障。

资料来源：农产品市场—中国农村网.正阳花生：三产融合 三链同构—小花生做出"大花样"[EB/OL]. http://journal.crnews.net/ncpsczk/2023n/d13q/sdpp/956524_20230726013159.html,2023-07-26/2024-07-15.

思考：正阳县在发展正阳花生产业的过程中,是通过哪些政策构建起可持续发展的区域新型产业生态的?

五、表征区域品牌形象

农业活动是在广阔的土地上展开的,世界各地地貌、地势、土壤、植被和气候等自然因素以及人口、经济、社会文化、交通、市场、政策等人文因素的差异,致使农业具

---

① 张山虎.农村土地改革研究：一条国策一条底线[J].中国集体经济,2009(1)：56-57.
② 张琳.农业产业名牌战略研究：以江苏省淮安市为例[J].中国市场,2011(32)：95-97.
③ 牛彬彬.品牌战略：现代农业发展的必然选择[J].甘肃科技,2002(8)：6.

有非常强的区域特性。不同地域之间，上述这些因素差异大则农业品牌的差异也大，差异小则农业品牌的差异也小。

积极发展农业品牌，实现农业现代化需要向先进国家学习，但农业生产具有地域性，各国的资源禀赋、文化禀赋、技术和制度不同[①]。从国外引进现代化生产要素和技术时必须与自身的实际情况结合并加以改造，不断发掘品牌文化，建设一批具有国内影响力的农产品区域公用品牌和企业产品品牌[②]。

从现实看，在市场上有广泛影响力的农产品区域公用品牌，都以地标产品为基础，如五常大米、阳澄湖大闸蟹、西湖龙井等。作为地方特产，地标农产品有着少则数十年，多则上百年甚至上千年的历史。随着城市交流和人际交往，地方特产成为地域名片和文化象征，往往具有很高的知名度，甚至是家喻户晓。依托地标产品的知名度，农产品区域公用品牌在市场上往往发挥着传递产品信息、影响消费态度的作用。例如，许多人购买西湖龙井茶时，并不了解销售企业或生产厂家，却因对西湖龙井"仰慕已久"而产生购买冲动。这里，"西湖龙井"是区域公用品牌，也是商品名称。类似的茶叶品牌还包括普洱茶、安溪铁观音、安化黑茶、安吉白茶等。

知名度是农产品区域公用品牌的核心资产，也是打开市场、引导消费的重要因素。在"农产品区域公用品牌"这一概念提出前，地标产品或地方特产就发挥着引导市场消费的作用。而农产品区域公用品牌建设的一个主要目的，就是将地标农产品和地方特产"引导消费"的作用规范化、常态化，促使其发挥更大的效应。

【案例2-4】

定西马铃薯："薯"光照耀陇中大地

甘肃省定西市是中国乃至全世界马铃薯最佳适种区之一，种植马铃薯已有400多年历史。全市有农作物种植面积827万亩，其中马铃薯种植"三分天下有其一"。2021年，定西市马铃薯种植面积300万亩，总产量达到500万吨，产业总产值达212亿元，农民人均从马铃薯产业中获得收入2250元，占农民人均可支配收入的1/4，马铃薯产业已经成为当地区域经济发展的战略性主导产业。定西马铃薯先后获得中国驰名商标认定、农产品地理标志登记，纳入中国百强农产品区域公用品牌目录、中国农业品牌目录、第二批中欧地理标志协定保护名录等。

依托国家级马铃薯现代农业产业园建设项目，定西把建设现代农业产业园作为推进三产融合发展的重要抓手，以马铃薯为主导产业，延伸产业链，提升价值链，提高种薯繁育和精深加工能力，打造一二三产业融合发展、贸工农一体化、产销相结合的马铃薯全产业链，带动农民发展生产和就业增收，让农民分享全产业链发展成果。同时，通过农旅融合、加工提升、成果转化，延长产业链条，提升马铃薯产品附加值，构建起"一产特、二产强、三产活"的三产融合发展新格局。

定西马铃薯经历了自给自足、产业培育、快速发展、全面提升以及转型升级等发展阶

---

① 田万获. 浙韩日台农业现代化水平和支撑体系的比较研究 [D]. 杭州：浙江大学，2002.
② 郭颖，张海静，刘连颖. 山东荣成市农业产业现状、问题及发展建议 [J]. 农业工程技术，2024，44（1）：12-13.

段,实现了从"救命薯""温饱薯"到"脱贫薯""致富薯"的巨大转变,并正在向"小康薯""营养薯"加速转型。进入新发展阶段,定西坚持推动产业高质量发展,进一步强链、补链、延链,抓龙头、推技术、强品牌,正在由中国马铃薯之乡向中国薯都升级转变。

资料来源:农产品市场—中国农村网.定西马铃薯:"薯"光照耀陇中大地[EB/OL]. http://journal.crnews.net/ncpsczk/2023n/d11q/sdpp/956415_20230724070020.html,2023-07-24/2024-07-15.

思考:在定西从"中国马铃薯之乡"向"中国薯都"升级转变的过程中,品牌发展战略如何与产业升级相互促进?

六、提升消费市场信心

农业品牌建设在提升消费市场信心方面发挥着显著作用。

其一,良好的农业品牌代表着稳定且可靠的产品质量。消费者在面对众多农产品进行选择时,知名品牌往往是品质的保证。通过严格的质量控制体系和标准,品牌建设使消费者相信所购买的农产品在安全、营养、口感等方面具有可靠保障,从而减少消费决策的不确定性,增强购买信心。

其二,品牌背后蕴含的企业信誉和形象有助于增强消费者心理上的安全感。具有良好口碑和知名度的农业品牌,通常意味着企业在生产、加工、销售等环节有着规范的操作和负责的态度。消费者更愿意相信这样的品牌能够提供始终如一的优质产品和服务。

其三,农业品牌传递的价值和故事能够与消费者产生情感共鸣。例如,一些品牌强调绿色、环保、可持续的生产方式,或者突出地域特色和传统文化,使消费者在购买产品的同时,感受到对环境的保护和对文化的传承,从而增加对品牌的认同感和信任度。

其四,有效的品牌推广和宣传能够增加产品的透明度。通过展示农产品的生产过程、质量检测结果等信息,让消费者对产品有更清晰的了解,消除信息不对称带来的疑虑,进一步提升市场信心。

其五,农业品牌建设在提升消费者的忠诚度方面发挥着重要作用。一旦消费者对某个品牌形成信任和依赖,他们不仅会成为品牌的长期用户,还会向他人推荐,形成良好的口碑效应,吸引更多消费者,进而提升整个消费市场对该类农产品的信心。

本章小结

(1)中国农业品牌的宏观价值包括:支撑国家品牌战略;应对全球化竞争;推进农业现代化建设;推动可持续的生态发展;实现乡村振兴战略。

(2)中国农业品牌的中观价值包括:有利于区域农业经济发展;整合提升资源价值;提升农产品竞争力;构建区域新型产业生态;表征区域品牌形象;提升消费市场信心。

思考与讨论

(1)在支撑国家品牌战略方面,如何让中国农业品牌更好地与其他行业品牌相互促进,形成协同效应,共同提升国家品牌形象?

(2) 面对全球化竞争，中国农业品牌应如何在保持本土特色的同时，借鉴国际先进经验，以提高在全球市场的适应性和竞争力？

(3) 在整合提升资源价值时，如何解决不同地区之间农业资源分布不均衡对农业品牌创建的影响？

(4) 提升农产品竞争力的过程中，如何加强农业品牌的知识产权保护，防止品牌被侵权和仿冒？

(5) 在表征区域品牌形象方面，怎样通过农业品牌传播区域独特的历史文化和人文精神？

(6) 为提升消费市场信心，农业品牌应如何完善质量监管和追溯体系建设？

案例分析

兴化大闸蟹：产业生态相辉映 "蟹"手同行促振兴

江苏省兴化市是著名的鱼米之乡。水草丰美的湖荡，为兴化大闸蟹的生长提供了得天独厚的良好条件。兴化市以品牌建设为抓手，走出了一条"生态资源转为生产优势、特色产品做成富民产业、品牌发展赋能乡村振兴"的路子。

水乡兴化，五湖八荡星罗棋布、万余河道纵横交错，是里下河腹地一颗璀璨的生态明珠。兴化市利用地方特色优势，推进兴化大闸蟹品牌建设，瞄准"全链条"，推动农村一二三产业融合，提升品牌影响力和产品附加值，让乡村发展更具活力，让特色产业更有效益。兴化大闸蟹获得国家农产品地理标志登记和集体商标使用权。

1. 做优环境，走规范发展之路

找准切入点，率先创机制。兴化市委、市政府建立农产品品牌建设联席会议制度，成立市农产品品牌建设运营中心，专职负责兴化大闸蟹等农产品品牌的培育、运用、管理和保护工作。制定了《加强兴化大闸蟹品牌建设的实施方案》和相关奖励政策，每年整合不少于1000万元专项资金用于兴化大闸蟹区域公用品牌建设。开展"兴化大闸蟹"区域公用品牌战略全案策划，举办兴化大闸蟹区域公用品牌战略发布会，公布"底气十足"的品牌精神和"足斤足两足够肥""十足美好、无蟹可及"的品牌承诺，让兴化大闸蟹成为兴化市特色农产品的"金名片"。

找准着力点，率先促规范。实施"区域品牌＋自主品牌"双品牌战略，行业协会向全市从业人员发布"共同维护品牌信誉、诚实规范经营"的倡议书，鼓励商家在加强自身品牌建设的同时规范使用兴化大闸蟹品牌。开展品牌使用管理培训，其中，75家通过自愿申请成为品牌授权使用单位，以合同形式约定品牌保护管控，共同维护区域公用品牌形象。"泓膏""膏满堂"大闸蟹成为"江苏精品"，"泓膏""亦鲜""板桥"大闸蟹荣获"中国十大名蟹"称号，"泓膏"大闸蟹被评为中国驰名商标。相关部门持续开展市场经营秩序专项整治，管控市场不良经营行为和交易方法，对侵害"兴化大闸蟹"商标专用权的事件进行维权诉讼并胜诉。

2. 做强基地，走特色生态之路

近年来，兴化市把基地建设作为品牌创建的前沿阵地，为兴化大闸蟹产业发展提供

科技支撑。通过养殖池塘生态化、标准化、景观化、休闲化改造,生态维护与设施处理技术相结合,以点带面建设生态化、立体式、全流程示范基地,形成了独特的"兴化大闸蟹生态养殖模式"。高标准建设板桥故里水产品公司兴化大闸蟹地理标志产品核心示范基地1003.8亩,被认定为国家水产健康养殖和生态养殖示范区。通过尾水排放申报制、池塘化改造"原位修复"与"异位修复"的应用推广,将传统养殖模式转变为适度规模养殖、绿色循环养殖,促进兴化生态环境持续向好。通过设施渔业、智慧系统、生态修复、健康养殖的有机融合,推进产品特色化、生产标准化、身份标识化、全程数字化的品牌建设之路。

3. 做精营销,走强市富民之路

兴化市连续多年举办河蟹节及开捕季活动,宣传推广兴化大闸蟹。2020年,在兴化举行兴化大闸蟹区域公用品牌战略发布会;在上海虹桥高铁站举行兴化大闸蟹沪宁线高铁冠名首发仪式活动;举办以兴化大闸蟹为主题的丰富多彩的节庆活动,如"寻味蟹都"兴化蟹美食大赛第一次以兴化大闸蟹为特定原料,同时挖掘58道蟹美食,并整理收编到《味蕾上的故乡——兴化乡土菜》;开展以兴化大闸蟹为主题的各种媒介形象宣传,组织参与北京、上海、西安、重庆、南京等地的部分省(直辖市)农产品推介展销活动;先后开设品牌直营店、专卖店、展销店、天猫官方旗舰店、微信公众号等在线商城。

2020年,"兴化大闸蟹"抖音话题曝光1.1亿次,今日头条话题曝光2700万条;以兴化大闸蟹为主题的微博阅读量约8500万次,总体曝光2.22亿次。知名度的提升,带来的是品牌经济效益的持续提高。兴化大闸蟹区域公用品牌已经成为河蟹市场交易主流,2021年全市河蟹市场年交易量达到12万吨,全市线上线下交易额达170亿元,比2020年增加10%以上,河蟹塘口上市平均价格76元/千克,同比上涨5.5%,成为"一个产业引领一方经济"的动力引擎。

兴化大闸蟹品牌建设不断取得新突破,在于其始终坚持政府引导、企业主体、市场运作、协同共建,坚持"发展品牌、运用品牌、推介品牌、支持品牌、保护品牌"的工作机制,形成区域化生产、集约化经营、多元化营销的品牌发展新格局,从而走出江苏、行销全国。

资料来源: 农产品市场—中国农村网. 兴化大闸蟹:产业生态相辉映 "蟹"手同行促振兴[EB/OL]. http://journal.crnews.net/ncpsczk/2023n/d8q/sdpp/955982_20230630022721.html,2023-06-30/2024-07-15.

思考:

(1) 如何借鉴兴化大闸蟹品牌建设中实施的"区域品牌+自主品牌"双品牌战略模式,并根据自身特点进行创新和优化?

(2) 在农业品牌的发展过程中,如何实现产业发展与生态保护的良性互动,以及这种互动对品牌长期发展的重要性是什么?

(3) 如何衡量和评估一个农业品牌对区域经济整体发展的带动作用,以及如何进一步强化这种带动效应?

第二篇 农业品牌战略

第三章 农业品牌概述

 知识与技能目标

（1）理解农业品牌的定义，明确其涵盖的范围以及与农产品品牌的关系。
（2）掌握农业品牌的特定属性，如主体多样性、地域特色性、品牌脆弱性等。
（3）针对给定的农业品牌案例，分析其具备的特定属性及其表现形式。
（4）能够运用所学知识，选择一个农业品牌进行初步的定位和规划，包括确定其可能的类型、属性特征以及适应的时代背景。

 情境导入

品牌强农，是农业高质量发展的迫切要求，是改善农业供给结构、提高供给质量和效率的现实路径，是提升农业竞争力的必然选择。作为农业大省，山东省农产品资源丰富，品类齐全。"齐鲁灵秀地 品牌农产品"省级农产品整体品牌叫响全国，烟台苹果、金乡大蒜、章丘大葱、威海刺参等70个省知名农产品区域公用品牌，以及龙大牌低温肉制品、鲁花牌花生油、康大牌兔肉等600个省知名农产品企业产品品牌家喻户晓，构建了"省级整体品牌＋区域公用品牌＋企业产品品牌"的品牌运营体系，形成了山东省全区域、全产业、全要素参与品牌塑造的合力。为推进品牌强农，山东省陆续出台了《关于加快推进农产品品牌建设的意见》《山东省农产品品牌建设实施方案》《山东省农产品品牌提升行动实施方案》《关于印发农业优势特色产业培育方案的通知》等文件，开创性提出了"打造一个国内外享有较高知名度和影响力的山东农产品整体品牌形象、培育一批区域公用品牌和企业产品品牌、制定一个山东农产品知名品牌目录制度、建立一套实体店与网店相结合的山东品牌农产品营销体系"的"四个一"目标。

资料来源： 山东：打造品牌强农的"山东样板"［EB/OL］. https：//www. theparper. cn/newsDetail_forward_14880980，2021-10-13/2024-06-15.

思考： 山东省在农业品牌建设方面有哪些优点？在品牌强农方面是如何推进的？

农业品牌是农业农村现代化的重要标志。近年来，各级农业农村部门深入贯彻党中央、国务院决策部署，加快实施品牌强农战略，品牌意识明显增强，品牌数量快速增长，品牌效益显著提升，为助推农业转型升级、提质增效提供了有力支撑。为加快农业品牌打造，充分发挥农业品牌对全面推进乡村振兴、加快农业农村现代化发展的重要作用，农业农村部于2022年6月印发《农业品牌精品培育计划（2022—2025年）》，启动实施农业品牌精品培育计划。

农业品牌是一个复杂而多元的体系，其构建与发展需要综合考虑农业的产业特征、

产品特征、生产过程及其成果特征、产业链要素构成，以及与其他产业的相关关系等多个方面。随着农业产业链的延伸和跨界融合，农业品牌已经不仅仅局限于农产品本身，而是向二、三产业延伸，形成丰富的互动关系。

第一节 农产品品牌、品牌农业与农业品牌

一、概念界定

（一）农产品品牌

农产品品牌是指由农民（包括新农人）等农业生产经营者，通过栽培农作物、饲养牲畜，形成观光农业、创意农业等生产经营活动而获得的特定的产品（服务）品牌。该品牌是以农产品及其初级加工产品、农业生产、农产品消费过程产生的物质成果、体验性服务为基础，经由一系列相关符号体系的设计和传播，形成特定的消费者群、消费联想、消费意义、品牌个性、通路特征、价格体系、传播体系等因素综合而成的有机整合体。因此，农产品品牌是基于农业生产与经营所产生的物质产品与服务体系、消费者对农产品的体验感知、品牌符号体系与意义生产等要素的系统生产、互动沟通、利益消费而形成的独特的利益载体、价值系统与信用体系[①]。

可以说，农产品品牌是品牌在农产品领域的运用与延伸，起源于农产品的独特识别与差异化，是农产品产地和质量的识别标志，代表着农产品经营者的信誉及其对消费者的承诺，是农产品经营者的无形资产，是农产品经营者与消费者沟通的桥梁。

（二）品牌农业

品牌农业是指经营者通过取得相关质量认证资质，取得相应的商标权，通过提高市场认知度，并拥有良好口碑的农业类产品，从而获取较高经济效益的农业。品牌农业具有生态化、价值化、标准化、产业化、资本化等五个重要特征[②]。

品牌农业是在生产过程中实行区域化布局、标准化生产、产业化经营和规范化管理，产品通过质量安全认证和商标注册，具有较高的市场知名度和消费者认可度，拥有较强的市场竞争力和占有率，且经济效益显著的新型农业[③]。品牌农业具有两个层次，第一个层次是使用知名度较高的注册商标的农产品；第二个层次是指"品牌农业产业"，即在一定区域内市场占有率高、信誉良好、经济效益显著、具有地方特色的农产品[④]。

（三）农业品牌

农业品牌是农业产前、产中、产后三大部门的企业、生产经营大户和其他社会组织在市场竞争中创造出来并经过正式注册，得到广大消费者或用户公认的，具有高质量、高知名度、高信誉度、明显区域特色，能产生强大品牌效应的产品（服务）商标、商

---

① 胡晓云. 中国农业品牌论［M］. 杭州：浙江大学出版社，2021.
② MBA百科. 品牌农业［EB/OL］. https：//wiki.mbalib.com，2023-10-10/2024-05-05.
③ 章军. 整合优质资源 发展品牌农业［J］. 乡镇经济，2007（6）：13-16.
④ 干经天，李莉莎. 论区域品牌农业［J］. 农业现代化研究，2003，24（5）：356-359.

号、互联网域名以及非企业组织品牌的统称[①]。

从其外延方面来说,农业品牌是大于农产品品牌的,农产品品牌属于农业品牌范畴。农业品牌不仅包括农产品品牌,也包括农业生产经营全产业链过程中出现的系列不同类型的品牌,如农业服务品牌、农业产业品牌、农业企业品牌、农业商业(流通)品牌、农业综合品牌,等等。因此,农业品牌是基于农业生产过程所产生的农业生产资料、农业生产物质产品与服务体系,不同类别消费者对农业生产资料、农业生产物资产品与服务的体验感知,品牌符号体系与意义生产等要素的系统生产、互动沟通、利益消费而形成的,独特的利益载体、价值系统与信用体系[②]。

二、品牌间的关系

农产品品牌、品牌农业与农业品牌三者之间的关系不是等同的,各自有着特定的侧重点,但其所含的领域范围又有着密切的关联。农产品品牌是指依附于农产品上的品牌建设;品牌农业是指以品牌赋能的农业产业;农业品牌是指和农业领域相关的品牌建设。品牌农业是一个宏观的农业发展策略,其涵盖范围最广,包括整个农业产业和农业领域的各个方面,农业品牌和农产品品牌则是这一策略下的具体体现;农业品牌是对农业领域整体形象和声誉的塑造,其范围涉及农业领域中的多个品牌;而农产品品牌则是对特定农产品的品牌建设和市场推广,其范围相对具体和狭窄。

表 3-1 从内涵、范围、侧重点、目标和手段等方面展示了农产品品牌、品牌农业和农业品牌三者之间的不同之处。

表 3-1 农产品品牌、品牌农业、农业品牌的不同之处

区别	农产品品牌	品牌农业	农业品牌
内涵	针对某一特定农产品进行的品牌建设和市场推广	一种现代农业发展的策略,强调通过品牌建设提升农业的整体形象和竞争力	对农业领域整体形象和声誉的塑造,包括农产品品牌、农业服务品牌等
范围	特定农产品	整个农业产业和农业领域的各个方面	农业领域中的各种品牌
侧重点	农产品的品质、特色和市场竞争力	农业现代化和可持续发展	农业领域的整体品牌价值和影响力
目标	提升农产品的附加值和市场占有率	提升整个农业产业的形象和竞争力	提升整个农业行业的形象和品牌价值
手段	品牌建设、市场推广等	标准化、产业化组织品牌建设等	行业或领域的品牌建设、声誉管理等

总之,品牌农业、农业品牌和农产品品牌三者之间存在密切的联系,但在内涵和特征上又有所区别。三者之间既有重叠,又各有侧重,共同构成了农业品牌建设的完整体

---

① 彭新沙,林志红,谢瑾岚.农业名牌战略若干基本理论问题探讨 [J]. 求索,2001 (5):25-28.
② 胡晓云. 农业品牌及其类型 [J]. 中国农垦,2018 (5):51-53.

系，也共同推动农业现代化和可持续发展。

三、农产品品牌的特性

相较于工业品牌和服务业品牌，由于农业以及农产品本身的性质，决定了农业品牌具有自身的特定属性。

（一）主体多样性

农业品牌的塑造主体不局限于农业企业，还包括政府、合作社、联合体、行业协会、农户等。这种多元化的主体结构使得农业品牌的塑造更具活力和创新性，能够汇聚各方的智慧和资源，共同推动农业品牌的发展。

【案例 3-1】

嘉定马陆葡萄

嘉定马陆葡萄以质量上乘、口味浓郁、营养丰富等特点深受广大市民的喜爱，是上海最具代表性的区域公用品牌之一。马陆葡萄的经营主体灵活多样，"区域+企业"双管齐下。2004 年 12 月，上海马陆专业葡萄合作社注册成立，成为合作社联社，加强葡萄种植管理，提升葡萄品质，形成马陆葡萄品牌合力。同时，引导辖区内葡萄种植户成立小型的葡萄种植合作社。2023 年已陆续有 23 家葡萄种植合作社加入联社管理。为了更好地促进区域品牌的发展，联社下属种植企业及合作社以马陆葡萄地域品牌为背书，注册"传伦""管家""惠娟""品冠峰"等自有品牌。在马陆葡萄的品牌效应下，地域品牌加合作社品牌的"母子"品牌共生模式，形成了"聚是一团火，散是满天星"的农业品牌模式，成为引领马陆葡萄产业的一面旗帜。

资料来源：马陆葡萄：以品种品质为基石 打造优质农产品品牌［EB/OL］. https：//mp. weixin. qq. com/s/0rzcKFVg2E5UOolTQ8dJfg, 2023-06-26/2024-05-15.

（二）类型丰富性

农业品牌涵盖了广泛的农产品类型，从传统的粮食作物、蔬菜水果，到现代的特色农产品、有机食品等，种类繁多。这种类型丰富性使得农业品牌能够满足不同消费者的需求和偏好，提高市场竞争力。

（三）地域特色性

农产品具有很强的地域性，其品质和特色往往与生长环境和地理位置密切相关。因此，农业品牌往往具有显著的地域特色，能够体现当地的自然资源和文化特色，形成独特的品牌形象。

（四）质量认证性

农业品牌通常经过严格的质量认证，如无公害农产品、绿色食品、有机食品、地理标志产品等认证，以确保产品的品质和安全性。这些认证不仅提高了农业品牌的信誉度，塑造了良好的品牌形象，也增强了消费者对品牌的信任感和忠诚度。

（五）品牌脆弱性

由于农产品的生物性和食用性特征，消费者对农产品的质量高度敏感。一旦农产品出现质量问题或安全事故，对农业品牌的打击将是致命的。因此，农业品牌具有较高的脆弱性，需要企业加强质量管理和风险控制。

（六）产品载体性

农业品牌是以农产品为载体的，品牌的价值和形象与农产品的品质、特色密切相关。没有好的农产品，品牌就无从谈起。因此，农业品牌的建设需要注重提升农产品的品质和特色，通过优质的产品来塑造和提升品牌形象。

（七）发展动态性

农业品牌的发展是一个动态的过程，随着市场需求、技术进步和消费者偏好的变化，农业品牌需要不断调整和优化。企业需要密切关注市场动态和消费者需求，不断创新和升级品牌，以适应市场的变化和发展趋势。

第二节 农业品牌的内涵特征

一、农业品牌以农产品为载体

农产品是农业品牌的基础，没有优质的农产品，农业品牌就无从谈起。农产品作为农业生产经营的直接结果，其质量与特性决定了农业品牌的属性，农业品牌的建立首先依赖于农产品的质量、特点和设计等最本质的特征。农业品牌以农产品为载体，它不仅代表着农产品的属性，更体现着某种特定的利益，如功能性或情感性利益等。农业品牌的属性以及给消费者带来的利益，都源于它所标定下的农产品，是由农产品属性转化而来的。农业品牌实质上是一种承诺，代表着生产经营者对交付给消费者的农产品特征、利益和服务等的一贯性承诺。这种承诺是借助农产品来实现的，没有农产品，农业品牌的承诺就难以兑现。农业企业通过农产品向消费者传递这种承诺，并通过消费者的购买和消费行为来检验承诺的存在与否。消费者对于农业品牌的信任、认可与接受，是建立在他们对农产品质量和特性的满意度上的。只有当消费者感知到农业品牌的承诺并信任这种承诺时，农业品牌才能在市场上存活并持续发展。

农产品是农业品牌的客观基础，农业品牌则是农产品与消费者之间关系的桥梁。在农业品牌运营工作中，必须正确认识农业品牌以农产品为载体这一核心关系，以确保农业品牌的稳定发展。同时，农业品牌对消费者的承诺必须保持一定的稳定性与连续性，这是农业品牌永久持续的基础。通过农产品的不断改进和创新，农业品牌可以不断满足消费者的需求，从而保持与消费者之间强韧而密切的关系，实现农业品牌的长期发展。

【案例 3-2】

长顺绿壳鸡蛋

长顺绿壳蛋鸡因产地而得名，产区长顺县地处黔南，生态环境优越，林地、草坡较宽，昆虫、嫩草、草籽等动植物饲料丰富，独特的自然条件造就了长顺绿壳蛋鸡特殊的品质。2014 年，长顺绿壳鸡蛋因其特殊的品质被认定为国家农产品地理标志保护产品，2017 年，长顺县被授予"中国绿壳蛋鸡之乡"。经权威部门的营养品质测定，长顺绿壳

鸡蛋卵磷脂、氨基酸、微量元素、蛋白质是普通鸡蛋的2～5倍，且鸡蛋风味极佳，是幼儿、产妇等人群的滋补珍品。因其具有"四高两低"的特点，即：高卵磷脂、高氨基酸、高微量元素、高蛋白，低胆固醇（只有普通鸡蛋的30%）、低脂肪（比普通鸡蛋低5%），而被誉为"鸡蛋中的人参"。2022年，长顺天农公司成功获得"无抗生素""可生食鸡蛋"双认证。

资料来源：长顺绿壳鸡蛋：小小绿壳蛋 成就大产业[EB/OL].https：//mp. weixin. qq. com/s/cmogsU1nF2h67qq2XaIX4w，2023-06-17/2024-05-26.

思考：长顺绿壳鸡蛋的产品载体性表现在哪些方面？

二、农业品牌竞争力以农产品质量为核心

农业品牌以农产品为载体，其竞争力的核心便在于农产品的质量。如今，随着消费者对农产品质量期望的日益提升，农业企业愈发认识到改进农产品质量对于获得市场竞争优势及理想经济效益的重要性。农产品质量的社会属性决定了其生产的主要目的是为了交换，而非自用。因此，农产品的质量直接关系到其能否得到市场的认同与接受，进而决定了其存在的价值。

农产品的质量直接关系到消费者在使用产品时获得的效用，也影响着品牌对消费者的承诺能否兑现，以及品牌品质形象的好坏。若农产品的质量无法赢得消费者的信任，该品牌的市场竞争力便会逐渐减弱，市场占有率也会随之降低。消费者对农产品质量的认知，是对其功能特性及其适用性的心理反应或主观评价。消费者通过自身感官对农产品的特征、价格、品牌声誉，以及服务人员的仪表、态度等因素进行综合判断，进而对农产品的价值及价格的合理性作出评价。只有当消费者认为农产品的效用大于所付出的成本时，才会产生购买意愿。而若农产品的效用价格比较高，还可能激发消费者重复购买该品牌农产品的欲望。

【知识拓展】

"十四五"全国农产品质量安全提升规划

确保农产品质量安全，既是食品安全的重要内容和基础保障，也是建设现代农业的重要任务。党的十八大以来，习近平总书记对农产品质量安全作出一系列重要指示，为做好农产品质量安全工作提供了根本遵循。

扫码阅读《"十四五"全国农产品质量安全提升规划》

农业企业在设计农产品质量时，应以技术质量作为最低标准，以消费者认知质量作为追求目标。在综合考虑市场竞争状况、科技发展、投入产出比以及自然生态环境等因素的基础上，确定农产品的质量标准。企业不仅要注重农产品的技术质量，更要关注技术质量与认知质量的有机结合，将提升和改进农产品质量的重点放在满足消费者的认知需求上。这样，才能更有效地赢得消费者的认可，提升农业品牌的竞争力。

三、农业品牌永续发展以农产品创新为基础

许多不同年份的老品牌，其中有些曾经辉煌一时，但如今已被人们遗忘，还有些品牌则在市场上短暂亮相后便迅速消失。面对品牌的这种进入、存活、退出的现象，我们不禁会思考：农业品牌是否也像农产品一样有着市场生命周期呢？然而，答案是否定的。农产品市场生命周期的存在是科技进步和市场竞争的必然结果，而农业品牌的永续则依赖于农产品的创新以及品牌形象的塑造。

农产品市场生命周期并非指农产品本身的使用寿命，而是指农产品从进入市场到退出市场所经历的全部时间。这种循环过程是由科技进步、市场需求变化以及企业间竞争等多种因素共同决定的。科技的快速发展为农产品的更新换代提供了技术支持，而消费者需求的变化以及企业间的竞争则进一步推动了新产品的研发与推广。因此，农产品市场生命周期的存在是必然的。

然而，与农产品不同，农业品牌的永续并非依赖于市场生命周期。相反，农业品牌的生存与消亡主要取决于农产品的创新以及品牌形象的塑造。农产品创新是农业品牌永续的基础，新产品的不断推出为农业品牌提供了持续的发展动力。虽然农产品存在市场生命周期，但农业品牌却可以通过不断创新和塑造品牌形象来打破这一限制。只要农业企业能够科学而合理地运营品牌，及时对市场需求的变化做出快速而合理的反应，农业品牌就有可能实现长盛不衰、永不坠落。

四、农业品牌以创造附加价值为目标

"用农产品创建农业品牌"和"用农业品牌推广农产品"是品牌运营的两个重要阶段，前者为后者的前提与基础，后者则是前者的目标与结果。正确理解这两者的关系，对于品牌运营的成功至关重要。通过塑造和推广农业品牌，企业可以树立良好的品牌形象，引导消费趋势，从而提升农产品竞争力，实现创造更多价值的目标。

一方面，同质农产品在有无农业品牌的情况下，其营销绩效会有显著差异。虽然同种同质的农产品给消费者带来的利益相同，但由于农业品牌能够产生超过产品价值以外的附加值，使得有农业品牌的商品价格可以高于无农业品牌的商品。这一差异不仅得到了消费者的认同，也为企业带来了更大的经济效益。

另一方面，农业品牌有助于促进农产品销售并树立农业企业形象。农业品牌的标志设计简洁、明快、易读易记，使其成为消费者记忆农产品质量和特征的重要标记。借助农业品牌，消费者能够清晰地了解品牌下标定的农产品，进而记住农业企业。即便农产品不断更新换代，消费者基于对农业品牌的信任，仍会产生新的购买欲望。这种信任不仅促进了农产品的销售，还使农业企业的社会形象和市场信誉得以确立，并随着消费者对品牌忠诚度的提高而不断提升。

五、农业品牌以促进企业发展为重点

首先,农业品牌是推动农产品销售、树立企业形象的重要工具。其简洁、明快、易读易记的标志设计使消费者能够轻松记住农产品及其特征,从而成为企业促销的关键。通过品牌,消费者能够了解并记住特定的农产品和农业企业,即便产品更新换代,消费者的信任也会促使他们继续购买,进而提升企业的社会形象和市场信誉。

其次,农业品牌有利于保护品牌所有者的合法权益。经注册后的农业品牌享有商标专用权,有效防止了未经许可的仿冒和侵权行为,为品牌所有者提供了坚实的法律保障。

再次,农业品牌也是约束企业不良行为的有效手段。它督促企业着眼于长远利益、消费者利益和社会利益,规范营销行为,从而维护了企业的声誉和形象。

最后,农业品牌还有助于扩大产品组合。通过品牌的力量,企业能够更容易地推出新产品,淘汰不适应市场的老产品,满足消费者的多样化需求。同时,农业品牌也有利于企业实施市场细分战略,针对不同的目标市场推出不同的品牌,进而更好地占领和拓展市场。

综上所述,农业品牌以促进企业发展为重点内容,在农产品销售、品牌保护、约束企业行为,以及扩大产品组合等方面发挥着重要作用。企业应充分利用农业品牌的优势,加强品牌建设,以实现可持续发展和市场竞争力的提升。

第三节　农业品牌类型

一、按农业品牌使用范围划分

从品牌使用范围上看,农业品牌可以分为地方性农业品牌、区域性农业品牌、全国性农业品牌和全球性农业品牌等不同类型。

(一)地方性农业品牌

地方性农业品牌主要服务于某一特定地方或社区,可能只在小范围内受到关注。这些品牌通常与当地的生活方式和文化习惯密切相关,为当地居民提供日常所需的农产品或服务。虽然其影响力相对较小,但在当地市场中具有一定的竞争力和市场份额,如"胶州大白菜""大泽山葡萄"等。

【案例3-3】

镇域区域公用品牌"边院公社"

边院镇位于鲁中宝地肥城市南部,总面积120平方公里,辖80个行政村,共8.4万人。边院镇立足边院实际,研究制定了"山区干鲜果、平原有机菜、丘陵畜牧养殖"的富民产业发展规划,推进农业生态化、产业化发展。边院镇还因村制宜,打造有机蔬菜、大樱桃、核桃、畜牧养殖、生态旅游等特色村和专业村,建成了5000亩有机蔬菜示范区,打造了蓝莓、樱桃等6个精品示范园,新增绿色、有机认证5个,成功注册"边院初品、边院及图"等农业领域商标,实现了"一村一品",加快了富民增收步伐。

其中，边院镇的大王樱桃、雨山核桃和韩庄头豆腐皮都获得"中国地理标志商标"的称号。

2016年，边院镇通过携手天锐灵动，打造出"边院公社"整体农业品牌，旨在通过区域农业品牌带动肥城桃、边院坚果、边院五谷杂粮、边院羊肉等优势产业发展，实现产业结构调整，推动镇级产业集群整体发展。

资料来源：边院公社镇级区域公用品牌策划［EB/OL］.https：//www.nongyecehua.com/design/show/2.html，2019-12-12/2024-06-02.

思考：作为地方性区域公用品牌，边院公社的创建有什么独特之处？

（二）区域性农业品牌

区域性农业品牌主要集中在某一特定地区或产区，以其独特的地域特色、气候条件或种植技术而著称。这些品牌通常与当地的自然环境和人文资源紧密相连，代表了某一地区的农业特色和优势。例如，"普洱茶""烟台苹果""五常大米"等一些地理标志产品或特色农产品，以其独特的风味和品质，在特定区域内享有很高的声誉和市场占有率。

（三）全国性农业品牌

这类品牌在全国范围内具有广泛的影响力和知名度，通常代表了中国某一农业产品或服务的最高品质或特色。它们往往经过了长期的市场验证和消费者认可，具有稳定的市场份额和消费者忠诚度。例如，"北大荒""中茶""东阿阿胶"等一些具有悠久历史和深厚文化底蕴的农产品，通过长期的品牌建设和市场推广，成功打造了全国性的农业品牌。

（四）全球性农业品牌

全球性农业品牌是指在全球范围内具有广泛影响力的农业品牌。这些品牌不仅在国内市场占据重要地位，而且在国际市场上也享有很高的知名度和竞争力。它们通常具有先进的生产技术、严格的质量管理体系和全球化的营销策略，能够应对不同国家和地区的消费者需求和文化差异，如"蒙牛""伊利""福临门""佳沃"等。

二、按照品牌经营内容划分

从品牌的产品（服务）经营内容来看，农业品牌包括农业生产资料品牌、农业生产产品品牌、农业生产服务品牌、农业综合品牌等。

（一）农业生产资料品牌

这类品牌主要关注农业生产过程中所使用的各种生产资料，如种子、肥料、农药和农机具等。这些品牌通过提供高质量、高效能的生产资料，帮助农民提高农业生产效率，实现农作物的优质高产。例如，"神农基因""登海种业"等知名的种子品牌通过研发和推广适应不同地域和气候条件的优质种子，为农民提供了更好的种植选择。

（二）农业生产产品品牌

这类品牌直接关联到最终的农产品，包括粮食、蔬菜、水果、畜牧产品以及水产品等。例如，"阳澄湖大闸蟹""寿光蔬菜""稻花香""砀山酥梨""双汇"等品牌通过强调产品的品质、口感、营养价值和安全性等,让消费者能够获得更好的食用体验和健康保障,以此树立品牌形象,提升产品附加值。

此外,从是否直接被消费者消费的角度而言,农业生产产品品牌又可分为生产资料型农产品品牌和生活资料型农产品品牌。生产资料型农产品品牌更多地作为中间体发挥其作用,如棉花、木材等,它更多地体现材料的产地以及由产地带来的特殊的质地价值。生活资料型农产品品牌一般在产品的初级形态时就被消费者直接消费,如蔬菜、大米、水产品、水果、花卉等,其中,有一部分生活资料型农产品品牌在作为初级形态消费的同时,也经由工业加工,成为经过不同层次加工的农产品加工品牌。

(三) 农业生产服务品牌

这类品牌主要提供与农业生产相关的服务,如农业技术咨询、农机具维修、农产品加工和销售等。农业生产服务品牌通过提供专业的服务,帮助农民解决生产过程中的问题,提高农产品的市场竞争力。例如,"中国中化""金丰公社""丰云服务""丰信农业""千村植保"等品牌,以农技服务、水肥一体化、植保无人机、托管农业、农业综合服务等为切入点参与农业生产服务。

(四) 农业综合品牌

农业综合品牌是综合农业生产资料、农业生产产品、农业服务、农业旅游休闲、农业文化创意等综合内容的涉农品牌,旨在形成一个统一、强大的品牌形象。这类品牌通常涵盖农业生产资料、农业生产产品和农业生产服务等多个方面,通过整合产业链上下游的资源,实现品牌价值的最大化,如"中粮集团""北大荒集团"等。农业综合品牌的建设有助于提升整个农业产业的竞争力和影响力,推动农业产业的可持续发展。

三、按照农业品牌性质划分

就品牌注册的商标性质而言,根据《中华人民共和国商标法》的分类,涉农商标可分为商品商标、服务商标、集体商标、证明商标。据此可以将农业品牌分为商品商标品牌、服务商标品牌、集体商标品牌以及证明商标品牌。

(一) 商品商标品牌

这类品牌主要用于标识和区分具体的农产品或农业产品,如特定的蔬菜、水果、粮食等。商品商标品牌是农业品牌中最为基础且常见的一种,它直接关系到消费者的购买决策和农产品的市场竞争力。

(二) 服务商标品牌

与商品商标品牌不同,服务商标品牌主要侧重于标识和区分与农业相关的服务,如农业技术咨询、农机具维修、农产品加工和销售等。这类品牌强调服务的专业性和质量,以提升服务在市场上的竞争力。

(三) 集体商标品牌

集体商标品牌是由某个组织或团体(如农民合作社、行业协会等)注册的,用于标识该组织成员所生产或提供的农产品或服务。这类品牌具有地域性和集体性,旨在强调产品的共同特征和品质，提升整个区域或团体的品牌形象。

（四）证明商标品牌

证明商标品牌主要用于证明农产品的特定品质、产地或其他特征。这类品牌由具有权威性的机构或组织认证，以证明农产品符合特定的标准或要求。证明商标品牌对于提升农产品的信任度和市场竞争力具有重要意义。

【知识拓展】

集体商标和证明商标

集体商标和证明商标都是商标的一种，都是能够区分商品或者服务来源的商业标识，可以由文字、图形、字母、数字、三维标志、颜色组合和声音或者上述要素的组合构成。集体商标具有集体属性，用以表明生产经营者的集体组织成员资格；证明商标用来证明商品或者服务的原产地、原料、制造方法、质量或者其他特定品质。证明商标有原产地证明商标和品质证明商标两种类型。与普通商标相比，集体商标和证明商标在申请主体、申请材料、使用要求、权利义务内容方面都有差别。

资料来源：什么是集体商标和证明商标［EB/OL］.https：//www.cnipa.gov.cn/art/2021/12/21/art_1750_172345.html，2021-12-21/2024-05-26.

扫码阅读《集体商标、证明商标注册和管理规定》

四、其他分类类型

农业品牌除了上述三种划分类别，按照不同的划分标准还可以划分为更多类型。

按照农业品牌所有权形式划分，可以分为国有农业品牌、民营农业品牌、合资农业品牌以及外资农业品牌等。

按照产品性质或业务类型划分，可以分为畜牧类农业品牌、林草类农业品牌以及水产类农业品牌等。

按照农业品牌的市场定位划分，可以分为高端农业品牌、中端农业品牌以及低端农业品牌等。

按照农业品牌在行政区域认定范围大小划分，可以分为国家级农业品牌、省级农业品牌、地市级农业品牌以及县市级农业品牌。

按照农业品牌的市场地位划分，可以分为领导者农业品牌、挑战者农业品牌以及追随者农业品牌。

按照农业品牌的原创性与延伸性划分，可以分为主品牌、副品牌、副副品牌。

按照农业品牌持续时间长短划分，可以分为短期品牌、长期品牌和时代品牌。

总的来说，农业品牌划分标准多种多样，类型不同也各具特色，共同构成了丰富多彩的农业品牌体系。通过合理的品牌建设和管理，不仅有助于提升农产品的附加值和市场竞争力，还能推动农业产业的健康发展和乡村振兴。

第四节　农业品牌建设的时代背景

一、农业品牌建设的政策背景

党的二十大报告提出，加快建设农业强国。农业品牌是农业强国的重要标志，在加快建设农业强国的起步之际，农业品牌建设仍面临诸多问题和挑战。全面系统地梳理政策演变，学习借鉴各地经验和做法，推动构建具有中国特色的农业品牌促进机制和支撑体系意义重大，也正当其时[①]。

党的十八大以来，习近平总书记高度重视品牌建设，实施品牌强国成为国家战略。2013年，在中央农村工作会议上，习近平指出"要大力培育食品品牌，让品牌保证人民对产品质量的信心"；2014年，习近平在河南考察时提出"三个转变"，即"推动中国制造向中国创造转变、中国速度向中国质量转变、中国产品向中国品牌转变"，从发展战略和全局高度深刻阐明了品牌建设的重要性。2015年，习近平在吉林考察时指出，"粮食也要打出品牌，这样价格好、效益好"。2017年，中共中央、国务院印发《关于开展质量提升行动的指导意见》，明确提出着力打造中国品牌，实施中国精品培育工程，并提出设立"中国品牌日"。同年，国务院批复同意将每年5月10日设立为"中国品牌日"，标志着我国品牌建设上升到国家战略。2019年，中央一号文件明确提出，"将培育优势特色产业和打造农产品区域公用品牌结合，支持建设一批特色农产品优势区，健全特色农产品质量标准体系，强化农产品地理标志和商标保护，创响一批'土字号''乡字号'特色产品品牌。"2021年，国务院印发《关于"十四五"推进农业农村现代化规划的通知》强调，"推动品种培优、品质提升、品牌打造和标准化生产，提升农业质量效益和竞争力。"2022年，农业农村部办公厅印发《农业品牌精品培育计划（2022—2025）》《农业品牌打造实施方案（2022—2025）》，明确农业品牌建设的目标任务。2023年，中共中央、国务院印发《质量强国建设纲要》，强调"必须把推动发展的立足点转到提高质量和效益上来，培育以技术、标准、品牌、质量、服务等为核心的经济发展新优势，坚定不移推进质量强国建设。"这一时期，农业农村部密集出台系列政策文件和措施，确立品牌推进年，推动目录制度建设，加快推进品牌帮扶，相继印发品牌强农指导意见、精品培育计划等，品牌打造贯穿农业农村重点领域重点规划，国家级和各层面品牌推介营销全面开展，农业品牌发展进入全面创新提升发展的新阶段。农业品牌建设的政策背景和主要阶段如图3-1所示。

[①] 农业农村部市场与信息化司．中国农业品牌政策研究报告[M]．北京：中国农业大学出版社，2023．

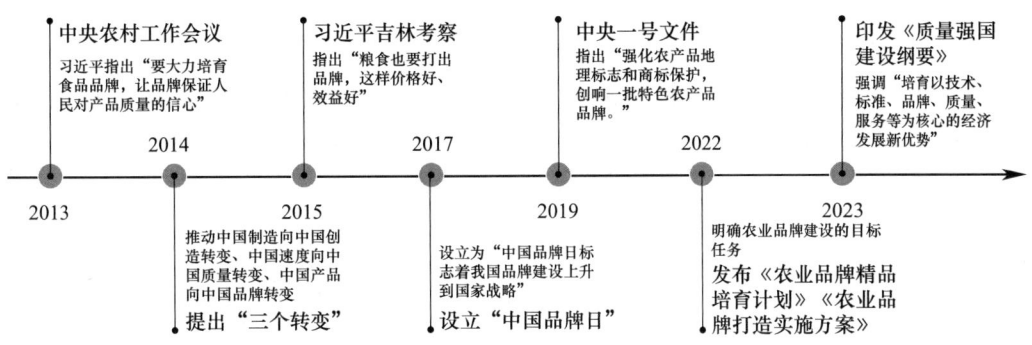

图 3-1　农业品牌建设的政策背景

二、农业品牌建设的经济背景

党的十八大以来，我国经济总量连续多年保持较高增长，稳居世界第二位，人均 GDP 显著提升，居民购买力大幅增强；供给侧结构性改革深入推进，经济结构不断优化升级，经济发展的质量和效益显著提升；绿色发展理念深入人心，生态文明建设取得积极成果，实现了经济发展与环境保护的和谐共生，这些成绩的取得为农业品牌建设提供了强有力的支持。与此同时，以"新质生产力"为主导的高质量发展正在崛起，这也为农业品牌建设提出了新的时代背景。

首先，在全面实施乡村振兴战略的背景下，农业品牌建设既是推动农业产业结构调整，促进农业增效、农民增收的有效途径，又是带动地方特色产业集聚发展，实现农业产业的规模化、标准化、市场化，进而推动农业产业由传统粗放型向现代集约型、高质量型转变的必由之路。其次，在构建以国内大循环为主体、国内国际双循环相互促进的新发展格局下，农业品牌建设对于畅通国内经济循环、提升国内农产品消费信心、扩大优质农产品出口、增强中国农业在全球产业链中的地位具有重要意义。再次，国家倡导并实施创新驱动发展战略，强调从"中国制造"向"中国创造"转变，从"中国速度"向"中国质量"转变，从"中国产品"向"中国品牌"转变。在这一背景下，农业品牌建设不仅是提升农业产业附加值、推动农业现代化的重要手段，也是落实国家战略、提升国家整体经济实力的组成部分。最后，当前我国农业正从单一的种植养殖环节向全产业链延伸，并大力发展农产品精深加工、休闲农业、乡村旅游、农村电商等业态，实现一二三产业深度融合。总之，农业品牌建设贯穿产业链全过程，有助于提升整个产业链的价值链，实现农业产业链的整体升级。

与此同时，也必须看到农业品牌建设面临的危机。一方面，随着全球贸易一体化进程加快，农产品国际贸易规则日益完善，对农产品质量和食品安全提出了更高要求，品牌农业建设以及农产品生产要如何适应新时代 WTO 框架下农产品贸易规则的要求，又应当如何提升农产品的国际形象，增强国际市场竞争力，值得深思。另一方面，新质生产力的提出，不仅对中国经济的发展提出了新的要求，也对农业、农村、农民的发展提出了新的要求，更对农业品牌的发展提出了新的要求，未来，如何打造"新""质"农业品牌将成为这一时期的重点任务。

三、农业品牌建设的消费背景

从"吃饱"到"吃好",到"吃的安全健康",再到"吃的标准营养",我国居民对农产品的消费需求随着经济的发展不断变迁,并呈现出很多新的特征。因此,如何把握多样的消费者需求成为农业品牌建设必须深思的问题。

首先,随着我国经济社会发展和城乡居民收入水平持续提高,消费者的购买力显著增强,对农产品的需求从满足基本生活需要转向追求品质、营养、安全、特色和体验等方面。在这样的时代背景下,消费者对农产品质量、食品安全问题的关注度空前提高,更倾向于选择有品牌背书、质量可追溯、品质有认证、安全有保障的农产品,品牌农产品因此成为满足消费者品质需求的重要途径。其次,在消费者需求日益层次化、多元化以及差异化的同时,消费者将更加注重追求个性化、特色化的消费体验,倾向于选择具有独特产地故事、文化内涵、地域特色的品牌农产品。这就要求农业品牌建设必须深入挖掘农产品特色,开发差异化产品线,通过精准定位满足不同消费群体的细分需求,甚至提供定制化的农产品服务。再次,生态农业、绿色农业、有机农业等符合生态文明建设理念的品牌农业模式得到广泛认可,消费者愿意为此支付溢价。农业品牌建设过程中应强调生态环境保护,融入可持续发展理念,主动展示其在节水、节能、减少农药化肥使用、保护生物多样性等方面的实践,以符合消费者对社会责任和环境友好的期待。最后,越来越多的消费者愿意参与农事体验活动、参观农场、参加采摘节等,寻求与农产品生产过程的直接接触和互动,这种体验式消费有助于增强消费者对农产品品牌的认可和忠诚度。当前,农业与旅游、教育、休闲娱乐的跨界融合,已成为新的消费热点。

此外,消费者在选购农产品时,更加注重品牌的历史、信誉、质量保证和服务承诺,而非单纯依赖价格作为决策依据,其愿意为具有知名度、良好口碑和明确价值主张的品牌支付溢价。因此,在满足消费者需求的前提下,品牌建设需要不断提升消费者的品牌意识和对农业品牌的信任度和忠诚度,而支持产品追溯系统、提供详细产地信息、公开检测报告等便顺势成为农产品品牌提升消费者信任的重要手段。

【知识拓展】

2023 年中国消费者趋势洞察白皮书

后疫情时代,中国消费市场步入复苏进程,政策及社会共同发力,消费信心全面提振;居民消费已经步入科学消费时代,完成正确消费决策、提高生活质量成为消费者的核心诉求;供给侧开启内容营销新模式,品牌、电商直播及信息平台注重科普专业知识,品质与创新已成为核心竞争力。

扫码阅读《2023 年中国消费者趋势洞察白皮书》

四、农业品牌建设的科技背景

科技的进步与创新为农业品牌建设提供了有力支撑。物联网、大数据、人工智能等现代科技在农业领域的应用,使得农业生产更加精准、高效,农产品质量更加可控。这些技术的应用不仅提升了农产品的品质和产量,也为品牌建设提供了更多的可能性。

首先,应用基因测序、基因编辑、转基因等现代生物技术,培育具有高产、优质、抗逆、适应性强等特性的新品种,增强其抗病、抗虫、抗旱、耐盐碱、高产、营养价值高等特性,以满足多元化的市场需求和应对全球气候变化的挑战。运用大数据、人工智能算法对海量遗传数据进行分析,加速优良性状的筛选与组合,缩短育种周期,精准定向培育新品种,为品牌农产品提供核心的遗传资源。其次,利用卫星遥感、无人机、物联网、地面传感器等设施设备组成全方位监测网络,构建智慧农业平台,实时采集土壤、气候、作物生长状态等信息,实现精准施肥、灌溉、病虫害预警与防治,实现农业生产过程的精准化、智能化管理,提升农产品品质一致性,为品牌农产品提供稳定的品质保障。再次,应用信息化技术完善品牌农业相关标准体系,包括产品质量标准、生产技术规程、包装标识标准等,确保品牌农产品的质量一致性,提高品牌的公信力。最后,建设高效的冷链物流体系,确保农产品在运输过程中保持适宜的温度和湿度,减少损耗,保证品牌农产品到达消费者手中时的品质。建立基于区块链、二维码、RFID等技术的农产品追溯系统,记录从田间到餐桌的全过程信息,包括种植、加工、仓储、物流、销售等环节,确保信息透明,增强消费者对品牌农产品的信任。

【案例3-4】

峪口禽业

峪口禽业是世界三大家禽育种公司之一,全球最大的蛋鸡制种公司和农业产业化国家重点龙头企业。峪口禽业致力于探索有中国特色的家禽自主育种之路,培育适合中国饲养环境的优秀品种,自主培育的5个京系列蛋鸡品种(京红1号、京粉1号、京粉2号、京白1号和京粉6号)的国内市场占有率已达50%,为"京系列"蛋鸡品牌发展提供了有力支撑。峪口禽业建立了以生物技术为核心、信息技术为支撑的现代化育种技术体系,联合研发我国第一款具有自主知识产权的蛋鸡基因芯片"凤芯壹号",开发集数据自动采集、实时储存、智能分析等功能于一体的家禽育种管理系统。以20个品系、7万只纯系种质资源为根本,培育蛋色、蛋重、羽色全覆盖的多元化品种,将蛋鸡种业"中国芯"牢牢掌握在自己手中。

资料来源: 峪口禽业:自主创新 开启品牌强农新时代[EB/OL]. https://mp.weixin.qq.com/s/Uh23K5QejGkbb_RNwDKBDA, 2023-04-19/2024-05-02.

思考: 峪口禽业发展过程中的科技支撑手段有哪些?

此外,大数据技术也在农业品牌建设中起到至关重要的作用。在消费者行为分析方面,大数据技术通过收集和分析消费者的购买记录、浏览行为、社交媒体互动等数据,洞察消费者偏好、需求变化和购买动机,帮助农业品牌精准定位目标市场,制定符合消费者需求的产品规格、口味、包装等。在市场趋势预测方面,利用大数据分析历史销售数据、季节性波动、价格走势、竞争态势等信息，预测市场需求变化，指导品牌适时调整产品结构、定价策略和促销活动，避免盲目生产导致的库存积压或供应短缺。在品牌舆情监测和危机应对方面，大数据技术可以实时监测社交媒体、新闻报道、消费者评价等多渠道数据，及时发现与品牌相关的正面与负面信息，快速响应消费者关切。与此同时，通过大数据分析可以识别潜在的食品安全风险、供应链中断、价格波动等危机信号，提前制定应急预案，有效应对可能对品牌造成负面影响的突发事件。

本章小结

（1）农业品牌是农业产前、产中、产后的企业、生产经营大户和其他社会组织在市场竞争中创造出来并经过正式注册，得到广大消费者或用户公认的，具有高质量、高知名度、高信誉度、明显区域特色，能产生强大品牌效应的产品（服务）商标、商号、互联网域名以及非企业组织品牌的统称。从其外延来说，农业品牌是大于农产品品牌的，农产品品牌属于农业品牌范畴。

（2）农业品牌具有主体多样性、类型丰富性、地域特色性、质量认证性、品牌脆弱性、产品载体性、发展动态性等特定属性。此外，农业品牌是以农产品为载体、以农产品质量为竞争核心、以农产品创新为基础、以创造附加价值为目标的。

（3）农业品牌按照不同的划分标准可以分为不同的类型，按农业品牌使用范围划分可以分为地方性农业品牌、区域性农业品牌、全国性农业品牌、全球性农业品牌；按照品牌经营内容划分可以分为农业生产资料品牌、农业生产产品品牌、农业生产服务品牌、农业综合品牌；按照农业品牌性质划分可以分为商品商标品牌、服务商标品牌、集体商标品牌、证明商标品牌。

（4）农业品牌建设具有时代背景，主要包括农业品牌建设的政策背景、经济背景、消费背景和科技背景。

思考与讨论

（1）思考农业品牌、品牌农业以及农产品品牌之间的异同点。并分析它们应该如何相互促进，形成品牌生态的共生关系。

（2）讨论农业品牌创建为什么必须以农产品为载体；农产品的载体性主要表现在哪些方面。

（3）从品牌定位、产品创新、营销创新、渠道拓展、供应链管理等多角度探讨提升农业品牌竞争力的方法。结合国内外成功案例，分析其在品牌塑造、市场拓展、消费者连接等方面的成功经验。

（4）随着社会的发展，农业品牌还可以按照哪些标准进行品牌类型划分？举例说明不同分类标准下农业品牌的实践案例，并分析其市场适应性和发展前景。

（5）政策支持对农业品牌建设的推动作用主要表现在哪些方面？如何协调好国家政策与地方政策之间的关系，以形成政策合力共同促进农业品牌发展？

（6）消费理念和消费动机的变化为农业品牌创建与运营带来了哪些新的挑战？企业

应该如何适应新的消费趋势？

（7）在农业品牌创建运营过程中，哪些科技手段能够促进品牌创建？并展望科技赋能下农业品牌创建运营的未来趋势。

案例分析

好当家：质量为本　科技为魂　"小海参"闯出"大蓝海"

蔚蓝的海洋是生命的起源，好当家集团有限公司（简称"好当家"）依托北纬37°这一黄金纬度线的自然特色，始终坚持"每一只好当家刺参都来自天然海湾海洋牧场"，不断提升品牌核心能力，以小小海参撬动了百亿产业。

"好当家"创建于1978年，现已发展成集远洋捕捞、水产养殖、食品加工、热电造纸、滨海旅游等产业为一体的大型国家级企业集团。现有直属企业50多家，其中国内A股上市公司1家，职工7000多人，总资产达100亿。40多年来，好当家秉承"凭海兴家，恩泽利人"的核心价值观和"质量为本，科技为魂"的发展理念，努力打造世界一流的渔业品牌，为推动渔业产业结构升级、建设海上粮仓贡献了企业力量。

目前，"好当家"已建成120万平方米育苗基地（未来三年内总面积达到160万平方米）和5万亩天然海洋牧场。在育苗阶段，"好当家"采用可自行分解的臭氧进行育苗车间杀菌，使用光合细菌、微生物制剂预防病害；在养成阶段，采用"投苗不投饵"的围堰底播方式；在捕捞阶段，采用传统的人工潜水捡拾，留大放小。

"好当家"在海参育苗养殖过程中，实行五项制度和两项登记制度，从捕捞上岸到进入工厂冷库只需要10分钟。所有食品工厂均按照封闭式管理、HACCP、ISO9000等国际先进管理体系来建设。同时，"好当家"还建有国家重点药残检测实验室，真正实现了"源头能控制、过程可追溯、结果有保障"，为产品安全提供了保障。

伴随着渔业消费市场的活跃，同质化竞争问题也日益严重，"好当家"不断开展科技创新，从"增品种、提品质、创品牌"入手，提升市场竞争实力。在海参产品加工方面，除传统的即食鲜海参、冷冻即食海参、随时发海参等产品外，开发重点转向了海洋功能性食品和药品等方面，先后开发出了三类产品：第一类是海参原浆、海参软胶囊、海参阿胶膏、海参燕窝、海参蛋白粉等传统保健类食品；第二类是参肝宝贝、刺参黏多糖颗粒冲剂等提取有效成分型的保健产品；第三类是"参命壹号"等高端功能性产品。除食品外，还推出了海若皙、海可俐两个系列的海参成分洗护化妆品，2022年上半年还推出了海参功能型饮料等产品。

"好当家"牵头成立了国家海参产业技术创新战略联盟、胶东刺参质量保障联盟，参与了《干海参》《即食海参》的标准制定，为国内海参市场的规范化建设做出了不懈努力。目前，"好当家"参与制定国家及行业标准15项、获得海水养殖和海洋食品方向的发明专利80项、荣获科技奖励38项。

"好当家"推行以科技、质量、市场为核心的品牌战略，坚定打造不以破坏自然为代价、经得起考验的过硬质量，不断挖掘产品价值，着力构建产业链条，使企业形象和品牌价值不断提升。

资料来源： 好当家：质量为本 科技为魂 "小海参" 闯出 "大蓝海" [EB/OL]. https：//mp.weixin.qq.com/s/4meOiue7Gpukj-DWnZXmQA，2023-04-25/2024-05-06.

思考：

(1) "好当家"集团在品牌创建过程中，通过采取哪些有效措施推动了"好当家"品牌的发展壮大？

(2) "好当家"品牌创建的核心战略有哪些？

(3) "好当家"集团在运营管理过程中，为什么要推行"增品种、提品质、创品牌"的发展战略？

第四章　基于顾客的品牌资产战略

知识与技能目标

（1）明确品牌知识的构成（品牌认知和品牌形象）、品牌认知的组成（品牌再认和品牌回忆）及其在购买决策中的作用。

（2）掌握创建强势品牌的步骤（品牌识别、品牌含义、品牌反应、品牌关系）和品牌建设阶段。

（3）设计调研方案，评估品牌在消费者认知中的水平，并提出提升品牌认知的营销策略。

（4）运用品牌价值链模型，分析某一品牌的价值增值路径，为品牌的营销投资决策提供建议。

情境导入

2023年12月20日，在"2023区域农业品牌发展论坛暨年度盛典"系列活动上，"2023中国区域农业品牌影响力指数"正式发布，该指数包括"2023中国区域农业形象品牌影响力指数TOP100"和"2023中国区域农业产业品牌影响力指数TOP100"。

"2023中国区域农业形象品牌影响力指数TOP100"，从全国31个省市自治区（港澳台除外）的431个入围区域农业形象品牌名单中脱颖而出，其中省级14个，地市级42个，区县市级44个，省级同比增加4个。甘味、好品山东、丽水山耕、青岛农品、天赋河套、新疆品质、津农精品、天府粮仓、聊•胜一筹、荆州味道位列前十。

"2023中国区域农业产业品牌影响力指数TOP100"，从全国31个省市自治区（港澳台除外）的816个入围区域农业产业品牌名单中脱颖而出，其中茶叶15个、畜牧7个、果品25个、粮油12个、食用菌2个、蔬菜9个、水产9个、小宗特产9个、中药材12个；从地域上看，山东8个，海南和陕西分别7个，浙江和甘肃分别6个，广东、福建、四川和新疆分别5个，安徽和江苏分别4个，广西、河南、黑龙江、湖南、湖北、吉林、辽宁、山西、宁夏和云南分别3个，江西2个，北京、天津、重庆、内蒙古、青海和西藏分别1个。新会陈皮、普洱茶、西湖龙井、五常大米、辽参、赣南脐橙、正山小种、安化黑茶、长白山人参、大连海参位列前十。

资料来源：2023中国区域农业形象品牌影响力指数TOP100［EB/OL］. http：//www.brand.zju.edu.cn/2023/1222/c57338a2842616/page.htm，2023-12-22/2024-05-06.

思考：如何通过基于顾客导向的品牌资产战略提升区域农业形象品牌影响力指数？

农业品牌是农业高质量发展的重要标志。近年来，全国各地以习近平新时代中国特

色社会主义思想为指导，以加快农业品牌打造为目标，以农业品牌精品培育计划为抓手，强化基础支撑，突出营销推广，提升服务能力，推动产销衔接，不断提升农业品牌市场号召力、竞争力和影响力，引领产业提质增效，推动消费提质扩容，促进农民持续增收。其中，《农业品牌打造实施方案（2022—2025年）》中明确提到，到2025年，重点培育300个精品农产品区域公用品牌，带动1000个核心企业品牌，3000个优质农产品品牌。

市场化是农业现代化的核心驱动力，而品牌化是农业现代化进程的重要标志。品牌化属于无形资产，是产品价值提升的过程，其核心在于能够建立稳定的消费群体、形成稳定的市场份额。品牌作为品质与信誉的集中体现，映射出产业发展的深度与成熟度，因此，缺乏品牌支撑的农业难以被真正视为现代、高效的农业形态。

第一节　品牌资产

一、品牌资产的定义

品牌资产是赋予产品或服务的附加价值[①]。它反映在顾客对有关品牌的想法、感受以及行动的方式上，也反映于品牌所带来的价格、市场份额以及盈利能力。营销人员和研究人员致力于从多个维度深入探究品牌资产，而其中基于顾客的方法尤为关键，它强调从顾客的视角出发，全面审视品牌资产。这种方法认识到品牌的力量来源于顾客在长时间内对品牌的所看、所读、所听、所学、所想以及所感。顾客的这些体验与感知，共同构建了品牌的形象与价值，成为品牌资产的重要组成部分。

基于顾客的品牌资产是指顾客因品牌知识所导致的对营销活动的差异化反应[②]。相较于品牌无法被识别的情况，当品牌能够被顾客清晰识别时，他们往往对产品及其营销方式展现出更多的赞赏与认同，这表明品牌拥有正面的"基于顾客的品牌资产"。在相同的环境背景下，如果顾客对品牌的营销活动反应冷淡，缺乏赞同，那么则反映出品牌具有负面的"基于顾客的品牌资产"。

基于顾客的品牌资产有三个重要组成部分：

（1）差异化反应。品牌资产源于顾客的差异化反应。若没有差异产生，那么从本质上来说，该品牌产品就会被看作普通商品或者是该产品的同类产品，此时的竞争主要围绕价格展开。差异化反应强调了品牌资产来源于顾客对品牌产品的差异认识，即顾客认为品牌产品与普通产品具有重要的差异性。

（2）品牌知识。顾客对品牌产品产生差异化的反应，源自顾客自身的品牌知识，即顾客在长期的经验中对品牌的所知、所感、所见和所闻。品牌知识是创造品牌资产的关键，取决于顾客对品牌的认知程度。

（3）顾客对营销的反应。品牌资产的差异化反应最终体现在顾客对品牌营销活动的反应中。顾客对品牌的观念、喜好和行为，如对品牌的选择、对广告的回响、对促销活

---

① 菲利普·科特勒，凯文·莱恩·凯勒. 营销管理［M］. 15版. 北京：格致出版社，2016.
② 凯文·莱恩·凯勒. 战略品牌管理［M］. 4版. 北京：中国人民大学出版社，2014.

动的响应以及对品牌延伸的评价等，都是衡量品牌资产的重要指标。这些反应不仅反映了顾客对品牌的认知程度，也揭示了品牌在市场上的吸引力和影响力。

【案例 4-1】

兵团红

农发集团以消费者需求为核心，经过对天猫 P4 以上高净值消费人群的需求调研发现，这些消费者对于好品质的红枣产品需求量很大，应以优质的品质和强大的品控能力满足细分市场的消费需求。农发集团联合天猫平台对"兵团红"红枣的线上销售逻辑、产品产地溯源等进行重新梳理，制定出与目标消费者产生共情的品牌战略，严抓生产端，完善供应体系和溯源体系，让"兵红团"红枣以高端原产地品牌形象进入消费市场。2021 年，发布"兵团红"干制红枣等级标准，根据品种特征、果实大小、果形色泽和内在品质等制定相关标准，设置出"七星"和"七钻"质量等级，以此推动实施差异化品牌战略。农发集团还结合目标用户消费需求，按照产品质量等级分别设计产品包装、页面 VI 和宣传标语，并附加等级实物，使得消费者能一一对比识别。整套包装抛开了传统原始的农产品包装体系，以高端、快销的新视觉体系，直面消费者。其中，"五钻"黑色专版袋红枣以全新的定位、全新的包装、高于同类产品 50% 的价格全新上市。品牌产品通过各种消费场景、广告场景重新进入目标消费人群视野，并利用平台大促等节点进行推介，最终达到品效合一的营销目的。

资料来源： 兵团红：用兵团精神重塑品牌价值［EB/OL］. https：//mp. weixin. qq. com/s/S9amQLrdGfyHhxXUE9M13A, 2023-05-24/2024-06-05.

思考： 兵团红的品牌资产是如何创建起来的？

因此，营销人员应当将每年用于产品和服务上的所有营销费用视为对顾客品牌知识的投资。品牌建设的关键因素是投资的质量，一旦投资金额达到某一最低门槛后，投资数量的增加并非必需的。若投资未能明智地进行，很可能导致品牌建设的超支，进而影响品牌的长期发展。

顾客的品牌知识为品牌指明了合适的未来方向。顾客根据他们对品牌的想法和感受，来决定品牌应该如何发展以及应采取何种策略，其对任何品牌营销活动或方案的认同与反对，都直接影响着品牌的走向。

二、品牌资产的建立

营销人员通过与合适的消费者创建正确的品牌知识结构来建立品牌资产。这一过程的实现依赖于所有与品牌产生关联的接触点，无论这些接触点是否由营销人员主动发起。从营销管理的角度来看，品牌资产的积累主要受到以下三个方面的驱动：构成品牌元素和识别特征的初始选择、产品和服务本身以及相应的营销活动和营销支持方案、其他与一些实体联系起来可以间接转移给品牌的联想。

（一）选择品牌元素

品牌元素是指能够显著识别并区分品牌的特征化设计，是构成品牌核心识别力的关键组成部分。营销人员在选择品牌元素时，应着重考虑这些元素能否为品牌创造尽可多的品牌资产。众多强势品牌的成功,往往离不开其精心选择和组合的多重品牌元素。以金龙鱼调和油为例,其直观的金龙鱼品牌形象,独特的"1∶1∶1"概念宣传,以及采用黄色和红色作为品牌标识色等,共同构建了其品牌形象的鲜明特征。具体如图4-1所示。

图4-1 金龙鱼的多重品牌元素

在选择品牌元素时,有六个关键标准需要遵循,其中,难忘度、意义性和喜爱度三个标准是品牌创建的要素;转换力、适应性和保护力三个标准则属于防御性因素,有助于在面对市场挑战时发挥品牌资产的优势并保护品牌形象。具体见表4-1。通过遵循这些标准,营销人员可以更加科学和系统地选择和组合品牌元素,为品牌的成功和长期发展奠定坚实基础。

表4-1 选择品牌元素的主要标准

要素类型	选择标准	具体内容
品牌创建要素	难忘度	要求品牌元素易于记忆,能够在消费者心中留下深刻印象。
	意义性	强调品牌元素应与品牌的核心价值和理念相契合,能够传达出品牌的独特内涵。
	喜爱度	关注品牌元素是否能够引发消费者的积极情感,并增强其对品牌的好感度。
防御性要素	转换力	品牌元素在不同市场和文化背景下的适用性,能否有效传递品牌信息。
	适应性	强调品牌元素应具备一定的灵活性,能够随着市场和消费者需求的变化而调整。
	保护力	关注品牌元素在法律和商标层面的保护,确保品牌的独特性和排他性。

(二)设计全方位营销活动

品牌的建设并非仅通过广告达成,而是涉及顾客与品牌之间的多维度接触。这些接触点包括个人对产品的观察与使用、口碑相传、与企业员工的交流、网络或电话体验以及交易过程等。品牌接触是指顾客或潜在顾客对品牌、产品品类及其相关市场信息的所有体验,无论是积极的还是消极的。任何形式的品牌接触都会深刻影响消费者对品牌的认知,进而影响其思考、情感及行为反应。公司应如同管理广告投入一样,重视对这些体验的管理。

【知识拓展】

品牌接触点

品牌接触点是指消费者与品牌进行互动和接触的时间、地点和方式。品牌接触点管理是指优化和整合各种品牌接触点的管理策略，以达到品牌传播目标和用户体验的一种管理方法。改善每一个接触点的品牌体验，是建立和稳固品牌关系的一个方法。

进行品牌接触点管理的五个步骤：①识别已有的和应有的品牌接触点；②评估品牌接触点；③研究品牌接触点对客户的影响力；④进行品牌接触点优先级排序和平衡；⑤制订一个品牌接触点行动计划。

资料来源：正确管理品牌接触点的五个步骤［EB/OL］. https：//m.ceconlinebbs.com/BLOG/251789/，2017-11-15/2024-06-01.

随着营销环境的变化，营销战略与战术也发生了显著变革。营销人员开始注重借助多种途径创造品牌接触，积累品牌资产，如线上俱乐部、消费者社群、购物展示、事件营销、赞助活动、工厂参观、公共关系活动以及公益营销等。

整合营销强调通过组合和协调不同营销活动，以实现个体与整体效益的最大化。为实现这一目标，营销人员需借助多样化的营销活动，持续强化品牌承诺。在评估整合营销活动时，可以从其对品牌意识的影响，以及在塑造和强化品牌形象方面的效益与效率出发。以伊利为例，尽管伊利在研发、广告、促销等方面投入巨资，强化其"全面价值领先"的品牌形象，但同时，它也通过赞助各类活动，如杭州亚运会、FIBA篮球世界杯、中国航天太空创想计划等，展现其品牌的活力、现代感和创新性。此外，营销方案需实现整体协同，确保整体效果超越各部分之和。也就是说，各营销活动应相互配合，行动一致，共同推动品牌价值的提升。

（三）发挥次级联想的杠杆作用

在品牌资产建设的策略中，还需要通过"借"的方式来创建品牌资产。这种方法的核心在于将品牌与消费者记忆中能够传递积极意义的其他信息联系起来，从而有效地增强品牌资产。图4-2清晰地展示了次级联想在品牌构建中的关键作用。

次级品牌联想具有广泛的来源，它能够将品牌与多种不同的实体相联系。第一，品牌可以与公司自身的战略紧密相连，通过展示公司的核心价值观和愿景来强化品牌形象。第二，品牌还可以通过与特定国家或地理区域相关联，利用产品来源地认证来传递品质保证和独特的地域文化。第三，分销渠道的选择也能为品牌带来次级联想，通过精心设计的渠道战略来传递品牌的独特价值和定位。第四，品牌还可以与其他品牌形成联合品牌或成分品牌关系，通过共享资源和优势来共同提升品牌价值。第五，形象人物和代言人的选择也是建立次级品牌联想的重要途径，他们通过自身的影响力和形象，为品牌注入新的活力和魅力。第六，品牌还可以通过赞助体育或文娱事件来与消费者建立情感联系，通过展示品牌的社会责任感和公益精神来增强品牌的美誉度。

尽管建立次级品牌联想是一种快速有效的品牌强化方式，但也必须意识到其中存在的风险。将品牌与其他人或物紧密联系在一起，意味着一旦这些实体出现负面事件，自身品牌也可能受到牵连。因此，在选择合作对象时，品牌必须谨慎评估，确保合作关系的稳定性和可靠性。例如，很多娱乐明星、体育明星以及网络明星因自身不端行为被公众所抛弃时，他们代言的品牌也会与他们中止合作关系，以避免对品牌形象造成负面影响。这充分说明了在选择建立次级品牌联想的对象时，品牌需要保持高度的警觉性和前瞻性。

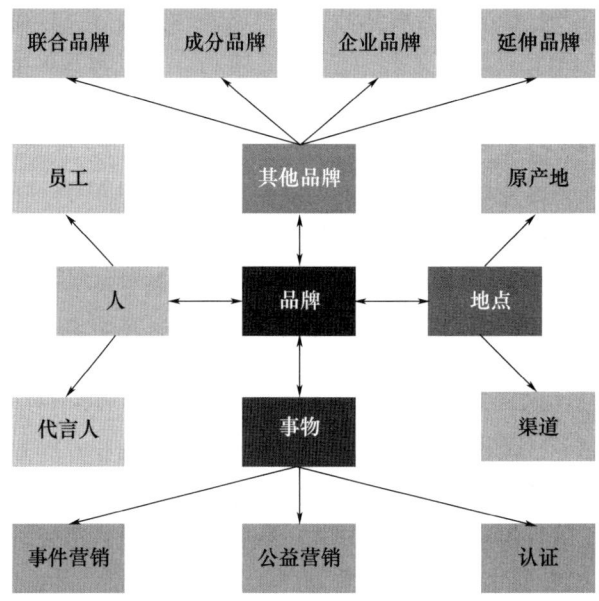

图 4-2　品牌认知的次级联想

三、品牌资产的管理

品牌作为公司最核心的持久性资产，其价值的维护与提升至关重要。消费者对营销活动的反应深受他们对品牌所知所记的影响，这正如品牌价值链所揭示的：短期的营销活动通过改变品牌知识，能够显著影响未来营销活动的长期效果。

（一）品牌强化

品牌强化的核心在于通过一致性地传达品牌意义来增强品牌资产。一方面，应明确品牌所代表的产品及其核心利益，以及品牌如何满足消费者的需求。另一方面，品牌应如何使产品显得更优越，以及应在消费者心中建立哪些强大、令人喜爱且独特的品牌联想。以农夫山泉为例，它通过精心设计和执行品牌延伸策略，成功地从饮用水品牌扩展至饮料领域和农产品领域，推出农夫果园、大柠檬、17.5度橙、东北香米等系列品牌，强化了其"健康""天然"的品牌承诺。

然而，品牌强化并非一蹴而就，它需要品牌朝着正确的方向不断前进，以新奇的、令人喜爱的产品和营销方式不断推陈出新。遗憾的是，有些曾经辉煌的品牌，在面临市场挑战时未能有效强化品牌，最终走向衰落或破产，如每日优鲜、易果生鲜等。这警示我们，品牌强化需要持续的努力和明智的策略。

在品牌强化过程中，提供持续的营销支持至关重要。持续性并不意味着一成不变，而是要在保持品牌核心定位的同时，灵活调整营销策略，以维持品牌的战略性推进。当市场环境或消费者需求发生变化时，营销人员应果断采取行动，保护和捍卫品牌资产。同时，营销人员还需要在加强品牌意义的活动与利用现有品牌资产获取财务利益的活动之间寻找平衡。例如，虽然推出广受欢迎的新产品或富有创意的广告能够强化品牌，但过度依赖低价促销等短期手段可能会损害品牌形象。需要注意的是，品牌强化的失败可能导致品牌意识的淡化和品牌形象的弱化。

（二）品牌活化

品牌活化是一个系统性的过程，其首要步骤是深入理解品牌资产。这包括识别品牌原有的积极联想是否已失去其独特性，以及是否有消极联想与品牌相关联。基于这些分析，品牌管理者需要决定是坚持原有定位还是进行重新定位。若选择重新定位，则需要明确新的定位方向。

有时，问题的根源在于营销方案的执行不当，导致品牌承诺未能有效传递。在这种情况下，一种"重回基础"的战略可能具有实际意义。然而，在某些情况下，旧的定位可能已不再适用，此时"重新创造"战略成为必要。品牌重振战略可以视为一个连续的变化区间，从纯粹的"重回基础"到纯粹的"重新创造"，中间存在许多将两者结合的做法。关键挑战在于找到平衡点，既要改变得足够多以吸引新顾客，又不能改变太多以防疏远老顾客。但不论采取何种战略，几乎所有品牌重振的做法都始于产品。

第二节 品牌知识

一、品牌知识的构成

根据"基于顾客的品牌资产"的概念，品牌知识是创造品牌资产的关键，因为它直接促成了品牌的差异化效应。对营销者而言，探索如何使品牌知识深深烙印在顾客记忆中，成为一项至关重要的任务。心理学家提出的联想网络记忆模型，可以帮助营销者实现这一目标。

联想网络记忆模型认为，记忆是由节点和相关的链环组成的。其中，节点代表存储的信息和概念，链环代表这些信息或概念之间的联想强度。任何信息都可以存储在记忆网络中，包括语言、图像、抽象的或者文字中的信息。由此模型可以得出品牌知识的概念，即品牌知识是顾客记忆网络中与各种品牌联想相关联的认知节点所构成的网络结构。品牌知识既包含由认知结点及其强度决定的品牌意识，也包含顾客从品牌联想中感知到的品牌形象，其既来自营销刺激对顾客的客观影响，也来自顾客对营销刺激的主观认识。

品牌知识主要包括品牌认知和品牌形象两个部分。其中，品牌认知与记忆中品牌节点的强度有关，其反映了顾客在不同情境中辨认该品牌的能力；品牌形象反映顾客记忆中关于该品牌的联想，而品牌联想是记忆中与品牌节点相关联的其他信息节点。具体的品牌知识构成如图 4-3 所示。

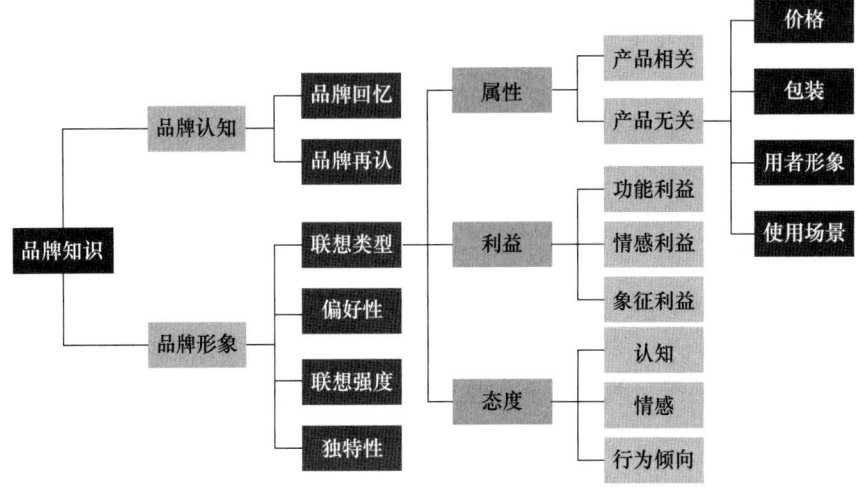

图 4-3 品牌知识的构成

二、品牌认知

（一）品牌认知的构成

品牌认知是由品牌再认和品牌回忆构成的。品牌再认和品牌回忆在消费者的购买决策和品牌选择中扮演着不同的角色。品牌再认在销售点决策中占据主导地位，而品牌回忆则对服务和在线产品的购买决策以及品牌评估产生深远影响。

品牌再认是指消费者在接触到品牌暗示时，能够确认自己之前是否见过该品牌的能力。具体而言，就是当消费者进入商店时，品牌再认的能力将帮助他们辨别出哪些品牌是曾经接触过的或购买过的。这种能力在销售点尤为关键，因为产品的品牌名称、标识和包装等元素在此时清晰可见，消费者可以通过这些元素迅速识别品牌，从而作出购买决策。

品牌回忆是指在特定品类、购买或使用情境作为暗示的情况下，消费者能够从记忆中检索出该品牌的能力。例如，当消费者想到谷类食品或主餐食物时，他们能够在不同场合、不同情境、不同时间中回想起稻花香大米这一品牌。对于服务和在线产品而言，品牌回忆尤为重要，因为这些情境下消费者通常会主动寻找并回忆起合适的品牌。

值得注意的是，尽管在销售点，品牌回忆对于购买决策的相对重要性可能不如品牌再认，但品牌回忆在顾客的品牌评估和选择中仍起着重要作用。当消费者的记忆中存储了过多的品牌信息时，从记忆中搜寻并识别一个特定品牌可能会变得更为困难。因此，建立一个强大的品牌回忆，对于提升品牌在消费者心中的地位和影响力是至关重要的。

（二）品牌认知的作用

建立深度的品牌认知能够带来诸多优势，主要包括印象优势、入围优势以及入选优势。

1. 印象优势

品牌认知是影响品牌形象构建的关键因素，它决定了品牌联想的构成及其强度。为了塑造一个鲜明的品牌形象，首先需要在消费者心中建立稳固的品牌节点。这些品牌节点的属性会直接影响消费者如何轻松学习和存储与品牌相关的联想信息。因此，构建品牌资产的首要任务是确保品牌在顾客心智中占据一席之地。当品牌元素与消费者需求相契合时，后续的品牌建设活动也将更为顺畅。

2. 入围优势

在消费者进行购买决策时，其通常会考虑一系列备选品牌。而品牌认知的提高有助于增加品牌进入消费者考虑范围的机会，即品牌入围集。品牌入围集是指消费者在购买决策过程中仔细权衡的品牌集合体。研究表明，消费者只忠诚于一个品牌的很少，其往往会在多个品牌间进行比较和选择。因此，确保品牌能够进入消费者的入围集，实际上降低了其他品牌被考虑或被回忆起来的可能性。

3. 入选优势

入选优势意味着品牌认知能够影响消费者在品牌入围集中的筛选和决策。即使某些品牌在本质上并没有特别突出的联想，消费者也可能因为熟悉度和接受度而选择这些品牌。特别是在低介入度的购买情境中，即使消费者对产品的详细信息了解有限，他们也会依赖对品牌的认知作出选择。因此，即使品牌在其他方面没有明显的优势，较低水平的品牌认知也可能足以支持消费者作出购买决策。

【知识拓展】

低介入度购买

在低介入度购买情境中，消费者主要基于品牌入围集的认知进行品牌选择。低介入度可能源于消费者缺乏购买动机或购买能力。

消费者购买动机。对于大多数消费者而言，在许多商品类别中选择品牌并非生死攸关的决定。即使厂商投入大量资金进行广告宣传，强调产品间的差异，仍有相当一部分消费者对这些差异持怀疑态度或漠不关心。

消费者的购买能力。在某些商品类别中，尽管消费者有强烈的购买意愿，但由于缺乏相关知识或经验，他们难以判断产品的质量。在这种情况下，消费者往往会寻求便捷的决策方法，如选择他们最熟悉和了解的品牌。

由于购买动机或购买能力的限制，消费者可能无法对品牌进行深入的比较和分析，而是基于简单的认知或习惯进行决策。因此，企业在品牌建设过程中，应充分考虑这些因素，通过提高品牌知名度和熟悉度，增加品牌在消费者心中的入围概率和入选优势。

（三）品牌认知的建立

品牌认知的建立主要通过不断加深消费者对品牌的熟悉程度来实现。当消费者通过看、听、想对品牌有更多了解时，品牌在其记忆中的印象将更加牢固。也就是说，与品牌回忆相比，品牌再认在建立品牌认知方面更具效果。

1. 强化品牌元素接触

在构建品牌认知的过程中，使消费者能够充分接触到各种品牌元素，如品牌名称、符号、商标、特征、包装以及各类广告标语等，都是提升品牌熟悉度和知名度的有效途径。而且，强化的品牌元素越多，对品牌认知的促进作用就越显著。以恒源祥为例，除

了品牌名称外，简单直白的广告语"恒源祥，羊羊羊"，在"重要的事情说三遍"的情况下切实发挥了广告的重复功能，有效地增强了消费者对该品牌的认知。

2. 增加品牌元素展现

值得注意的是，品牌再认的深化主要基于重复展示，而品牌回忆的提升则需要将品牌与产品品类或其他购买、消费、使用等暗示在记忆中建立连接。因此，在建立品牌认知的过程中，一个有创意且能准确传达品牌定位的标语或口号往往能起到事半功倍的效果。同时，标识、符号、特性和包装等其他品牌元素也有助于提升品牌回忆。

3. 加强品牌与品类连接强度

品牌与品类的匹配方式对于品类连接的强度具有决定性作用。对于那些与特定产品类型紧密关联的品牌，如西湖龙井，品牌再认和品牌回忆的区别不大。消费者一想到龙井这一品类，就很容易联想到"西湖龙井"这个品牌。但在竞争激烈的市场或面对品类中的新兴品牌时，强调品牌与品类的联系在营销策略中便显得尤为重要。此外，当品牌通过延伸或并购改变其产品意义时，品牌与品类的强势连接更是至关重要。

4. 避免错误品牌宣传

一些商家试图通过奇特或震撼的广告画面和广告词来建立产品知名度，但这种方法往往存在问题，需要审慎规避。

三、品牌形象

通过不断展示以提高品牌熟悉度，进而构建与品牌再认密切相关的品牌认知，同时将品牌与适当的品类或其他相关的购买、消费情境相联系，以形成强有力的品牌联想，这是创建品牌资产至关重要的第一步。一旦品牌认知达到一定程度，营销活动的重心便可转向品牌形象的塑造。

（一）品牌联想的类型

消费者对品牌的联想体系包括品牌属性、品牌利益和品牌态度三个层面。其中，品牌属性和利益是消费者形成品牌态度的基础和依据，而品牌态度则是消费者对品牌属性和利益的综合反映和评价。这三个层面相互影响、相互作用，共同构成了消费者对品牌的整体认知和情感反应。

1. 属性联想

品牌属性是指产品或服务的特征，既可以与产品功能直接相关，也可以与产品本身功能无直接关联。具体来说，功能性属性通常涉及产品的规格、所采用的技术、所含的原材料等核心要素，它们直接关系到产品的性能和使用效果；而非功能性属性，如产品的价格、包装、目标使用人群的特征以及使用场景的特点等，虽然不直接影响产品的基本功能，但同样会对消费者的购买决策产生重要影响。

对企业而言，深入了解消费者所关注的属性至关重要，这是因为消费者往往基于对产品属性的综合判断来形成对品牌的整体态度。通过强化与消费者关注属性相关的品牌联想，企业可以更有效地塑造积极的品牌形象，并提升品牌在消费者心中的地位。例如，企业可以通过营销活动突出产品的独特功能或优质材料，以此提升消费者对产品性能的认知和信任度。同时，企业还可以通过改进包装设计或调整价格策略等方式，来增强消费者对品牌的整体好感度。

2. 利益联想

品牌利益是指消费者赋予产品或服务的个人价值观和含义。品牌属性，作为利益的表象展示形式，是消费者可以直接感知到的产品或服务的特征；而品牌利益，则是这些属性背后所承载的更深层次的消费者需求或期望。这也意味着消费者更关注产品或服务能为其带来的实际效益，而非产品本身。

品牌利益可以分为三种主要类型：功能利益、情感利益和象征利益。功能利益主要涉及产品或服务的物理性能或特点，如苹果的大小、颜色、糖度、微量元素等；情感利益则是消费者在消费过程中获得的积极情感体验，如褚橙能够给消费者带来励志人生的情感氛围；象征利益则超越了产品本身的属性，代表了品牌为消费者带来的更高层次的价值和认同，如奢侈品品牌所象征的社会地位或身份。

【案例 4-2】

小罐茶

近几年来，不管你是否喜欢喝茶，但你一定听说过"小罐茶"。精美的小罐包装、高端的品牌形象、简约的店面设计，让小罐茶迅速成为了中国茶叶界的新晋"网红"。

可能很多人都觉得，一个品牌能否成功，关键在于营销。但实际上，营销只是告诉消费者你是谁，为什么要为你买单，然后再通过各种手段增强产品在消费者心目中的形象，抢占消费者心智。但在营销之前，最核心的就是产品本身。

那么，小罐茶的产品是如何打造的呢？小罐茶找的突破点是重新制定茶叶的认知和体验标准。简单地说，就是做"减法"。小罐茶的"减法"，其实就是统一重量、统一包装、统一价格、统一工艺等，让小罐茶集约化、标准化、品牌化。

包装作为品牌最直观的感受，承载了产品的附加值。而门店的设计，又直接影响着消费者对品牌"身价"的评判。小罐茶包装在历经数稿后才确定了铝合金小罐的包装，并配以极致的撕膜体验和充氮等设计。这样的包装给人的第一感觉就是高大上！其次，小罐茶还邀请了苹果的御用设计师参与实体门店的设计，最终采用的是苹果的极简风格，既简单又不失大气。最后，小罐茶的门店会从味觉、触觉、视觉、嗅觉等多个维度，给消费者一种"沉浸式体验"的感受，进而体现出小罐茶的高端。而这也是小罐茶将门店开在核心商区的原因所在。只有这样，才能最大化体现出小罐茶高端的"差异化价值"。

资料来源：小罐茶：一年 20 亿 走红背后的营销逻辑 [EB/OL]. https：//maimai. cn/article/detail？fid＝1110933424＆efid＝c64JQpSEfg1qi6h0zEwQYw，2021-02-14/2024-03-04．

思考：小罐茶为什么能够成为高端中国茶的代表？

3. 态度联想

品牌态度是消费者在产品或服务体验后形成的整体评价，它直接影响了消费者的购买决策和品牌忠诚度。企业需要通过各种营销活动来积极影响消费者的品牌态度，从而促成购买行为。品牌态度包括认知、情感、行为倾向三种成分。

认知成分是消费者对品牌的有关要素（尤其是感知质量）的评价，是消费者的品牌知识及其对品牌的信念和印象的总和。认知成分是品牌态度的理性部分，它基于消费者对品牌的客观信息和个人经验进行分析和判断。例如，消费者可能会根据过去的使用经验、品牌的口碑或产品的性能来评估品牌的质量。

情感成分是消费者对品牌的情感反应和情绪感受。它并不总是基于客观事实，而是更多地受到个人情感、情感记忆和主观感受的影响。消费者对品牌的情感可能是积极的，如喜欢、信任；也可能是消极的，如厌恶、不信任。情感成分在品牌态度中起着至关重要的作用，它决定了消费者对品牌的整体感受和忠诚程度。

行为倾向成分是消费者对品牌的趋避反应和行为意图。它表现为消费者是否愿意购买该品牌的产品、是否愿意推荐给他人、是否愿意为该品牌支付溢价等。行为倾向是品牌态度的最终表现，它决定了消费者的实际购买行为和品牌忠诚度。

总之，品牌联想是品牌建设中的关键一环，它涉及消费者对产品或服务的认知、评价和情感体验等多个方面。通过深入研究和理解品牌联想的形成机制和影响因素，企业可以更有效地塑造积极的品牌形象，提升品牌价值和市场竞争力。

（二）品牌联想的影响因素

消费者形成关于品牌属性和品牌利益的信念，其途径多种多样。值得注意的是，基于顾客的品牌资产定义并不区分品牌联想的来源及其形成方式，关键在于品牌联想能否产生足够的强度、偏好性和独特性。这意味着，除了营销活动外，消费者还可以通过直接经验、网络浏览、商业报道、口碑传播、品牌自身的暗示（如名称或商标），以及公司、国家、分销渠道或其他特殊人物、地点、事件等多种渠道形成品牌联想。营销者应当充分认识到这些不同信息来源的重要性，既要妥善管理，又要善加利用，以设计有效的营销传播策略。

1. 品牌联想的强度

顾客对品牌联想的强化主要依赖于其对产品信息的深入理解，以及将产品信息与顾客现有产品知识进行联系结合的程度。这种结合过程的强化，受到两个关键因素的影响：一是顾客对产品信息的关注程度，二是产品信息宣传的密度。值得注意的是，某些特定的品牌联想不仅依赖于联想的强度，还受到品牌本身的暗示以及选择品牌的特定情境的影响。

进一步探讨品牌联想的强化机制，发现最直接且有效的信息来源，通常是顾客通过亲身体验所获得的关于品牌属性和品牌利益的认识。这类信息在消费者决策过程中发挥着重要作用，特别是当消费者能够准确传达其体验感受时。例如，在餐饮、娱乐、银行和个人服务等领域，口碑的力量尤为突出。星巴克、谷歌、红牛和亚马逊等公司，即便在广告活动相对有限的情况下，依然能够借助口碑建立起强大而深远的品牌形象。

与公司控制的信息源（如广告）相比，口碑等自然形成的品牌联想通常更为持久且有力。尽管广告等受公司控制的信息源能够在一定程度上建立品牌联想，但这些联想往往较为脆弱且易变。为了克服这一局限，营销传播方案需要运用创新的交流手段，引导消费者深入思考品牌信息，并与其现有品牌知识相结合。同时，确保消费者与产品宣传保持持续接触，以便这些接触点能够作为提醒顾客的暗示信息，从而进一步巩固和增强品牌联想。

2. 品牌联想的偏好性

建立品牌联想对于塑造消费者偏好至关重要，它应确保消费者深信品牌的属性和利益能够满足其需求，进而形成积极的整体品牌评价。品牌联想的价值会受到购买场合或情境的影响，并随着消费者的购买动机而发生变化，因此，消费者对于所有的品牌联想并非一概而论，而是根据购买情境和动机的差异而有所不同。

【知识拓展】

品牌偏好

品牌偏好，是指某一市场中消费者对该品牌的喜好程度，是对消费者品牌选择意愿的了解。品牌偏好是品牌力的重要组成部分。营销学家韦恩·霍伊尔（Wayne Hoyer）和史蒂文·布朗（Steven Brown）于1990年的研究论述中指出，消费者在采取购买行动之前，心中就已有了既定的品味及偏好，只有极少数的消费者会临时起意产生冲动性购买。整体而言，即便消费者的购买是无计划的、无预期的，其依然会受到心中既有的品位与偏好的影响。企业应特别留意消费者内心世界里的"喜欢"或"不喜欢"是如何形成的，这样才能为品牌贯注正面的、强力的偏好度。

资料来源：百度百科. 品牌偏好 [EB/OL]. https：//baike. baidu. com/item/％E5％93％81％E7％89％8C％E5％81％8F％E5％A5％BD/3409336，2023-06-14/2024-05-05.

（三）品牌联想的独特性

品牌定位的核心在于拥有持续的竞争优势或独特的销售主张，这是消费者选择该品牌的主要原因。营销者通过直接与竞争对手对比或间接表达，能够更好地凸显这种独特差异。这种差异可能涉及产品属性与利益，也可能涉及非产品层面的因素。尽管独特的品牌联想对品牌成功至关重要，但品牌间也经常共享某些联想，尤其是在缺乏竞争者的情境下。共享的品牌联想有助于建立品类成员身份，并界定与其他产品和服务的竞争边界。

产品或服务品类通常拥有一系列共同的品牌联想，包括品类中任何品牌的特定信念和品类成员共同持有的态度。这些信念可能关联于产品属性，也可能包含与产品质量无直接关联的描述性特征，例如特定产品的颜色，橙色的橙子，红色的番茄酱。消费者在选择品类中的产品时，通常会综合考虑品类中所有品牌的典型性和必要性属性及利益，同时也会评估某一具体品牌的代表性和独特性属性。

由于品牌与品类紧密相连，品类的品牌联想往往会影响消费者对具体品牌的认知。这种影响可能表现为具体的品牌信念或总体的品牌态度。消费者对品类的态度是决定其购买行为的重要因素之一。例如，若消费者对经纪人代理的房子持有负面态度，认为其价格昂贵且经纪人只关注自身利益，这种态度可能会影响他们对整个品类中所有产品的评价。

综上所述，构建基于顾客的品牌资产，关键在于形成顾客的差异化反应。营销者需要确保所形成的品牌联想不仅是积极正面的，更是独特的且竞争对手所不具备的。唯有独特的品牌联想，才能有效地促使顾客选择并使用该品牌。为了实现这一目标，营销者需深入分析消费者和竞争者,以确定品牌的精准定位,并选择那些优质、独特且与品牌核心优势紧密相关的联想。

第三节 品牌共鸣与品牌创建

现代品牌理论认为,品牌是以顾客为中心的概念,所以营销界对品牌资产的界定倾向于从顾客角度加以阐述。是否使用某一品牌,顾客会有不同的反应。也就是说,品牌能给顾客带来超越其功能的附加价值,也只有品牌才能产生这种市场效应。总之,品牌能够提升顾客的感知价值,反过来也可以促进品牌价值的提升。这种逻辑性的关联不仅揭示了品牌资产的真正来源,也为企业在品牌建设和营销策略上提供了有益的启示。

一、品牌创建步骤

创建强势品牌是按照"品牌识别—品牌含义—品牌反应—品牌关系"四个步骤进行的,其中每一步都是基于前一步成功的基础之上实现的。也就是说,只有在建立品牌识别之后,才可以考虑品牌含义;而只有在确定准确的品牌含义后,才可能有品牌反应;也只有在引导适当的品牌反应之后,才可能建立品牌关系。完成品牌创建的四个步骤涉及六个品牌建设阶段,分别为品牌显著度、品牌功效、品牌形象、品牌判断、品牌感受和品牌共鸣,如图4-4品牌金字塔所示。金字塔左侧倾向于品牌创建的"理性路径",右侧则代表品牌创建的"感性路径",绝大多数强势品牌的创建是通过"理性"与"感性"的"双轮驱动"实现的。

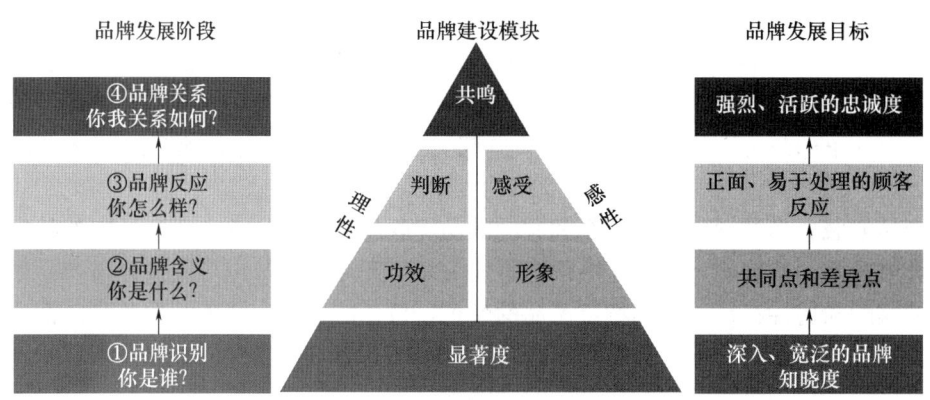

图 4-4 品牌共鸣金字塔

资料来源: Kevin Lane Keller, Vanitha Swaminathan. Strategic Brand Management (Fifth Edition) [M], Pearson Education Limited, 2019.

(一)品牌识别

品牌识别是要解决"品牌是谁"或"这是什么品牌"的问题,其关键是提升品牌的显著度,并建立品牌认知的广度和深度,确保消费者对品牌产生认同,以此在顾客心智中建立与特定产品或需求相关联的品牌联想。

1. 品牌显著度

要塑造一个卓越的品牌形象，关键在于在消费者心中建立较高的品牌显著度。品牌显著度是评价品牌认知程度的重要指标，它涵盖了多个维度，比如品牌在不同场合和情境下出现的频次，以及品牌是否能够轻易地被消费者回忆起或辨识出来。此外，品牌显著度还涉及触发消费者品牌记忆的必要线索或提示，以及品牌被大众所知晓和认识的程度。

品牌认知则是消费者在不同情境下能够回忆起并识别出该品牌的能力，它是将品牌名称、标识、符号等要素与特定的品牌联想相结合的过程。建立深入、宽泛的品牌认知不仅有助于消费者明确品牌所处的竞争领域和类别，更能够增强消费者对品牌满足其需求的信心，即品牌认知能够让消费者清晰地认识到品牌所能提供的基本功能和价值所在。

2. 品牌认知的广度和深度

品牌认知源于品牌元素与产品类别、品牌联想以及消费和使用情境的紧密结合，是建立产品独特身份的关键，能够赋予产品鲜明的品牌识别特征。品牌认知的广度与深度是衡量品牌在顾客心中存在状态的两个关键维度。

品牌认知深度是指顾客对品牌的内在理解、记忆强度及其在特定情境下主动唤起品牌相关信息的能力。它反映了品牌在顾客心智中的显著性，决定了品牌能否在众多竞争品牌中脱颖而出，成为顾客首选或首选之一的关键因素。

品牌认知广度是指品牌在目标市场中被广泛知晓的程度，以及其覆盖不同消费群体、地域市场和产品类别的能力。品牌认知广度体现了品牌的市场渗透力和影响力，是品牌实现规模效应和市场扩张的基础。

品牌认知的广度与深度并非孤立存在，而是相互影响、相互促进的动态系统。一方面，深度认知有助于提升品牌口碑，通过忠诚顾客的推荐和示范，扩大品牌的知名度和影响力，从而增强品牌认知的广度；另一方面，广度认知为品牌提供了更大的潜在顾客群，这些顾客在接触和使用品牌的过程中，有可能深化对品牌的理解与认同，并转化为深度认知的顾客。因此，品牌创建过程中，既要追求广泛的市场覆盖，提升品牌知名度，也要注重培育深度品牌关系，强化顾客对品牌的内在认知与情感连接，以实现品牌认知的全面优化与提升。

（二）品牌含义

品牌含义是要解决"这个品牌的产品有什么用途"的问题，即通过创造合适的品牌含义，战略性地把有形、无形的品牌联想与特定资产联系起来，在顾客心智中建立稳固、完整的品牌形象。

1. 品牌功效

产品作为品牌资产的核心，不仅是顾客直接接触和使用的对象，更是影响顾客品牌体验的关键因素。顾客在使用产品过程中的感受、从他人处获取的品牌信息以及企业所传递的品牌信息，都深受产品本身的影响。设计和提供能够完全满足顾客期望的产品，是成功营销的基石。只有当产品真正满足了消费者的需求，品牌才能够获得消费者的认可，进而建立起品牌忠诚和品牌共鸣。

品牌功效是指产品或服务满足顾客功能性需求的程度。优质的产品品质是品牌的基础和保障。强势品牌往往建立在优质的产品品质之上,而最强的品牌定位也依赖于品牌功效的优势。品牌功效超越了产品组件本身的性能,还含有品牌差异化的维度。

品牌功效一般包括五种属性和利益:

(1)产品的主要成分及次要特色。主要成分的性能水平至关重要,但特殊方面也可能成为吸引顾客并最终促成购买的关键因素。产品的部分属性对于一个产品是必要的成分,对于其他的产品而言则可能属于次要特色,可以允许多样的、个性化的用途。

(2)产品的可靠性、耐用性以及服务便利性。可靠性反映了产品在长期使用中功效的一致性,耐用性则是产品使用寿命的指标,服务便利性是指产品维修的方便程度,这三者共同决定了顾客对产品品质的信任程度。

(3)服务的效果、效率及情感。对于服务,顾客通常会产生与功效相关的联想,这涉及品牌在售前、售中和售后服务中的表现,包括服务的专业性、及时性以及是否能给消费者带来愉悦的情感体验。服务效果反映了品牌满足顾客服务需求的程度,服务效率反映了服务的响应速度,服务情感则表明了服务在顾客心中的信任、关注程度。

(4)产品的风格与设计。除了产品功能外,设计也能影响顾客对品牌功效的联想。独特且符合顾客审美的设计,能够提升品牌的价值和吸引力。

(5)价格。品牌的定价策略会在顾客心智中形成昂贵或者廉价的联想,以及该品牌是否经常打折促销等。顾客会根据不同品牌的价格形成产品的品类知识。

2. 品牌形象

品牌形象是品牌内涵的重要组成部分,它紧密关联着产品或服务的外在属性,并体现在品牌如何满足顾客的心理和社会需求上。品牌形象并非仅仅基于现实层面的解读,更多是从抽象的角度去理解和感知一个品牌。因此,品牌形象的核心在于其无形元素,这些元素构成了品牌与消费者之间的情感纽带。

顾客通过自身的直接体验或间接获取的信息来形成对品牌形象的联想,这些联想构建起了品牌在顾客心中的独特地位。而在众多的品牌无形资产中,以下四类尤为关键:顾客形象;购买及使用情境;品牌个性与价值;品牌历史、传承和体验。

(1)顾客形象。品牌形象联想的形成往往源于使用该品牌的个人或组织,这些联想在现实顾客或潜在顾客心中构建起独特的心理图景。在构建品牌形象时,顾客可能会基于人口统计因素或抽象的心理因素来联想典型的或理想的品牌用户。其中,人口统计因素在品牌形象塑造中占据重要地位,包括性别、年龄、种族、收入、受教育程度等;心理因素包括对生活、职业、财产、社会问题、政治机构等的态度。此外,在B2B环境中,用户形象往往与组织的规模和类型紧密相连。

(2)购买及使用情境。购买和使用情境是构成品牌形象的重要元素,它关乎顾客在什么情况下会选择购买并使用某一品牌。这类品牌形象联想受购买渠道、购买便利性、使用情境等多方面的影响。首先,顾客会根据品牌的常见销售渠道来形成对品牌的认知,如小罐茶的线下实体店一般建在规模庞大的商场中。其次,购买的便利性也是影响品牌形象联想的关键因素,若品牌能提供便捷的购买体验,如快速结账、灵活的配送方式等,将进一步增强顾客对该品牌的好感度。最后,品牌在不同的时间、地点和活动中所展现的形象,都会影响消费者对品牌的认知和感受。

(3) 品牌个性和价值。品牌个性和价值是品牌形象的重要组成部分,它们通过顾客体验和营销活动得以传递和塑造。品牌如同人一样,拥有自己独特的个性特质,如"时尚""守旧""活力四射"或"怪诞"等。这些个性特质通过品牌的各个方面得以展现,并影响着消费者对品牌的认知和感受。品牌个性的形成是一个复杂而多元的过程,品牌的任何一方面,如产品设计、包装设计、广告风格等,都可以被消费者用来推测品牌个性。首先,在塑造品牌个性的过程中,营销传播和广告的影响力尤为显著。广告通过拟人化技术赋予品牌人格化特征,利用用户形象、代言人风格以及激发的情感等因素来塑造品牌个性。一旦品牌个性形成,顾客往往难以接受与该个性不符的信息,这也进一步强化了品牌形象的一致性。其次,用户形象与品牌个性并非总是一致的。在某些情况下,如产品质量成为顾客关注的重心时,品牌个性和用户形象之间的关联可能并不紧密。再次,品牌个性和用户形象之间的差距还可能受到其他因素的影响,如市场定位、消费者心理等。最后,当用户形象和用途对顾客抉择至关重要时,品牌个性和品牌形象往往会相互关联。顾客通常会选择和使用能够表达自我概念的品牌,尽管这种表达有时可能只是他们理想中的形象。这种现象在公众场合使用的产品中尤为明显,因为顾客希望通过使用这些产品来展示自己的个性和价值观。

【案例 4-3】

胶州大白菜

"胶州大白菜(胶白)"拥有上千年种植史,并从过去常见的大路菜,发展成现今远销日韩的蔬菜伴手礼;从一度无人问津到现在坐拥全国性线上线下销售网络。曾经的"小白菜"炼成了"大特产","胶白"是靠什么从市场竞争中突出重围的呢?

鲁迅先生在散文《藤野先生》中专门提到了各地白菜冒充"胶白"的情景:"大概是物以稀为贵罢。北方的白菜运往浙江,便用红头绳系住菜根,倒挂在水果店头,尊为'胶菜'。"文中所写的"胶菜",便是胶州大白菜。好到要被冒充,无疑凸显胶州大白菜的贵重、非同一般。从农业品牌建设的角度看,大白菜因为缺少稀缺性和差异性,品牌打造是相对困难的,但胶州大白菜却成了例外。

"胶州大白菜是脆甜的。"生食其味道,大多数人会是这样的感受。帮嫩薄、汁乳白、味鲜美、纤维细、营养好。胶州大白菜曾多次作为"国礼"赠送国际友人,也是饕客们的心头好。正因其如此深厚的底蕴和鲜美滋味,让胶州大白菜拥有了区别于其他普通白菜的称呼——"胶白""胶菜"。

品质只是基础,品牌的独特性、差异化才是市场竞争的法宝。胶州市积极发挥行业协会的带动作用,规范发展会员和认证基地。目前,行业协会在认证基地推行产品追溯、质量分级、优质优价,并规范商标标识和包装,使大白菜"颗颗有身份、全程可追溯"。

资料来源: "胶州大白菜"品牌塑成记 [EB/OL]. https://www.scs.moa.gov.cn/sclt/202407/t20240710_6458701.htm, 2024-07-10/2024-07-15.

思考: "胶州大白菜"的品牌个性是如何塑造出来的?

（4）品牌历史、传承和体验。品牌历史、传承与体验在构建品牌形象中扮演着举足轻重的角色。这些元素不仅塑造了品牌的独特性格，还引发了消费者深层次的情感共鸣，从而形成了丰富而深刻的品牌联想。品牌历史往往承载着无数的故事和记忆，这些记忆既可以是个人经历，也可以是广大消费者共同拥有的集体回忆。品牌传承则是对品牌历史文化的延续和发展，体现在品牌对核心价值、理念、风格的坚守与传承，以及对传统工艺、技术的继承与创新。这种传承不仅确保了品牌的连续性和稳定性，还为品牌注入了新的活力和内涵。品牌体验则是消费者在与品牌互动过程中所形成的直观感受和认知。通过不断优化品牌体验，品牌可以赢得消费者的信任和喜爱，进而提升品牌形象和市场竞争力。在构建品牌联想时，品牌历史、传承与体验是相互交织、相互影响的，它们共同塑造了品牌的独特性格和形象，为消费者提供了丰富的联想空间。

与品牌功效或品牌形象相关的品牌联想，都会变成与品牌本身有关联的各种联想。构成品牌形象和品牌含义的品牌联想有三个重要维度——强度、偏好性和独特性，它们是建立品牌资产的关键。在这三个维度上与众不同，就能产生最积极的品牌响应，并强化品牌忠诚。创造出强有力的、偏好的、独特的联想对于营销者来说是一个巨大的挑战，但对于建立基于顾客的品牌资产而言，它又是必要前提。强势品牌通常都能在顾客中建立偏好的、独特的品牌联想。

（三）品牌反应

品牌反应是要解决"我对这个品牌产品的印象或感觉如何？"的问题，即通过品牌建设引导顾客对品牌做出积极的、可获得的响应。

1. 品牌判断

品牌判断主要是指顾客对品牌的个人喜好和评估。它涉及消费者如何将不同的品牌功效与形象联想结合起来以产生不同的看法。顾客对品牌通常会形成种种不同的判断，但主要有四种类型：品牌态度、品牌信誉、品牌考虑和品牌优势。

（1）品牌态度。品牌态度是指消费者对品牌的整体性评价，它是消费者选择品牌的基础。消费者的品牌态度通常依赖于品牌的具体属性和利益。消费者对品牌会形成一系列的品牌态度，但其中最重要的是感知质量、顾客价值及满意度。

（2）品牌信誉。品牌信誉是指顾客根据专业性、可靠性和吸引力三个指标判断品牌可以信任的程度，体现了顾客对品牌背后企业或组织的信任程度。其中，专业性指品牌所具有的创新性以及市场地位；可靠性是指顾客对品牌的依赖性以及品牌对顾客利益的重视程度；吸引力是指顾客愿意为品牌付出金钱、时间以及精力的程度。

（3）品牌考虑。拥有良好的品牌态度和信誉固然关键，但若顾客未曾认真考虑购买或使用某品牌，这些优势便无从发挥，终将远离消费者视野。品牌考虑的核心在于，那些强大且受偏爱的品牌联想能否成为品牌形象的重要组成部分。

（4）品牌优势。品牌优势是顾客感知某一品牌相较于其他品牌的独特程度，关键在于顾客是否深信该品牌拥有其他品牌所无法比拟的优势。这种优势在构建稳固且积极的顾客关系中发挥着至关重要的作用，其关键在于品牌所独有的、丰富多样的品牌联想，而这些联想共同塑造了品牌形象。

2. 品牌感受

品牌感受是消费者在情感层面对品牌的反应，深受品牌所引领的社会流行趋势的影响。品牌的市场策略及其他手段所激发的情感，以及品牌如何影响消费者自我认知及人际关系，都构成了品牌感受的核心内容。这些情感可能是温和的或紧张的，也可能是正面的或负面的，但无一不体现了品牌与消费者之间的情感连接。尊重品牌固然重要，但建立深厚的情感联系更是品牌成功的关键。品牌感受主要有六种类型，具体见表4-2，其中，前三种类型的感受是即时的和体验性的，其强度会不断增加；后三种类型的感受是持久性的和私人的，其重要性会不断增加。

表4-2 品牌感受主要类型

感受类型	具体内容	示例
温暖感	品牌能让消费者有一种平静或者安详的感觉。消费者可能对该品牌怀有感伤、温暖或者是挚爱的心情。	心柑宝贝（柑橘）、巧媳妇（调味品）
乐趣感	品牌能让消费者感到有趣、轻松、开心、好玩、愉悦等。	饭遭殃（辣椒酱）、大洱朵（茶）
兴奋感	品牌让消费者充满活力，并感到他们正在做一些特殊的事情。那些能唤起消费者兴奋感的品牌可以让他们感到欢欣鼓舞，觉得自己很酷、很性感等。	刀刀爽（牛肉）、天籁之香（肉制品）
安全感	品牌能给予消费者安全、舒适和自信的感觉。通过使用该品牌，消费者不再感觉到以往的不安和焦虑。	实赣派（柑橘）、好当家（海参）
社会认同感	消费者会觉得周围人眼里的自己看起来在言行举止方面都很棒。这种认同要么直接源于对某品牌的认可，要么源于使用了该产品。	褚橙（励志橙）、沂蒙小调（核桃仁）
自尊感	品牌能让消费者觉得自己很优秀，他们会有一种自豪感和成就感。	房县龚礼、兵团红（枣）

（四）品牌共鸣

品牌共鸣是指消费者与品牌之间建立的深刻、持久的情感联系和认同，是品牌关系建立的最高境界。这种共鸣超越了简单的购买行为，使消费者对品牌产生了强烈的情感依赖和忠诚度，其本质在于顾客与品牌之间的情感共鸣和心灵契合。衡量品牌共鸣的关键在于顾客与品牌心理联系的深度和强度，这种联系通过顾客的忠诚行为得以体现，例如，顾客是否愿意重复购买该品牌的产品，是否积极搜寻品牌的相关信息，以及是否愿意与品牌建立长期的互动关系，等等。

品牌共鸣和品牌关系有强度和行为两个维度。强度是指消费者品牌态度依附和品牌社区归属的程度；行为是指消费者购买和使用某品牌的频率，以及介入和购买与消费无关的活动的程度。与此同时，可以将这两个维度分成态度依附、社区归属感、行为忠诚度以及主动介入四个方面，具体见表4-3。

表 4-3 品牌关系的四个方面

维度	类型	具体内容
强度	态度依附	品牌共鸣要求强烈的个人依附，顾客除了具有积极的品牌态度外，还会产生特殊的情感。
强度	社区归属感	在品牌社区内，顾客基于品牌而相互之间形成关联。在忠实用户中形成强烈的品牌社区归属感，能产生积极的品牌态度和意向。
行为	行为忠诚度	顾客重复性购买同一品牌产品的行为，可以用购买频率、购买金额、购买时间、购买意愿等衡量。
行为	主动介入	消费者自愿投入的时间、精力、金钱以及其他超越购买该品牌所必需的花费，是最显著的品牌忠诚。强烈的态度依附和社会认同都在很大程度上影响着消费者的主动介入。

二、品牌创建原则

（一）品牌应具有强烈的顾客依附性

品牌的力量及其对企业的终极价值，正是蕴藏在顾客之中。衡量品牌实力的关键在于顾客对品牌的感知和反应方式。那些深受消费者喜爱并引发强烈情感共鸣的强势品牌，往往能激发消费者的热情，使他们成为品牌口碑的积极传播者，积极与他人分享对品牌的信念。

顾客通过深入了解与亲身体验品牌，为企业品牌资产的提升带来了丰厚的回报。虽然营销者需承担设计与实施高效品牌建设营销方案的责任，但营销活动的成功与否最终取决于顾客的反馈。顾客的反应又深受其大脑中已形成的品牌知识影响。因此，企业是否真正以顾客为中心，不仅体现在营销策略的制定上，更在于能否触动顾客的情感，赢得他们的信任与忠诚。在品牌建设的过程中，企业应始终将顾客需求与期望置于首位，通过不断创新与提升，打造与顾客情感共鸣的品牌体验。

【知识拓展】

品牌依赖

品牌依赖是一种消费者和品牌之间的依恋情感，消费者往往对这种品牌表现出积极正面的信念和态度。在当今品牌消费时代，培育品牌依赖是企业应对激烈竞争、获得竞争优势的重要手段。顾客对商品的忠诚度来源于两个重要的因素：一是顾客对产品的满意度；二是顾客对企业产品存在的感情依附程度。随着经济社会的不断发展，企业争夺顾客的重点不再是产品满意度的提高，而是产品情感依附的增加。顾客对企业产品的情感投入和依恋成为产品在竞争激烈的市场获得成功的关键。需要注意的是，品牌依赖不等于品牌满意，品牌依赖也不等同于品牌喜爱。

资料来源：百度百科. 品牌依赖 [EB/OL]. https：//baike. baidu. com/item/％E5％93％81％E7％89％8C％E4％BE％9D％E8％B5％96？fromModule＝lemma_search-box，2022-10-27/2024-05-23.

(二)品牌创建应按部就班

品牌共鸣强调品牌建设绝非是偶然性的,而是一项系统性的工程,并无捷径可走,应按部就班。强势或伟大的品牌并非一蹴而就,而是经过一系列精心策划的步骤逐渐塑造而成。这些步骤,无论是外显的还是含蓄的,均指向明确的目标,从而引导营销人员倾注心血,致力于品牌的塑造。因此,建立强势品牌所需的时间与对品牌的深入认知和了解成正比,而对品牌的坚定信心则是品牌资产得以累积的基石。

在品牌建设的不同阶段,难度各有差异。例如,建立品牌认知虽可在短期内通过高效的营销计划实现,但许多营销者却急于求成,试图跳过这一关键步骤,误以为迅速树立品牌形象才是首要任务。然而,对于顾客而言,若缺乏对品牌意图或竞争对手的基本了解,他们很难准确赞扬品牌的优点和独特性。同样,若未能全面理解品牌各个方面的特征,顾客也很难给予品牌高度的肯定。

即便在某些情况下,顾客因市场因素开始重复购买某品牌产品或表现出品牌忠诚度,这并不意味着他们对品牌有着深刻的感受、判断或联想。真正的品牌共鸣需要经历多个建设阶段才能逐渐形成。尽管不同品牌的起点可能各异,但只要遵循相同的品牌建设步骤,最终都能打造出具有真实影响力的强势品牌。

(三)品牌创建应兼具理性与感性

顾客对品牌的认知和忠诚度,在很大程度上取决于品牌的二元性特征,即一个强势品牌不仅要在理性层面上吸引顾客,还要在感性层面上触及心灵。因此,建立品牌忠诚度和共鸣并非单一途径,它既可以通过强化与产品功效相关的理性联想和判断来实现,也可以通过构建与产品无关的形象联想和情感体验来达成。然而,真正的强势品牌往往能够兼顾这两个方面,实现理性与感性的完美结合。

由于品牌二元性的存在,使得强势品牌在面临市场竞争时能够展现出独特的优势。当竞争对手的攻势减弱时,品牌可以通过多个维度吸引顾客,既满足他们对产品功能的理性需求,又满足他们在心理和情感上的感性需求。这种多元化的吸引力使得品牌在顾客心中占据了更加稳固的地位。

(四)品牌应承载丰富的内涵

强势品牌既要有广度,也要有深度。品牌共鸣模型为我们揭示了与顾客建立深刻品牌含义的有效方法,以及触发顾客共鸣的途径范围。品牌所蕴含的多重意义及其引发的顾客响应,是构建顾客与品牌之间紧密联系的关键。不同的品牌联想不仅强化了品牌形象,还提高了对其他品牌联想的偏好度,有助于塑造品牌的独特性,并弥补潜在的不足。

在品牌建设的过程中,我们无须期望品牌在核心价值的所有维度和类别上均获得较高的认同。创建品牌的各个阶段有其自然的层级结构。如在品牌认知阶段,在试图通过满足需求或提供利益来扩大品牌的广度之前,首先要确保品类识别的建立;在品牌功效阶段,品牌形象往往始于具体的初始使用者形象,但随着时间的推移,逐渐发展出更加鲜明、抽象的个性、价值、历史、传统和体验等品牌联想。顾客的品牌感受通常始于体验性的温暖、乐趣和兴奋,进而深入到内在的安全感、社会认同和自尊。需要特别指出的是,行为忠诚度是品牌共鸣的起点,而态度依附或社区归属感对于主动介入则不可或缺。

（五）品牌共鸣是核心

在品牌创建过程中，营销者应以品牌共鸣为手段和目标，来诠释与品牌相关的营销活动。但问题是，营销活动能在多大程度上触动品牌共鸣的关键维度——顾客忠诚度、态度依附、社区归属感和对品牌的主动介入？同时，那些旨在构建品牌功效、品牌联想、顾客判断和感受的营销活动，是否能够有效支持品牌共鸣的这些关键维度？

实际上，要让顾客对他们购买和使用的所有品牌都建立起深厚的、积极的忠诚关系，是不可能的。相比之下，有些品牌在顾客心中拥有更高的意义，往往源于其产品或服务的本质、顾客的个人特征等。在难以同时构建多种感受和形象联想的情况下，营销者可能难以获取关于品牌共鸣的深入信息，如顾客的主动介入程度。但从品牌忠诚的广义视角来看，营销者仍有机会深入了解顾客对品牌的全面欣赏，以及品牌与顾客之间的紧密联系。通过精准定义品牌在市场中的角色，营销者能够更有效地提升品牌共鸣，达到更高的营销境界。

第四节　品牌价值链

品牌价值链模型有助于营销人员追踪品牌的价值创造过程，从而更好地理解营销费用和投资的财务影响。在基于顾客品牌资产概念的基础上，品牌价值链模型提供了一种全新的视角和方法，以理解品牌创造价值的过程。

一、品牌价值链模型

品牌价值链是一种评价哪些营销活动创造品牌价值，以及评价品牌资产的来源和结果的结构化方法。品牌价值链模型在假设品牌价值来源于顾客的前提下，把品牌价值的增值分为四个阶段和三个过程。具体如图4-5所示。

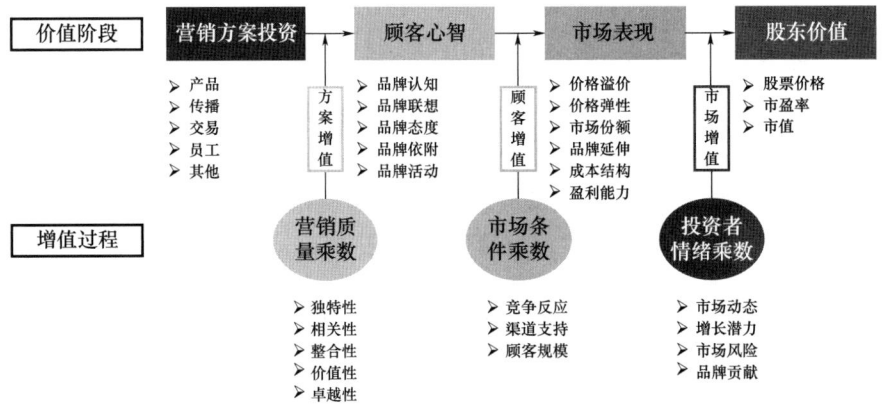

图4-5　品牌价值链模型

资料来源：Kevin Lane Keller，Vanitha Swaminathan. Strategic Brand Management (Fifth Edition) [M]，Pearson Education Limited，2019.

品牌价值链的建立有五个基本的假设前提：

假设一：品牌价值最终来源于客户。

假设二：品牌价值创造始于企业所采取的营销活动，即品牌价值创造过程始于企业对实际或潜在客户进行的营销项目投资。（阶段1）

假设三：相关的营销活动会影响顾客心智，即顾客对品牌的所知所感。（阶段2）

假设四：形成的顾客心智会影响产品市场份额和品牌盈利能力，即有多少顾客买，何时买，以及为品牌所支付的价格多少等。（阶段3）

假设五：投资企业会考虑品牌的市场绩效，从而在总体上评估股东价值，并专门评估品牌价值。（阶段4）

同时，该模型还假设介于各个阶段之间的乘数可以增加或减少从一个阶段流向另一个阶段的价值。这些乘数分别为：营销质量乘数、市场条件乘数以及投资者情绪乘数。

营销质量乘数：决定营销方案影响顾客心智的能力，也是方案投资质量的一个函数。

市场条件乘数：决定顾客心智中创造的价值对市场业绩的影响程度。这个结果依赖于竞争优越性、渠道与其他中间商支持，以及顾客规模和概况。

投资者情绪乘数：决定品牌的市场业绩显现的价值被股东价值体现的程度。它部分取决于财务分析者和投资者的行为。

二、品牌价值阶段

（一）营销方案投资

在营销方案投资阶段，不管是有意投资还是无意投资，只要能够对品牌价值发展作出贡献都属于该价值阶段。这些营销活动包括产品研发与设计、商业支持性活动、营销传播以及员工培训等。然而需要注意的是，大量的投资并不能保证品牌价值创造的成功，其成功与否取决于经由增值过程中的营销方案和方案性质。

经过仔细设计和实施的、与顾客高度相关的、具有独特性的营销方案，往往有很大的可能从该方案的支出中获得巨大的投资回报。需要注意的是，投资金额的多少并不直接决定品牌产品销售的好坏，其更多地取决于营销方案的设计和构思。

（二）顾客心智

顾客的心智存在于顾客思维中与品牌相关的所有事物，包括思想、感情、经历、形象、感知、信念、态度等。在该阶段要重点了解，营销方案的实施使顾客出现了哪些变化，以及这些变化是如何在顾客的心智中体现出来的。下面以"5A"概括测量顾客心智的五个重要维度。

品牌认知（Brand Awareness）：是指品牌被顾客回忆、再认的容易程度，以及顾客根据相应的品牌联想，识别产品和服务的程度。

品牌联想（Brand Associations）：对品牌所感知到的属性和利益的强度偏好性以及独特性。品牌联想通常是品牌价值的主要来源，因为正是通过品牌联想的方式，顾客会感到品牌是否能够满足他们的需要。

品牌态度（Brand Attitudes）：关于品牌质量和品牌满意度的总体评价。

品牌依附（Brand Attachment）：顾客对品牌依附、忠诚的程度。顾客忠诚度越高，

顾客心智就越难改变，即使是品牌受到如产品或服务失败等负面新闻的影响也是如此。在极端情况下，依附甚至能够变成一种嗜好。

品牌活动（Brand Activity）：顾客愿意使用品牌，与他人谈论品牌，搜索有关品牌信息、促销及事件等的程度。

品牌认知支撑着品牌联想，品牌联想驱动品牌态度，由此又导致了品牌依附和品牌活动。结合品牌共鸣模型，当品牌建设各个阶段的目标都在顾客身上实现时，品牌价值自然就产生了。就创建品牌资产和品牌价值而言，形成适当的顾客心智是十分重要的。

【案例4-4】

咸丰唐崖茶

咸丰县依托世界文化遗产唐崖土司城遗址，充分挖掘茶诗、茶谜、茶令、茶歌、茶戏等茶文化，探索茶文化与世遗文化、土苗文化、红色文化的联结，深挖唐崖茶文化内涵，打造出历史底蕴深厚的"唐崖茶"区域公用品牌。

咸丰县将世界文化遗产唐崖土司城遗址最具代表性的明代"荆南雄镇"牌坊、石马、唐崖玄武山、唐崖河融入唐崖茶品牌标识，赋能品牌营销。挖掘唐崖区域文脉、饮茶时令独特内涵，确定"唐崖茶六百年""唐崖茶含硒多一点"的营销广告用语，彰显唐崖茶文化历史的厚重感，让消费者一听到唐崖文化，就想品尝一口唐崖茶。"唐崖"商标统一包装图案和规格，其设计灵感来源于土家织锦，将"唐崖茶六百年"的品牌价值巧妙融入其中，增强了品牌辨识度。

咸丰县还积极搭建营销平台，以唐崖文化活动为载体加大品牌宣传推广力度。成功举办"唐崖茗香硒引天下"第一届"来咸丰庆丰年"采茶节，建成咸丰唐崖茶市，以此传播世遗文化，提高唐崖茶知名度。

资料来源：咸丰唐崖茶：世遗点亮营销 茗香"硒"引天下［EB/OL］. https：//mp. weixin. qq. com/s/-vmh2_Q0y5rPbCD848mOew, 2023-04-07/2024-05-06.

思考：咸丰唐崖茶是以怎样的品牌认知占据顾客心智的？

（三）市场表现

顾客的心智主要以五种方式和市场相互作用。在价格溢价和价格弹性方面，主要表现为消费者愿意为品牌额外支付的费用是多少，当价格变化时，这种品牌的产品需求会改变多少。在市场份额方面，主要评估营销方案是否实现了该品牌产品销售量或销售额目标。总的来说，前面这三种方式决定了该品牌的直接收入。品牌价值创造主要由更高的市场份额、更多的价格溢价、更灵活的价格弹性实现。在品牌延伸方面，是指该品牌支持品类延伸程度，或新产品的创新能力，主要用于衡量品牌增加收益的能力。在成本结构方面，是指由于品牌成功占据顾客心智而减少的营销费用。当顾客对一个品牌已经具有积极的评价和丰富的知识时，在同一个营销费用水平下的任何营销方案都将更加有效。当把价格溢价、价格弹性、市场份额、品牌延伸以及成本结构这五种方式综合起来考虑时，就是品牌的盈利能力。

（四）股东价值

基于品牌当前所有可用的和预期的信息，再综合其他因素，金融市场能够直接对品牌作出具有财务价值的各种评估，并给出意见建议。三个特别重要的指标是企业股价、市盈率（价格/收益比率），以及企业整体市值。研究表明，强大的品牌不仅能为股东带来丰厚回报，而且风险更小。

根据品牌价值链理论，营销者应通过精心策划和执行营销方案来创造价值，并在方案、顾客和市场之间的增值过程中追求增值的最大化。品牌价值链不仅提供了一种结构化方法，帮助经理们深入理解价值创造的各个阶段和方式，还为流程优化提供了有力指导。对于组织内不同部门和成员而言，品牌价值链的不同阶段具有不同的重要性。具体而言，品牌经理和品类营销经理通常更关注顾客心智的形成以及营销项目对顾客产生的影响；而首席营销官则可能更侧重于市场业绩的表现以及顾客心智如何转化为实际的市场购买行为；至于董事或 CEO，他们可能更关注股东价值的实现以及市场业绩对投资决策的指引作用。

三、品牌增值过程

品牌价值链模型在四个阶段递增或转换过程中，有三个增值过程，分别为方案增值过程、顾客增值过程、市场增值过程，与之对应的是前面提到的三个增值乘数，即营销质量乘数、市场条件乘数和投资者情绪乘数。

（一）方案增值过程（营销质量乘数）

方案增值过程表明了从营销活动投入到顾客心智受到营销质量影响的情况，营销质量的好坏由营销活动的明确性、相关性、独特性和稳定性决定。如果消费者对企业营销所传递的品牌信息不清晰、品牌信息与消费者需求没有关系、营销活动并不具有差异性、营销活动没有经过整合，那么营销活动的投入不一定能够产生理想的顾客认知和认同。

营销方案影响顾客心智的能力取决于该方案投资的质量，而营销方案的质量好坏可以从以下五个方面进行判断，具体见表 4-4。

表 4-4 营销方案质量的判断标准

判断特征	具体内容
独特性	营销方案的独特性如何？ 该营销方案的创新性或差异性怎样？
相关性	对顾客而言，营销方案的意义有多大？ 顾客购买该品牌产品是经过深思熟虑的吗？
整合性	营销方案是否前后一致？ 营销方案的各个因素能否很好地整合到一起？ 方案整合后能够产生最大的影响吗？ 目前的营销方案能否与以前的营销方案有效地衔接？ 前后方案间是否具有持续性？ 前后方案能否保证品牌发展方向的一致性和正确性？
价值性	该营销方案能创造的短期价值和长期价值分别是多少？ 短期内是否能提升销量？ 长期内能否建立品牌资产？
卓越性	单个的营销项目能否符合最高标准？ 某类营销活动能否反映企业愿景？

（二）顾客增值过程（市场条件乘数）

顾客增值过程是指从顾客心智到市场业绩受到市场条件影响的过程。其中，市场条件包括竞争者反应、渠道支持和顾客规模等因素。其中，竞争反应是指竞争对手品牌的营销投资有效性如何；渠道支持是指各种营销合作伙伴在品牌强化和销售方面付出了多少努力；顾客规模是指被品牌所吸引的顾客数量有多少，都是什么类型的顾客，其盈利性又如何。

当竞争对手没能形成明显的威胁，当销售渠道成员和其他中间商提供了强有力的支持，当一定数量的可盈利顾客被这个品牌吸引时，顾客心智所创造的价值将会转化成良好的市场业绩。

（三）市场增值过程（投资者情绪乘数）

就股票市场估值来说，现阶段创造的品牌价值能否成功进入最后阶段主要取决于投资者乘数。市场业绩影响投资者情绪和投资收益，从而影响股价和企业价值，并最终影响股东价值。投资效益受到金融市场动态、增长潜力、风险情况和品牌贡献率的影响，具体如表 4-5 所示。

表 4-5 投资效益的影响因素

影响因素	具体体现
市场动态	从整体上讲，金融市场的动态性指标（利率、资本供应等）有哪些？
增长潜力	品牌及其所处行业的增长潜力和前景如何？ 构成企业社会、经济、政治和法律环境的有利因素如何发挥作用？ 不利的外部阻碍因素又如何发挥作用？
风险情况	品牌面临的风险是什么？ 对于这些推动因素和约束因素来说，品牌的脆弱程度如何？
品牌贡献	品牌对于企业的品牌组合有多重要？

如果金融市场疲软、行业成长速度缓慢、行业面临高风险以及该品牌对公司整体的贡献不大，那么股东价值也不会很高。但如果企业在一个非常健康的行业中运作，没有巨大的环境阻力或障碍，品牌对企业的收益贡献巨大，且具有光明的前景，那么该品牌在市场中创造的价值就很容易在股东价值中体现出来。

此外，品牌价值链为我们带来了多方面的启示。首先，它明确指出价值创造始于营销方案的投资，一个资金充足、设计精良且执行严格的营销方案是创造价值的必要条件。其次，创造价值并不仅仅依赖于初始的营销投资，品牌价值链中的三个增值过程都在价值创造中发挥着关键作用。最后，品牌价值链为追踪价值创造提供了一张清晰的路线图，这对于营销调研至关重要。

本章小结

（1）品牌资产是赋予产品或服务的附加价值，而基于顾客的品牌资产是指顾客因品牌知识所导致的对营销活动的差异化反应。基于顾客的品牌资产主要有差异化反应、品牌知识、顾客对营销的反应三个重要组成部分。

（2）从营销管理的角度来看，品牌资产的积累主要受到以下三个方面的驱动：构成品牌元素和识别特征的初始选择、产品和服务本身以及相应的营销活动和营销支持方案、其他与一些实体联系起来可以间接转移给品牌的联想。

（3）品牌作为公司最核心的持久性资产，其价值的维护与提升至关重要。品牌强化的核心在于通过一致性地传达品牌意义来增强品牌资产。品牌强化是一个系统性的过程，其首要步骤是深入理解品牌资产，这包括识别品牌原有的积极联想是否已失去其独特性，以及是否有消极联想与品牌相关联。

（4）品牌知识主要包括品牌认知和品牌形象两个部分。其中，品牌认知与记忆中品牌节点的强度有关，其反映了顾客在不同情境中辨认该品牌的能力；品牌形象反映顾客记忆中关于该品牌的联想，而品牌联想是记忆中与品牌节点相关联的其他信息节点。

（5）品牌认知是由品牌再认和品牌回忆构成的。品牌再认和品牌回忆在消费者的购买决策和品牌选择中扮演着不同的角色。品牌再认在销售点决策中占据主导地位，而品牌回忆则对服务和在线产品的购买决策以及品牌评估产生深远影响。

（6）品牌认知的建立主要通过不断加深消费者对品牌的熟悉程度来实现，这一过程包括强化品牌元素接触、增加品牌元素展现、加强品牌与品类连接强度、避免错误品牌宣传。

（7）消费者对品牌的联想体系包括品牌属性、品牌利益和品牌态度三个层面。其中，品牌属性和利益是消费者形成品牌态度的基础和依据，而品牌态度则是消费者对品牌属性和利益的综合反映和评价。影响品牌联想的因素主要包括品牌联想的强度和品牌联想的偏好性两个方面。

（8）创建强势品牌是按照"品牌识别—品牌含义—品牌反应—品牌关系"四个步骤进行的，其中每一步都是基于前一步成功的基础之上实现的。完成品牌创建的四个步骤涉及六个品牌建设阶段，即品牌显著度、品牌功效、品牌形象、品牌判断、品牌感受和品牌共鸣。

（9）品牌价值链是一种评价哪些营销活动创造品牌价值，以及评价品牌资产的来源和结果的结构化方法。品牌价值链模型在假设品牌价值来源于顾客的前提下，把品牌价值的增值分为营销方案投资阶段、顾客心智阶段、市场表现阶段以及股东价值阶段等四个阶段和方案增值过程、顾客增值过程以及市场增值过程等三个过程。

思考与讨论

（1）与品牌资产相比，基于顾客的品牌资产有哪些不同之处？应如何从顾客角度出发构建品牌资产战略？

（2）品牌资产管理与资产管理有哪些不同之处？应该从哪些方面加强品牌资产管理，确保品牌价值持续增长？

（3）品牌知识包括哪些内容？探索提升品牌知识记忆度的有效策略。

（4）在品牌运营管理中，分析哪些因素会对品牌形象构成影响。探讨如何通过这些因素构建并传达一致且具有差异性的品牌形象。

(5)选择一个成功的农业品牌案例,详细分析其品牌创建的关键步骤。并总结这些步骤中可借鉴的经验和教训,为其他农业品牌创建提供参考。

(6)什么是品牌共鸣?实现品牌共鸣的关键因素有哪些?

(7)思考农业品牌如何通过品牌价值链实现品牌价值在各个阶段的增值。并给出优化品牌价值链、增强品牌整体价值的策略建议。

案例分析

"褚橙"创始人74岁再创业,一手打造全国最知名的农产品品牌

谈及褚橙,恐怕是没有人不知道了!"褚橙"的创始人褚时健,已经74岁了才开始再度创业!历经十多年才将褚橙变成了中国最知名的农产品品牌。这位拥有超前思维的"老前辈",通过确定品牌定位、打造"励志橙"IP、建立品牌信任等方法,一步步将"褚橙"打造成全国知名水果品牌,成为众多水果企业模仿学习的优秀先锋!

在农产品领域,"褚橙"可谓是最成功的农产品品牌故事与品牌IP打造的典范。每年上市的季节,褚橙都会带着一个故事进行营销,"褚橙进京""向80后致敬""匠心褚橙""坚守品质 相信时间的力量""励志褚橙 致敬人生""逆风而上 每个人都可以是破风英雄"等故事占据着消费者心智,让褚橙成为冰糖橙的代表,成为励志故事的典范。褚橙的出现,让中国的橙子身价倍增,也让中国的农产品有了一个新的方向。

褚橙是如何打造品牌的呢?

首先,确定品牌定位,建立视觉系统。要系统化地向消费者传递品牌信息,需要对品牌进行有规划的塑造。品牌塑造应从定位开始,包括品牌名称、推广语、包装、设计、营销、渠道等所有环节。产品定位是品牌塑造的核心,它清晰地告诉消费者"我是什么"。例如,褚橙的定位是褚时健种的励志橙,它所表达的意思是一种优质的橙子与励志的精神含义。视觉系统也是不容忽视的一环,包装和设计决定着品牌个性,logo、包装都是另一种品牌符号。而品牌背后的故事则让有形的产品带有温度,带有情感。

其次,打造"励志橙"IP,做好产品的内容化。褚橙成功打造了"励志橙"的IP。通过在媒体上讲述创始人褚时健老人的坎坷人生路,让用户对褚老种植橙子创业的辛苦感同身受,对这个励志故事热血沸腾。当用户对褚老的励志故事产生了认同,接下来了解品质、信任品质、转化购买,就显得顺理成章。甚至说,他们卖的已经不是橙子,而是励志精神故事,想向消费者清晰地传递"传橙=传承""褚橙=励志橙"的思想认知。最终让产品成为消费者情感寄托,让其在品牌的文化内核中找到价值观上的共鸣。

最后,保证产品品质,建立品牌信任。传统消费时代,消费者更注重产品在功能性上的单一需求,能够满足功能即可。但新消费时代,对于品质的诉求包含了功能、价值认知、情感共鸣等方面。一切好品牌源于品质,褚橙颠覆了消费者长期以来对中国农业领域的产品品质高度不信任的认知,颠覆了国产农产品品牌从未体现过价值溢价的认知。这是褚时健先生耗时10年在产品品质上的最终价值回报。

超级IP的产生必然是品牌核心价值体系为其赋予的,而每一个企业都应当有个健全的品牌核心价值体系,否则它就不能称为一个品牌。如今传统企业如果只从产品上下

功夫，已经很难在同质化严重的市场中吸引用户的注意、抓住其购买欲。想改善现状，就必须寻找到品牌与用户之间的沟通点，建立新的连接符号与话语体系的超级 IP。然后，通过对品牌 IP 展开独特内容的运营，借助超级 IP 强化用户对品牌的记忆认知，深化品牌认同感，促使这部分用户流量变现，从而为品牌带来口碑利润的双丰收！

资料来源："褚橙"创始人 74 岁再创业，一手打造全国最知名的农产品品牌！[EB/OL]．https：//baijiahao.baidu.com/s？id＝1720444330893888993，2021-12-29/2024-06-05.

思考：

（1）褚橙是如何将自己打造成全国知名水果品牌的？

（2）影响褚橙出圈的关键因素有哪些？

（3）对于农业品牌来说，超级 IP 应该如何挖掘和打造？

第五章　基于顾客心智的品牌定位战略

 知识与技能目标

（1）掌握顾客心智的概念及特点。
（2）了解确定品牌定位的流程，包括确立竞争参照框架、确定联想异同点、创建品牌箴言等。
（3）掌握农业品牌定位的不同方法和需要重新定位的情形。
（4）为给定的品牌在竞争环境中找出最优的品牌联想异同点，并创建准确的品牌箴言。
（5）能够识别和避免品牌定位中的常见误区和错误，并提出改进策略。
（6）基于市场变化和企业发展，对农业品牌的定位进行动态调整和优化。

 **情境导入**

"五芳斋"品牌始创于1921年，是全国首批"中华老字号"企业，并被国家级非物质遗产名录收录。近年来，五芳斋加快转型步伐，紧跟消费潮流，积极切入专卖零售、直播电商等新赛道，深化实施"糯+"战略，深挖消费者潜在需求，通过跨界、联名、创意内容等创新性、多元化的营销策略链接消费者，激发消费活力，引领品牌发展。五芳斋在产品和设计创新升级的同时，紧跟时代潮流，不断进行品牌传播的突破创新，通过极具创意的广告内容赋予品牌更加多元化的内涵价值，凸显品牌文化，创造和引领话题，不断增强年轻人对五芳斋品牌的认同感和忠诚度。

2019年以来，五芳斋转型升级步入新阶段，开始着力打造以糯米食品为核心的中华节令食品领导品牌。围绕"糯+"战略，以开发高端、健康及轻食系列的产品为主，持续在粽类产品、江南湿点系列产品、月饼、糯团等传统食品等领域创新。一系列营养、安全、美味、健康、时尚的食品，满足了消费者多样化、差异化、健康化的需求，为五芳斋品牌可持续发展奠定了坚实基础。

五芳斋还不断拓宽合作品牌，创新联名品牌设计。2016年与迪士尼等头部IP跨界合作，在产品包装、新品宣传中融入米奇、漫威核心元素，极大程度地吸引了青年消费群体的目光。2021年端午期间，五芳斋跨界国民手游王者荣耀，推出端午概念款"峡谷"礼盒，与年轻玩家擦出火花。此外，还与泸州老窖、小罐茶、王老吉、西麦、盒马等品牌联名，跨界吸引消费群体。

资料来源：五芳斋：创新营销 再现"中华老字号"品牌力量［EB/OL］. https：//mp.weixin.qq.com/s/BhMuOxPirAKUdwCw_pS8wA，2023-04-24/2024-06-12.

思考：百年品牌"五芳斋"是如何通过产品创新和营销创新得以实现年轻化发展的？

农业品牌打造已成为引领农业供给侧结构性改革、推动农业高质量发展的关键举措，也是激发消费潜力、促进农村消费的有力抓手，对全面推进乡村振兴、加快农业农村现代化具有重要意义。2022年中央一号文件强调，开展农业品种培优、品质提升、品牌打造和标准化生产提升行动，为农业品牌建设提供了重要指引和方向。此外，农业农村部办公厅印发的《关于开展2023年农业品牌精品培育工作的通知》中指出，要积极培育定位清晰、目标市场明确的品牌，尤其是具有明显的区域优势资源、历史人文特征和产业特色的农业品牌。

农业品牌定位应因地制宜、符合实际，立足农业资源禀赋，紧密结合市场需求、目标消费群体特点，着力在"特""优""精""专"上做文章，打造出一批极具地域特色的"乡字号""土字号"品牌。以特色塑造品牌的独特性，以标准确保品牌的稳定性，不断推动我国从农业大国向品牌强国转变。

第一节 基于顾客心智的定位理论

定位，就是让企业在潜在客户的心智中与众不同。在市场竞争日益激烈的今天，对企业来说，唯一的成功之道就是进入顾客心智。而进入顾客心智的唯一方式，就是做到与众不同。

一、顾客心智与定位

（一）心智

心智是指人们的记忆、思想、意识、感情、意向、愿望、思维、智能以及人的种种心理能力等。在对"心智"的研究中，不同专家给出了不同的定义。李笑来认为，"心智"指的是各项思维能力的总和，包括感受、理解、判断、选择、记忆、想象、推理等能力。[①] 乔治·博瑞（George Boeree）认为，心智主要包括获得知识（感受、观察、理解）、应用知识（判断、选择、记忆）、抽象推理（想象、假设、推理）等三个方面的能力。唐孝威认为，心智包括觉醒成分、认知成分、情感成分和意志成分，这些成分相互作用就构成了心智的整体。[②] 丹尼尔·西格尔（Daniel Siegel）则认为，心智是人们感受到的一切主观体验。他指出，从感受到思维，从理性的观点到先于或潜藏于话语下的内在的感官沉浸，再到人们感觉到的、与他人及整个地球的联系。心智同时也与人们的意识有关，即人们对"活着"的感觉的觉察，以及存在于这种觉察中的觉知体验。心智是人们最深刻的本质，是人们在当下时刻对"活着"、对此时此地最深刻的感觉[③]。

（二）顾客心智

杰克·特劳特（Jack Trout）在《新定位》一书中提出，虽然人脑的记忆容量很

[①] 李笑来. 把时间当作朋友，运用心智获得解放 [M]. 北京：电子工业出版社，2010.
[②] 唐孝威. 智能论：心智能力和行为能力的集成 [M]. 杭州：浙江大学出版社，2010.
[③] 丹尼尔·西格尔著，乔森译. 心智的本质 [M]. 杭州：浙江教育出版社，2021.

大,对信息保持的时间也可以很长,但在现代市场条件下,消费者接触的信息实在太多,能够进入其记忆并被长期保持的实际上只有很小一部分,而消费者对每个行业产品的认知几乎都是固定的,一旦这种一对一或一对二的关系建立起来,就很难再改变。因此,杰克·特劳特认为,顾客的心智是营销的终极战场。

在追求心理需求满足的过程中,心智起到对顾客购买意识控制的作用,从而在顾客头脑中影响并决定其对消费对象做出选择①。

顾客心智就是顾客蕴藏在内心深处的对待各种产品理性而又明智的看法或认同的程度,这些认知能够充分反映顾客价值观、个性主张,它总是以反映某种符合顾客既得利益的概念出现②。

(三)定位

定位作为新生产工具,于1969年被杰克·特劳特(Jack Trout)发明出来,由此掀起了第三次生产力革命。在谈到为何选择"定位"一词来命名时,特劳特曾说:"《韦氏词典》对战略的定义是针对敌人(竞争对手)确立最具优势的位置(position)。这正好是定位要做的工作。"在顾客心智中针对竞争对手确定最具优势的位置,从而使品牌在竞争中胜出,赢得优先选择,这就是企业需全力以赴抵达的成果,也是企业赖以存在的唯一理由。

1981年,艾·里斯(AL Ries)与杰克·特劳特(Jack Trout)合作撰写的《定位》一书中,对定位进行了深入且生动的阐释:定位始于产品,无论它是一款商品,一个组织,还是一个人。定位的本质并非是对产品本身的改变,而是从潜在顾客的角度出发,精心塑造产品在顾客心中的形象和位置。换句话说,定位就是要在顾客心智中,为产品打造一个真正具有价值和吸引力的独特地位。

这一理论不仅颠覆了传统的营销观念,更为企业和品牌在激烈的市场竞争中找到了新的突破口和发展方向。在传播手段日益繁多且产品同质化趋势加剧的时代背景下,要让品牌在激烈的市场竞争中脱颖而出,必须赋予其独特性和不可替代性,从而在顾客心智中占据一个稳固而独特的地位。

【知识拓展】

三次生产力革命

第一次生产力革命,是通过弗雷德里克·泰勒(Frederick Taylor)的《科学管理原理》,大幅提升了体力工作者的生产力。第二次生产力革命,是通过彼得·德鲁克(Peter Drucker)开创的管理学(核心著作是《管理的实践》及《卓有成效的管理者》),大幅提升了组织的生产力。第三次生产力革命,是通过杰克·特劳特(Jack Trout)发现的"定位"(核心著作是《定位》及《新定位》),大幅提升了品牌的生产力。

资料来源:杰克·特劳特(Jack Trout). 什么是战略 [M]. 北京:机械工业出版社,2012.

---

① 崔明. 基于消费者心智的品牌推广策略研究 [J]. 财会研究,2011(13):67-70.
② 胡彦蓉. 基于顾客心智的品牌资产驱动因素与构成维度研究 [D]. 哈尔滨:哈尔滨工业大学,2013.

二、顾客心智的特点[①][②]

现代社会是一个产品过剩的时代,同时也是一个信息碎片化的时代,靠简单推出更好的产品,或者包装一个更好的品牌形象,已经不能让企业在竞争中生存和胜出。企业经营的重心,必须从关注产品,切换到关注用户心智。特劳特和里斯提出定位思想,就是为了帮助企业品牌在用户心智中确立一个独特的最具优势的位置。

(一)心智容量有限

人类心智的运行原理和电脑十分相似,如同电脑的存储器(硬盘),它会给每条信息分配一处空位并保存下来。但心智和电脑有一项重大不同:计算机对存入的信息通盘接受,而心智只接受与其现有认知相符的信息,对其他信息一律排除。

人类的心智不仅拒绝接受与其现有知识或经验不符的信息,也没有足够的知识或经验处理这些信息。在现代这个传播过度的社会,心智完全是一个容量不足的容器。根据哈佛大学心理学家乔治·米勒(George A. Miller)的说法,普通人的心智无法同时处理七件以上的信息。随便找个人说说某类产品他记得的所有品牌,很少有人能说出七个以上。这还是人们比较感兴趣的品类,对于兴趣不大的品类,顾客通常只能说出一两个品牌。

【知识拓展】

品牌定位的数一数二原则

心智有限,简单来说就是记不住,或者不愿意耗费能量记住。因为现代社会信息爆炸式涌入用户心智,储存空间不够,所以,一般只对"第一"和"唯一"有概念。一般来说,心理学家认为大众对单品类的记忆不超过7个品牌。杰克·特劳特(Jack Trout)因此提出"数一数二"原则,认为只有第一,没有第二。所以,从某种意义上来说,用户心智极其简单。

资料来源:定位第一法则[EB/OL].https://zhuanlan.zhihu.com/p/675917589, 2024-01-03/2024-06-06.

为了应对产品的爆炸性增长,顾客学会了在心智中对产品和品牌进行归类,并会按照归类的重要程度或层级顺序优先选择购买特定品牌的产品。某个品牌若想增加销量,就必须把顾客心智中重要的品牌排挤掉(通常很难),或者设法让自己与这些重要的品牌产生关联。企业有了全新产品之后,告诉顾客该产品不是什么,往往要比告诉他们该产品是什么还有效。因为人的心智容不下新的、不同的东西,除非它们和顾客心智中已有的东西产生关联。

(二)心智厌恶混乱

人类是最依赖于学习的生物,通过学习获取新信息,并借助记忆储存信息。记忆是在思考过程的各方面都会用到的动态系统,人们利用记忆去观察事物、理解语言、辨认

[①] 杰克·特劳特,史蒂夫·里夫金.邓德隆,火华强译.新定位[M].北京:机械工业出版社,2019.
[②] 杰克·特劳特.火华强译.什么是战略[M].北京:机械工业出版社,2011.

方向等。既然记忆如此重要，那么被人记住的秘诀又是什么呢？——避免复杂，保持简单。苹果电脑企业的前总裁约翰·斯考利（John Sculley）说："我们在工业时代所学的知识都倾向于制造越来越多的复杂性，而现在有越来越多的人开始明白要简单化而不是复杂化，这是一条典型的东方智慧——大道至简。"

复杂的答案没有任何价值。例如，每位管理者都需要信息，因为决策和猜想的区别常常就在于获取恰当的信息。尽管如此，现在的管理者并不想使自己淹没在大量文稿和报告之中。人们总认为厌烦情绪的产生是因为缺少刺激，即某种信息供应不足。但事实上，在现在信息越来越多的情况下，厌烦情绪正是因过度刺激和信息过多而产生的。

心智厌恶复杂和混乱，因此真正进入心智的最佳路径是让信息极度简化。简化即是说不能长篇大论，而要把精力集中于一个有力的特性，让它进入心智。如用简单的词语代替冗长的品牌故事，剔除其他品牌也能描述的诉求，舍弃需要复杂的分析证明的信息，避免信息不匹配的认知。最后，永远不能忽略显而易见的信息。显而易见的概念往往最有力，因为对市场而言，这些概念也是显而易见的。

（三）心智缺乏安全感

心智往往是感性的，而非理性的。人们为什么要买东西？人们在市场中的购买行为究竟如何？心理学家罗伯特·赛托（Robert Settle）和帕米拉·阿尔瑞克（Pamela Alreck）在他们的《购买动机》（Why They Buy）一书中论及，消费者往往不清楚购买动机，或者不愿意说出来。事实就是，当被问及为何购买某个产品时，消费者的回答要么不准确，要么毫无意义。这可能是他们不愿意说出来，但更多情况是他们确实不太清楚自己的购买动机。甚至在回忆方面，由于心智缺乏安全感，人们总是记起那些不复存在的东西。但一个地位牢靠的品牌即使广告宣传力度下降，多年后人们对它的识别度还是很高。

心智缺乏安全感会产生的行为包括跟风消费、从众消费、追逐潮流、诉诸传统等。人们往往不知道自己需要什么或为何购买，更多情况下，人们总是买那些自认为应该拥有的东西，主要原因是别人在购买。人们往往只有感知到别人认为某样事物正确，自己才跟着认定正确，看到别人在某种情况下做出何种行为，才判断该种行为是错是对。这种将他人做法视为正确的倾向非常普遍。人们认定，采取得到社会认同的行为会少犯错误，而违背它则会多犯错误。由于心智缺乏安全感，制造"赶潮流"效应是商业常事。民意测验和调查常常给出权威性数字，以唤起潮流效应；或者使用"增长最快""销量最大"等字眼吸引顾客，给人以安全感。商家也会经常展示企业的传统和文化，以打动顾客。许多企业以为，新产品较老品牌更能引起顾客兴趣，其实老商品的生命力往往被低估。

导致心智缺乏安全感的原因有多种，其中一个原因是预知到存在风险。行为学家认为有五种形式的可预知风险：

(1) 金钱风险：购买某样东西可能会损失金钱。
(2) 功能风险：也许某个商品不好用，或并不像预期的那样好用。
(3) 生理风险：看上去有危险，可能会让使用者受伤。
(4) 社会风险：购买此产品，朋友或相关人士会如何看。
(5) 心理风险：购买某样东西后可能会感到内疚或是不妥。

（四）心智难以改变

产品一旦在消费者心智中建立了认知，它将很难被改变。约翰·肯尼斯·加尔布雷斯（John Kenneth Galbraith）曾说："若要在改变人的心智和证明没必要改变心智之间二选一，几乎所有人都选后者。"

许多企业以为，新产品较老品牌更能引起顾客兴趣，但实际上，顾客对已知或已购买过产品的印象要比新产品深刻得多。《态度和劝服》（Attitudes and Persuation）一书阐述了一种"信念系统"，来说明为何心智难以改变：从信息论学家的角度来看，信念系统的特性和结构非常重要，因为信念被认为能够为态度提供认知基础。那么，要想改变一种态度，就有必要对此态度所依赖的信息进行更改，因此通常就有必要改变一个人的信念，即删除旧的信念或引进新的信念。

许多营销人员正在把心智难以改变的特点转化为自己的优势：既然改变心智是困难的，那么就重拾旧概念。在新的营销活动中诉求产品的传统几乎是零风险策略，因为这种策略向人们展示了产品的历史和经久不衰，让人觉得产品有根基。此外，还具备一种集体的文化归属感，更容易使顾客和企业绑定在一起。

（五）心智会丧失焦点

心智丧失焦点的主要原因是品牌延伸。对品牌延伸的视角不同导致对该问题的理解也不同。企业更多从短期经济效益的角度看待品牌，为了获得成本效益和行业认可使品牌焦点扩散，让品牌由原来代表一种产品或一个概念变成代表两种、三种或更多种产品和概念。而从顾客心智角度看待品牌延伸问题，品牌承载越多不同的产品，心智越容易对它丧失焦点。根据特劳特的品牌力学方程式，即品牌力量与其代表的产品种类成反比，赋予品牌的产品种类越多，心智就越容易失去焦点，品牌就越虚弱乏力。相较于品牌延伸，启用新品牌会更好保留原品牌的顾客心智焦点。此外，持续品牌延伸，将使更多产品容易受到负面公关的影响。品牌某个产品的负面公关会波及使用同一品牌名称的其他产品。

为防止顾客心智焦点的丧失，企业应高度聚焦会给顾客留下深刻印象的专家品牌。首先，专家品牌可以聚焦于一种产品、一种利益以及一点信息，让商家传达的信息更加锐利，有助于很快打入顾客心智。其次，专家品牌的另一个优势是被人看作专家，会被认为是同类中最好的。最后，专家品牌可以成为品类的代名词。

三、定位的作用

（一）抢占顾客心智资源

在社会的价值观与财富观深刻变革的今天，组织的核心资源已不再是传统意义上的土地、资本或人力资源，而是品牌所代表的心智资源。心智资源在竞争激烈的市场中占据决定性地位，其他资源若未能得到心智资源的牵引，往往只能沦为成本。例如，联想之所以能够在电脑领域占据一席之地，并非单纯依赖于其人力资源或技术资源，而是因为其品牌在消费者心智中占据了电脑的定位，联想已然成为电脑的代名词。同样，百度通过占据"搜索"的心智资源，成为搜索领域的领军者。这都充分表明品牌所代表的心智资源是组织最有价值的资产。

企业经营的衡量标准也正在发生转变,从传统的财务盈利转向是否占有心智资源。这解释了为何许多互联网企业在尚未实现盈利的情况下,仍能吸引大量投资,因为这些企业已经成功夺取了心智资源,为未来的盈利奠定了坚实基础。随着新生产工具的诞生和生产方式的变革,这种直取心智资源的生产方式正成为主流,不仅适用于互联网高科技产业,也适用于传统行业。

【案例 5-1】

小猪拱拱土豆

土豆作为初级农产品,在物质利益点上往往同质化严重,难以形成特色。要形成独特的差异化竞争优势就需要对产品、产地、消费者应用场景等进行深入的分析,把满足消费者的消费需求当作核心目标。"小猪拱拱"抓住恩施硒土资源和"马尔科"品种资源两大特色,明确品牌天然含硒、个头娇小、高山古法种植无污染三大亮点,以"天生硒有,活力满满"为广告语,找准产品卖点,打造深入人心的品牌形象,细分消费群体,实施差异化营销策略,满足差异化消费需求,带动"恩施硒土豆"的市场影响力与知名度得到显著提升。

针对产品定位及卖点,"小猪拱拱"细分消费人群,重点以宝妈、健身达人、职场白领及爱追剧的年轻人为核心目标人群,并选择相应的渠道如盒马鲜生、7Fresh、宝宝树等进行合作,开展系列营销活动,促进消费者对品牌及产品的认知,增加品牌美誉度和忠诚度。为了突显品牌差异化,"小猪拱拱"对营销人员进行统一培训,以"你从未品尝过的土家族美食"为主题,邀请土家族姑娘,穿着民族服装在现场烹制美食。在活动中不但让消费者真正感受到产品的品质,同时对产地的民族文化也有了更深刻的了解。为了增加消费体验,"小猪拱拱"与知名辣酱品牌展开营销合作,增加消费者在食用产品时的多重体验,进一步提升品牌影响力。

资料来源:小猪拱拱:实施差异化品牌战略 助推恩施土豆产业高质量发展[EB/OL]. https://mp.weixin.qq.com/s/el1wdclPvck1PMLrnIBeJg,2023-05-19/2024-06-15.

思考:小猪拱拱是如何通过差异化营销占据顾客心智的?

(二)激发品牌生产力

定位对于品牌生产力的影响是惊人的。无论是新创企业还是现有组织,通过精准的定位调整,都可以显著提升生产力。例如"丽水山耕"区域共用品牌以"基地直供、全程追溯、检测准入"为品牌宗旨,以"生态"为品牌核心,以"产品背书"为品牌定位,建立"母子品牌"运作方式,对县域、企业农产品进行重新定位和包装,最终实现品牌溢价。缙云麻鸭原价 60 元左右一只,经过"丽水山耕"重新定位和品牌宣传,价格提高到 118 元一只,溢价 50%。

(三)提升运营绩效

当品牌定位明确后,企业可以更加精准地识别哪些运营活动能够产生最大的绩效,从而优化资源配置,提升运营绩效。通过删除不产生绩效的运营活动并加强有效的运营活动,企业可以大幅提升生产力。王老吉(加多宝)的成功就是一个典型的例子。通过定位来优化内部运营,王老吉(加多宝)在投入并不比竞争者更大的前提下,实现了惊人的业绩增长。

(四) 优化资源配置

事实上，定位已不再是选择的问题，而是如何正确精准地定位的问题。无论是正确还是错误的定位，都会对企业的资源配置和绩效产生深远影响。忽视定位或错误定位的企业，往往会浪费大量资源甚至面临毁灭的风险。但是许多企业在日常运营中，往往不自觉地破坏了原有的品牌定位。当品牌失去了原有的定位，或者企业的运营策略与顾客心智中的定位相悖，不仅会导致顾客对新投入的抗拒，更可能直接影响企业资源的配置与利用，甚至导致企业的衰败。现实中有很多盛极一时的知名企业或品牌，因违背顾客心智中的定位，而由盛转衰，如太子奶、雏鹰农牧、每日优鲜等。

此外，定位与管理一样，不仅适用于企业，还适用于政府、医院、学校等各类组织以及城市和国家这样的超大型组织。例如，岛国格林纳达通过重新定位，从"盛产香料的小岛"重新定位为"加勒比海的原貌"，既成功吸引了大量游客，又解决了本国高失业率的问题。

第二节 农业品牌定位基本概念

一、农业品牌定位的概念

(一) 品牌定位

定位，指的是在消费者心智中占据一定的位置。据此，品牌定位是指为某个特定品牌确定一个适当的市场位置，使产品在顾客心智中占领一个特殊的位置。品牌定位通过精心构建的品牌识别、独特的品牌符号、鲜明的品牌个性，以及深刻的品牌体验等方式，实现在消费者心智中的独特占位，并与之建立起紧密的情感联系。这一过程不仅提升了消费者对品牌的认知度，更使品牌成为消费者价值感知的重要载体。当品牌定位与消费者价值感知高度契合时，品牌便能有效地唤起消费者通过品牌实现自我、满足自我的意识。消费者通过与品牌的深度联系，获得心理上的满足和社会利益的实现，从而进一步增强对品牌的忠诚度和认同感。

(二) 市场定位、产品定位与品牌定位之间的关系

品牌定位与市场定位、产品定位紧密相连，共同构成了企业市场战略的核心组成部分。市场定位是企业针对目标消费者做出战略愿景之后，为达到此愿景而选择的路径。产品定位是在完成市场定位的基础上，采用什么样的产品策略来满足目标消费者或目标市场的需求。产品定位是对市场定位的具体化和落实，其以市场定位为基础，受市场定位的指导，但比市场定位更深入和细致。品牌定位作为市场定位的重要组成部分，特别是在实施品牌优先发展战略的企业中，成为了市场定位的核心。

企业一旦选定了目标市场，就需要设计和塑造与之相匹配的品牌及企业形象，以赢得目标消费者的认同。一旦企业确定了目标市场，由于市场定位的最终目标是实现产品销售，而品牌作为企业与消费者沟通的桥梁，其定位也就成为了市场定位的核心体现。总的来说，在完成了市场定位和产品定位的基础上，企业才能更有效地进行品牌定位。

品牌定位的核心任务是在市场细分和产品差异化的基础上,进一步强化品牌识别的作用,从而提升产品的竞争力。虽然品牌定位以产品定位为基础,但其内容远不止产品本身,更涵盖了品牌与消费者之间的情感连接和价值共鸣。

(三) 农业品牌定位

随着乡村振兴深入推进,农业品牌化成为加快农业现代化、促进农村经济发展的重要途径。农业品牌定位应充分考虑乡村的资源禀赋、文化传统以及市场需求,将乡村的自然资源、产品特色、历史人文及市场需求等因素进行整合,打造出独具特色的农业品牌。

因此,农业品牌定位是指农业企业或品牌主体,在充分了解农业市场环境、地域特色、竞争对手、顾客需求及自身资源与能力的基础上,通过明确品牌的核心价值与独特卖点,为特定农业品牌设定并塑造其在目标市场中独特价值地位和形象的过程。这一过程涉及对品牌识别、品牌符号、品牌个性以及品牌体验等方面的综合规划和塑造,其核心目标是使农业品牌在顾客心智中占据一个清晰且具有差异性和吸引力的位置。旨在实现与消费者的紧密连接,提升品牌认知度和忠诚度,进而增强品牌的市场竞争力和可持续发展能力。

二、农业品牌定位的内涵

有效的农业品牌定位需要与消费者的认知、情感、需求和期望紧密相连,确保品牌在消费者心智中留下深刻印象。通过精准的品牌定位,农业企业可以塑造出独特的品牌形象,与消费者建立深厚的情感联系,进而提升品牌忠诚度和市场份额。

(一) 价值识别与独特差异

在顾客心智视角下,农业品牌定位首先强调对目标市场价值需求的精准识别。这包括理解消费者对农产品的需求层次(如基本功能需求、品质需求、情感需求、社会需求等),以及对农业品牌在安全性、营养价值、产地特色、环保可持续性、文化内涵等方面的期待。在此基础上,农业品牌应提炼出独特的价值主张,与竞争品牌或同品类产品形成鲜明差异,满足消费者未被充分满足或未被竞争品牌有效覆盖的价值需求。

(二) 市场定位与目标顾客

农业品牌定位需明确在农业市场中的竞争位置,如领导品牌、挑战者、专业细分市场领导者等,并根据品牌定位确定目标消费群体。这要求农业品牌必须深入了解目标顾客的消费习惯、购买动机、信息获取渠道、价值敏感点等,确保品牌定位与目标客群需求高度契合,从而在顾客心智中占据专属领地。

【案例 5-2】

陶柒柒黄桃罐头

2016 年,90 后山东姑娘郭静推出"陶柒柒"牌黄桃罐头,并成为迅速发展的 IP,俘获了无数女粉丝。她是如何得到热捧的呢?

1. 消费者定位

2015 年,在国家对"互联网+农业"的支持下,郭静决定创业。以 80 后对童年记忆中黄桃罐头的怀念为出发点和抓手，锁定80后女性为主要消费人群，牢牢抓住她们的消费特征，并针对消费需求，进行黄桃罐头产品选择与营销推广。

2. 打造时尚IP

与粉丝互动。在决定围绕黄桃罐头进行创业之时，郭静就通过朋友圈打造了种子用户，通过集思广益来选定品牌名字。因为有趣味性和参与感，大家踊跃参与其中，陶柒柒由此诞生。

产生共鸣感。郭静将"陶柒柒"定位打造为每个女性心目中的自己，邀请到顶尖设计师，为"陶柒柒"黄桃品牌设计了四种颜色四个主题的包装，一张拥有大众脸的漂亮女孩，分别代表了清新、活力、优雅、知性四种性格，将少女由懵懂到知性的变化过程在产品上进行诠释，让消费者在"陶柒柒"身上找到一些与自己相似的点，进而产生共鸣。

提升体验感。陶柒柒通过市场调查发现，市面上针对大众推出的12罐装罐头女孩子提着很吃力。于是便针对女性推出8罐装产品，不仅提着轻松，送礼也很高大上。同时因黄桃罐头是铁罐产品，商家往往忽略产品在运输中由于暴力物流导致的瘪罐和爆罐，造成很差的体验感。而陶柒柒一上线就推出泡沫装包装，极大提升了产品体验感。

3. 多样化营销

场景化营销。陶柒柒经常利用桃花美景、精致罐头产品等趣味场景，进行推广营销。还有"会旅行的陶柒柒"等系列延伸，吸引了爱旅行的女孩子的广泛关注，通过"故事+场景+产品"的组合，挖掘共鸣点激发消费者购买欲。

讲述好故事。黄桃罐头是诸多80后的童年记忆，陶柒柒通过微博、微信公众号进行不定期的征集活动，让粉丝再次参与，不断回忆童年这个永不过时的话题，与品牌进一步融合。

持续性造势。陶柒柒还不定期举办热点营销活动。如情人节等节日，线下有观众，线上有读者，线上线下的营销活动让陶柒柒用极小的投入赢得了口碑和营销的胜利。

资料来源：她用记忆、IP精神、粉丝一体打造产品［EB/OL］. https：//baijiahao. baidu. com/s？id=1749071194854400518，2022-11-10/2024-05-23.

思考：陶柒柒黄桃罐头是如何识别目标市场的？又是如何在目标市场作营销推广的？

（三）形象塑造与情感联结

农业品牌定位还涉及品牌视觉、语言、故事等元素的系统设计，需要塑造符合产品定位要求的品牌形象。这包括选择与品牌定位相符的命名、标识、包装、色彩等视觉元素，以及撰写传达品牌价值、引发消费者共鸣的品牌故事、广告语等语言元素。通过形象塑造，农业品牌能够在顾客心智中形成直观、生动、易于记忆的品牌印象，同时建立与消费者的情感联结，增强品牌偏好与忠诚度。

（四）信任构建与口碑传播

在顾客心智中成功定位的农业品牌，需具备坚实的信任基础。这包括提供可验证的产品质量保证（如有机认证、地理标志认证、食品安全追溯等）、公开透明的生产过程展示、真实的用户评价与推荐、权威第三方的认证与许可等。通过构建信任，农业品牌能够降低消费者购买决策的风险感知，提升其对品牌的接受度与购买意愿。

（五）定位整合与一致传达

有效的农业品牌定位要求企业在内部运营与外部传播中始终保持定位信息的一致性，即需要持续一致的内外部传达。内部运营上，应将品牌定位融入产品研发、生产管理、服务提供、员工培训等各个环节，确保产品与服务的实际表现和品牌定位相符。外部传播上，应整合各类营销传播渠道（如广告、公关、社交媒体、线下活动等），以一致的主题、信息、风格传达品牌定位，强化品牌在顾客心智中的印象与地位。

农业品牌定位是一个系统工程，涉及价值识别、市场定位、形象塑造、信任构建、信息传达等多个环节。成功的农业品牌定位能使品牌在顾客心智中占据独特且有价值的位置，成为消费者在购买决策中的首选。

三、农业品牌定位应注意的问题

农业品牌定位是一个复杂且关键的过程，需要综合考虑多方面因素以确保其成功。

（一）农业品牌定位要注重产品品质

农业品牌的核心竞争力在于农产品品质。农产品品质既是农业品牌存在的前提，也是农业品牌定位的基础。首先，企业应严格把控种植、养殖、加工、储运等全过程，实现从田间到餐桌的全程可控、可追溯，确保农产品的安全、营养、口感等各项指标达到甚至超越消费者期望。其次，推行标准化生产、精细化管理，积极申请并维护相关质量认证，以权威认证提升消费者对品牌品质的信任度。再次，需要根据产品特色找准自身独特定位，如高端品质（绿色、有机等）、地域特色、特定功能（保健、养生等）、特定消费群体（儿童、孕妇、健身人群等）等，以此区别于竞争品牌，吸引目标消费者的关注与选择。最后，应紧跟农业科技、市场趋势、消费者需求变化，持续进行产品创新、工艺改进、服务升级，保持品牌活力与竞争力。此外，还需关注智慧农业、绿色农业等新兴领域，探索品牌发展的新方向与新增长点。

（二）农业品牌定位要挖掘地域特色

现实中，许多农业品牌的价值源自其独特的地域资源及其蕴含着的中华农耕文明。首先，要让农业品牌直击人心，就不能"空有其表"，而要适当注入文化内涵。应深入挖掘农业的生产、生活、生态和文化，与农业非物质文化遗产、民间技艺、乡风民俗等元素深度融合，促使老工艺、老字号"发新枝、长新芽"。其次，应深度挖掘并有效传播产地的气候、土壤、水源、传统农耕技术、地方饮食文化等特色，打造具有鲜明地域标签的品牌形象，满足消费者对原产地、地道风味、文化体验的追求。最后，通过讲述品牌创立背景、发展历程、种植理念、农户故事等，构建富有情感共鸣的品牌故事，赋予品牌深厚的人文内涵与情感价值，增强消费者对品牌的认同感与忠诚度。

（三）农业品牌定位要加强营销推广

有效的营销推广是农业品牌走向市场的关键环节，也是农业品牌在顾客心智中占据独特位置的重要推力。首先，企业要结合现代营销手段，如社交媒体营销、内容营销、线上线下联动活动、KOL合作、直播带货等，提高品牌知名度与影响力。其次，要运用大数据、人工智能等技术进行精准营销，提升营销效果。再次，可以适时开展品牌联合推广、跨界合作等活动，拓宽品牌影响力边界。最后，需要强化客户关系管理，提供优质、及时的售前咨询、售后服务，妥善处理顾客投诉，建立顾客反馈机制，持续改进产品与服务。通过会员制度、积分奖励、定制服务等方式增强客户黏性，培育品牌忠诚的顾客群体。

【知识拓展】

KOL、KOS、KOF、KOC

KOL（Key Opinion Leader）关键意见领袖，是指在某个领域拥有一定影响力的人。在线上营销中包括以网红大V为主的流量明星，如董宇辉、罗永浩等。KOL最大的两个特点是有粉丝基础，能影响粉丝行为。

KOS（Key Opinion Spreader）关键意见传播者，更多地隐藏在某些私域之中，如朋友圈、社群、贴吧、论坛等。某一垂直领域达人，粉丝基数不如KOL，但却有能力引领某个圈层的风潮。如电子发烧友热衷于使用各种新款手机测评，帮助品牌精准触达目标用户。

KOF（Key Opinion Follower）关键意见追随者，更像是一个品牌的忠诚粉丝。比如，一些女性用户偏爱某一品牌的口红、香水，只要该品牌一出新品就会去购买，并种草给她的好友们。

KOC（Key Opinion Consumer）关键意见消费者，便是存在于我们身边，热于共享各类好物的集体，他们不局限在某一产品或范畴。相较于商业化较高的KOL，KOC展现出的营销性较弱，仅影响同类集体的部分消费决策计划。

资料来源：分析师解答：KOL，KOS，KOF，KOC都是什么意思？[EB/OL]. https://www.iimedia.cn/c1040/79504.html，2021-07-05/2024-07-01.

（四）农业品牌定位要做好品牌保护

品牌保护对于维护品牌定位的稳定性和提升品牌价值至关重要。首先，企业应尽快在相关类别中注册自己的商标，并确保商标的持续有效性，防范品牌侵权行为。其次，应建立品牌监控机制，及时发现并处理假冒伪劣产品、不正当竞争等对品牌权益的侵害，维护品牌市场秩序。最后，在面对品牌侵权行为时，企业应保持品牌定位的清晰与一致性，避免因为侵权行为而动摇或改变品牌定位。同时，企业还应通过积极的品牌传播活动和消费者教育，强化品牌在消费者心目中的定位，从而维护品牌定位的稳定性。

此外，企业应严格遵守国家关于农产品生产、加工、销售、广告宣传等相关法律法规，确保品牌运营合法合规。尤其应关注食品安全、环保、知识产权保护等方面的法规要求，避免因违规操作导致品牌声誉受损。

第三节　农业品牌定位过程

一、识别和确立品牌定位

确定品牌定位，首先需要通过确立目标市场和竞争的性质，确定一个竞争参照框

架,其次在竞争参照框架下确定最优品牌联想的异同点,最后通过创建品牌箴言来概括品牌定位和品牌精髓。

(一)目标市场

竞争参照框架明确了品牌在市场中的竞争地位和竞争对象,从而指导企业应聚焦于哪些品牌进行深入的竞争分析。这一框架的构建与目标市场决策紧密相连,两者相互影响,共同塑造品牌的竞争策略。

目标市场的选择是构建竞争参照框架的起点。当企业决定针对某一类特定消费者作为其主要目标市场时,它实际上已经界定了自己将面临的竞争性质。这是因为市场上往往已有其他公司针对这一细分市场进行布局,或是计划未来进入。这些公司及其品牌自然成为企业竞争分析的重点对象。

目标市场中的消费者在购买决策中形成的品牌认知和偏好,为企业构建竞争性参考框架提供了重要参考,也应纳入竞争分析范畴。消费者在购买过程中,往往会注意到某些特定的产品或品牌,这些产品或品牌往往具有与消费者需求高度契合的特点,或是已通过有效的营销策略在消费者心中建立了独特的品牌形象。

总之,确定目标市场非常重要,这是因为不同的消费者可能拥有不同的品牌知识结构,从而具有不同的品牌感知和品牌偏好。如果不理解这一点,就很难判断哪些品牌联想是深入人心的、受到偏好的,而且是独特的。

(二)识别与分析竞争者

对于品牌定位,先要确定品类成员。品类成员是指品牌与之竞争的产品或产品集合,以及功能与之相近的替代品。识别竞争者看起来是非常简单的工作,如百事可乐知道在碳酸饮料市场的主要竞争对手是可口可乐,但事实上,一家企业当前的和潜在的竞争对手范围在实际中要更广泛。尤其对那些进入新市场、意图寻求直接增长的品牌而言,构建一个更为宽广或更有抱负的竞争框架显得尤为重要。与现有的竞争对手相比,企业更应警惕那些新出现的竞争对手或突破性新技术的潜在威胁。这些新兴力量往往具备更强的创新能力和市场适应性,可能给品牌带来更大的冲击。

企业在识别出主要的竞争者及其战略后,必须再深入分析每个竞争者在市场中寻求什么,是什么驱动了竞争者的行为,竞争者的目标是受哪些因素影响而形成的,此外,如果竞争者是一家大公司的子公司或事业部,那么了解母公司经营它的目标也非常重要。

最后,基于所有这些分析,营销人员必须正式界定竞争参照框架来指导定位。

(三)多个参照框架

在短期内稳定的市场中,界定数量较少(至多三个)的主要竞争者通常相对简单直接。但在竞争以多种不同形式存在或出现的动态品类中,可能出现多个参照框架,对竞争者的界定也就更加复杂。

面对多个参照框架,可以为每一类型或层次的竞争者制定最优定位,然后再确定是否可以创建一个足够强势的定位组合,来有效应对所有竞争者。但是,如果竞争过于多样化,可能就需要确定优先考虑的竞争者,然后选择最重要的一组竞争者作为竞争框架。此时,一个核心原则是,不要试图为所有人提供所有东西,避免试图满足所有竞争者的所有需求,因为这种全面覆盖的策略往往会导致定位缺乏针对性和有效性。此外,当面对不同品类或亚品类中的众多竞争者时,一种可行的方法是在品类层次上为所有相关品类确定定位;另一种方法是参照每个品类中的典型产品或服务进行定位。

(四)识别最佳差异点和共同点

目标市场及竞争参照框架的精准选择,将深刻影响品牌认知的广泛程度及品牌暗示的具体情境和类型。在构建品牌定位的过程中,一旦通过明确目标市场和竞争性质确立了合适的竞争参照框架,就奠定了品牌定位的坚实基础。接下来,完成恰当的品牌定位还需要确立适当的差异点及与之相匹配的品牌联想。

1. 差异点

差异点是消费者与品牌相关联的属性和利益,消费者对这些属性和利益具有积极、正面的评价,并相信竞争者品牌无法达到相同的程度。形成差异点的联想实际上可以建立在任何类型的属性或利益之上,如强势品牌可能有多个差异点。创建强大的、令人喜爱的、独特的联想确实是个挑战,但在竞争性品牌定位中是必不可少的。

2. 选择差异点

决定品牌的属性或利益是否可以作为差异点,要考虑三个重要因素,即品牌联想必须具有吸引力、可传达性和差异化。确定最佳品牌定位的三个重要因素,还必须结合三个视角对品牌进行评估,分别是消费者、企业和竞争者三个角度。吸引力是从消费者的角度考虑,可传达性是基于企业自身的内在能力,而差异化则主要是相较竞争者而言。理论上说,消费者会重点评估差异点的属性或利益,相信企业具有传递产品的能力,并相信没有其他任何品牌能做到。如果这三点都能满足,该品牌联想就会有足够的强度、偏好度及独特性,而成为一个有效的差异点。

吸引力标准。目标消费者必须能自主发现差异点的相关性和重要点。进入成长阶段的品牌,消费者通常能发现品牌很明显的差异点,如元气森林凭借"0糖0卡0脂"的品牌定位,契合了当下年轻人追求健康饮食的消费理念,在日益扩大的健康饮料市场中大获成功。当然,只具有差异还远远不够,这种差异还必须是消费者所在意的。不同品类的许多品牌曾经一度推出定位清晰的产品,以期达到更好的差异化效果,但是,对定位清晰产品的相关联想似乎并没有差异点的持久性价值。在大多数情况下,这些品牌最终经历了市场衰退或者消失。

可传达性标准。品牌联想属性或利益的可传达性,同时取决于公司生产产品或提供服务的实际能力(可行性),以及说服消费者相信企业具有该能力的效果(沟通性)。①可行性。产品的设计以及营销的计划必须能够和理想的品牌联想保持一致,给消费者提供某些其可能忽略或没有意识到的关于品牌的事实,相对于改变产品本身,消费者更能相信这些事实。因此,企业创建差异点最简单有效的方法,就是找到产品利益点或认同点的独特属性。此外,如果差异点比较抽象,那么诉求点应当从企业经过长期发展而建立的更为广泛的联想中探寻。例如,香奈儿五号就可以诠释为经典典雅的法国香水,并产生香奈儿顶级奢华的品牌联想。②沟通性。沟通性的关键要素在于消费者对品牌的感知以及相应的品牌联想。创建与当前消费者认识不一致的联想或消费者不能信任的联想是非常困难的。为了使消费者相信该品牌及其品牌联想,必须找到可信服的事实或"证据点"来支持沟通。这些"可信服的理由"对消费者接受潜在的差异点至关重要。

差异化标准。目标消费者必须能发现差异点的与众不同,甚至卓尔不凡。当企业进入已建立起众多品牌的品类时,关键是要能找到可实现的、长期的差异点。品牌定位的持续性在很大程度上取决于品牌联想的不断强化。如果品牌能够持续塑造和巩固积极的联想,那么其定位就有可能维持数年之久。而这种持续性的实现,又取决于企业的内部使命、资源利用状况,以及外部市场力量状况等。

【案例 5-3】

靖安白茶

一个农产品品牌化的历程,就是不断挖掘其独特的功能价值、体验价值和象征性价值的过程,而农产品内在天然的"趣味、人文和温度"正是其"独特价值"的源头,只要用心挖掘,就能找准农产品的定位。

靖安县三爪仑国家森林公园于1994年入选国家示范森林公园,到2024年整三十周年间,靖安县仍然是江西省唯一一个拥有国家示范森林公园的县城,这为靖安白茶的品牌定位——中国高品质极净白茶提供了"生态极净"的支撑。再者,靖安是"中国茶禅文化发源地",又为靖安白茶的"极净(茶禅清净)"定位赋予了一重"喝靖安白茶,喝出清净心"的文化内涵,使其"品牌故事"开始变得更有张力。最后,靖安白茶具有"味甜香浓、色泽白嫩、汤色明亮、外形匀整"等特点,其形似凤羽,圆紧秀直匀整,叶片莹薄透明,叶底成朵,呈玉白色,叶脉翠绿,由此,提炼出靖安白茶的第三个定位——叶白如玉。

优秀的产品,需要去挖掘、创造其价值,并将这种价值表达得简洁、具体和生动。靖安白茶的定位可以归纳为"三净",即生态纯净、茶禅清净、叶白如玉(如玉般洁净),在此基础上就可以进一步将靖安白茶的品牌定位为"中国高品质极净白茶"。

资料来源:胡海卿,如何让一个农业品牌获得高曝光量? [EB/OL]. http://journal.crnews.net/ncpsczk/2024n/d9q/sdpp/964433_20240704095429.html,2024-07-04/2024-07-16.

思考:靖安白茶是如何通过差异点塑造"中国高品质极净白茶"定位的?

3. 共同点

共同点是那些对品牌来说并非独有,实际上可能与其他品牌共享的一些属性或利益联想。这些联想的类型有三种基本形式,即品类联想、相关性联想和竞争性联想。

品类共同点联想是指在某一特定产品大类中,消费者普遍认为任何一个合理、可信赖的产品所必须具备的联想。它们构成了品牌选择的必要但非充分条件,是品牌在市场中的立足之基。在产品层次结构中,这些属性联想至少应体现在一般产品层次,最有可能在期望产品层次中得到体现。以银行业为例,消费者普遍认为,一家真正的银行应当能够提供从支票账户到支出计划的一系列基础服务,同时还应包括保险箱、旅行支票等附加服务,并设有自助服务时段及自助取款机等便利设施。然而,值得注意的是,随着技术进步、法律环境的完善以及消费潮流的变迁,品类共同点也会随之发生改变。尽管如此,这些作为品类共同点的属性和利益,对营销活动而言,也是品牌竞争不可或缺的。

竞争性共同点联想是指品牌为了抵消竞争对手的差异点而建立的联想。在竞争激烈的市场环境中，如果一个品牌能够在其竞争对手试图建立优势的领域与之保持平手，同时在其他领域取得优势，那么该品牌就能获得稳固且不易被击败的竞争地位。

相关性共同点联想源于品牌的其他潜在负面联想以及更多的正面联想。在营销实践中，营销者常常面临一个挑战，即许多构成共同点或差异点的属性或利益之间存在相反关系。在消费者看来，如果一个品牌在某一方面表现突出，那么在其他方面可能就不会那么出色。例如，一个品牌如果以"廉价"为卖点，那么其质量就很难保证达到最优水平。营销者需要在制定品牌策略时，充分考虑这些反向相关的属性和利益，以平衡品牌在各个方面的表现，实现整体的最优化。

4. 建立共同点联想和差异点联想

针对竞争者与目标品牌存在负相关属性的差异点和共同点的问题，可以通过分离属性、杠杆优势以及重新定义关系的方式予以解决。三种解决方法的有效程度依次递增，但困难程度也是递增的。

（1）分离属性。

在面对品牌属性和利益之间的负相关关系时，一个高效但成本较高的方法是实施分离属性策略。具体而言，就是同时或依次推进两个不同的营销计划，每个计划专注于品牌的不同属性或利益点。以海飞丝为例，其在欧洲市场通过双重营销手段成功吸引了消费者，一方面强调其卓越的去屑效果，另一方面则突出使用产品后头发呈现的美感。这一策略的核心优势在于，它削弱了消费者对共同点和差异点价值评价的重要性，进而减少了负相关关系对品牌形象的潜在影响。然而，这种方法的挑战在于需要同时执行两个强大的营销计划，这不仅增加了运营成本，还可能因为缺乏前期对负相关关系的明确描述，导致消费者无法形成理想的正面联想。

（2）杠杆优势。

品牌实体杠杆优势策略是通过与其他品牌实体建立联系，来构建共同点和差异点的属性或利益。这种策略利用了这些实体所拥有的资源资产，如个人、其他品牌、事件等。例如，微软就将操作系统作为杠杆优势，跳到微软办公软件，再到网络应用。然而，这种策略也伴随着高成本和潜在风险，因为借用品牌资产不仅费用昂贵，还可能因关联实体的负面形象而损害品牌形象。因此，在利用品牌杠杆建立品牌资产时，必须谨慎权衡利弊，并遵循相关原则。

（3）重新定义关系。

重新定义关系策略是一种具有挑战性的方法，它试图改变消费者对品牌属性和利益之间负相关关系的认知，使消费者相信此关系是正相关关系。这种策略的核心在于通过提供不同的视角和建议，使消费者忽视某些事实或转变其原有观念；成功的关键在于构建能够说服消费者的品牌故事，使他们接受并认同。苹果公司是这一策略的经典实践者。20世纪80年代，苹果将其个人电脑定位为"用户友好"，但这个定位有个缺点，就是忽视了电脑功能的强大。在此基础上，苹果将个人电脑重新定位为"强大的功能让你好上加好"，意图重新定义电脑功能强大的含义。尽管实施这一策略的难度较大，但其有效性在于能够强化苹果"强大功能"和"用户友好"等正面联想之间的相互作用。

（五）品牌箴言

为了进一步聚焦品牌定位，并帮助消费者以预期的方式思考该品牌，界定一个品牌箴言通常是有效的方法之一。品牌箴言是用3~5个词对品牌核心与内涵进行清晰阐述，且与"品牌精髓""品牌承诺"等其他品牌概念密切相关。品牌箴言的目的是为了确保组织内的所有员工以及所有的外部营销伙伴，都能够理解该品牌想要向消费者表达的核心内容，从而调整他们自身的相应行为。

1. 品牌箴言的角色

品牌箴言必须能够很简要地表达本品牌是什么，不是什么。优秀品牌箴言的结构在本质上是相同的，可以用品牌功能、描述性修饰语、情感性修饰语来概括。品牌功能既描述了产品或服务的性质，又阐述了品牌所提供的体验形式和价值形式。这种功能不仅可以使用具体语言表达产品本身所属品类，还可以延伸至更加抽象的概念。描述性修饰语进一步阐明了品牌的性质，品牌功能和描述性修饰语结合在一起，构建了品牌边界。情感性修饰语是另一种修饰，即品牌如何准确地向顾客提供利益，以及以何种方式提供。

品牌箴言并不总是要严格地参照这个结构，但是，无论怎样改变结构，品牌箴言都必须能清晰地描绘品牌代表哪些内容，排除哪些内容。与此同时，在定义品牌箴言时还需要注意以下三点：

（1）要想使本品牌拥有有效的品牌箴言，就不能容许各个方面都优于本品牌的竞争者，即在构成品牌箴言的一个或几个联想上体现强势。

（2）品牌箴言最典型的用处是可以抓住品牌的差异点，即品牌的独特之处。

（3）当品牌快速成长时，品牌箴言能够对品牌功能术语是否合适品类延伸提供重要指导。

2. 品牌箴言的设计

与吸引人参与的品牌口号不同，设计品牌箴言时必须牢记内在目的。设计品牌箴言有三个重要标准：

① 传播性。一个优秀的品牌箴言应当清晰地阐明品牌的独特之处，同时也应当界定品牌的品类，设定品牌的边界。

② 简洁性。一个优秀的品牌箴言应当易于记忆。为了达到此目的，品牌箴言在意义上应当简短、干脆、生动、形象。

③ 启发性。理想情况下，一个优秀的品牌箴言也应当是立场的表达，使之对尽可能多的员工具有个人化的意义和相关性。

二、品牌定位的步骤

根据杰克·特劳特（Jack Trout）和艾·里斯（AL Ries）的定位理论，定位主要分为四步：分析外部环境，确定竞争对手及价值；避强用弱，确定品牌优势位置；寻求可靠证明，明确定位正确性；整合内部运营，通过传播植入顾客心智。

第一步：分析外部环境，确定竞争对手及其价值

在进行品牌定位之前，首先需要对整个市场环境进行深入的剖析，包括宏观环境分析、行业市场分析等。其次，需要通过市场调研和数据分析，明确"我们的竞争对手是

谁""竞争对手的价值是什么"。通过对比和分析，可以发现竞争对手的优势和劣势，从而为品牌定位提供参考。

宏观环境分析。系统分析农业政策法规、国内外农业发展趋势、消费者饮食观念变化、食品安全与环保要求、科技进步对农业的影响等宏观因素，了解农业品牌面临的总体机遇与挑战。

【知识拓展】

PEST 分析

PEST 分析是指宏观环境的分析，P 是政治（Politics），E 是经济（Economy），S 是社会（Society），T 是技术（Technology）。企业通常是通过这四个因素来分析其所面临的外部环境状况。政治要素，是指对组织经营活动具有实际与潜在影响的政治力量和有关的法律、法规等因素。经济要素，是指一个国家的经济制度、经济结构、产业布局、资源状况、经济发展水平以及未来的经济走势等。社会要素，是指组织所在社会中成员的民族特征、文化传统、价值观念、宗教信仰、教育水平以及风俗习惯等因素。技术要素，不仅仅包括那些引起革命性变化的发明，还包括与企业生产有关的新技术、新工艺、新材料的出现和发展趋势以及应用前景。

行业市场分析。深入研究目标农业市场的规模、增长率、竞争格局、消费者需求特点、价格水平、销售渠道等，明确品牌所处行业的现状与发展趋势。

竞争对手分析。识别直接与间接竞争对手，详细研究其产品特性、品质标准、价格策略、销售渠道、市场份额、品牌形象、消费者口碑等，评估其核心竞争力与市场地位。特别关注竞品的价值主张、定位策略、成功与失败经验，以洞悉其在顾客心智中的强势与弱点。

竞争对手价值分析。深入剖析竞争对手为消费者提供的价值，包括产品功能、品质保证、服务体验、情感联想、文化内涵等，明确其在消费者心中的价值认知与情感联结，提炼其价值核心。

第二步：避开竞争对手的强势，确立品牌优势位置

在明确竞争对手及其价值之后，需要思考如何避开竞争对手在顾客心智中的强势占位。这并不意味着要完全忽略竞争对手，而是要找到与竞争对手差异化的点，以此突出自己的独特之处。同时，也可以利用竞争对手强势中蕴含的弱点，来确立品牌优势位置。这需要深入挖掘顾客需求，发现未被满足的市场空白，从而提供更具吸引力的产品或服务。通过避开竞争对手的强势和利用其弱点，可以确立一个独特而有力的品牌定位，使品牌在顾客心智中占据有利的位置。

竞品强势规避。识别竞品在顾客心智中的强势认知点，如独特的价值主张、深入人心的品牌形象、广泛的市场影响力等，避免在这些方面直接与之硬碰硬，寻找差异化定位的机会。

竞品弱点利用。挖掘竞品在产品、服务、营销、品牌传播等方面的不足或消费者对其的负面认知，如品质不稳定、服务不到位、品牌老化、缺乏创新等，将这些弱点转化为自身定位的优势点。

品牌优势定位。基于市场机会、消费者需求、自身资源与竞品结果分析，明确品牌的核心价值主张，确立品牌在品质、功能、服务、情感、文化、价格等方面的差异化定位，确保定位既能避开竞品强势，又能利用其弱点，同时符合消费者需求与市场趋势。

第三步：证明品牌定位正确性，构建顾客共鸣

品牌定位的确立需要有足够的证据来支撑，这就是所谓的"信任状"。信任状可以是各种形式的证据，除产品销量外，专业认证、用户口碑与评价、合作伙伴背书等都能够增强顾客对品牌的信任度，使品牌定位更具说服力。此外，还可以参加行业展会或活动，获得行业内的认可和奖项。

品质保证与专业认证。建立严格的质量管理体系，确保产品从种植、养殖、加工、包装、运输到销售的全链条符合高标准要求，积极申请并展示各类质量认证（如有机、绿色、地理标志等），以权威认证增强消费者对品牌品质的信任。

用户口碑与评价。收集并展示消费者对品牌的正面评价、回购记录、推荐故事等，用真实用户的声音验证品牌价值。提供典型的应用案例，如餐饮合作、企事业单位采购、知名人士推荐等，进一步增强品牌信任度。

合作伙伴背书与专家背书。与知名零售商、电商平台、行业权威机构等建立合作关系，借助其影响力为品牌背书，提升消费者对品牌的认可度。利用行业内具有专业知识和经验的专家、学者或教授，通过他们对品牌或产品的评测、分析或建议，来增强品牌信誉和权威性。

产地故事与生产展示。讲述品牌与产地的故事，展示产地的自然条件、种植养殖传统、农户风貌等，打造品牌与产地的深度关联。推行透明化生产，通过视频、直播、参观等方式让消费者直观了解产品生产过程，增强对品牌真实性的感知。

第四步：整合品牌定位运营，植入顾客心智

品牌定位的确立只是第一步，更重要的是将其整合进企业内部运营的方方面面，包括产品研发、生产、销售、服务等各个环节。品牌定位与内部运营的协调一致，能够确保品牌形象的稳定性和一致性。同时，还需要在品牌传播上投入足够的资源，以此将定位植入顾客心智中。这可以通过多种渠道实现，如广告宣传、社交媒体推广、公关活动等。在传播过程中，还需要注重信息的准确性和一致性，确保顾客能够清晰地理解并接受品牌定位。

内部运营整合。将品牌定位融入企业战略规划、产品开发、供应链管理、客户服务、人力资源等各个环节，确保全体员工对品牌定位有清晰的理解与认同，从而保证各业务活动与定位保持一致。

产品与服务设计。根据品牌定位，设计符合定位要求的产品规格、包装、服务标准等，确保产品与服务的实际表现与品牌定位相符，强化消费者对品牌定位的感知。

营销传播策略。制定与品牌定位相符的营销传播策略，包括广告、公关、社交媒体、内容营销、线下活动等，确保各类传播活动都能准确传达品牌定位信息，强化品牌在顾客心智中的形象。

资源投入与执行监控。为品牌定位传播分配足够的预算与人力资源，确保有足够的传播量与覆盖面。建立定位执行监控机制，定期评估定位传播的效果，根据市场反馈及时调整传播策略，确保品牌定位成功植入顾客心智。

【知识拓展】

竞争监测

定位具有稳定性，因此需要组织承诺它不是一个不断调整和改变的事物。同时，定期调查品牌在市场中的差异点和共同点的合意性、可传达性及差异性，以知道品牌定位可能会怎么发展或者被完全取代，也是很重要的。企业在分析竞争对手造成的潜在威胁时应当监测以下三个变量：

（1）市场份额。竞争对手在目标市场所占的份额。

（2）心智份额。在回答"在本行业中令你想起的第一个企业"时，提到竞争者的顾客的比例。

（3）情感份额。在回答"你会倾向于购买哪个企业的产品"时，提到竞争者的顾客的比例。

资料来源：菲利普·科特勒，凯文·莱恩·凯勒. 营销管理（第15版）[M]. 上海：上海人民出版社，2016.

三、如何成功执行品牌定位

开启一个定位项目并非易事，它要求企业必须从全局出发，全面审视企业状况。以下是六个关键的审视问题，能够帮助企业系统梳理思路，为成功定位打下坚实基础。这些问题看似简单，实则深奥，需要企业深入剖析，它们不仅是对企业的深入审视，更是品牌定位成功与否的关键所在。

（一）企业拥有怎样的定位

定位的成功首先要审视企业当前的定位。这需要企业从潜在顾客的角度出发，而非仅从企业自身视角出发。在潜在顾客的心智中，企业占据着怎样的位置？这是一个需要深入思考的问题。在过度传播的社会背景下，改变顾客心智中的既有认知是一项艰巨的任务。因此，企业需要运用消费者已有的认知，而不是试图创造全新的认知。在审视定位时，企业必须摒弃其自尊和偏见，从市场中寻找答案。必要时，企业甚至需要投入资金进行市场调研，以确保企业对现状有清晰的认识。在审视定位时，企业还需具备开阔的思路和全局观，要清晰地认识到，问题的根源可能并不在于产品或服务本身，而在于更宏观的层面，如品牌形象、市场环境等。

（二）企业想拥有怎样的定位

在明确现有定位之后，企业需要设定一个长期可行的目标定位。这个定位应当是企业能够真正拥有并长期维护的。许多企业在设定定位时，往往过于贪心，试图抢占过于宽泛的市场。然而，这样的定位往往难以在顾客心智中建立，也难以抵御来自竞争对手的攻击。因此，企业需要找到一个独特且狭窄的定位，以便在顾客心智中占据一席之地。这就需要企业深入了解市场和竞争对手，找到那些尚未被完全占据的定位空间。

（三）谁是企业必须超越的

在设定目标定位之后，企业需要识别哪些企业是必须超越的竞争对手。这并不意

着企业要直接攻击市场领导者，而是要学会绕开障碍，选择那些对手尚未完全占据的定位空间。企业既要从自身角度审视自身处境，更要从竞争对手的角度审视自身处境，了解他们的优势和劣势，以便找到企业的突破口。同时，企业还需要密切关注市场动态和竞争对手的动态，以便及时调整企业的定位策略。

（四）企业有足够的钱吗

在追求成功的定位过程中，一个不容忽视的障碍是试图实现超出财力所及的目标。企业需要评估是否有足够的资源来支持企业的定位策略，这包括资金、人力、时间等各方面的投入。抢占顾客心智，无论是建立新定位还是维护已建立的定位，都需要大量资金的支持。如今的市场环境嘈杂异常，跟风的产品和公司层出不穷，大家都在竞相争夺消费者的注意力。在这样的竞争环境下，没有足够的资金支持，想要脱颖而出几乎是不可能的。解决资金问题的一种策略是缩小推广范围，将新产品或新概念逐步推向市场，而不是一开始就全面铺开。另一种策略是，将有限的资金在单个地区集中投入，这往往比分散在多个城市更能取得显著效果。一旦在某个地区取得了成功，就可以以此为基石，逐步拓展到其他地区。

（五）企业能坚持到底吗

在过度传播的社会中，新概念层出不穷，市场变化日新月异，这也给企业和品牌带来了持续不断的考验。面对这样的环境，企业要想应对变化，保持长远的眼光并坚守自己的定位至关重要。定位并非一蹴而就的短期行为，而是长期积累与坚持的战略过程，在这个过程中需要依赖广告的长期特性。成功的企业往往能够年复一年地坚持自己的制胜之道，且不会轻易改变。

虽然变化是常态，但企业的基本定位战略应当保持稳定。能够调整的只是实施长期战略时所采用的战术和短期行动。而这关键在于，要不断完善和更新长期的基本战略，寻找新的方法使其保持活力，并去掉那些过时或乏味的元素。在顾客心智中占据定位就像拥有了一份宝贵的不动产，一旦放弃，就很难再找回。企业必须警惕品牌延伸等陷阱，因为这些陷阱可能会削弱品牌的基本定位，使其变得模糊不清。

（六）企业符合自己的定位吗

对于富有创意的人来说，定位理论可能会显得过于限制他们的创造性。确实，定位理论在某种程度上会对创造性构成一定的约束。但是，这种约束实际上是为了确保企业的战略与定位保持一致。不幸的是，经常有一些企业花费大量的时间和精力去制定详细的计划和策略，但最终却将这些战略交给了所谓的"创意大师"去执行。结果往往是，这些战略在创意的迷雾中消失得无影无踪，无法再辨认出原本的面貌。相比之下，那些采用简单明了战略的组织往往能够取得更好的效果。企业需要确保自己的广告和其他宣传材料都与定位保持一致。就像人的衣着会向他人传递关于其职业身份的信息一样，企业的广告和宣传材料也应当能够清晰地传达出企业的品牌定位。创意本身并不是目的，只有当它服务于定位目标时，才具有真正的价值。因此，在追求创意的同时，企业必须始终牢记自己的品牌定位，确保两者之间的和谐统一，以实现品牌的长期发展。

第四节 农业品牌定位策略

一、农业品牌定位方法

(一) 产品维度的品牌定位

1. USP 定位

20世纪50年代初罗瑟·瑞夫斯（Rosser Reeves）提出 USP 理论，要求向消费者传递一个"独特的销售主张"（Unique Sales Proposition，USP），这个主张必须是独特的，而且是竞争者所无法做到的。USP 定位，是一种基于品牌向消费者提供的独特利益点的定位策略。这一利益点不仅凸显了品牌的与众不同，更是其他品牌无法提供或未曾强调过的优势，是独一无二的。它是在对产品和目标消费者进行研究的基础上，寻找产品特点中最符合消费者需要的、竞争对手所不具备的、最为独特的部分。对于农业品牌而言，目标顾客可能关注食品的安全性、新鲜度、口感、营养价值以及环保可持续性等多个方面。要在众多产品特征中寻找最符合顾客需要、最为独特且竞争对手没有的部分，可能涉及农产品的种植方式、生产工艺、原材料来源、包装设计等多个环节。例如，硒元素对结肠癌、皮肤癌、肝癌、乳腺癌等多种癌症具有明显的抑制和防护的作用，富硒农产品就可以从提高人体免疫力，防癌抗癌的角度进行定位。

此外，在进行 USP 定位时应注意：①USP 诉求的利益点必须是顾客真正关心或感兴趣的，而非企业一厢情愿的卖点。②在利用 USP 诉求时，应突出一个主要的利益点，避免信息过于分散和混乱。③USP 诉求的利益点必须是其他品牌不具备或者没有诉求的独特之处。同时，在消费者心目中，该点位置还没有被其他品牌占据。

2. 价格/质量定位

价格/质量定位，旨在通过结合产品的优质与合理的价格，塑造出独特的品牌识别。这种定位策略主要运用两种方式：一是凸显品牌产品的高品质，同时确保价格相较于同类产品更具竞争力；二是强调在同等价格下，品牌产品所提供的品质或价值更为卓越。与此同时，品牌还需要通过有效的营销手段，将产品的品质和价格优势传达给消费者，增强消费者的购买信心。沃尔玛的"天天低价"、雕牌的"只选对的，不买贵的"、奥克斯空调的"让你付出更少，得到更多"等，都是利用了价格/质量定位。

3. 属性或利益定位

顾客购买产品，本质上是寻求产品能够满足其特定需求并带来的利益。因此，进行品牌定位时，将产品的功能特点与顾客的关注点紧密结合，向顾客明确承诺某一利益点，是构建品牌个性的关键。这种以属性或利益为导向的定位策略，能够凸显品牌的独特性，从而在市场中获得成功。

以产品属性为导向进行品牌定位时，需要仔细审视产品特点与品牌之间的内在关联。品牌定位不仅要与产品特点相契合，更要展现出与其他品牌的差异性。例如，农夫山泉 17.5 度橙，以其独特的糖酸比作为品牌诉求，突出其在品质和口感上的执着追求，以此在消费者心中树立明确的品牌形象，从而与市场上的其他橙子品牌形成鲜明对比。同时，利用产品给消费者带来的利益进行品牌定位同样重要。这种利益通常是功能型

的，并应是品牌最早开发或明确表达出来的。如果产品在功能上有创新，或者能够为消费者提供独特的功能，那么利用这些功能利益进行品牌定位会更为明智。然而，消费者能够记住的信息有限，因此，单一且明确的品牌利益承诺往往更能深入人心。例如，宝洁公司旗下的五款洗发水各自都有明确的利益诉求，以满足不同的消费者，海飞丝的"去屑"、飘柔的"柔顺"、潘婷的"修护"、伊卡璐的"草本精华"以及沙宣的"专业养护"。但即使这样，市场上仍有霸王"防脱"洗发水品牌，与宝洁现有诉求呈明显差异，且具有明确而独特的利益点。

【知识拓展】

快速品牌定位法

对 <u>（目标消费群体）</u> 而言，<u>（品牌）</u> 是 <u>（竞争范畴）</u> 的品牌。它能 <u>（利益点）</u>，因为它具备/含有 <u>（支持点）</u>，它的品牌个性是 <u>（品牌个性）</u>。

范例：对 <u>需要迷人秀发的年轻女性</u>（目标消费群和需求）而言，潘婷（品牌）是 <u>洗发水</u>（竞争范畴）的品牌。它 <u>能滋润并增加头发弹性、让发质柔韧</u>（利益点），因为它 <u>具备含有维他命原 pro-V</u>（支持点），它的品牌个性是 <u>健康美丽的</u>（品牌个性）。

资料来源：刘丹. 品牌营销全解析［M］. 昆明：云南科学技术出版社，2013.

（二）竞争维度的品牌定位

1. 首席定位

首席定位，亦称为领导者定位或领先者定位，是指企业致力于成为行业或某一方面市场的"第一"所采取的市场定位策略。这种策略的核心在于通过占据领导地位，利用"第一"的光环效应和聚焦作用，为品牌带来显著的经济效益和竞争优势。在信息爆炸的时代，消费者面对的是海量的广告信息和商品品牌。在这种情况下，人们往往更容易记住那些排名靠前的品牌，尤其是那些被誉为"第一"的品牌。因此，首席定位策略的关键在于通过强调品牌的领导地位，使消费者在短时间内形成深刻的品牌印象。如北大荒集团近几年一直强调其"北大荒"品牌是中国农业第一品牌，以此不断扩大"北大荒"品牌的市场影响力和社会影响力。

但并非所有企业都有能力运用首席定位策略。这种策略的成功实施需要企业具备强大的规模和实力，以支撑其领导地位的确立和维护。对于大多数企业来说，更为实际的选择是开发品牌在某些方面的竞争优势，并通过精准的市场细分和定位，成为某一细分市场的领导者。例如，与寿光的"中国最大蔬菜种植基地"不同的是，河西走廊通过细分市场领域，以外繁制种为主导，将其打造成"中国最大的蔬菜花卉外繁制种基地"。

2. 比附定位

比附定位，是一种通过对比竞争品牌来明确自身市场地位的策略。这种策略的核心在于巧妙地借用竞争者的知名度和市场地位，从而有效衬托和提升自身品牌的形象。采用比附定位的策略有利于品牌迅速成长，同时还可以避免受到攻击，规避失败。此种定位策略比较适用于品牌的成长初期。在实践中，常见的比附定位策略主要有三种。

（1）甘居"第二"策略。这种策略承认在同类品牌中，自己的品牌并非顶尖，而是居于次要地位。这种坦率和谦虚的表达方式，往往能使消费者对品牌产生更加真实可靠的印象，进而加深对该品牌的记忆。例如，内蒙古的蒙牛，在创业初期就采用了这种策略，将自己定位为"内蒙古奶业第二品牌"，从而成功吸引了大量忠诚客户。

（2）"攀龙附凤"策略。这种策略同样承认市场上存在实力强大、广受欢迎的品牌，但强调自己在某地区或某一方面与这些品牌具有相当的竞争力。这种策略通过巧妙地将自身品牌与知名品牌相提并论，提升了自身品牌的地位。例如，内蒙古的宁城老窖，就通过宣称自己是"塞外茅台"，成功提升了品牌形象。

（3）"高级俱乐部"策略。这种策略主要适用于潜力股且在寻求突破的品牌。通过加入或创建某种具有权威性和认可度的高级团体，这些品牌能够借助群体的声望来提升自身的地位形象。例如，一些农业品牌会宣称自己是"全国百强企业"或"十大驰名商标"等，以此来强调自己的实力和地位。

3. 对比定位

对比定位，是一种通过与竞争对手的客观比较来确立自身市场地位的策略，旨在改变消费者对竞争者的既有印象，并凸显自身的优势。这种策略的核心在于找出竞争者的弱点，同时强调自身品牌的优势，从而在消费者心中占据独特的位置。在竞争激烈的市场环境中，对比定位可以有效突出品牌的独特性和价值。例如，农夫山泉通过对比天然水和纯净水的差异，强调了天然水的优越性，并通过一系列营销活动，明确了其作为天然水领导者的定位。今麦郎旗下的"凉白开"品牌为避开天然水和纯净水市场，创造新的概念——"熟水品类开创者"，以"更适合中国人的体质"为诉求展开营销推广，在包装饮用水市场中成功抢夺了一定的份额。

（三）消费者维度的品牌定位

1. 消费者定位

消费者定位，是一种将产品与特定消费群体紧密相连的市场策略，旨在通过突出产品专为某一类消费者群体服务，从而塑造独特的品牌形象。这种策略的核心在于增强消费者的归属感，使他们产生"这是我的品牌"的感觉，进而激发他们的购买欲望。例如，糖友饱饱针对糖尿病患者提供"不含蔗糖、面粉和淀粉"的功能性主食、零食、益生菌和营养素等产品。糖友饱饱食品除了吸引糖尿病人群之外，因其低碳水的特性，还吸引了一部分减肥人群。此外，Bebebus专注新生儿领域，着力打造护脊四大件；东阿阿胶针对高端女性以及都市白领轻滋补需求，推出桃花姬阿胶糕；海澜之家针对25～40岁之间的职场男性，定位于"男人的衣柜"。这些精准的定位策略都使得品牌在市场上获得了独特的地位。

【案例5-4】

日本UDF食品

日本是公认的人口老龄化国家，因此对于老年人的健康管理非常重视，也很早就开始了针对老年人的饮食研究。日本介护食品协会提出了UDF食品（Universal Design Food）的概念，主要包括根据进食难易而设计的食品。根据硬度、黏度等指标可分为易咀嚼、用牙龈可压碎、用舌头可压碎和不需咀嚼四个等级，老人可根据自己的需求进

行选择，也方便医院和老人福利机构进行管理。

在日本，专门印有UDF标志的食品，就是经过日本介护食品协会认证的特殊食品。目前，已经覆盖了面包、米饭、水饺、羊羹等多种品类，入局者也包括朝日、味之素、丘比、龟甲万等食品领域巨头。2009年，日本烘焙企业Takaki Bakery就曾推出了一款UDF面包。这款面包可以用舌头压碎，适用于老年人和其他咀嚼能力较弱的人，也可作为幼儿食品。

资料来源：疫情下的"少数人"，让我们看到了特殊人群的食品需求［EB/OL］. https：//36kr.com/p/1719018254695427，2022-4-29/2024-5-17.

思考：日本UDF食品能够成功的关键因素是什么？

2. 情景定位

情景定位，是将品牌与特定的环境、场合以及产品使用情况紧密联系起来，以唤起顾客在特定情景下对该品牌的联想。情景定位不仅有助于品牌在消费者心中建立独特的形象，还能有效地促进产品销售。通过深入了解消费者的生活习惯和需求，品牌可以找到与消费者情感共鸣的切入点，从而在激烈的市场竞争中脱颖而出。例如，脑白金选择以"送礼"作为自己产品的核心场景，并围绕这个核心场景延伸出了"收礼""孝敬爸妈"等衍生场景，以此在消费者头脑中建立起清晰的定位和认知，并在保健品市场铸就了销售传奇。六个核桃通过将"核桃"和"补脑益智"联系起来，并通过"经常用脑，多喝六个核桃"的场景创设，与消费者产生共鸣，不断拉近品牌与消费者之间的距离，也成功改变了植物蛋白饮料市场的格局。

因此，对于企业而言，运用情景定位策略需要深入研究目标消费者的生活方式和消费习惯，找到与品牌相契合的特定环境和场合。同时，还需要通过有效的营销手段将这些情景与品牌紧密联系在一起，不断强化消费者的品牌联想，从而实现品牌的长期发展和市场竞争力的提升。

3. 空当定位

空当定位，是专注于寻找并占领那些被消费者所重视，但尚未被企业充分开发的市场空间。在竞争激烈的市场环境中，任何产品都不可能具备同类产品的所有竞争优势，也不可能完全占领同类产品的市场。发现并利用市场中的空当，成为企业品牌经营成功的关键。例如，在品类众多的饮料市场，冠芳推出"山楂树下"果茶饮料，并凭借"鲜、浓、不添加"等优势逐渐崛起，成为山楂饮料第一品牌。立顿在研究目标人群与茶的关系中，发现传统茶叶饮用方式与消费者生活方式之间的疏离感，并在充分了解消费者对茶叶"简单明快"饮用方式的需求基础上，推出了便捷、易泡且更符合中国消费者的茶包产品，使其迅速成为茶包销售额第一、市场占有率第一的茶叶品牌。此外，市场中的空当多种多样，包括但不限于时间空当、性别空当、年龄空当、使用量空当以及价格空当等。企业应善于发现并挖掘这些市场空当，从而为自己的品牌找到独特的定位。

4. 档次定位

档次定位，直接反映了品牌在消费者心中的价值层次。品牌价值并非单一维度，而是产品质量、消费者心理感受及社会文化因素等交织而成的综合体现。品牌在消费者心中所形成的档次，除了代表产品的实物价值外，更蕴含了如自尊、优越感等非物质层面的价值。高档品牌通过其高昂的定价,不仅传递了产品的高品质信息,更是社会地位的象征。例如,劳力士手表以其数万元人民币的高价,成为手表界的至尊,佩戴者仿佛在无声地宣告自己的成功与尊贵。同样,五星级酒店以其优雅的环境、卓越的服务和完备的设施,以及所吸引的具有一定社会地位的客户群体,共同构筑了其高档的品牌形象。

档次定位综合反映品牌价值,因此,不同品质、价位的产品不宜使用同一品牌。如果企业要推出不同价位、品质的系列产品,应采用品牌多元化策略,以免使整体品牌形象受低质产品影响而遭到破坏。如台湾顶新集团在中档方便面市场成功推出了"康师傅",但在进军低档方便面市场时,并非简单延伸影响力已经很大的"康师傅"品牌,而是又推出了新品牌"福满多"。小米手机为了抢占更多的市场份额,推出专注极致性价比、主攻电商市场的"红米"品牌。总之,企业应通过精准把握市场需求和消费者心理,着力打造不同档次的品牌形象,从而满足不同消费群体的需求,实现品牌的持续发展。

(四)战略维度的品牌定位

1. 情感定位

情感定位是通过利用品牌为消费者带来的情感体验来确立品牌的定位,它的产生是基于菲利普·科特勒的"消费行为三阶段理论"。在量的消费和质的消费之后,消费者进入情感消费阶段,此时他们倾向于选择那些与自己情感联系紧密、能够满足特定情感需求的品牌。在竞争激烈的市场环境中,尤其当同类产品众多时,情感定位策略的作用尤为突出。它基于消费者是感性的这一重要属性,通过直接或间接的方式触及消费者的情感,激发他们的认同和共鸣。例如,江小白通过"情怀营销"倡导"简单纯粹"的生活态度,提倡年轻人要直面自己的情绪,做最真实的自己,这使得年轻人迅速与江小白建立起情感共鸣,开始流行喝"青春小酒"。此外,孔府家酒"让人想家"、丽珠得乐"其实男人更需要关怀"和穿"红豆"衬衣产生相思情怀等,也是情感定位策略的绝妙运用。

但必须注意的是,与消费者建立情感纽带并非易事,且需要小心维护。美国品牌专家斯科特·贝德伯里(Scott Bedbury)指出,消极的情感反应后果严重,即使是少数顾客的不满也可能对品牌造成重大影响。因此,品牌在建设过程中应始终尊重消费者,确保情感纽带建立在坚实的基础上,避免因小失大,破坏多年积累的品牌信任。

2. 文化定位

文化定位是一种将品牌与特定文化紧密关联的定位策略,旨在触动顾客内心深处的情感与认同。文化定位的核心在于将文化内涵深度融入品牌,从而塑造出品牌独特的文化特色。相较于产品功能与属性的易模仿性,品牌文化具有难以复制的独特性。因此,通过文化定位,品牌能够构筑起坚固的竞争壁垒。

文化定位策略可以根据文化内容的不同划分为两大类别。首先,是以民族精神为代表的历史文化定位。这种策略将本民族的民族精神与深厚的历史文化精髓融入品牌之中,使消费者自然而然地将品牌与民族特色相联结,从而大大增强品牌的影响力和感染力。例如,李宁借助"国潮"进行商业探索,成功打造出"中国李宁"的品牌形象,用国际化的视角去解析中国元素,实现了对文化元素的解构和再创作。其次,是以企业经

营理念为代表的现代文化定位。这种策略将企业的经营理念作为品牌的核心价值，通过具有鲜明特点的经营理念来塑造品牌形象，并在营销和品牌管理的各个环节中向消费者传达这一理念。例如，青岛啤酒"激情成就梦想"、雪花啤酒"勇闯天涯"、张裕"传奇品质，百年张裕"、海尔"真诚到永远"等，都是经营理念定位的典型案例。这些品牌通过强调自身的经营理念，不仅成功地宣传了企业文化，更赢得了消费者的认同和忠诚。

无论是历史文化定位还是现代文化定位，都是品牌实现差异化竞争的重要手段。通过深入挖掘文化内涵并将其融入品牌之中，企业可以塑造出独具特色的品牌形象，从而在激烈的市场竞争中占据优势地位。

二、农业品牌的重新定位

品牌定位并非一成不变，其应当随着品牌的焦点、重点以及利益变化而变化。企业在不同的发展阶段，往往需要对品牌进行重新定位，以确保其与市场趋势保持同步。一般在以下几种情境下，企业应当对品牌进行重新定位。

（一）企业整体战略改变时

随着企业的不断发展，战略转型或扩张成为必经之路。此时，品牌延伸或多元化策略可能使企业涉足新的市场领域。为了避免消费者对品牌形象产生混淆，企业应当及时对品牌进行重新定位，明确其在新市场中的独特价值。例如，成立于1931年的百雀羚，是当之无愧的国民老字号品牌。但随着时代发展，受到国内外品牌夹击和自身品牌形象老旧等因素的影响，百雀羚从风靡一时到几近消失。直到2004年，百雀羚开启了品牌重塑之路。百雀羚以全新的姿态，启用了"草本护肤"这一品牌定位，并赋予了品牌全新的理念"中国传奇，东方之美"。这一理念不仅传承了百雀羚深厚的文化底蕴，更赋予了品牌现代感和国际视野。在新的市场定位指引下，百雀羚加大了产品研发力度，不断丰富产品系列，力求在传承与创新之间找到完美的平衡。经过不懈的努力，百雀羚成功摆脱了老国货的陈旧印象，焕发出新的生机与活力。其产品不仅深受中老年消费者的喜爱，更赢得了年轻群体的青睐。

（二）产品市场周期规律变化时

产品市场周期的变化也会对品牌定位产生影响，在不同的市场阶段，竞争的重点和消费者的需求都在不断变化。企业需要根据市场周期的特点，适时调整品牌定位。例如，在彩电、冰箱等产品的导入期，企业可能以先进技术为定位基础；而到了市场成熟期，则需要更加注重品牌与消费者的情感联系。海尔公司就是通过情感定位的调整，成功提升了品牌形象和市场竞争力。2005年，香飘飘椰果包代替奶茶里的"珍珠"，推出固体冲泡奶茶，开创了杯装奶茶新品类，并实现了市场的快速增长。随着杯装奶茶市场的快速扩张，优乐美、喜之郎CC奶茶等杯装奶茶品牌形成了对香飘飘的围攻之势，导致销售增长缓慢。在这种情况下，香飘飘开始重新整合业务类型，抛弃了年糕、餐饮业、房地产等业务，聚焦于杯装奶茶业务，并开始向消费者传达清晰且明确的品牌定位"杯装奶茶的开创者和领导者"，通过这一品牌定位的成功，香飘飘奶茶销售实现了跳跃式突破。香飘飘实现销售增长后，又面临新的问题，作为热饮的香飘飘奶茶如何平衡淡旺季问题和如何从品类内竞争到拓品类竞争问题。面对这些问题，香飘飘又重新进行定位，推出"小饿小困，喝点香飘飘"的新诉求，实现了拓品类竞争，转化品类外客户。但随着"蜜雪冰城""沪上阿姨"等品牌奶茶店的兴起，香飘飘又面临着新一轮如何进行重新定位的问题。

（三）目标市场萎缩时

目标市场的萎缩也是促使企业重新定位品牌的重要因素。消费者的偏好和市场结构都在不断变化，如果企业仍然坚守原有的品牌定位，很可能面临市场失守的风险。例如，以蒸饭起家的中式快餐品牌真功夫，在进入北京、上海等地之后逐渐陷入发展瓶颈，问题店增加，增长乏力。真功夫通过研究快餐品类分化趋势，厘清了自身最佳战略机会，聚焦于米饭快餐，成立"米饭大学"，打造"排骨饭"为代表品项，并以"快速"为定位，指导内部运营以及店面选址。新战略使真功夫重获竞争力，逐步拉开与竞争对手的差距，进一步巩固了中式快餐领导者的地位。

（四）业务日益多元化时

当企业产品的发展超越了既有定位的范畴时，也需要对品牌进行重新定位。随着产品的不断创新和市场的不断拓展，企业可能发现原有的品牌定位已经无法涵盖其全部业务。此时，企业需要重新审视自身在市场中的位置，寻找更加精准的品牌定位。IBM公司近年来对自身进行重新定位，从硬件制造商转型为提供全方位解决方案的服务型企业，就是一个成功的例子。

（五）原有定位存在问题时

如果企业品牌原有定位存在误区或错误，导致产品销路不畅或市场反应冷淡，那么重新定位品牌就成为势在必行的举措。这种错误可能是由于对市场趋势的误判、竞争对手的强力反击或新竞争对手的崛起等原因造成的。在这种情况下，企业需要重新审视市场环境和竞争态势，寻找新的品牌定位以重塑市场形象。东阿阿胶的主要功能之一是补血，这也是企业最初的定位。但是补血是一种很特别的消费领域，有固定的消费区域、消费习惯、消费时机以及消费人群等，这些都限制了东阿阿胶的进一步发展。面对这个问题，东阿阿胶对其产品进行重新定位，把阿胶定位为滋补上品，进入滋补品类，和人参、鹿茸、虫草、蛋白粉等产品展开竞争。随着新定位的宣传推广，现在消费者已经接受并认可阿胶是一种滋补品了，并创建了"滋补三宝——人参、鹿茸、阿胶""滋补国宝——东阿阿胶"等品牌联想。

（六）企业合并和重组时

企业的合并和重组也是触发品牌重新定位的重要情境。在合并和重组过程中，企业可能需要整合多个品牌资源，形成统一的品牌形象和市场定位。这一过程需要企业深入研究各品牌的优势和劣势，找到共同点和差异点，从而制定出更加精准有效的品牌定位策略。

品牌定位的变化并不意味着企业使命的改变。企业使命是品牌的核心价值所在，是企业在市场中存在的根本原因。因此，在品牌定位变化时，企业必须始终保持对企业使命的坚守和传承。同时，品牌定位过程需要谨慎而细致地进行，确保在代表企业使命的同时吸引目标顾客，并将产品与市场上的其他产品区别开来。总之，品牌定位不是一成不变的，它需要根据市场环境、消费者需求和企业战略的变化而不断调整和优化。

三、农业品牌定位的误区

（一）品牌定位的认识误区

1. 品牌定位不等同于确定目标市场

品牌定位与目标市场虽然均在营销战略中占据重要地位，但二者在本质上存在显著区别。目标市场的选择，主要基于对市场细分的深入分析和评价，旨在确定企业服务的主要消费者群体。而品牌定位，则是在确定目标市场后，进一步分析目标消费者的价值观和需求，从而在消费者心中塑造独特的品牌形象。选择目标市场是品牌定位的前提和基础，而品牌定位则是目标市场选择的延续和深化。

通过品牌定位，企业能够更精准地满足目标市场的需求，实现消费者对品牌的认同和选择。这种认同和选择不仅基于产品的功能性利益，更包括品牌给消费者带来的情感性利益和自我表现型利益。因此，品牌定位不仅是市场定位的延伸，更是企业实现营销目标的关键手段。

2. 品牌定位不等同于产品的差异化

产品差异化是品牌定位的基础之一，但并非其全部内容。产品差异化主要通过产品的有形因素实现，如价格、性能、质量等。而品牌定位则在此基础上，进一步关注品牌给消费者带来的情感性利益和自我表现型利益。品牌定位不仅要求产品在实体上存在差异，更要求品牌在消费者心中占据独特的位置。此外，品牌定位还需要借助价格定位、宣传推广、渠道选择等营销手段的综合运用，以实现品牌的差异化。这种差异化并不意味着产品一定存在差异化，但产品实现了差异化，品牌的差异化就有了更坚实的物质基础。

3. 品牌定位不等同于广告口号的设计宣传

广告口号宣传是品牌定位传播过程中的重要手段之一，但并非其全部内容。品牌宣传诉求作为企业与消费者沟通的主题，对于塑造品牌形象具有重要作用。然而，过分夸大宣传诉求的作用，仅仅以广告口号来认知品牌定位是片面的。品牌定位需要从产品开始，贯穿整个营销过程。除了广告口号宣传外，还需要关注产品功能、包装设计、价格策略、分销渠道等多个方面。只有当这些方面都以品牌定位为核心，相互协调一致时，才能在消费者心中建立起清晰的品牌形象。

（二）品牌定位的错误

1. 定位忽视产品品质

一些农业品牌在定位过程中，过于追求概念创新、营销噱头，却忽视了农产品品质这一品牌建设的根本，导致品牌定位过"假"。企业过分依赖华丽的包装、花哨的广告宣传，试图通过营造高端、稀有、独特等印象吸引消费者，却在产品本身的质量、口感、营养、安全性等方面存在短板。这种做法虽然短期内可能吸引部分消费者的注意力，但随着消费者对品质要求的提升和信息透明度的增加，品牌的口碑和信誉将迅速下滑，导致消费者流失。正确的做法是，农业品牌定位必须坚守品质为先的原则，以实实在在的产品品质赢得消费者持久的信赖与忠诚。

2. 定位缺乏独特性

部分农业品牌在定位时，容易盲目跟风，陷入模仿竞品、随波逐流的误区，导致品牌定位过"宽"。企业看到市场上某一类定位成功的产品热销，便急于复制其模式，忽视了自身资源禀赋、地域特色、消费者需求的独特性。结果导致市场上同质化品牌众多，消费者难以区分，品牌影响力和市场份额难以提升。正确的做法是深入挖掘自身优势，精准定位目标市场，打造具有鲜明个性和差异化价值的品牌形象，使消费者在众多选择中一眼就能识别并记住自己的品牌。

3. 定位过度依赖地域标签

许多农业品牌在定位时，过于依赖地域特色作为唯一卖点，如强调原产地、传统工艺、地标产品等，却忽视了品牌深层次的文化内涵、价值理念、情感故事等软性元素的塑造，导致品牌定位过"虚"。虽然地域标签能为品牌带来一定的初始认知度和信任感，但如果缺乏丰满的品牌内涵作支撑，品牌将难以形成深厚的情感连接和持久的消费忠诚。正确的做法是在强调地域特色的同时，精心构建品牌故事，传达品牌的核心价值与独特理念，使消费者在享受优质农产品的同时，感受到品牌所承载的文化底蕴和情感寄托。

4. 定位缺乏聚焦

有些农业品牌在定位时试图覆盖所有消费者群体，满足所有需求，提供全线产品，导致品牌定位过"大"。这种"大而全"的定位方式不仅使品牌资源分散，难以在某一细分市场形成竞争优势，而且会让消费者感到困惑，不知品牌究竟代表什么，有何独特之处。正确的做法是根据自身优势和市场需求，明确目标消费群体，聚焦某一细分市场或产品线，进行精准定位，打造具有专业性和竞争力的品牌形象。

5. 定位缺乏动态调整

市场环境、消费者需求、竞品策略等都在不断变化，然而一些农业品牌在定位后，未能根据外部环境的变化及时调整品牌策略，导致品牌定位过"僵"。正是这种缺乏动态性和僵化的品牌定位使企业逐渐脱离市场实际，失去竞争力。正确的做法是将品牌定位视为一个动态的过程，建立品牌监测与评估机制，密切关注市场动态和消费者反馈，适时对品牌定位进行微调或重大调整，确保品牌始终与市场趋势和消费者需求保持同步，保持品牌的鲜活生命力和市场适应性。

本章小结

（1）心智是指人们的记忆、思想、意识、感情、意向、愿望、思维、智能以及人的种种心理能力等。顾客心智是指深植于顾客内心深处的对消费品市场的认知，这些认知能够充分反映顾客价值观、个性主张，它总是以反映某种符合顾客既得利益的概念出现。顾客心智具有容量有限、厌恶混乱、缺乏安全感、难以改变以及会丧失焦点等特点。

（2）定位就是要在顾客心智中，为产品打造一个真正具有价值和吸引力的独特地位。其具有抢占顾客心智资源、激发品牌生产力、提升运营绩效、优化资源配置等作用。

（3）品牌定位是指为某个特定品牌确定一个适当的市场位置，使产品在顾客心智中占领一个特殊的位置。品牌定位通过精心构建的品牌识别、独特的品牌符号、鲜明的品牌个性，以及深刻的品牌体验等方式，实现在消费者心智中的独特占位，并与之建立起紧密的情感联系。

（4）农业品牌定位是指农业企业或品牌主体，在充分了解农业市场环境、地域特色、竞争对手、顾客需求及自身资源与能力的基础上，通过明确品牌的核心价值与独特卖点，为特定农业品牌设定并塑造其在目标市场中独特价值、地位和形象的过程。在农业品牌定位过程中应注意注重产品品质、挖掘地域特色、加强营销推广、做好品牌保护等问题。

（5）确定品牌定位，首先需要通过确立目标市场和竞争的性质确定一个竞争参照框架，其次在竞争参照框架下确定最优品牌联想的异同点，最后通过创建品牌箴言来概括品牌定位和品牌精髓。

（6）品牌定位的步骤依次为分析外部环境，确定竞争对手及其价值；避开竞争对手的强势，确立品牌优势位置；证明品牌定位正确性，构建顾客共鸣；整合品牌定位运营，植入顾客心智。

（7）农业品牌定位方法包括产品维度的品牌定位、竞争维度的品牌定位、消费者维度的品牌定位以及战略维度的品牌定位。农业品牌需要重新定位的情形包括企业整体战略改变时、市场周期规律变化时、目标市场萎缩时、业务日益多元化时、原有定位存在问题时以及企业合并和重组时。

（8）品牌定位的认识误区包括品牌定位不等同于确定目标市场；品牌定位不等同于产品的差异化；品牌定位不等同于广告口号的设计宣传。品牌定位常见的错误有定位忽视产品品质、定位缺乏独特性、定位过度依赖地域标签、定位缺乏聚焦、定位缺乏动态调整。

思考与讨论

（1）深入探讨"顾客心智"的构建及其对农业品牌的意义。并结合具体农业品牌案例，分析它们是如何成功抢占并巩固这一位置的。

（2）分析不同农业品牌如何通过精准定位，解决市场细分、竞争差异化和顾客忠诚度等问题，并探讨这些行为是如何促进品牌长期发展的。

（3）在农业品牌进行定位时，可能面临哪些常见的误区或挑战？如何通过市场调研、消费者行为分析和品牌定位的定期评估来避免这些问题？

（4）探讨如何综合运用市场调研、SWOT分析、消费者画像等工具，来准确识别和确立农业品牌的差异化定位。并讨论如何确保定位既具有前瞻性又符合实际。

（5）农业品牌定位的步骤有哪些？思考每一步骤中可能遇到的挑战及应对策略，以及如何确保各步骤之间的协同作用。

（6）选取具有代表性的农业品牌，深入分析它们是如何成功执行品牌定位策略的，并讨论这些品牌在定位选择、传播渠道、营销策略、消费者互动等方面的创新做法？

（7）不同的农业品牌往往采用不同的定位方法，请结合实际案例讨论农业品牌常见的定位方法。

（8）农业品牌在发展过程中往往面临着重新定位的问题，举例说明农业品牌何时应该进行重新定位。

（9）讨论农业品牌定位过程中常见的误区有哪些，应该如何避免。

案例分析

百瑞源：变革营销渠道　助力品牌破局

百瑞源位于宁夏银川市，是一家从事枸杞科技研发、基地种植、生产加工、市场营销、文化旅游"五位一体"的全产业链科技型企业，获得农业产业化国家重点龙头企业、国家高新技术企业等称号。2020年新冠疫情暴发以来，百瑞源依靠成功的品牌营销战略，围绕"好枸杞可以贵一点"的产品定位，放弃低端产品引流的市场策略，走出一条优质优价的高质量发展新路子，产品销售实现逆势增长。2021年天猫渠道成交额月增速12.5%，市场占有率提高1.4%。

百瑞源设立初期，借助"街边地摊、与特产店合作、入驻商超"等传统营销渠道进行品牌推广，但营销效果不佳，消费者认可度较低，品牌理念没有得到有效传播，渠道管理协同效应缺失。百瑞源审视市场形势，对其营销渠道进行变革，开启"旅游+直营连锁专卖店"的新兴营销渠道模式。2008年，百瑞源在枸杞行业率先开启连锁专卖店模式，连锁店内设枸杞历史故事区、客户休闲区、产品展销区等，让每一位顾客在了解枸杞产品的同时了解宁夏的枸杞文化。此后，百瑞源在宁夏著名景点陆续开设连锁专卖店，推动枸杞产业与旅游文化产业深度融合。2011年更是建成了4000平方米的宁夏枸杞博物馆，每年接待游客20万人次以上，被国家旅游局授予"国家AAAA级旅游景区"。百瑞源枸杞改变"街边地摊"的传统销售方式，设立形象好、功能全、配置高的品牌形象店，迅速改变了消费者认知，让好产品卖出与其品质相符的好价钱。

"啤酒泡枸杞，可乐加党参"。当今社会，养生不再是中年人的热门话题，不少年轻人也对健康和养生重视起来。2021年天猫医药平台618数据显示，"00后"活跃用户同比增长114%，健康消费支出比去年翻了一倍，线上购买专业健康服务与常备药品成为消费新趋势。百瑞源抓住用户快速增长的轻养生需求，与中国农业大学开展为期6年的技术创新，成功研发出嚼着吃的锁鲜枸杞；开发开袋（盖）即饮的枸杞原浆，解决了枸杞食用不方便、营养吸收不充分的问题。并不断优化升级产品，陆续解决了枸杞原浆瓶装礼赠、袋装自用的运用场景问题，0添加长保质期的储存问题，以及包装年轻化、量贩装等用户实际需求问题。一系列创新产品的研发，打破了"保温杯里泡枸杞"的老龄化刻板印象，深得年轻消费者喜爱，销售额屡创新高，开创了枸杞食用时尚化、年轻化的新时代，也为枸杞制品的市场份额和边界拓展贡献了力量。

百瑞源精确洞察消费需求，顺应消费升级新趋势，放弃低端产品引流的市场策略，确立高端品牌的发展定位，强化科技创新，推动营销变革，走出了一条品牌营销创新的发展之路。

资料来源：百瑞源：变革营销渠道　助力品牌破局［EB/OL］．https：//baijiahao．

baidu. com/s? id=1765119023324253602,2023-05-06/2024-06-20.

思考：

（1）思考百瑞源为什么要对品牌进行重新定位？

（2）百瑞源为什么要从用户实际需求出发研发新产品？

（3）面对健康消费理念的兴起，农业品牌应采取哪些措施抓住年轻消费者？

第六章　农产品区域公用品牌创建战略

知识与技能目标

（1）了解区域品牌按区域划分的三种类型，并掌握其共责性、共享性等共性特征。
（2）掌握中国农产品区域公用品牌的类型，包括单一产品、单一产业、基于区域产业整合以及区域品牌联合品牌创建等。
（3）能够运用区域品牌的共性特征进行品牌分析和评估。
（4）能够区分不同类型的区域品牌，并准确判断其公共性程度和所属类型。

情境导入

"丽水山耕"区域公用品牌为浙江省丽水市人民政府打造的覆盖全区域、全品类、全产业链的首个区域公用品牌，由丽水市生态农业协会注册，丽水市农业投资发展有限公司运营。"丽水山耕"品牌创建结合了区域名称"丽水"、区域地貌（九山半水半分田）以及农耕文化，定位为丽水生态精品农业，主打天然、品质的卖点。通过"法自然·享淳真"的品牌口号，传递在好山好水好空气的环境下，以传统生态生产方式耕作农产品的价值。基于区域资源优势，打造"8+3"产业模式。其中，8大基础产业包括食用菌、茶叶、果干、高山蔬菜、中药材、畜牧业、笋竹、油茶；3则包括两个特色产业和一个战略产业，以基础产业为基础，加快培育特色产业，稳固发展战略产业。重点打造"三商融合"，上线网商、微商渠道，推出丽水山耕生活馆微信公众号、微信小程序等；线下则布局丽水旅游景区售货点、超市销售点、社区智能售货点、城市品牌加盟店等200余个营销网点。特别值得一提的是，建立了丽水山耕旅游地商品体验中心，实现展销一体化。"丽水山耕"品牌的成功创建，因地制宜地最大化了区域资源价值。它不仅是简单地推出产品，更是从战略高度思考如何产业化，并借助传播放大公用品牌的独特卖点，为其他地区创建农产品区域公用品牌提供了有益的借鉴。

资料来源：农业部市场与经济信息司."互联网+"品牌"丽水山耕"区域公用品牌推进农业供给侧结构性改革［EB/OL］.http：//www.moa.gov.cn/ztzl/scdh/sbal/201609/t20160905_5264622.htm，2016-09-05/2024-07-12.

思考：成功的农产品区域公用品牌创建的核心要素是什么？

党的二十大报告明确提出："加快建设农业强国，扎实推动乡村产业、人才、文化、生态、组织振兴。"全面推进乡村振兴是一项系统工程，需要整体推进、重点突破，打造区域公用品牌是其中一个重要抓手。在推进乡村振兴进程中，加强农产品区域公用品牌建设对于乡村产业振兴、农民家庭增收、农业企业发展具有重要促进作用，能够有效

整合农业产业资源，提高组织化程度，促进特色农业产业集群形成；推动生产要素向优势区域集中，推进农业规模化、标准化、绿色化和专业化发展；促进农业结构调整，增强市场竞争力和可持续发展能力。品牌化经营有助于农产品走向更大市场，健全完善农企利益联结机制能帮助农民直接获得经济收益，品牌赋能可以提升农产品竞争力和附加值，拓展销售渠道，让农民分享溢价收益。

第一节 区域品牌的类型及其特征

一、区域品牌的含义与作用

（一）区域品牌的含义

关于区域品牌的辨析，在产品竞争时代，业界将其理解为产品只在某区域销售形成的区域市场品牌，与国际性品牌、全国性品牌类型形成对比。在品牌消费、品牌竞争、品牌经济时代（3B时代），区域品牌是产业集聚带来的区域联想与品牌识别。因此，区域品牌是会对一个区域的区域整体、区域产业、区域产品形成直接影响的品牌，具有"准公共品"特征，能够使区域整体得到共同发展。

区域品牌并不是单纯指产品在某区域销售，而是指一个以地理区域范围或者行政区域范围内的区域整体、区域产业、区域产品为品牌内容主体，实现品牌化的品牌类型。通过品牌命名、品牌Logo的设计与商标注册、品牌经营，形成消费者对品牌的相关认知与消费体验，让消费者对区域整体、产业与产品等产生正向的印象、认知与评价。

（二）区域品牌的作用

加强区域品牌建设，有利于推动地方经济高质量发展、促进乡村振兴与共同富裕。随着我国不断深入推进品牌建设工作，各地在政府推动、企业主动、社会互动的三轮驱动下，打造出了一批特色鲜明、竞争力强、市场信誉好的区域品牌。以区域稀缺性自然资源、特色人文资源为依托，以优势产业为基础，区域品牌的建设，已经成为推动形成区域性产业集群，促进区域相互合作、协调发展的重要引擎。

区域品牌建设，在全国各个区域基本上都有实践，参与的主体也从初期只有龙头企业重视、仅以品牌传播和增加影响力为主要诉求，到政府牵头、龙头企业发力、合作社等多方力量协同、产生有多方驱动力的局面。市场层面的实践效果有了很大改善，从单一的为企业品牌传播背书到促进区域形成产业链及完整产业生态圈，成为区域经济崛起的重要抓手，对区域"产城互动""产融互动"起到重要支撑作用。

二、区域品牌类型

结合区域品牌实践，根据是否具有公共性及具有公共性的程度，区域品牌可以分为区域公共品牌、区域公用品牌两种类型。

（一）基于公共性划分

1. 区域公共品牌

公共，英文表述为Public，意指公有、公用，体现共同拥有和共同使用的特点。区域公共品牌是基于特定的地理区域或行政区域范畴，由官方或政府控制、主导的品牌，此类品牌由区域内多主体共同拥有，并共同创造、共同使用、共同享受品牌带来的利益，在政府主导下，由多主体共同参与的品牌建设。国家品牌、城市品牌、城镇品牌、乡村品牌等，均属于区域公共品牌范畴。

杭州市城市品牌标志（如图6-1所示）以篆书"杭"字为基础，融合了江南建筑、园林、拱桥等元素，整体呈现出一座古风庭院的形象，体现了杭州的历史文化底蕴和地域特色，具有较高的辨识度和美感，既是杭州城市形象的代表，也是旅游推广和城市品牌建设的重要载体。该标志由杭州市发展研究中心注册商标，并授权杭州市区域内各行政系统、公共服务系统、商业机构等多主体共同使用。

图6-1　杭州市城市品牌标志

2. 区域公用品牌

区域公用品牌是指由特定区域内相关组织和机构所共有的品牌，在品牌建立的地域范围、品质管理、使用许可、营销传播等方面具有共同诉求与行动，以联合提高区域内外消费者的评价，使区域产品与区域形象共同发展的品牌[①]。区域公用品牌的商标所有权、经营权、使用权相互分离，通过产业发展和产品形象提升区域公共品牌影响力。此类品牌一般基于特定的地理区域范畴，由特定行政区域、地理区域内的产业集群、产品类别等形成，由行业协会等组织拥有并运营，由特定地理区域范围内的产业相关机构、企业与个人多主体共同创建、共同使用、共同享受品牌带来的利益，由多主体在行业协会组织等主导下实现共同建设的品牌。

美国新奇士（Sunkist）是世界著名的柑橘品牌，隶属于非营利性质的美国新奇士种植者公司（Sunkist Growers Inc.），实际上是一家非营利性合作社，历经120多年的发展壮大，现已成为拥有6400多个果农和60多个包装公司的庞大联合体，是世界上历史最久、规模最大的柑橘营销机构。"新奇士"在市场运作上采取公司管理模式，协会组织结构由社员大会、董事会、总经理、员工4个层次组成。"新奇士"授权果农品牌

---

① 胡晓云. 中国农产品的品牌化：中国体征与中国方略，北京：中国农业出版社，2007：43.

使用权，以区域为核心尽可能地平均分配订单，并根据交易所的水果销售量最终决定内部董事会席位分布。新奇士品牌标志如图6-2所示。

图6-2 美国新奇士品牌标志

【案例6-1】

新奇士品牌发展

19世纪初美国大力发展农业，1840年从巴西收集来的脐橙种子在加州生根发芽。到19世纪90年代，加州柑橘种植面积扩张到4万公顷，当地以小规模、分散化经营的家庭农场为主，通过代理商销售农产品。但由于市场信息不对称，代理商刻意压低收购价并转嫁风险，导致果农入不敷出。1893年，加州100多名果农自发组成"南部加州水果交易协会"。1905年协会成员扩展到整个加利福尼亚州，于是更名为"加利福尼亚果农销售协会"。1952年，正式更名为"美国新奇士种植者协会"，新奇士品牌诞生。20世纪70年代，新奇士产品开始全部使用"新奇士"商标。20世纪初，新奇士开始注重品牌形象，通过广告、市场营销和包装设计来提高品牌认知度。例如，1908年提出用"新奇士"（sunkissed，意为太阳亲吻过的）作为脐橙广告词；1916年开展促销柑橘果汁的广告运动，提出"喝一个橙子"的口号，为果汁加工的开创和发展奠定了基础；1922年强调柑橘中维生素C的营养价值；2008年开展全球微笑征集活动等。通过与其他柑橘生产者合作，新奇士扩展了产品供应链，并逐步将品牌推向全球市场，使其成为国际市场上备受追捧的品牌。发展至今，新奇士拥有6000多名会员，每年销售水果约8000万箱，是世界上历史最久、规模最大的非营利性柑橘营销机构。其品牌的无形资产高达10亿美元，年销售额达11亿美元，品牌价值已超过70亿美元。

资料来源：农业品牌研究中心. 美国"新奇士"橙：集聚百年的品牌张力［EB/OL］. http：//www.brand.zju.edu.cn/2016/1118/c57339a2294164/page.htm，2016-11-18/2024-07-15.

思考：品牌形象塑造和市场推广策略在区域公用品牌成长中的作用，并分析如何根据市场变化和消费者需求不断创新和调整，以保持品牌的竞争力和持续发展。

区域公共品牌与区域公用品牌的区别主要体现在三个方面：首先，区域公共品牌不仅公共且公用，特定地理范围内的组织与个人公共拥有品牌权益，公共创造、使用并分享品牌利益，而区域公用品牌的所有权与使用权分离，品牌所有权属于行业协会等运营组织所有，品牌使用权由行业协会等组织所授权的符合标准的产业、产品生产经营者使用；其次，区域公共品牌针对的是公共区域、公共服务领域，区域公用品牌更多针对产业品牌、产品品牌等生产经营领域；最后，区域公共品牌强调政府或官方机构对品牌的控制性，具有多主体创建品牌、多主体分享品牌、多主体呈现品牌的特征，区域公用品牌只有区域内相关的行业协会等组织拥有品牌所有权，只有区域内获准被授权使用者才能共用、共建、共享品牌。

（二）基于区域范畴划分

区域品牌最重要的特征是具有区域性，根据区域划分标准可分为三种类型。

1. 以行政区划为划分基准的区域公共品牌

此类区域品牌是以特定的行政区划为范围，整合该区域内各种资源，共同打造的具有地域特色和代表性的品牌，类型包括国家品牌、城市品牌、县域品牌、乡镇品牌、乡村品牌等。品牌基本以区域名称命名，运营决策者及主体多为政府，由政府为核心及主导力量，协同各类社会资本进行品牌建设。如杭州市城市品牌。

区域品牌代表着一个区域的整体形象和特色，涵盖了该地区的各种产品、服务和文化等方面。品牌发展往往随着区域经济的发展和品牌意识的提升而不断演进。品牌具有显著的区域公共性特征，其创建属于政府公共服务的重要构成部分，为区域政府与区域内企事业单位、常驻机构与人口共同所有、共同使用、共担责任、共同分享品牌利益。同时，政府及其职能部门在区域公共品牌建设中必须占主导、主体地位，而在产业性的区域公用品牌建设上，其运营主体一般是行业协会组织等社会中介组织或市场组织，政府应当起到引导、推动作用。

2. 以特定产业集群为主体的区域公用品牌

此类品牌多为区域产业品牌，是以特定地理区域范畴内的产业集聚为基本前提，既包括以特定地域原有的产业自然禀赋与人文因素为基础发展与再造的产业集群品牌，如永康五金等，也包括在特定地理区域范畴内后天创造的品牌，如嵊州领带等。品牌命名常见于"区域名称+产业类别名称"，通常由行业协会组织等注册并拥有相关集体商标或证明商标，由行业协会组织负责品牌运营与授权管理、标准控制等，与区域内符合相关标准并获得授权使用的生产经营者共同使用商标、共同承担责任、共同分享品牌利益。同时，行业协会可以拒绝不符合标准的生产经营者使用品牌的商标，获得品牌权益。

如杭州市临安区推出的农产品区域公用品牌"天目山宝"的创建，旨在通过集群发展做强山笋、山果、山茶、山鲜、山粮等特色优势农产品产业。临安是农业大区，同时也是杭州的后花园、都市里的"绿水青山"。天目山绵延仁立，是临安最著名的IP之一。优质的环境和匠心耕耘孕育了许多"山宝"，并随着历史一直传承至今。临安三宝"茶叶、笋干、山核桃"广为人知，"天目山宝"继承了这一IP文脉，又传达了山中珍宝的价值理念。同时，以明代文学家袁宏道《天目山记》中的"天目山，三件宝，茶叶、笋干、小核桃"为原版，提出了"天目山有山宝，山茶山笋山核桃"的传播口号。

"天目山宝"的品牌采用"全产业区域公用品牌+单产业公用品牌+企业品牌"三

级架构模式（具体如图6-3所示），目的在于整合临安众多的特色优势农产品，通过区域公用品牌的授权管理和规范运营，以"天目山宝"品牌的高标准、高质量为产品品牌、企业品牌提供价值背书，帮助产品和企业提质增效。

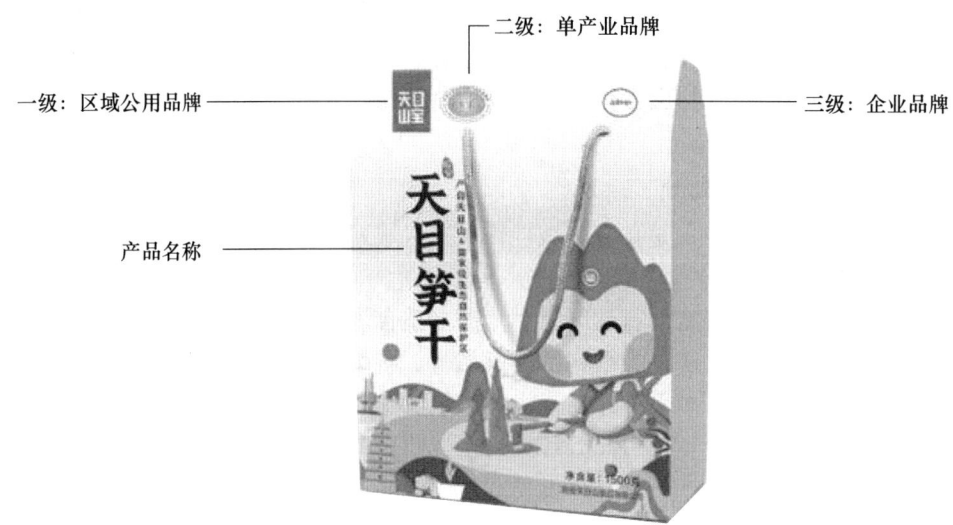

图6-3　天目山宝"全产业区域公用品牌＋单产业公用品牌＋企业品牌"架构模式

临安区"天目山宝"农产品区域公用品牌为六大类十多种特色农产品做背书，六大类分别为：山笋、山果、山茶、山鲜、山粮及其他山宝。"天目山宝"积极推动企业与专业科研院所、机构合作，鼓励企业开展产品创新，凡是通过审核的临安农产品皆可获得"天目山宝"品牌授权，以品牌化运营促进产品销量提升。部分授权企业具体如图6-4所示。

图6-4　"天目山宝"品牌部分授权企业

3. 以特色产品品类为主体的区域公用品牌

此类品牌基本以农产品地理标志登记注册的特色物种、特色工艺等为基础，形成区域单一产品品牌，如西湖龙井、烟台苹果等。品牌命名以"产地名称＋产品品类名称"为主，行业协会等组织拥有商标所有权与运营权，授权特定地理区域内、基于特定区域文化或工艺特色、达到相关标准的生产经营者使用商标，共同分担责任与共享品牌利益。此类区域公用品牌体现出品牌范畴区域性、产业资源公共性、商标使用公用性、商标所有权与商标使用权分离性等特征。作为区域品牌，对区域经济发展、区域形象塑造产生了重要影响。

洛川是陕北苹果的发祥地，是世界最佳苹果优生区的核心地带。洛川苹果先后获得了北京奥运会、中国女排、人民大会堂、上海世博会等30余项重大冠名权，累计荣获国家及部省名优产品奖200多个。洛川苹果区域公用品牌是基于洛川县区域范围内的苹果产业的证明商标区域公用品牌，洛川县成立苹果产业协会，进行洛川苹果品牌的运营管理，对授权企业进行统一的品牌管理与品牌输出。2022年，洛川苹果入选"2022中国农产品区域公用品牌·年度市场竞争力品牌"。其品牌标志如图6-5所示。

图6-5　区域单一产品公用品牌——洛川苹果品牌标志

美国的爱达荷土豆品牌就是一个基于爱达荷州区域范畴内的土豆产业的证明商标区域公用品牌（如图6-6所示）。区域成立了"土豆联盟"，进行爱达荷土豆品牌的运营管理。该品牌依托区域内独特自然资源和产业资源，通过共享品牌权益和彰显区域公用品牌的代表性，为区域的形象、美誉度和旅游等方面带来了积极影响。

图6-6　区域公用品牌——爱达荷土豆品牌标志

【案例 6-2】

爱达荷土豆品牌

爱达荷州别称"土豆（马铃薯）州"，马铃薯品质一级棒，产量全美第一。超过三分之一的美国土豆是在爱达荷州种植的，爱达荷州土豆一年的销售额高达 25 亿美元，占全州 GDP 的 15% 以上。在土豆协会成立之前，爱达荷的土豆由各个农场主分散经营，各自为政，质量标准不一致，品类也繁多。为了有序竞争和整合区域土豆种植资源，成立了土豆协会。协会的任务包括联合广告、联合营销、联合研究、严格质量标准等。爱达荷土豆协会对其商标的控制与规范投入了巨大的精力。在爱达荷土豆协会的官方网站上，有专门的认证链接窗口，下载使用专门的注册或认证商标，都需要协会的授权。在土豆认证条例中，协会还对中间各环节主体在使用标识和包装方面做出了严格规定，并确保只有在爱达荷州种植的土豆可以印上"Grown in Idaho"（种植在爱达荷）联邦认证标志。协会对土豆生产流通环节各个主体的行为做出了详细的规定，代理商、包装容器生产商、经销商、食品零售商、本州内包装运输商、州外的再包装商、本州加工商、零售者，都在其约束范围内。爱达荷土豆协会对营销各个环节的管控，使品牌有了强有力的保障。

资料来源：Idaho Potato Commission 公开信息整理

思考：对于其他地区想要发展特色农产品区域公用品牌，爱达荷州土豆协会在质量标准控制、商标管理和营销环节管控等方面的经验有哪些值得借鉴？又需要根据当地实际情况做出哪些调整和创新？

三、区域品牌的共性特征

比较产品品牌或企业品牌，区域品牌的共性特征体现在以下方面。

（一）区域性

所有区域品牌都具有区域性特征。品牌均形成于特定地理区域，当该区域品牌形成了良好的品牌运营，并通过品牌产品生产、传播等获得了相关利益者的认可与好评，则该品牌将对该区域的经济发展产生整合价值，并对区域品牌形象产生一定的正向影响力。区域品牌的整合影响力，超越了单个企业、产品品牌的单一力量。如杭州市自 2004 年起以"东方休闲之都""生活品质之城""中国电子商务之城""动漫之都""全国文化创意产业中心"等概念为基础，系统打造杭州市城市品牌。2007 年，杭州市城市品牌促进会成立，促进会与杭州相关社会组织紧密合作，搭建"杭州城市品牌网群"复合运行平台，共同开展杭州城市品牌的研究评价、宣传推广和可持续运行。经过 15 年的区域品牌塑造，特别是 G20 会议之后，杭州成为了中国具有"独特魅力，别样精彩"的城市，并连续 12 年被评为"中国最具幸福感城市"。

（二）公共性

区域品牌均具有公共性特征。但不同类型的区域品牌，其公共性的内涵与外延有所不同：其一，资源公共性。区域品牌所依赖的区域自然生态与社会文化环境、区域资源禀赋传承，都具有公共性特征。这些资源与区域内的产业、文化、地理等因素紧密关联，相互促进，是区域内的企业、组织和个人共同享有和使用的品牌资源，对区域内的各类主体开放，促进共同发展。其二，区域公共性。区域品牌明确属于特定的区域，具有地域标识性。区域公共性决定了区域公共品牌的共有、共用、共创、共享机制，区域公用品牌在享用区域资源、区域公共服务时也拥有区域公共性的特征。其三，权利公共性。区域政府打造区域公共品牌的使命与公共服务责任，决定了区域内所有组织与个人共同拥有、共同使用、共同创建、共同分享的权利。区域内的企业、产业等相互关联，共同受益于区域品牌所带来的经济价值提升。对于区域公用品牌，区域内的众多授权主体可以共同使用和受益于区域公用品牌，但通常会有相关的管理机构或组织来负责品牌的维护、推广和管理，以确保品牌的价值和形象得到保护和提升。

（三）公用性

无论哪一种区域品牌，均具有品牌使用的公用性特征，但使用的标准与要求程度有所不同。区域公共品牌与区域公用品牌的公用程度、公用权益均有所不同。区域内的相关组织、企业、个人等，只要达到相关标准要求，即可被授权使用商标。只要某组织与个人处于某区域内，便可以分享区域公共品牌建设带来的利益。但区域公共品牌也会限制应用领域，以保证品牌发展的效果，如杭州市城市品牌的标志，应用领域包括重大活动、公共建筑、城市窗口、特色区块、城市细节、公共设施、城市宣传、公务系统、荣誉信用、行业企业等领域，个人不可以使用城市标志。区域公用品牌则必须达到相关标准、加入相关行业协会、遵守相关要求，才能获得公用的权利。

（四）共责性

区域品牌均具有品牌建设的"共责性"特征。但共同承担责任的主体、协同者、程度与要求各不相同。区域公共品牌的建设主体是政府机构，政府协同区域内组织、个人进行品牌建设，如杭州市成立了杭州城市品牌促进会维护品牌发展。而区域公用品牌建设主体则是行业协会等组织，由协会协同政府及加入的成员共同守责，区域政府起到支持与推动的作用，加入协会的成员必须严格遵守协会制定的品牌标准与要求。区域内的各方主体都有责任维护区域公用品牌的声誉和形象，确保其品质和特色保持稳定，相互监督品牌的使用情况，防止不当使用或损害品牌的行为发生。

（五）共享性

区域品牌具有区域内或协会内成员共享品牌利益的特征，不同的区域品牌共享的内容、程度差异较大。对于区域公共品牌，只要是区域内的组织与个人，都能够共同享受区域公共品牌带来的品牌效益。区域公用品牌则要求组织和个人加入相关行业协会等，方可享用品牌的使用权和品牌成长所带来的产品溢价空间。区域公用品牌的商标所有权与商标使用权分离，商标所有权不具有公共性，由商标所有权属产生的品牌价值、品牌资产等并不一定具有共享性，或只属于共同注册商标时的相关组织与个人。

第二节 农产品区域公用品牌

一、农产品区域公用品牌的含义

农产品区域公用品牌是指在一个具有特定自然生态环境、历史人文因素的区域内，

由相关机构、企业、农户等共同所有的,在生产地域范围、品牌使用许可、品牌行销与传播等方面具有共同诉求与行动,以联合提高区域内外消费者评价,由区域产品与区域形象协同发展的农产品品牌①。

首先,农产品区域公用品牌由相关机构、企业、农户等共有。"共有"是指在商标专用权、品牌运营权、商标使用权等三权方面的共有状态。商标专用权,属注册该商标的单位,农产品区域公用品牌的商标注册者一般是相关机构(协会、联盟、农合联等);品牌运营权,属经过协会等拥有商标专用权的有关机构授权的品牌运营者所有;品牌(商标)使用权,属经过协会等拥有商标专用权的有关机构授权的商标使用者所有,三者形成不同权属的共有关系。

其次,共有农产品区域公用品牌的机构、企业、农户等,在生产地域范围、品牌使用许可、品牌营销与传播等方面,都具有"共同诉求与行动",即在同一区域范畴内生产,获得品牌使用权使用许可,对品牌营销与传播形成共同诉求。

最后,因其区域特征,农产品区域公用品牌的管理与运营、使用,可在销售相关产品与服务的同时,联合提高区域内外的消费者评价,获得区域产品与区域形象共同发展。

二、农产品区域公用品牌的特征

(一) 特定地理区域

农产品区域品牌的品牌产业、品牌产品产生于特定的地理生态环境,浸润于特定地理区域的人文因素之中。农产品区域品牌的前身一般是一个区域的土特产、地理标志产品,或经过数十年的农业"优势产业带"划分、规模化发展而形成的区域农业产业集群。农产品区域公用品牌的区域范畴一般是建立在"地理标志证明商标""地理标志集体商标"的基础上,区域范畴不一定与地区的现行行政区划范围完全一致,因此称为"地理区域"。

某一区域的土特产因其独特的品种、工艺及文化特点,形成了特有的产品质量与价值。如江永县利用其独特的地理环境和气候条件,种植出了口感鲜美、香气浓郁的江永香芋和江永香柚,并通过品牌塑造和市场推广,使其发展成为知名的农产品品牌。农产品地理标志产品是指自特定地域,所具有的质量、声誉或其他特性本质上取决于该产地的自然因素和人文因素,经审核批准以地理名称进行命名的产品,是农产品中最具地理区域差异化特征的产品。

早在2006年,中央一号文件就正式提出推进"一村一品",我国许多地理区域都发展了"一村一品""一县一品"的农业产业集群。"一村一品"是以村为基本单位,按照国内外市场需求,充分发挥本地资源优势,通过大力推进规模化、标准化、品牌化和市场建设,使一个村(或几个村)拥有一个(或几个)市场潜力大、区域特色明显、附加值高的主导产品和产业。"一县一品"与"一村一品"类似,是以县为单位发展具有地方特色的产品或产业。这些农业产业集群,因一个区域的一个产业而存在、发展,创造出区域特色鲜明的农产品原产地品牌。如中国有许多著名的苹果区域品牌,如延安苹

---

① 胡晓云. 中国农产品区域公用品牌发展报告 [M]. 北京:中国农业出版社,2013:2.

果、静宁苹果、白水苹果、烟台苹果、阿克苏苹果等。这些苹果因处于不同的地理区域和不同地域文化中，而在品牌文化塑造上呈现出显著差异性。

【知识拓展】

一村一品

全国"一村一品"示范村镇申报主体为行政村、行政镇、涉农产业发展好的社区或街道，申报的主导产业为特色种植、特色养殖、特色食品、特色文化（如传统手工技艺、民俗文化等）和新业态（如休闲旅游、民宿、电子商务等）的一个具体品类，且有较强的辐射带动和示范引领作用。申报村（社区）主导产业总产值超过1000万元，占全村（社区）生产总值的50%以上（国家重点帮扶县申报村可降至700万元、占比不低于30%）。申报镇（乡、街道）主导产业总产值超过5000万元，占全镇（乡、街道）农业生产总值的30%以上（国家重点帮扶县申报镇可降至3000万元、占比不低于20%）。

（二）所有权、使用权与运营权三权分置

我国多数的农产品证明商标均由行业协会作为主体运营和管理品牌，形成政府推动，协会主体、企业、合作社、农场等集体授权、参与活动等一条龙的相关协作关系。其商标的使用者为相关产业的企业、合作社、农户等，他们被批准加入协会，成为会员单位，被授权生产符合标准的农产品，并标准化使用商标。

由行业协会注册的商标，根据品牌性质不同，可注册为地理标志证明商标、地理标志集体商标，商标归行业协会注册并所有，授权符合条件，能够生产标准化产品的区域内涉农企业、合作社、农户等标准化使用商标，形成具有区域性、公用性、共责性、共享性，但商标所有、商标使用、商标运营三权分离的区域公用品牌特征。

作为核心主体的行业协会，应当担当起品牌运营的关键任务，通过品牌注册、品牌授权、品牌管理、品牌传播、品牌维护等一系列品牌建设系统工程，创建品牌，提升品牌价值，提高品牌溢价，为协会成员谋求区域产业、区域产品的市场价值及社会价值。当然，由协会直接运营品牌还是授权职业化机构具体经营，可以根据自身情况来决定。如美国的"爱达荷土豆"联盟便将具体经营事务交给品牌管理机构来做，"新奇士"则专门聘请职业经理人进行品牌运营。

区域政府是区域公共品牌建设的核心主体，行业协会要充分调动并征得区域政府力量的积极支持。在与农业关联的区域整体品牌，如县域品牌、乡镇品牌、乡村品牌的品牌建设中，如何协调区域公共品牌与农产品区域公用品牌的关系，如何提高农产品区域公用品牌对区域整体品牌的有力支持，如何发动涉农企业、合作社、农户等加入行业协会协同打造品牌等，都需要区域政府力量的协同推动。

（三）品牌经营多重协同结构

农产品区域公用品牌建设以行业协会（联盟/农合联）等团体为核心主体，行业协会发挥组织协调、行业自律等作用，约束行业协会组织中企业、合作社、农户等会员单位与个人规范经营。

区域公用品牌经营的协同者既包括直接协同者，也涵盖间接协同者。根据品牌建设

的模式及其合作关系产生不同的协同结构,在品牌建设运营中发挥直接或间接的作用。

一是,区域政府及相关职能部门。政府在制定品牌发展战略和规划,明确品牌发展方向和目标方面扮演着非常重要的角色,通过出台相关扶持政策,如财政补贴、税收优惠等,激励区域公用品牌建设,协调各方资源促进品牌经营协同发展,并利用多种渠道宣传推广区域公用品牌,提高品牌知名度和影响力。

二是,区域内相关产业、企业、合作社、农户等组织与个人。区域产业是品牌建设的基础,相关主体承担着农产品标准化、规范化生产,整合区域资源,加强品牌营销和推广,拓展市场渠道,提升品牌价值的多重作用。

三是,区域内各种媒介组织和销售网络等。区域内电视台、电台、网络媒体、自媒体等是广泛传播品牌形象、价值和特色的主要渠道,充分利用媒介环境与市场渠道影响力,可以及时传递市场动态、增强消费者对品牌的信任和认可,及时与消费者互动,促进品牌的持续改进和优化。

四是,区域外的各级政府及其相关职能部门、区域外的行业协会及其相关组织与个人、区域外各类媒介平台及销售网络等。它们可以通过政策引导、合作交流等方式,在跨区域合作项目中推动品牌的融入,拓展品牌发展空间,推动品牌市场渗透,提升品牌区域外市场的影响力。

五是,区域公用品牌产品消费者。事实上,消费者是最重要也是最关键的品牌建设协同者。首先,消费者通过购买和使用产品,给予了品牌最直接的支持和认可,是品牌持续发展的动力源泉。其次,他们的消费行为能带动产品的销量增长,促进生产规模的扩大和产业的发展。满意的消费者会通过口碑传播,向他人推荐该品牌产品,从而起到自发宣传的作用,扩大品牌的知名度和影响力。最后,消费者的反馈和建议能帮助品牌不断改进和优化产品及服务,使其更符合市场需求和消费者期望。他们还能在一定程度上参与到品牌的推广活动中,如通过社交媒体分享品牌体验等,增强品牌与消费者之间的互动和联系,进一步提升品牌的亲和力和吸引力。

(四)区域"准公共品"的特质

农产品区域公用品牌对区域整体品牌形象提升、区域经济发展、区域内农业产业高质量发展与产业链条延伸都会产生重要贡献,具有"准公共品"的特质。

【知识拓展】

公共物品

公共物品是具有非排他性和非竞争性的物品。按照公共物品的供给、消费、技术等特征,依据公共物品非排他性、非竞争性的状况,公共物品可以被划分为纯公共物品和准公共物品。纯公共物品一般具有规模经济的特征,其消费上不存在"拥挤效应",不可能通过特定的技术手段进行排他性使用,否则代价将非常高昂。国防、国家安全、法律秩序等属于典型的纯公共物品。准公共产品是指具有有限的非竞争性或有限的非排他性的公共产品,它介于纯公共产品和私人产品之间,如教育、政府兴建的公园、拥挤的公路等都属于准公共产品。对于准公共产品的供给,在理论上应采取政府和市场共同分担的原则。

资料来源：Varian，H. R.（1992）. Microeconomic Analysis（3rd ed.）. New York：W. W. Norton & Company.

第三节　中国农产品区域公用品牌类型

农产品区域公用品牌的类型模式设计，首先需要判断农业产业在区域地理特征、人文因素、生产管理、市场经营等方面的特殊性与复杂性，在此基础上明确品牌所代表的产业特色、优势和目标市场。

一、区域公用品牌建设前提

在农产品区域公用品牌类型设计前，应对中国农业产业现状与特征、消费市场需求与消费特征、品牌消费的营销趋势有充分的认知和洞察。

（一）乡村特色产业发展阶段特征

随着乡村振兴的深入推进，乡村特色产业呈现高速发展的态势。我国各地各级农业农村部门突出生态优先，拓展农业多种功能，挖掘乡村多元价值，推动乡村产业全链条升级，壮大产业经营主体。农业农村部数据显示，2023年已累计培育全国县级以上农业产业化龙头企业超过9万家，其中市级以上龙头企业近7万家、省级龙头企业近2万家、国家重点龙头企业1952家，市级以上龙头企业带动稳定就业约1400万人。但乡村特色产业发展中还存在发展不平衡、全而不精、小而不大、粗而不细、产业要素活力不足、缺乏科技与创意支撑、利益机制不完善等特点。

1. 发展不平衡

一是各地区不平衡。城市周边快于边远地区，东部地区快于中西部地区，经济作物集中地区快于传统粮食为主体的地区。具体到各个县市、乡村之间的发展也不平衡，如有些地方实施"一村一品""一乡一业""一县一特"，创响一批"土字号""乡字号"特色产品品牌，增加了农产品的品牌收益。二是农业产业化水平高的地区发展较快，传统农业区域发展较慢。在各产业之间，发展也不平衡，健康功能化产业及乡村旅游产业较快。大部分地区依然存在"农村卖原料、城市搞加工"布局，产业链空间布局还没有从根本上改变。三是利益分享机制有待完善。土地三权分置改革等举措的推进，鼓励农民以土地经营权参股，分享产业化的收益，在具体的操作环节上还存在难度。四是产业链各环节发展不平衡，"粮头食尾""农头工尾"现象普遍，特色农产品的初精加工需要技术支撑与创意策划。

2. 全而不精

特色农业产业虽然种类繁多，且大多小有名气，但真正能在全省乃至全国占据主导地位、有影响力的特色农业产业尚未形成。政府部门在引导支持中力量较为分散，未能将资金集中于优势项目中，呈现出"撒胡椒面"的支持状态，扶持效果不够显著。发展质量效益不高。多数乡村企业科技创新能力不强，特别是农产品加工创新能力不足，工艺水平落后于发达国家。乡村产业聚集度较低，仅有28%的乡村产业集中在各类园区。

3. 特色产业规模小

从县域的角度来看，大多数特色产业，一是基地面积不够，如有的县发展最多的猕猴桃、魔芋等产业，实际面积仅为6、7万亩。二是企业发展能力有待提升。大多数茶叶、药材、特色食品等产业的加工、销售企业年销售规模均不超过1000万元。由于龙头企业规模较小，市场化带动作用不足，难以发挥示范效应推动相应产业的发展。

4. 产业链条较短

总体来看，第一产业向后端延伸不足，主要集中于原材料供应，产地到餐桌的产业链尚未完善。第二产业连接两头不紧密，农产品精深加工不足，副产物综合利用程度低，产品加工转化率仅为65%。第三产业发育不足，农村生产生活服务能力不强。产业融合层次低，乡村价值功能开发不充分，农户和企业间的利益联结还不紧密。大多数特色农业产业仍然停留在提供初级产品的阶段，缺乏深加工产品，如药材、高山蔬菜、猕猴桃、土鸡、速生丰产林等产业，深加工龙头企业少，导致产品附加值低，农民收入也大幅度受限制。

5. 产业要素活力不足

乡村产业稳定的资金投入机制尚未建全，金融服务体系明显滞后，土地出让金用于农业农村比例偏低。农村资源变资产的渠道尚未打通，阻碍了金融资本和社会资本进入乡村产业。农村土地空闲、低效、粗放利用和新产业新业态发展用地供给不足并存。融合发展的体制机制有待建立。农村人才缺乏，科技、经营等各类人才服务乡村产业的激励保障机制尚不健全。

（二）农业产业品牌建设

目前，中国农业产业品牌建设已取得积极进展，已经拥有了一定数量与品牌竞争力的企业品牌或企业经营的产品品牌。全国精品培育品牌144个，省级目录区域公用品牌1100余个，企业品牌1700余个，产品品牌约2000个。31个省（区、市）均出台品牌支持政策，形成了部级统筹抓精品、省级系统抓目录、市县推进抓落实的品牌发展促进机制。

按照《农业品牌精品培育计划（2022—2025年)》工作部署，将五常大米等75个品牌纳入2022年农业品牌精品培育计划，将黑河大豆等69个区域公用品牌纳入2023年培育计划，并重点在渠道对接、媒体宣展、金融服务、海外推广等方面提供支持。2023年，举办果品、畜牧、水产精品培育品牌优质渠道对接会，32个精品品牌与58家优质供应链企业开展了精准对接。开展"锻造国家农业品牌"全媒体公益宣展活动，组织媒体赴精品品牌实地开展联合采访和推广，并利用官方公众号、视频号等对22个省份133个区域公用品牌开展系列报道。对接中国农业银行为精品培育品牌核心授权企业提供授信支持。组织精品培育品牌主体参加意大利果蔬展、香港美食博览会等知名展会。

在农业品牌建设中，加强农业品牌营销推广。充分利用中国国际农产品交易会、中国国际茶叶博览会、中国农民丰收节等展会节庆活动，举办品牌推介、高峰论坛等品牌活动，加强农业品牌营销推广。组织2023年中国农民丰收节金秋消费季活动、全国苹果主产区（脱贫地区）产销对接活动、脱贫地区农产品产销对接安徽专场活动等系列产销对接活动，营销推介优质产品，支持对接产销两端。指导举办2023年中国农业品牌创新发展大会，推动政产学研等各界经验交流，共谋品牌发展。

(三) 农产品品牌消费认知与趋势

《2023中国消费趋势报告》指出，农产品的竞争已经演变成为农业品牌的价值竞争，通过产品快消化、品牌差异化、营销出圈化、形象新潮化，农产品赛道将焕发新生，迎来"新潮"机遇。

新东方的"东方甄选"直播间凭借"双语介绍农产品""讲知识顺带卖一下货"成功在2022年爆火出圈，成为现象级话题。2022年12月28日，"东方甄选"发布视频披露，从2021年12月28日首播至今，东方甄选账号从1个增加到6个，粉丝总量突破3600万，已推出52款自营产品，总销量达1825万单。

"东方甄选"的爆火，不仅为直播电商带来了新思路，也燃起了大众对农产品相关话题的讨论，让农产品的品牌推广拥有了更多的可能性。报告显示，在一二三线城市有64.5%的消费者通过电商直播购买过农副产品，而在抖音直播上，点击农产品的数量及次数都大幅上涨。区域产业带的原产地好产品正在被更多人关注和购买。

区域性"地标农产品"已成为城市消费的升级方向。随着农村地区基础设施不断完善，以及数字技术的助力，来自全国各地的高质量"地标农产品"让消费者的餐桌实现快速升级，寻找和品尝到这些来自全国各地的农特产品，正在成为一二线市场消费者的需求。

高品质农产品必将成为新的消费潮流。健康、特色、品牌背书是农产品消费决策的驱动点。根据知萌调查数据显示，消费者在购买的时候，会关注的指标有"无农业残留，比较安全"、新鲜直达、原产地的公用品牌等，而天然零添加、有机认证、品牌知名度、政府权威背书也是重要的参考依据。新消费时代，消费者对于农产品消费的"期待"不断释放，优质的农产品不仅要解决消费者"吃得饱""吃得均衡"问题，还要具备绿色有机、包装精美、品牌知名等多样化特点，好的农产品不只是食用，还可以社交礼赠。

"新潮"产品不断打破地域限制，实现价值升维。近年来，不少农产品从包装、渠道、品牌、广告等维度"玩起来"，从土而不凡，到土而精致和土出潮流。例如，盒马工坊和喜茶、奈雪等年轻品牌的碰撞，让用户在青团、粽子这种传统点心中吃出奶茶味；北京老字号护国寺让豆汁第一次走出小吃店，让用户像买可乐一样买豆汁；"三胖蛋"瓜子和楚式漆艺传承人联合推出大漆瓜子吊坠，以瓜子为胎体，融合非遗手艺，将古典中国美表现得淋漓尽致，为品牌注入文化魅力。当下社会，国潮风涌起，年轻人越来越追求个性和新鲜感，人们对国货的热爱与日俱增，不少地方农产品通过突出的风格和独特的口味，成功"出圈"。传统农产品的现代化创新发展，需要打破地域的限制，突破市场的边际；同时也要融合地域，建立融合本地文化的产品表达，让地域的代表元素成为风味和特色象征[①]。

【案例6-3】

东方甄选直播电商

东方甄选是由新东方教育集团创办的一家专注于助农直播带货的平台，其于2021年12月份成立，2022年6月份走红，直播间以双语讲解、文化普及、才艺展示等方式

---

① 中国消费品协会.2023中国消费趋势报告.北京：中国消费品协会.2023.

吸引了大量观众，取得并保持着显著的销售业绩，成为助农直播之典范。东方甄选作为一种创新型的直播带货模式，具有以下几个特点：一是利用新东方教育品牌和教师资源打造高端形象和信任感；二是结合教育、娱乐、文化等多元元素提升用户体验和黏性；三是与供应商建立合作伙伴关系，保证产品质量和服务水平；四是响应国家政策，支持乡村振兴和农业现代化。东方甄选的成功在于将优质内容与"情怀"调性相结合，直播内容激发的价值认同和情感共鸣，容易在产品间实现"迁移"，从而打破"选品"壁垒，为其品类布局奠定了更宽广的赛道。

资料来源：用数说. 东方甄选直播带货模式对乡村助农直播带货的借鉴意义［EB/OL］. https：//zhuanlan. zhihu. com/p/619327995，2023-04-05/2024-07-15.

思考：请结合东方甄选直播电商特点和成功经验，思考对于其他想要涉足助农直播领域的企业或平台，如何在打造自身特色、提升用户体验、保证产品质量、响应国家政策等方面进行突破和创新，以实现可持续发展，并真正助力乡村振兴。

二、中国农产品区域公用品牌的类型

（一）单一产品区域公用品牌

这是基于特定地理区域范畴之内，以特定区域内特定的农产品自然资源（环境、物种等）与人文因素（文化或工艺特色等）为基础，以单一产品品类划分为基准，以生产单一产品为共同生产特点的企业集群，并多以证明商标类型注册的区域公用品牌。这类品牌基本以各地土特产、地理标志农产品的特色物种、特色人文因素（工艺等）为基础形成，拥有特色产品（品种或品质特色），属于区域内相对优势的，甚至是支柱性的产业，具有产生溢价的可能性。

单一产品区域公用品牌一般由行业协会、事业单位等申报注册地理标志证明商标，品牌识别以"产地名称+产品品类名称"作为品牌命名。品牌运营主体以行业协会为核心主体，由经过行业协会组织授权，特定地理区域内、基于特定区域文化或工艺特色、达到相关标准的生产经营者（区域内单一产品品类的生产者、初级加工者等）使用。行业协会组织拥有商标所有权与商标运营权，协同政府推动与引导品牌发展，授权区域内符合产品标准的生产经营者共同使用商标，共同承担责任、共同分享品牌溢价产生的产品销售利益。

此类区域公用品牌多体现出品牌范畴区域性、品牌资源公共性、商标使用公用性、商标所有与商标使用分离性等特征。通常，此类品牌通过一个产品的生产形成产业优势，对区域经济发展、区域形象提升等均会产生正向作用。

根据2023年8月发布的《2022果品区域公用品牌价值报告》，连续14年蝉联中国果业第一品牌的烟台苹果品牌价值达到152.94亿元。2009年，该榜单首次公布时，烟台苹果便以80.97亿元的品牌价值"登顶"，到2014年突破百亿元大关，身价一路上扬。作为烟台市的重要果品区域公用品牌，烟台苹果商标由"烟台市苹果协会"授权烟台市域内符合标准的苹果生产经营者使用（如图6-7）。作为一个百年品牌，"烟台苹果"在产品品质、产业水平、生态环境、品牌溢价、历史文脉等方面具有突出优势。到2022年，烟台苹果种植面积248万亩、总产量560万吨，占山东省的60%、全国的16%，苹果出口量60万吨，占全国1/2。多年来，烟台苹果始终秉持"外塑品牌、内提品质"的理念，以市场为导向，全面提升产品质量与竞争力，并不断扩大"烟台苹果"的知名度与美誉度。如今，烟台苹果不仅是地域标志，而且是质量标志、信誉标志，更成为一座城市的标志，对烟台市区域影响力提升、产业高质量发展都产生了前所未有的社会与经济效益[①]。

图6-7 烟台苹果农产品区域公用品牌商标[②]

区域公用品牌是政府工作的战略抓手，各地均在积极强化生产管理，扎实推动绿色优质农产品品牌建设，构建农产品区域公用品牌助力"乡村振兴"。如武功猕猴桃是全国猕猴桃适生区北沿的最大产区，当地政府坚持把发展优质猕猴桃作为兴农富民、助力振兴的特色产业，强化"下功夫、成好果"理念，精心编制全省首部猕猴桃地方技术规范，高标准建成省级猕猴桃试验示范站，打造"万元果"示范基地6个。截至2023年，武功猕猴桃种植面积已达11.6万亩，被作为陕西省猕猴桃产业集群重点发展。目前，武功猕猴桃区域公用品牌通过精心打造估值超10亿元，并跻身"中国最受欢迎的区域公用品牌10强榜单"，位列第三[③]。

具体来看，在经营主体上，武功县采取龙头企业、合作社为主导；在渠道建设上，初步实现"互联网＋果业"发展模式；在标准化生产上，出台《武功猕猴桃标准综合体》，加强猕猴桃标准化生产。武功县2016年6月开始正式实施《武功猕猴桃品牌战略规划》，成立了"武功猕猴桃产业协会"。2016年10月发布《武功猕猴桃区域公用品牌使用规程（试行）》，品牌所有权归武功县果业局，产业协会具有使用和管理权。同时，武功县人民政府还出台了《武功猕猴桃地理标志证明商标使用管理暂行办法》，对证明

---

① 中国农业品牌研究中心．烟台苹果：坚守中国苹果品牌引领者地位［EB/OL］．http：//www.brand.zju.edu.cn/2022/0708/c57354a2602643/page.htm，2022-07-08/2024-07-19．
② 胡晓云．价值再造：中国农业品牌战略规划选本精要［M］．2版．杭州：浙江大学出版社，2019：256-265．
③ 武功县乡村振兴局．武功：抓两头 强猕猴桃产业促振兴［EB/OL］．http：//www.wugong.gov.cn/xw/ztzl/2022nzt/hhcj/202211/t20221121_1562592.html，2022-11-16/2024-07-19．

商标使用申报程序、管理规范、商标管理单位及职责等进行明晰。凡在武功县范围内，依法取得工商登记注册的武功猕猴桃分级销售企业、销售型专业合作社等，生产过程严格执行《武功猕猴桃标准综合体》，产品符合"武功猕猴桃"质量标准要求的，均可申请获取"武功猕猴桃"商标（如图6-8所示）使用授权（使用免费）。

图6-8　武功猕猴桃区域公用品牌商标

在政府职能部门的全力支持下，武功猕猴桃通过协会的运营与管理，实现了很好的发展。2020年4月，武功县猕猴桃产业带整体入选阿里巴巴"春雷计划"首批标杆品牌农业产品带[①]。

基于单一农产品在一定区域内形成一定的优势、主导产业，进一步通过品牌化实现溢价效应，促进区域农业高效发展的区域公用品牌，往往是"一县一业"或"一村一品"，是与区域形象、区域经济、区域产业紧密相连的品牌，是"单一产品的单产业突破"的农产品区域公用品牌模式。单一产品区域公用品牌能够集聚一个区域的整体力量，单兵突进，快速形成产业规模，并集聚资源突破市场限制，以精准的投入产生较大的产业规模化、品牌精准传播等效果。

（二）单一产业农产品区域公用品牌

单一产业农产品区域公用品牌是指特定区域内相关机构、企业、农户等所共有的，在生产地域范围、品种品质管理、品牌使用许可、品牌行销与传播等方面具有共同诉求与行动，以联合提供区域内外消费者的评价，使区域产品与区域形象共同发展的农产品品牌。与"单一产品"区域公用品牌的区别在于，单一产业农产品区域公用品牌是基于产业而非单一产品，以特定区域内的农产品产业集聚为基本前提，以特定区域内的产业集群为生产主体的区域公用品牌，品牌的基本构成是企业成员单位，品牌商标注册为"地理标志集体商标"，而非"地理标志证明商标"。

这类品牌的形成，一般建立在区域内独特的自然资源或产业资源基础上，借助区域内的资源优势进行发展与再造。也可以是后天通过引进或创造的品牌，其与原有产业自然资源禀赋或人文因素并无关联，但随着产业规模化、产业化发展，形成了具有一定产业集聚效应的品牌。单一产业农产品区域公用品牌基本以"区域名称+产业类别名称"为品牌命名，运营主体多为行业协会等组织，来进行品牌注册、品牌运营与授权管理、品牌生产标准控制等，授权区域内符合相关标准的生产经营者共同使用商标、共同承担责任、共同分享品牌利益。同时，行业协会等组织也可以拒绝不符合标准的生产经营者

---

① 胡晓云. 价值再造：中国农业品牌战略规划选本精要［M］. 2版. 杭州：浙江大学出版社，2019：231-244.

使用品牌。

以寿光蔬菜为例。"寿光蔬菜"已成为寿光亮丽的城市名片，形成了自己的公用品牌，寿光也成为全国名副其实的"菜篮子"。为实现"寿光蔬菜"品牌的规范升级，2019 年，寿光市成功注册"寿光蔬菜"地理标志集体商标，并以寿光蔬菜合作社联合会为核心管理单位，制定了"寿光蔬菜"区域公用品牌管理办法，明确了品牌使用标准和产品要求。瞄准消费升级，发力精深加工，是寿光蔬菜产业高质量发展的重要着力点。此后，寿光又积极开拓优质蔬菜、功能蔬菜、净菜、鲜切菜、预制菜等产业新业态，完成了从初级产品到精深加工产品的链条延伸。

寿光依托蔬菜合作社联合会，整合合作社力量，把有服务需求的农户"统"起来，推进规模化、集约化、标准化、专业化、绿色化的现代农业生产方式的转变，真正解决"谁来种地""如何种好地"的问题，带动 80% 以上的农户进入产业化经营体系，把小农户引入农业发展大格局，引导合作社与农户建立紧密的利益联结关系，推动蔬菜产业在标准化生产、产品认证、品牌打造、质量安全、包装销售等方面实现整体提升。寿光市农业农村局对现有的蔬菜品牌进行梳理，建立寿光蔬菜品牌目录，对符合条件的，引导其加入合作社联合会，按照《寿光蔬菜区域公用品牌管理办法（试行）》对其规范提升，并遵循"区域+企业+产品"三位一体的思路，依托蔬菜合作社联合会作为"寿光蔬菜"区域公用品牌的管理单位，对符合条件的企业或者合作社，授权使用"寿光蔬菜"logo，扶持授权单位开拓高端销售渠道，最终形成知名企业品牌，打造一批明星单品，持续推动寿光蔬菜走"品牌强农"的道路。

寿光蔬菜的品牌形象将寿光的"寿"字与中国的"菜篮子"形象巧妙结合，彰显出寿光蔬菜作为"中国现代菜篮子的摇篮"的行业属性、产业地位及品牌价值。同时，"寿"字也寓意着健康长寿，如图 6-9 所示。

图 6-9　寿光蔬菜区域公用品牌商标

寿光蔬菜从"健康中国菜篮子"为品牌口号，与"健康中国""全民健康"的国家战略高度契合，成功抢占公共健康与绿色发展两大赛道，充分彰显其品牌地位与社会责任[①]。

再如，"苍山蔬菜"是临沂市兰陵县的区域公用品牌。2021年，临沂市农业农村局下发了《关于公布市级农业优势特色产业集群创建名单的通知》，兰陵县苍山蔬菜产业集群被认定为"临沂市农业优势特色产业集群"。苍山蔬菜常年种植面积在110万亩，主要分布在向城、兰陵、尚岩、神山、磨山、长城、卞庄、芦柞、仲村、新兴、庄坞等乡镇，全县建成30万亩优质蔬菜、5万亩牛蒡、40万亩设施蔬菜特色种植基地。形成大蒜、设施蔬菜、牛蒡等出口创汇蔬菜、露地蔬菜和食用菌等五大品类蔬菜、100多个品种，总产450万吨，产值100亿元。与浙江大学合作，编制了"苍山蔬菜"品牌战略规划，培植形成了"苍山蔬菜"区域公用品牌、"苍山大蒜""苍山牛蒡""苍山辣椒"三个国家地理标志认证品牌。

"苍山蔬菜"区域公用品牌注册为集体商标，并由"苍山蔬菜品牌管理协会"负责运营品牌，由兰陵县农业农村局负责品牌运营的监管。兰陵县境内登记注册的蔬菜产品销售企业、专业合作社经审核、备案后，可获授权使用该标识。2014年9月，兰陵县委托浙江大学品牌研究中心设计了"苍山蔬菜"统一品牌，并向国家工商总局申报注册，2015年2月19日，国家工商总局受理批准了"苍山蔬菜"标志，如图6-10所示。"苍山蔬菜"的核心价值及品牌主张是"苍山蔬菜、绿色的！"绿色代表"放心、安全、新鲜、健康"。基于这一核心价值，标志以书法笔触勾勒出辣椒、大蒜、菌菇、丝瓜、大葱、番茄、牛蒡这些苍山蔬菜主要品种的形象，巧妙构成了"苍山"的拼音"cangshan"，表现产品为蔬菜的产品属性，传递了来自"中国蔬菜之乡"的产地属性。根据《商标法》规定，县级以上行政区划不能作为商标。苍山县更名为兰陵县后，"苍山蔬菜"品牌得以合法注册[②]。

图6-10　苍山蔬菜农产品区域公用品牌标志

（三）基于区域产业整合的农产品区域公用品牌

这类区域公用品牌综合考虑区域内的自然资源、人文因素、产业、产品及生产经营

[①] 神农岛．"寿光蔬菜"区域公用品牌战略发布，开启高质量发展新时代［EB/OL］．https：//caifuhao．eastmoney．com/news/202104251523019862l9730，2021-04-25/2024-07-15．

[②] 大众网．"苍山蔬菜"区域公用品牌标识发布［EB/OL］https：//paper．dzwww．com/ncdz/content/20150413/ArticleNC01004MT．htm，2015-04-13/2024-07-15．

者等因素，注册为集体商标。区域公用品牌通常由行业协会注册为集体商标。

在品牌类型上，是以全区域内农业全产业、多品类、合格生产经营者划分为基准，注册为集体商标的区域品牌。品牌识别系统，是以能够表现其品牌特征的品牌命名，也采用"产地名称+品类名称"的命名方法。品牌运营主体是行业协会或农合联，协同政府、企业、合作社、农户等共同推进品牌发展，品牌归属由行业协会拥有商标所有权与经营权，政府协同协会共同推动和引导品牌发展，授权区域内合格的生产经营者共同使用商标、共同承担责任、共同分享品牌利益。

如"聊·胜一筹！"是聊城市于2016年正式推出的农产品区域整体品牌。浙江大学CARD中国农业品牌研究中心基于聊城农业产业在环境、文化、物产、信任、品质等方面相较于诸多地区更胜一筹的优势因素，提炼出区域公用品牌价值基础，将产业五大优势进一步表达为境胜一筹、文胜一筹、物胜一筹、信胜一筹、品胜一筹。"聊，胜一筹！"品牌主形象以品牌名称为创意基础，以质朴的笔触表现聊城农产品的醇正风味，以不同的色彩表现聊城的农耕文脉，以缤纷的形象表现聊城农产品的丰富，品牌标志如图6-11所示。

图 6-11 聊·胜一筹！区域产业整合品牌标志

"聊·胜一筹！"品牌以"聊城精致农产品"为品牌定位，近年来，建立了完善的质量监管体系、品牌管理体系、品牌传播体系、营销体系，被省委、市委改革办评为改革品牌。聊城市以"聊·胜一筹！"整体品牌打造为驱动，促进了以"三品一标"为主线的品牌农业的快速发展，培育出一大批质量过硬、市场信誉度高、发展前景好的精致农产品，开拓了质量安全品质保障、品牌宣传强势引领和市场开拓齐头并进的农产品品牌建设新局面。截至2022年，聊城市已拥有省级知名农产品区域公用品牌3个，省级以上特色农产品优势区4个，省级知名农产品企业品牌37个。截至2022年底，聊城市"三品一标"有效认证数量1334个，农产品地理标志登记保护9个，绿色食品有效数量位居山东省第一位。"聊·胜一筹！"品牌标识授权企业产品销售额突破100亿元。产品在京津沪、粤港澳大湾区等全国市场享有较高声誉，建立直采基地10余个，建立直营店、形象店20余家，在北京覆盖200多个商超、社区和大型机关单位。粤港澳大湾区"菜篮子"产品配送分中心落户聊城，成为山东省仅有的2个分中心之一。

聊城市在品牌特色发展上，持续打响东阿黑毛驴省级区域公用品牌、冠县灵芝地理标志产品，东阿阿胶、复方阿胶浆、桃花姬阿胶糕等首批"好品山东"品牌，临清桑黄、临清桑叶茶、临清桑葚干全国名特优新农产品等特色招牌，打造临清桑黄山东省知名农产品区域公用品牌、东阿黄河鲤鱼等省级特色农产品优势区。聊城市牢固树立全产业链发展理念，依托"聊·胜一筹！"农产品区域公用品牌影响力，传承"药食同源"文化，策划推出阿胶、桑黄、灵芝"聊城新三宝"高端品牌，擦亮"阿胶之乡""桑黄之都""灵芝之乡"地域名片。"聊城新三宝"产品在2023山东省旅游发展大会中入选"好客山东·好品山东"黄河入海主题旅游购物大礼包①。

再如，"丽水山耕"品牌是由丽水市生态农业协会在国家商标总局注册的集体商标类品牌，是2014年在全国率先推出的首个地市级覆盖全区域、全品类、全产业链的区域公用品牌。该品牌以"政府主导、协会管理、国资公司运营"作为运营机制，"政府主导"保证了政府对品牌背书的公信力与公益性，"协会管理"体现了行业协会的自律意识，"公司运营"实现了资源的整合与市场主体的灵活性。同时，实施"母子品牌"共赢战略，引导19个地理标志产品、"景宁600""庆元800"等1000多个合作基地、537个母子品牌商标，千种生态产品，形成了含庆元香菇、龙泉灵芝、云和雪梨、景宁惠明茶、青田稻鱼米、处州白莲、遂昌长棕、缙云黄茶、松阳香茶等地标特色产品。同时不断提升母品牌"丽水山耕"的影响力，以"基地直供、检测准入、全程追溯"为核心，实现企业子品牌与产品溢价②。

品牌标识主形象以"丽""水"两个汉字为基本构图元素，将"丽水"二字有机交融，形成一幅生动的丽水梯田形象；以绿色为主色调，象征着丽水农业的生态绿色环保；整个形象主体更象征着丽水农业的"丽耕"模式，如图6-12所示。从丽水农业的独特文脉出发，"丽水山耕"可追溯至中国哲学的源头，即老子的《道德经》。"人法地，地法天，天法道，道法自然。"其核心价值即遵循自然规则，顺应自然发展，保全自然生态，即"法自然"。从品牌消费的互动着眼，品牌口号须触及消费心境。近年来，消费者对无污染、原生态农产品的追求，折射出的是对传统农耕时代安全、自然生活的向往。即重回淳朴、返璞归真。基于此，"丽水山耕"，不仅"法自然"，保留传统生态农耕方式，生产生态精品农产品，更与消费者分享来自丽水的原生态美味，为其提供了享受淳真、原味生活的机会与体验，即"享淳真"。将丽水农耕文脉与消费互动融合，"丽水山耕"的品牌口号为"法自然，享淳真。"具体品牌标志如图6-12所示。

图6-12 丽水山耕区域公用品牌标志

---

① 大众网．"聊·胜一筹！"，聊城精致农产品的耀眼名片［EB/OL］．https：//baijiahao.baidu.com/s？id=1784795266433136433&wfr=spider&for=pc2023-12-09/2024-07-15.

② 丽水山耕公众号，2022-01-23.

（四）区域品牌联合品牌创建

区域品牌联合创建模式指将区域整体的区域公共品牌、区域公用品牌、企业品牌与产品品牌相结合，通过联动开发与互相促进，打造具有协同效应的联合品牌体系。该模式通过整合区域内各类品牌资源，实现品牌互联与协作发展，形成统一、互补、互动的品牌体系，达到协同增效的建设效果。此外，该模式还能有效整合消费者与相关利益者的认知资源，统一品牌形象，强化品牌互联，实现立体化传播效果。

1. 区域公共品牌与农产品区域公用品牌的联合品牌创建模式

强调区域公共品牌与区域公用品牌的互为表里，相互促进。区域公共品牌指的是在某个行政或地理区域内形成的以产业集群为依托，具有较强生产能力、较高市场占有率和影响力，为该地产业与企业所共同享有的品牌，并共同创造、共同使用、享受品牌带来的利益，由多主体在政府主导下实现共同的品牌建设。区域公共品牌针对的是公共区域、公共服务领域，同时是区域内所有组织与个人公有、公用的品牌。区域公共品牌的发展离不开产业品牌与企业品牌的价值支撑，两者共同推动品牌整体实力的提升。通过品牌联合创建，能够使农产品区域公用品牌成为一个与区域整体形象、价值、个性密不可分的品牌，两者相互促进，共同发展。

浙江省衢州市的城市品牌"衢州有礼"与衢州市全区域、多品类的农产品区域公用品牌"三衢味"，便是区域公共品牌与区域公用品牌联合创建的典型案例。

衢州地处浙江西部，是传统的农业大市，拥有悠久的文明和1800多年的建城史，是一座历史文化名城。作为南孔一脉繁衍生息之地，千百年来，深受儒家文化影响，"南孔圣地"是衢州独特的历史文脉和文化地位。衢州有礼之"礼"内涵丰富，包括对自然有礼、对社会有礼、对历史有礼和对未来有礼四个方面。2018年7月25日，衢州城市品牌"衢州有礼"面向全球发布，揭开了城市品牌标识的主形象和卡通形象（如图6-13、图6-14）。城市品牌标识作揖礼以地图为载体，将衢州两区一市三县融为一体。手指交错，脉络纵横，既有"四省通衢"之寓意，又与衢字笔画字型内在呼应。吉祥物快乐小鹿的形象，既代表"南孔圣地、衢州有礼"的城市精神，体现衢州人民传承近千年的儒家思想、优秀品德，更体现了衢州人民美好幸福的生活状态。城市卡通形象"南孔爷爷"自2016年推出以来，已成为衢州南孔文化的代言人和传播符号，得到广泛的社会认可。发髻为书画卷轴，代表儒学思想的博大精深；粗浓眉毛遮住眼睛，代表具体渊博的知识以及积极入世的精神；而心形的胡子造型，则代表只要有心向学，皆可入学受教的思想。完成顶层设计之后，衢州在全市进行整合，把品牌、口号、资源统起来，把市级和各县（市、区）品牌统起来，"天下龙游""运动柯城""锦绣江山"等县域品牌全部集中在"衢州有礼"之下，实现一体设计、一体策划、一体传播，形成了强大的合力。

图6-13 衢州有礼城市品牌标识作揖礼

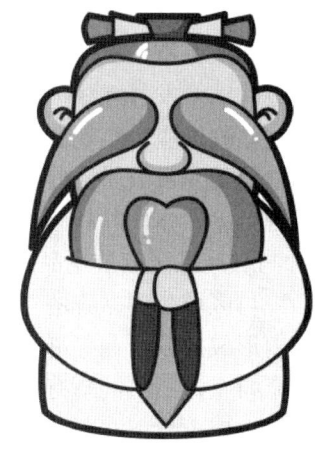

图6-14 衢州有礼吉祥物"快乐小鹿"与城市卡通形象"南孔爷爷"

"三衢味"是衢州的另一个品牌,这一衢州农产品区域公用品牌,早在2016年就已经注册,但没有进行相应的文化内涵挖掘和形象体系设计。"衢州有礼"的推出,为"三衢味"的品牌重塑明确了目标与方向。衢州的"礼"不仅涵盖文创、旅游、大健康等领域,更将农产品纳入题中之义[①]。

衢州培育出粮油、柑橘、畜禽、蔬菜、食用菌等八大农业支柱产业,并拥有19个"中国特产之乡"称号。"三衢味"的核心价值体现在,一方面,必须体现衢州南孔文化的内涵,另一方面,必须与衢州的自然环境、农产品特色相一致。衢州的农产品,不仅产自真山水,具有真性情,属于真食材,难忘真滋味,而且深刻传承了儒家文化的内涵,表达了衢州农产品与众不同的特征。"真"与"礼"互为里表,"礼"是"真"的外化,"真"为"礼"的内涵。"真"与"礼"之间,不是相互脱节的各自表达,而是融为一体的相互支撑。

"衢州有礼"与"三衢味"的价值沟通,让品牌资源协同共享找到了路径。但要真正形成品牌合力,整合各方面的资源、进行统一的传播推广必不可少。"三衢味"品牌管理由衢州市供销社负责,"衢州有礼"的传播则由衢州市委宣传部负责,为了杜绝"两张皮"现象,衢州致力于构建长效协同传播机制。

在"衢州有礼"城市品牌各项推广活动中,将"三衢味"品牌元素和产品融入其中,多媒体、多渠道和多形式宣传推广"三衢味",一方面,带动"三衢味"品牌走向全国,另一方面,也通过"三衢味"让消费者对"衢州有礼"达成深入的理解。

在渠道层面,衢州市供销社与当地国企东方集团合作,共同组建品牌运营公司,利用其全覆盖的酒店、超市系统,进行"三衢味"产品的落地推广。俗话说,渠道和货架是最佳的品牌推广场所。人们看见,在"三衢味"开设的数十家门店中,"衢州有礼"的品牌形象和口号同样赫然在目。两者你中有我,我中有你,利用门店和渠道优势,协同传播,相得益彰。2020年,衢州举办"礼遇北上广·衢州城市品牌宣传周"和全国重点城市的"城市品牌云推介",并将"三衢味"营销纳入系列活动之中;在建立城市品牌产品代言体系时,"三衢味"品牌产品被优先考量;"衢州有礼"集体商标被引导和

---

① 当城市品牌与乡村品牌相遇:看"衢州有礼"如何协同"三衢味"[N],农民日报,2020-10-29.

鼓励在"三衢味"产品企业优先使用;在"衢州有礼"号高铁列车的小桌板上,也出现了"三衢味"系列产品[①]。

三衢味品牌标识(如图6-15所示)的上方三横代表常山港、江山港和乌溪江三江汇衢,形成衢州的母亲河衢江;下方是"衢"字的意趣描摹,整体结构从衢州市博物馆的建筑结构中汲取灵感,是儒家思想中追求秩序、稳定、规范和不偏不倚的象征;纵横交错的笔画像水路,也像陆路,勾勒出衢州"四达谓之衢"的城市气质和底蕴;"衢"字草绿色的笔画交错,也隐喻层层梯田和块块原野的阡陌交通,营造出一派江南田园风光的意境。"三衢味"品牌主形象的右下角有一个红色的印章,是这个淡蓝色和草绿色为主的视觉表达的点睛之笔。它是一个指纹章,是品牌信用和品质承诺,是衢州市委、市政府的信用背书。指纹章中是一个"味"字,从而将"三衢味"这三个字融入品牌的图形标中。

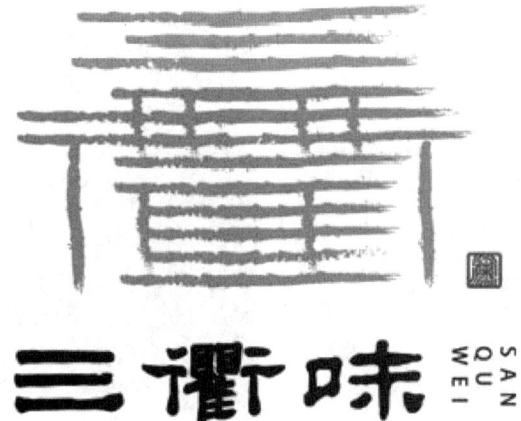

图6-15 三衢味品牌标识

基于"三衢味"真山水、真性情、真食材、真滋味的品牌价值体系,浙江永续农业品牌研究院将品牌口号提炼为"衢州有真味",如图6-16所示。

图6-16 三衢味品牌口号"衢州有真味"

---

① 中国农业品牌研究院."三衢味"品牌重塑之路[EB/OL]. https://weibo.com/ttarticle/p/show?id=2309404476212096401543,2020-02-26/2024-07-15.

在"三衢味"品牌的主要产品海报视觉表现上,采用了红与绿的对撞,以期产生"撞色"的视觉张力。它既是中国乡土文化中最具代表性的色彩表达,如红袄绿裤,也是衢州浓香鲜辣菜肴最常使用的红绿辣椒"撞色"的现实表征,充分表现了衢州区域饮食的文化特征和色彩特征。具体如图6-17所示。

图6-17 "三衢味"海报视觉传达

在"衢州有礼"区域公共品牌与"三衢味"区域公用品牌联合发展之外,"三衢味"区域公用品牌与区域内企业品牌、产品品牌形成"母子品牌关系"联合发展,形成区域公用品牌创建带动企业品牌等联袂发展与提升的效果。

2020年,"三衢味"产品年网销规模实现3.1亿元的销售额,"三衢味"直播基地建设和常态化的直播活动不断推进。2020年,在"三衢味"常山胡柚"一品一爆"和"端午寻粽香,衢州有真味"端午节直播活动中,"三衢味"常山胡柚销售超4万单,"三衢味"辣味鲜肉粽直播销售超1万单,辣粽类目跃居京东、淘宝全网排名第一。实现了"衢州有礼"城市品牌、"三衢味"农产品区域公用品牌、子品牌"常山胡柚"及其企业品牌集体亮相、联袂献礼的品牌营销[①]。品牌包装如图6-18所示。

2023年,"三衢味"授权企业共有192家,授权产品500个,培育规模化、标准化基地60个,建成杭州市民中心店等示范营销网点70余家,授权企业产品年销售额近90亿元。

2. 农产品区域公用品牌与企业品牌联合创建模式

农产品区域公用品牌建设目的是对区域内相关企业品牌、产品品牌形成品牌支撑

---

① 吕天骄.道不尽的衢州风味[EB/OL]. http://www.brand.zju.edu.cn/2021/0628/c57354a2399701/page.htm,2021-06-28/2024-07-19.

图 6-18　"衢州有礼""三衢味""常山胡柚"子品牌联袂发展

力,借助区域力量与产业集群力量,为区域内经营主体提供品牌背书与发展平台。农产品区域公用品牌与企业品牌联合创建常见于两种模式。

一是母子品牌模式。农产品区域公用品牌与企业品牌之间形成母子关系,区域公用品牌是母品牌,企业品牌是子品牌。这种模式可以充分利用区域公用品牌的知名度和美誉度,为企业品牌提供背书和支持,同时也可以通过企业品牌的个性化发展,丰富区域公用品牌的内涵和形象。如慈溪市按照"区域公用品牌+区域公用子品牌+企业产品品牌"的母子品牌模式,推出了"慈溪杨梅""慈溪葡萄""那只梨""胜山红"等多个品牌。商洛市打造了"柞水木耳"区域公用品牌,并构建了区域公用品牌和企业品牌融合共生的"母子品牌",推出了"秦岭天下""秋雷"等木耳子品牌,并通过"两借两还""六型联结"模式,将80%以上的农户镶嵌到木耳产业链上,带动农户致富增收。

以安吉白茶为例,安吉县创新打造了安吉白茶"母子"商标管理制度。母商标负责塑造品牌形象,叫响"纯粹好茶,安吉白茶"品牌口号,全新统一的品牌包装在数字平台上开放订购,同时根据规划设置的差异化传播策略开展线上线下品牌推广,积极参加"茶博会""农博会"等展会,持续举办"中国·安吉白茶节""安吉白茶博览会"等农事节庆活动,不断打响安吉白茶品牌,拓展销售渠道,提升品牌知名度与美誉度。子商标明确生产者职责,安吉白茶数字化管理体系实现了全县 20.06 万亩茶园、1.7 万户茶农实时观测管理,安吉白茶生产服务应用则提供种植指导、农资购买、金融贷款等多项便利服务,多举措并行,提高生产效率,保障产品品质。"安吉白茶"品牌标识如图 6-19 所示。

安吉白茶"母子"商标管理制度厘清了母子品牌的权责边界、建设分工,避免了母品牌过度"插手"、子品牌盲目"乱跑"的现象。在安吉白茶数字化管理体系下,母子品牌资源科学整合,形成产业合力,跟随品牌战略的引领指哪打哪,枪枪见响[1]。母子品牌联合包装如图 6-20 所示。

---

[1] 芒种品牌智库. 解码安吉白茶产业升级思路,数字化并肩品牌化究竟该怎么做? [EB/OL]. https://www.163.com/dy/article/IPT3ADL705389QFM.html, 2024-02-01/2024-07-15.

图6-19 安吉白茶区域公用品牌标识

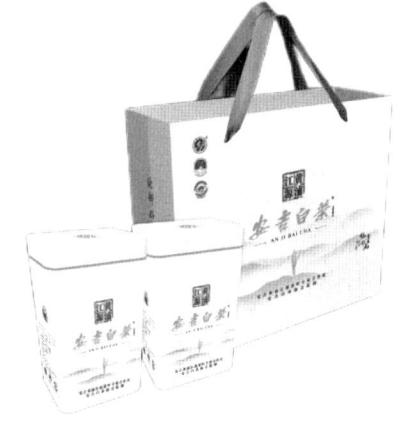

图6-20 安吉白茶"母子品牌"联合包装设计

二是双品牌模式。农产品区域公用品牌与企业品牌各自独立发展，形成双品牌模式。这种模式可以充分发挥区域公用品牌和企业品牌的优势，实现品牌的差异化发展，同时也可以避免品牌之间的冲突和混淆。如"秭归脐橙"是中国著名的农产品区域公用品牌，而"屈橙鲜"则是秭归当地的企业品牌。屈橙鲜公司在包装箱上印有"秭归脐橙"和"屈橙鲜"两个品牌，并通过建立可追溯系统，让消费者了解产品的详细信息。"阳澄湖大闸蟹"是中国知名的农产品区域公用品牌，而"巴解""蟹状元"等则是阳澄湖地区的企业品牌。这些企业在销售大闸蟹时，会同时使用区域公用品牌和企业品牌，以突出产品的产地和特色。

再如"洛川苹果"。区域公用品牌和企业品牌协调发展，是"洛川苹果"保持品牌活力的一大法宝。2023年，洛川县人民政府印发《2023年洛川苹果高质量发展实施方案》，方案提出推行"区域公用品牌+企业品牌"捆绑使用，健全公用品牌管理体系。抓好线下品牌打假维权，规范线上经营行为，净化销售市场，维护品牌形象。2022年，洛川苹果区域公用品牌价值评估达到687.27亿元，位居水果类第一。当地依照"大企业引领，中小企业支撑，合作社为纽带，营销大户和经纪人员为基础"的思路，采取项目支持、财政奖补、贷款贴息、融资担保等手段，支持企业做大做强。采取"公用品牌"加"企业品牌"捆绑使用的办法，授权地标企业154家。对购置选果线、冷藏车的企业，给予以奖代补，初步建立起了适应现代果业发展梯次分明、数量充足的营销队伍。

在区域公用品牌管理方面，当地建立了由主管市、县长为组长，各相关部门和行业协会参与的"两纵两横"品牌建设管理机构。"两纵"即市县两级政府及相关部门参与的纵向组织机构，产业协会牵头、各授权企业参与的纵向行业自律机构；"两横"即市级和县级主管领导牵头，各相关部门参与的市县两级横向管理机构。定期召开相关会议，解决品牌发展中存在的问题，探求品牌发展路径，制定品牌发展规划。同时，制定出台了《洛川苹果地理标志证明商标使用管理办法》及《洛川苹果网上经营管理办法》等规范性文件[①]。"洛川苹果"品牌标识如图6-21所示。

---

① 时代融媒中心. 农产品区域公用品牌与企业品牌如何协同发展？https://www.163.com/dy/article/E-0VV10R90530UO18.html, 2018-11-16/2024-07-15.

图 6-21 洛川苹果区域公用品牌标识

3. 乡村全域品牌

乡村全域品牌化,指的是以乡村品牌化战略创造乡村全域品牌体系,以此实现乡村振兴的目标。乡村全域品牌体系中,包括乡村品牌及各种以中国农村的集体所有制为基础的区域品牌、乡村企业品牌(产品品牌、服务品牌)的互动融合体系。乡村品牌化,就是在乡村经营时,将乡村用品牌的方式在乡村这一特定的场域进行经营和营销,所有空间、时间、文化习俗、物品、故事、人物等一系列的东西都以品牌经营的方式呈现[①]。

乡村品牌,从品牌认知的角度而言,指的是人们对一个乡村区域整体、区域产业、区域产品等的感知总和(印象、认知及其评价),是消费者与一个乡村区域整体、区域产业、区域产品等的相互关系。乡村品牌化,从品牌经营角度而言,指的是以品牌战略的理念及其方法规划、设计、运营、管理、营销乡村,创造"美丽经济"及"品牌经济",以达到乡村持续美丽,乡民安心生活的目标。乡村品牌化,可以实现全域品牌化,通过打造系统的乡村品牌、农业品牌、乡村旅游品牌、乡村文化品牌等品牌集群,吸引品牌消费人群,振兴中国乡村。

以农业品牌研究院 2019 年在浙江杭州探索构建的"永安稻香小镇"品牌(如图 6-22 所示)为例,这一品牌属于典型的全域共建模式,并成功融合全域发展,成为乡村全域内各类企业品牌、产品品牌、村庄品牌的信用背书。8 个属于"永安稻香小镇"范畴内的村落,则体现了各自的村落特色,整合满足了消费者的需求。"阿里以西,十分钟""永安稻香小镇,稻色新,永安心"的品牌诉求,很好地应对了城市消费族群以及附近互联网人群的"乡愁""乡恋"需求。

最终,永安镇通过"永安稻香小镇"的全域品牌化模式实践,形成了乡村品牌与城市品牌、企业品牌联动的品牌生态,创造了一个区域的品牌新价值。

---

① 胡晓云. 乡村全域品牌化:提升乡村品牌价值,创造乡村品牌经济 [EB/OL]. http://www.brand.zju.edu.cn/2021/0209/c57339a2294284/page.htm,2021-02-09/2024-07-15.

图 6-22 杭州"永安稻香小镇"品牌标识

第四节 中国农业品牌的生态结构系统

品牌生态是一个由品牌及其相关因素组成的复杂系统,这些因素相互作用,共同影响品牌的生存和发展。品牌生态系统是一种开放状态的系统,能够通过持续创新和适应,形成新性质或功能,以应对内外部环境的挑战与变化。通过构建合理的生态结构系统,能有效整合农业资源,提高中国农产品在国内外市场的竞争力,增强市场话语权。

一、品牌生态系统

品牌生态系统的发展环境与品牌的关系是复杂多样的,包括众多利益相关者,如政府、股东、雇员、分销渠道、消费者,以及品牌经营相关的合作者、竞争者、联盟伙伴、发展伙伴、广告代理商、传播媒介等。在品牌个体生态系统中,企业供应商系统、企业内部经营系统、中间商系统、分销商系统、顾客系统共同构建起创造品牌价值的品牌价值链系统,形成品牌的市场生态系统。品牌种群生态系统则是特定时间、空间内同类品牌个体的集合,其发展态势通常用品牌种群密度和品牌生态位两个指标描述。

(一)品牌种群密度

品牌种群密度是指特定市场或领域内品牌数量的分布程度。较高的品牌种群密度意味着在该领域存在着大量的品牌相互竞争。这可能会导致市场竞争更加激烈,品牌需要更加努力地凸显自身特色和优势,以吸引消费者的关注和选择。同时,高密度也可能促使品牌不断创新和进化,以在众多品牌中脱颖而出。较低的品牌种群密度则可能表示该领域的品牌相对较少,竞争压力相对较小,但也可能意味着市场的活跃度和多样性不足。品牌在这种情况下可能有更多机会占据一定的市场份额,但也需要积极拓展和培育市场,以避免市场的单一和僵化。品牌种群密度的变化会对品牌的生存和发展策略产生重要影响。

农业品牌种群密度是指特定农业领域或市场中品牌数量的分布情况，反映该领域品牌的竞争程度与多样性。从产业发展角度看，高密度意味着产业发展较为繁荣，有较多主体参与竞争和创新，密度大小会影响品牌之间的竞争态势和策略选择。对企业而言，可以帮助企业了解自身所处的竞争环境，明确自身定位和差异化方向，促使企业更加注重品牌建设和创新，以在众多品牌中脱颖而出；对消费者来说，丰富了消费者的选择，满足不同消费者的多样化需求。从宏观层面看，为政策制定者提供了参考，可以更好地引导和规范产业发展，一定程度上也反映了农业现代化和市场化的水平。

（二）品牌生态位

生态位一般是指自然生态系统中种群的时空位置及其与相关种群之间的功能关系与作用，反映了生态系统中种群的资源位置及种群间的秩序状态。品牌生态位是指品牌在市场环境中占据的特定位置和角色，涵盖资源利用、市场空间、消费者认知、竞争关系等多个方面的特征。品牌生态位强调品牌与周围环境（包括其他品牌、消费者、市场趋势等）的相互关系和适应性。一个良好的品牌生态位拥有区别于其他品牌的鲜明特征和价值，能够吸引特定的目标消费者群体，在一定时期内能够保持相对稳定，持续发挥其市场影响力。品牌生态位的确定对于品牌的发展至关重要，它帮助品牌明确自身的优势和劣势，找到合适的市场切入点和发展方向，有效应对竞争挑战，实现可持续发展。同时，品牌生态位也不是一成不变的，会随着市场动态的演变而不断变化和调整。

农业品牌生态位可以理解为农业品牌在整个农业产业生态系统中所占据的特定位置和发挥的独特作用。对农业品牌自身而言，需明确自身定位，清楚自己在市场中的角色和与其他品牌的差异，以便更好地聚焦资源和发展策略，展现独特的产品品质、生产方式、文化内涵等，吸引目标客户群体。从产业生态角度看，不同农业品牌的生态位丰富了产业结构，满足了不同消费者需求和市场细分，各品牌在各自生态位上有序竞争，推动产业整体进步。在构建和优化农业品牌生态位的过程中，需要注重品牌的创新、品质提升、文化塑造、市场营销等方面，同时要关注市场动态和消费者需求变化，不断调整和适应，以实现品牌的可持续发展和产业生态的健康稳定。

二、农业品牌的生态环境

（一）中国品牌建设融入国家重大战略

2016年，国务院办公厅印发《关于发挥品牌引领作用 推动供需结构升级的意见》，2017年，"中国品牌日"的设立标志着我国品牌建设上升至国家战略高度。2024年5月10日，在第8个"中国品牌日"期间，国家发展改革委提出将启动"十五五"品牌高质量发展议题，推动品牌建设深度融入制造强国、质量强国等国家重大战略。截至2024年，中国共培育支持名特优新农产品4560个，专精特新小巨人企业1.2万余家，并有48个中国品牌跻身"世界品牌500强"[①]。

经过改革开放40多年的发展，中国已经形成了规模庞大、配套齐全的产业体系，是全球唯一拥有联合国产业分类中全部工业门类的国家，制造业的竞争力、创新力大幅

---

① "十五五"期间中国品牌建设将融入国家重大战略［N］. 中国经营报，2024-05-11.

提升，人工智能和制造业的深度融合也在研发、设计、生产、制造等领域崭露头角。据多项全球品牌的排行榜显示，中国品牌的上榜数量与价值量位列全球第二，其国际影响力日益提升。

【知识拓展】

中国品牌日

"中国品牌日"指的是国务院鼓励各级电视台、广播电台以及平面、网络等媒体，在重要时段、重要版面安排的自主品牌公益宣传，旨在讲好中国品牌故事。2024年5月14日，中央广播电视总台"品牌强国工程"以"国潮新国品 品牌筑强国"为主题，举办2024"中国品牌日"融媒体活动。

中国品牌日标识（如图6-23所示）整体为一个由篆书"品"字为核心的三足圆鼎形中国印。"品"字一方面体现中国品牌日的"品牌"核心理念，昭示开启品牌发展新时代；另一方面蕴含"品级、品质、品位"之意，象征品牌引领经济向高质量发展。"鼎"是中华文明的见证，是立国重器、庆典礼器、地位象征。以鼎作为中国品牌日标识符号要素，象征品牌发展是兴国之策、富国之道、强国之法，彰显中国品牌声誉大名鼎鼎，中国品牌承诺一言九鼎，中国品牌发展迈向鼎盛之时。"印章"是我国传统文化的代表，是易货的凭证、信誉的标记、权力的象征。以印章作为中国品牌日标识符号要素，体现了中国品牌重信守诺，象征着中国品牌发展的国家意志。

图6-23 中国品牌日标识

（二）农业品牌建设焕发生机

2022年中央农村工作会议提出"加快建设农业强国"，"强龙头、补链条、兴业态、树品牌，推动乡村产业全链条升级，增强市场竞争力和可持续发展能力"。品牌强农既是经济高质量发展的迫切需求，也是推进农业供给侧结构性改革的重要路径，更是全面推进乡村振兴、加快农业农村现代化的关键举措①。

近年来，各级农业农村部门紧紧围绕农业生产"三品一标"，扎实开展农业品种培优、品质提升、品牌打造和标准化生产提升行动。农业品牌政策体系逐步建立，品牌基础日益夯实，品牌营销市场效应更加突出，品牌帮扶成效逐渐显现。农业品牌已经成为加速实现农业现代化、加快建设农业强国的"强担当"，成为激活内需潜力、畅通城乡经济循环的"新引擎"。各级农业农村部门致力于"打造一个品牌、带活一个产业、富裕一方农民、创出一方市场"，在政策创设、平台载体、工作机制等方面不断实践和创新，农业品牌政策扶持体系和促进机制逐步建立。截至2023年，省级农业农村部门重点培育区域公用品牌3000多个。农业农村部市场与信息化司发布的《中国农业品牌发

---

① 走好品牌强农之路 助力建设农业强国 [N]. 农民日报，2023-05-18.

展报告（2022）》测算结果显示，300款农产品区域公用品牌产品的溢价能力明显提升，其中茶叶类品牌溢价均高于50%。品牌忠诚度逐步提升，消费者电商复购订单逐年增长，区域公用品牌复购率平均超过25%。中国农业品牌建设取得积极进展，引领打造了一批立得住、叫得响、信得过的农产品区域公用品牌、企业品牌和产品品牌，品牌美誉度持续提升，农业品牌的溢价效应逐渐显现，呈现出多层次、多领域、多类型的发展态势，百花齐放的局面正在形成，有力推动了农业高质量发展。

习近平总书记在2022年中央农村工作会议上围绕"做好'土特产'文章"作出重要部署，并传递出一个重要信号——乡村"土特产"要在"品"上下足功夫，靠品种取胜，靠品质争先，靠品牌出彩。品牌是农业高质量发展的重要象征，是农产品品质和信誉的凝结。打好品牌"组合拳"，是提升农业核心竞争力的重要途径。为进一步推动中国农业由数量优势转向品牌优势，2022年，农业农村部印发《农业品牌精品培育计划（2022—2025年）》，旨在打造更多"农"字牌精品，兴一方产业、富一方百姓。已发布洛川苹果、西湖龙井、荣昌猪、文昌鸡、金乡大蒜等75个农业精品品牌，以品牌带动产业发展。其中，盱眙龙虾、涪陵榨菜等凭借品牌优势，产业规模超百亿元。随着品牌建设进入全面发展的新时代，各级政府高度重视、因地制宜，涌现出不同的建设模式，但也存在路径不清、盲目投入、急于求成等现象。为引领农业品牌建设驶入规范化发展的快车道，2022年，首个农业品牌行业标准《农产品区域公用品牌建设指南》问世，从品牌定位与规划、品牌核心能力提升、品牌保护、品牌管理等农产品区域公用品牌建设五大步骤出发，为各级地方政府、行业协会更加科学、理性地建设农产品区域公用品牌提供了指引。

为加快推动脱贫地区产业发展，近年来，农业农村部将品牌扶贫作为农业品牌建设的重要内容。2021年，启动脱贫地区农业品牌帮扶公益行动，聚焦乡村振兴重点帮扶县和部帮扶县，开展农业品牌帮扶。2023年中央一号文件指出，支持脱贫地区打造区域公用品牌。农业农村部立即行动，发布《支持脱贫地区打造区域公用品牌实施方案（2023—2025年）》，将品牌帮扶作为巩固脱贫攻坚成果的重要举措，助力脱贫地区实现从"卖资源"到"卖品牌"，带动产业提质增效和农民增收。咸丰唐崖茶、雷波脐橙、井冈蜜柚、柞水木耳、定西马铃薯等一批品牌实力彰显。截至2022年底，农业农村部牵头帮扶20个重点县，脱贫地区品牌农产品平均溢价超过20%。

"十三五"以来，农业农村部以市场为导向，不断创新营销模式和手段，促进消费提质升级。依托中国国际农产品交易会、中国国际茶叶博览会、中国农民丰收节、农产品产销对接活动等平台，组织开展省部长推介、名人公益推介、农民推介、市县长推介、农企推介等系列活动，唱响品牌，升级渠道，深化合作，一批知名品牌脱颖而出。持续举办中国农业品牌创新发展大会，打造全国农业品牌创新发展的风向标。同时，顺应数字化、网络化、智能化发展趋势，依托"互联网+"农产品出村进城工程的实施，利用农村电商、云展会等数字平台，让更多"小而美""小而特"农业品牌行销全国。

（三）农业品牌生态结构

品牌建设的关键在于构建稳定且具有成长性的品牌生态结构体系。通过这个体系，不仅能促进个体品牌的稳定发展，还能实现品牌间的协同成长。但总体来看，中国农业

品牌生态结构并不完善，农业品牌生态位相对失衡、品牌之间尚未形成共同进化的格局。从区域宏观品牌生态来看，县域品牌塑造相对疲弱，乡村品牌化程度不够，导致品牌生态结构不稳定。从品牌生态位基本结构来看，农产品区域公用品牌、各级龙头企业、各类合作社和家庭农场等品牌各自生态位功能不够明确、生态位设计不够合理。从品牌整合协同效应来看，一些作为区域"准公共品"的农产品区域公用品牌，尚未真正成为区域内各农户、中小企业的品牌平台与品牌背书，在"母子品牌"结构中，"母以子贵""子以母荣"的品牌生态互动局面尚属少见。如何充分利用已有区域公用品牌，形成区域公用品牌与企业、产品品牌整合协同，共同提升品牌价值和品牌溢价，是品牌生态结构设计的关键。

三、农业品牌生态结构层级

（一）农业品牌生态基本结构

第一层级是中国农业国家品牌。在国家层面上，建立起国家平台意义上的产业平台品牌，成为中国国家形象有力的产业支撑和文脉支撑，也是中国农业产业的整体品牌形象与整个产业的品牌背书。

第二层级是中国农业国家品牌的集群品牌，是支撑中国农业国家品牌形象的品牌集群。包括中国农业产业品牌集群、中国国家级农业产业化企业品牌集群、区域公用品牌集群、区域乡村公共品牌集群以及其他涉农品牌集群等。中国农业产业品牌集群是指在中国农业领域中，由众多具有一定关联的农业品牌，基于共同的产业基础、地域特色、目标愿景等因素，通过相互协作、资源共享、优势互补等方式而形成的一种品牌聚合体。这一品牌集群体现了农业产业的集聚效应和品牌的协同发展，以提升整体竞争力和影响力。这些品牌在集群中可以共同拓展市场、提高产品质量和服务水平、推动技术创新和文化传承等，从而带动整个农业产业的优化升级和可持续发展，在全国乃至国际层面上形成更强大的竞争力和影响力，展现中国农业产业的特色和实力。中国国家级农业产业化企业品牌集群是指由一批在农业产业化领域达到国家级水平、具有较强实力和影响力的农业企业品牌所组成的集合体。这些企业在农业生产、加工、流通等环节发挥着重要作用，它们通过先进的技术、科学的管理、优质的产品和服务，树立起良好的品牌形象。该集群代表了中国农业产业化发展的较高水平，它们相互协作、相互促进，共同推动农业产业的现代化进程，提升中国农业在国内外市场的竞争力，促进农业增效、农民增收和农村繁荣发展。同时，它们也成为引领中国农业高质量发展的重要力量，为保障国家粮食安全和推动乡村振兴战略实施作出积极贡献。区域公用品牌集群概念是指在特定的区域范围内，由多个相互关联、具有共同特征的区域公用品牌聚合形成的一个整体。这些区域公用品牌通常都依托于该区域独特的自然资源、历史文化、产业基础等，它们相互协作、相互补充，形成合力。通过集群化发展，可以进一步提升这些品牌的影响力和竞争力，实现资源共享、优势互补，共同开拓市场，推动区域经济的发展和产业的升级。其他涉农品牌集群则是将与农业相关的各类品牌，如农业企业品牌、农产品加工品牌、农业服务品牌等，在一定区域内整合形成的集群。它们通过协同发展，能够更全面地涵盖农业产业链的各个环节，发挥聚合效应，增强整体的市场影响力和产业带动力，推动农业及相关领域的持续进步和创新发展。

第三层级是中国农业区域品牌的集群品牌。由中国农业区域品牌、中国区域农业企业品牌、中国区域涉农产品及服务品牌等构成。中国农业区域品牌是指在某个特定地理区域内，基于该地区的自然资源、历史文化、传统工艺等因素，所形成的具有一定知名度和市场竞争力的农业品牌。中国农业区域品牌的发展可以提高农产品的附加值，增加农民的收入，促进农业产业的升级和转型。同时，农业区域品牌也可以增强农产品的市场竞争力，提高消费者对农产品的认知度和信任度。中国区域农业企业品牌是指在特定的区域范围内，由农业企业所塑造和拥有的具有一定影响力和知名度的品牌。中国区域农业企业品牌的特点表现：一是与特定区域紧密相关，体现该区域独特的农业资源、生态环境、文化传统等优势；二是由农业企业主导和推动，通过企业的生产、经营、推广等活动来提升品牌价值；三是具有明显的地域特色，能反映出当地农业产业的特点和优势；四是其品牌效应不仅能提升企业自身的竞争力，也能带动区域内相关农业产业的发展，促进区域经济增长和农民增收。中国区域涉农产品及服务品牌是指在特定的中国区域内，与农业相关的产品和服务所形成的具有一定辨识度、美誉度和影响力的品牌。对于涉农产品品牌来说，它涵盖了种植、养殖、加工各类农产品，这些产品依托区域独特的自然条件、生产技术、文化传承等，形成具有地域特色和品质优势的品牌，比如某个地区的特色水果、优质粮食等品牌。而涉农产品服务品牌则包括与农业生产、流通、销售等环节相关的各类服务品牌，如区域性的农业技术服务公司品牌、农产品物流服务品牌、农业电商服务平台品牌等，它们为农业产业的发展提供专业、高效的支持和保障。这些区域涉农产品及服务品牌共同作用，促进了区域农业经济的发展，提升了农业产业的整体水平和竞争力。

第四层级是中国各县市（区）乡镇村区域内涉农品牌集群。是指在特定的县、市（区）、乡镇、村等各级区域范围内，与农业相关的众多品牌所形成的一个集合体。这些品牌涵盖了农业生产的各个方面，包括农产品品牌（如特色蔬果、粮食作物等）、农业加工品牌（如农产品加工厂等）、农业服务品牌（如农资供应、农业技术服务等）、乡村旅游品牌（与乡村特色景观、民俗等相关的旅游品牌）等。它们依托于该区域独特的地理环境、气候条件、文化传统、产业基础等因素而产生和发展。以集群的形式存在，这些品牌能够相互协作、相互促进，形成规模效应和协同效应，提升区域内农业的整体竞争力和影响力，推动区域农业经济的发展和乡村振兴战略的实施，展示出该区域在农业领域的特色和优势，吸引更多资源和市场关注，促进区域内农业的可持续发展和农民生活水平的提高。

（二）不同类型品牌互动协同关系

1. 中国国家品牌是中国农业品牌建设的背书与保障

中国国家品牌代表着整个国家的形象、声誉和综合实力。国家在国际上的地位、影响力、科技水平、文化底蕴、政策环境等诸多方面，构成了一个强大的背书。中国国家品牌的积极形象和良好声誉能为农业品牌提供有力的支撑和保障。国家的强大意味着农业生产有着可靠的基础和环境，如先进的农业技术研发与推广、严格的质量监管体系、稳定的政策支持等。这会让消费者对来自中国的农业品牌更具信心，更愿意信任和选择。同时，国家品牌所蕴含的文化内涵可以赋予农业品牌独特的价值和魅力，使农业品牌在市场竞争中更具优势，更容易获得认可和成功。

2. 中国农业国家品牌是农业产业背书品牌

中国农业国家品牌代表着整个国家在农业领域的形象、实力和声誉。它体现了国家农业的整体发展水平、先进的生产技术、严格的质量监管体系、丰富的资源优势以及深厚的农耕文化底蕴等。当农业产业中的各种具体品牌出现时，中国农业国家品牌作为强大的后盾，为它们提供了一种可靠的保障和信誉支持。这就如同有了一个强大的"母体"给予滋养和支撑。因为消费者往往会基于对国家整体农业水平的信任，而更愿意去尝试和接纳那些在其背书下的农业品牌。各国农业的国家品牌各具特色，如美国农业高度机械化、规模化生产特征明显，科技含量高，在农产品出口方面具有很强的竞争力，其农业品牌常常与高效、现代化等特点相关联；荷兰农业科技创新能力突出，在温室农业等领域处于世界领先水平，其农业品牌常展现出先进、智能的一面，并以其显著的花卉产业为主导产业；日本农业强调精细化管理、生态环保理念，农产品品牌往往给人精致、安全、绿色的印象。各国农业国家品牌的建立，凸显了各国的农业竞争优势与农业品牌形象，为各国境内涉农品牌提供了产业品牌平台。

3. 各级各类涉农品牌是国家品牌与农业国家品牌的支持系统

区域农业品牌、企业农业品牌、农产品品牌等各级各类涉农品牌分布在不同层次和领域，它们共同构成了一个丰富多样的体系。从国家品牌的角度看，这些涉农品牌的良好发展和成功塑造，不仅体现了国家品牌在农业领域的支持与推动，更彰显了其作为核心背书力量的重要作用。涉农品牌也以各自的特色和优势充实着国家品牌的内涵，是国家品牌实力的重要支撑部分。如一些优质的地方特色农产品品牌，展现了国家丰富的农业资源和独特的地域文化，为国家品牌增添了魅力。从农业国家品牌来看，各级各类涉农品牌犹如一个个坚实的基石。它们在生产、加工、销售等各个环节的出色表现，保障了农业国家品牌所要求的高质量、高标准等特质得以实现。它们通过自身的发展和提升，推动着农业国家品牌不断强化和进步。并且，这些涉农品牌相互协作、相互促进，形成一个有机整体，共同为农业国家品牌提供有力的支持和保障，使其更具影响力和竞争力。

4. 区域品牌与企业（产品、服务）品牌互为背书作用

区域品牌往往具有广泛的知名度和影响力，它代表着特定区域的特色、优势和整体形象。当区域品牌知名度高、口碑好时，区域内的企业（产品、服务）品牌借助这一强大的背书，可以更容易获得消费者的认可和信任。消费者会因为对该区域的良好印象而对来自该区域的企业品牌产生好感和期待。但如果区域品牌具有负面影响力，则会产生负面作用。同时，优秀的企业（产品、服务）品牌通过自身的良好表现，不断提升产品质量、创新能力和服务水平等，也会为区域品牌增光添彩，进一步强化区域品牌的影响力和美誉度。成功的企业品牌可以成为区域品牌的"活招牌"，让人们对该区域的认知更加具体和深入。它们相互促进、相互提升，共同推动区域经济的发展和品牌价值的增长。如阳澄湖大闸蟹这一区域品牌，就为当地众多的大闸蟹企业品牌提供了有力的背书；而一些知名的大闸蟹企业品牌也让阳澄湖大闸蟹的区域品牌更加响亮。

总之，一个好的农业品牌生态圈，应当形成各级各类农业品牌间的良性互动，实现多方共赢，最终有利于提升农业产业的整体竞争力，促进农业产业的升级和优化，吸引更多资源投入，推动农业现代化进程。同时，良好的农业品牌生态圈能更好地保障农产

品质量和安全，满足消费者日益增长的品质需求，增强消费者的信任和忠诚度。

本章小结

（1）区域品牌并不是单纯指产品在某区域销售，而是指一个以地理区域范围或者行政区域范围内的区域整体、区域产业、区域产品为品牌内容主体，实现品牌化的品牌类型。

（2）结合区域品牌实践，根据是否具有公共性及具有公共性的程度，区域品牌可以分为区域公共品牌、区域公用品牌两种类型。

（3）区域品牌最重要的特征是具有区域性，根据区域划分标准可分为三种类型：以行政区划为划分基准的区域公共品牌；以特定产业集群为主体的区域公用品牌；以特色产品品类为主体的区域公用品牌。

（4）区域品牌的共性特征体现在以下方面：区域性、公共性、公用性、共责性、共享性。

（5）农产品区域公用品牌是指在一个具有特定自然生态环境、历史人文因素的区域内，由相关机构、企业、农户等共同所有的，在生产地域范围、品牌使用许可、品牌行销与传播等方面具有共同诉求与行动，以联合提高区域内外消费者评价，区域产品与区域形象共同发展的农产品品牌。

（6）农产品区域公用品牌的特征表现在：特定地理区域；所有权、使用权与运营权三权分置；品牌经营多重协同结构。

（7）中国农产品区域公用品牌的类型包括单一产品区域公用品牌、单一产业农产品区域公用品牌、基于区域产业整合的农产品区域公用品牌、区域品牌联合品牌创建。

（8）农业品牌生态结构层级表现为：第一层级是中国农业国家品牌；第二层级是中国农业国家品牌的集群品牌，是支撑中国农业国家品牌形象的品牌集群；第三层级是中国农业区域品牌的集群品牌；第四层级是中国各县市（区）乡镇村区域内涉农品牌集群。

思考与讨论

（1）列举成功的以行政区划为划分基准的区域公共品牌案例，并分析其成功因素。

（2）如何利用产业集群特点打造有影响力的区域公用品牌？哪些产业集群特质尤为关键？

（3）公共性和公用性在区域品牌的发展中分别起到怎样的关键作用？请举具体品牌案例说明。

（4）所有权、使用权与运营权三权分置在农产品区域公用品牌的实际运营中可能会面临哪些挑战？怎样解决？

（5）单一产品区域公用品牌应如何强化特色与优势，提升差异化竞争力？

（6）在农业品牌生态结构中，如何促进层级间协作，提升整体品牌形象？

（7）处于第四层级的各县市（区）乡镇村区域内涉农品牌集群，怎样借助上一层级

的品牌优势来发展自身？

（8）从当前的市场情况来看，中国农业国家品牌的集群品牌在塑造和推广方面存在哪些不足？

案例分析

"武功猕猴桃"农产品区域公用品牌建设

陕西省武功县位于关中平原腹地，原为古有邰国，因南有武功山（今太白山）、西有武功水（今石头河）而得名。武功农耕历史悠久，是农业始祖后稷教民稼穑的圣地，是中国农耕文明的发祥地之一。武功县位于北纬34度，恰为猕猴桃适生区北沿，近年来，在陕西省政府的支持下，武功县开始大力发展猕猴桃产业。

面临猕猴桃种植面积扩大，深加工企业数量增加，行业竞争日益激烈且加工进口猕猴桃品牌如新西兰佳沛等，深受国内消费者的热捧，在市场上占有很大份额的严峻形势，武功县委、县政府敏锐察觉到品牌化趋势中的机遇，着力打造武功猕猴桃区域公用品牌。

武功县是农业始祖后稷教民稼穑的圣地、中国农耕文明的发祥地之一；武功猕猴桃产区，光照充足，全年光照时数为2100小时，为全国猕猴桃产区的最高值；产区土壤肥沃，有机质含量高出全省产区平均值1.2%；昼夜温差大，糖分积累多；境内水资源丰富，三条河流同属渭河水系，润泽全境。最值得关注的是，武功猕猴桃产业体系发展完善。在经营主体上，武功采取龙头企业、合作社为主导；在渠道建设上，初步实现"互联网+果业"发展模式；在标准化生产上，出台《武功猕猴桃标准综合体》，加强猕猴桃标准化生产；在技术支撑上，积极与西北农大等科研单位交流。基于此，提炼出武功猕猴桃的价值体系：

农耕始祖：后稷教民稼穑圣地，中华农耕之源

天时地利：光照充足土质肥沃，纳天地之灵气

规范管理：标准化组织化管理，技术规范领先

监测溯源：果园精准监测溯源，保障安心品质

匠心守护：严格规定采摘时间，充分沉淀营养

虽然武功古城和武侠世界并无关联。但是，武功猕猴桃的种植过程与武林高手的修炼之路却殊途同归。苦练武功才能成为"武林高手"，要想成就高品质猕猴桃，必须在每一招每一式上都下足功夫。武功县基于武功人勤恳耕耘、下足功夫成就高品质好果的精神，结合消费者对"武功"与"功夫"的天然联想，确立武功猕猴桃的核心价值，将品牌口号确定为"下功夫，成好果！"该口号不仅将武功猕猴桃与"功夫"在字面上进行连接，更进一步进行品牌内涵上的延伸，使消费者产生正面联想，强化消费认知，即武功猕猴桃，是武功人下足功夫才成就的好果。

在"下功夫，成好果"的核心价值中，"功夫"是核心重点，是和武功县内外兼具的连接点，亦是武功猕猴桃符号创意的出发点。将功夫元素和猕猴桃结合，通过拟人化的表达，进一步加深消费者对武功、对功夫、对品牌核心价值的认知。并在此基础上创

意武功猕猴桃的虚拟品牌代言形象。品牌形象"武功小子"、品牌名称、品牌口号，共同构成武功猕猴桃独一无二的品牌标志，也是目前市场上少见的以拟人化卡通人物为主的猕猴桃品牌标志，并成为武功猕猴桃进行差异化品牌竞争的有力武器。

武功猕猴桃品牌辅助图形以品牌主形象为基础，根据武功猕猴桃价值支撑体系，结合武林高手习武的招式，以"武功小子"一招一式的动作，将价值支撑体系——农耕始祖、天时地利、规范管理、监测溯源、匠心守护"一招五式"的文字具象化，广泛用于产品包装、品牌推广等画面，强化消费者的品牌印象。

2018年初，武功县政府工作报告显示，2016—2017年一年间，"武功小子"打响了"武功猕猴桃"区域公用品牌。因销售势头好，规模在原有的8万亩基础上扩展到10万亩，进入"全球百大优质原产地·天猫直供"，成为"亚洲果蔬产业博览会的2018年度中国最受欢迎的区域公用品牌"前三强。

虽然武功县地方小，但这里聚集着大到打包箱，小到贴纸绷带等300多家电商配套企业，还集中有40余家快递企业，个体网店1200多个。因这里具备区域优势，交通也发达，快递甚至比江浙沪成本还低。

"武功小子"的品牌概念，恰好充分迎合网民年轻化、趣味性的审美，因此在互联网端反响热烈。在阿里平台县域农产品电商排名中，武功县排行全国第五、西部第一。2020年4月，武功县猕猴桃产业带整体入选阿里巴巴"春雷计划"首批标杆品牌农业产品带。如今，仅是芭芭农场的直采直销业务，每月就能为武功县带来50万笔订单。

此外，通过与阿里巴巴开展紧密合作，联动聚划算、淘宝直播等资源，武功县电商产业蓬勃发展，小小猕猴桃销往全国乃至全球。2019年，全县电商年销售额超40亿元，对GDP贡献率达到10%以上，较2014年增长整整10倍。县内的电商企业达328家，物流快递企业为40余家，带动就业4万余人。

从弱势到强势，武功猕猴桃的蜕变，离不开品牌的加持。其品牌发展之路，主要是通过移植中华文脉中关于"武功"与"功夫"的惯性想象，实现与武功猕猴桃生产过程中的"下功夫，成好果"的品牌连接。并进一步以"比武"的概念，表达品牌的自信，让"武功小子"更快进入消费市场。

资料来源：农业品牌研究中心.移植文脉元素，领略武功猕猴桃的"好功夫" http://www.brand.zju.edu.cn/2020/1124/c57354a2295894/page.htm[EB/OL].2020-11-24/2024-07-15.

思考：

（1）"武功猕猴桃"区域公用品牌创建采取了什么模式？

（2）考虑到消费者对食品安全和品质的关注日益增加，"武功猕猴桃"应如何加强质量控制和追溯体系建设？

（3）如何加强"武功猕猴桃"品牌与当地文化、旅游等产业的融合发展，形成协同效应？

第七章　农产品地理标志的品牌化战略

 知识与技能目标

（1）熟悉"欧洲式专门法""美国式商标法"和"混合法"这三种地理标志保护模式的特点和应用。

（2）明确中国农产品地理标志产品的品牌化路径及其特点。

（3）能够分析不同地理标志保护模式的优缺点，并根据实际情况选择特定农产品地理标志的保护模式。

（4）根据中国农产品地理标志的特征，制定品牌营销策略，突出产品的独特优势。

 情境导入

盐池滩羊作为宁夏"五宝"之一，盐池"三宝"之首，近年来立足特色化、差异化优势打造滩羊品牌，形成了以品牌为引领的可持续产业发展模式，跑出了高质量发展"加速度"。盐池县充分发挥区位优势，全力打造盐池滩羊区域公用品牌，成功获得农产品地理标志登记，纳入中国百强农产品区域公用品牌、中国农业品牌目录等。盐池滩羊现已在全国开设销售点226家，进入各大城市153家连锁超市、262家餐饮企业，产品畅销全国50多个大中城市。先后荣登G20杭州峰会、青岛上合组织峰会等重要会议国宴。2022年，盐池滩羊走进北京冬奥会，赢得奥组委和冬奥菜品研发团队的高度肯定。盐池县编制《盐池滩羊肉公用品牌战略规划（2016—2020）》和《盐池滩羊品牌2021—2025战略规划》，提出"盐池滩羊，难得一尝"的品牌口号，完善"区域公用品牌+企业品牌+产品品牌"品牌体系，现已培育出宁鑫、西鲜记、百草滩等33个企业品牌。盐池县出台《"盐池滩羊"地理标志证明商标使用管理办法》，将证明商标、中国地理标志专用标志和农产品地理标志三个标志实行统一管理，由县农业农村局牵头，严格许可使用管理，组织市场监督、法院、公安等部门建立联席会议制度，开展盐池滩羊商标电商平台维权打假行动，对盐池滩羊肉专卖店进行检查并评星定级，实行奖优汰劣，保护盐池滩羊肉品牌形象和信誉。盐池县找准、选对、发展好"服当地水土、惠当地百姓、顺市场需求"的滩羊产业，一张蓝图绘到底，制定了特色化、差异化、高质量的品牌发展之路，让盐池滩羊成为中国农业一张闪亮的名片。

资料来源：农产品市场-中国农村网.盐池滩羊：品牌助力 跑出高质量发展"加速度"[EB/OL].http：//journal.crnews.net/ncpsczk/2024n/d5q/sdpp/962763_20240424022409.html，2024-04-24/2024-07-15.

思考：对于其他拥有农产品地理标志的地区，在制定品牌化战略时应如何借鉴盐池滩羊的经验，同时又如何根据自身特点进行创新和优化，以实现品牌的可持续发展和市场竞争力的提升？

2021年7月19日，国家知识产权局发布《关于组织开展地理标志助力乡村振兴行动的通知》（国知发运字〔2021〕20号）明确了地理标志助力乡村振兴行动的重大意义，包括促进农业高质高效、推进乡村宜居宜业、巩固拓展脱贫攻坚成果等。通知还提出了一系列行动措施，包括提质强基、品牌建设、产业强链和能力提升等专项行动，旨在强化地理标志规划政策引领，完善基层工作体系，健全产业化利益联结机制，提升品牌价值，加快标准制定与推广，推动技术创新与产业跨界融合发展，同时加强地理标志知识普及。中国拥有悠久的历史和深厚的文化积淀，地理标志资源丰富，要加强地理标志品牌建设，发展地理标志特色产业，扩大地理标志对外交流[①]。

第一节　农产品地理标志

一、相关概念及其定义

不同国际条约与地方立法文件对地理标志的定义不尽相同，曾使用"原产地名称""来源标识""货源标志"等称谓，具体见表7-1。在我国学术界，地理标志也有"原产地标志"或"地理标识"等不同表述。

表7-1　不同国际条约对地理标志及相关称谓的界定

相关概念	国际条约	具体界定
Indication of Source（货源标记/来源标识）	《巴黎公约》1883年	规定将货源标记作为工业产权这种重要的知识产权的保护客体加以对待；公约的成员国应该在货物进口时对假冒某种特定的货源标记的商品予以扣押
	《马德里协定》1894年	凡是带有虚假或欺骗性标记的商品，其标志系本协定所适用的国家之一，或者其中一国的某地直接或者间接地标志为原产国或原产地的，上述各成员国应在进口时予以扣押
	《商标商号示范法》（BIRPI，WIPO前身）1966年	用来标志产品或服务来源于特定国家、国家集团、地区的任何表达或标记
	《原产地名称示范法》WIPO1975年	任何用来标志某产品或服务来源于特定国家、地区或特定特定地方的任何表达或标记

---

① 国家知识产权局. 地理标志保护和运用"十四五"规划［EB/OL］. https：//www.gov.cn/zhengce/2022-01/21/content_5669779.htm.

续表

相关概念	国际条约	具体界定
Appellation of Origin（原产地名称）	《里斯本协定》1958年	指某个国家、地区或地方的地理名称，用于标志某产品来源于该地，其质量和特征完全或主要取决于地理环境，包括自然因素和人文因素
Geographical Indications（地理标志）	《贸易知识产权协定》（TRIPs）1994年	指表明某货物来源于某成员的领土或领土内的某个地区或地方的任何标志，其特定质量、声誉或其他特征主要由其地理来源决定

从现行不同国际法规对 Indication of Source（货源标记/来源标识）、Appellation of Origin（原产地名称）和 Geographical Indications（地理标志）的定义来看，三者之间密切相关但又略有差别。Appellation of Origin（原产地名称）对产品的要求最为严格，Geographical Indications（地理标志）注册条件放宽，将"声誉"纳入了质量因素，因此，原产地名称可视为地理标志中的一类，适用于满足质量和特征双重要求的产品。相较之下，Indication of Source（货源标记/来源标识）范围更广，除"产品"外还将"服务"囊括其中，并且只表明某地理来源，对标记物的质量、特征、声誉等要素均无特定要求。因此，地理标志可视为特殊的货源标记/来源标识。

目前，《巴黎公约》《马德里协定》《里斯本协定》以及《与贸易有关的知识产权协定》（TRIPS）等涉及地理标志或原产地名称保护的国际条约，均被纳入世界知识产权组织（WIPO）的管理范畴。地理标志（GI）被视作知识产权的一种形式，获得了欧盟以外众多国家的重视与讨论。

二、地理标志保护的欧美模式及其差异

从地理标志保护的历史传统以及当前世界各国采取的地理标志立法体系来看，目前存在"欧洲式专门法""美国式商标法"以及"专门法—商标法混合"三种不同地理标志保护模式。其中，前两者为主流，差异主要体现在立法理念上。欧式专门法强调产品与特定产地的"风土"关联，而美式商标法更多聚焦于"声誉"与消费者认知。此外，专门法更强调地理标志作为独立知识产权的属性，而商标法倾向于将其纳入商标体系。原产地名称强调产品与"terrior"（风土）的紧密联系，但在美国的商标保护框架下，地理标志是否涉及"风土"不是必要的。

（一）欧洲式专门法地理标志保护模式

欧洲国家具有悠久的农业保护传统与地理标志保护历史，最早可追溯到15世纪。法国将原产地名称定义为"一个国家、地区或地方的地理名称，该名称被用来表示源于该地方的产品，产品的质量或特征归因于其地理环境，包括自然和人文因素"，其于1905年颁布的《1905年8月1日法》对原产地名称施以法律保护，是法国第一部关于地理标志的一般法，也是欧洲最初的食品地理标志保护制度之一。之后历经一百多年演化完善，并受到意大利、葡萄牙等南欧"罗马文明"国家的纷纷效仿，最终形成"罗马式注册保护模式"。欧洲式专门法地理标志保护模式即起源于此，又被称为"the European sui generis schemes"。目前，以欧盟为首的80多个国家和地区采用该模式，通过

专门立法对地理标志实施保护。

欧盟于1992年通过了2081/92号理事会条例，建立起欧盟范围内农产品和食品的地理标志保护统一制度（但不包括葡萄酒、烈酒和芳香葡萄酒）。该制度是欧盟农产品质量政策的主要支柱，也为欧洲式专门法地理标志保护模式确定了整体框架。该法规定义了"受保护的原产地标记"（PDO）和"受保护的地理标志"（PGI）两个"地理标志"类型（如图7-1所示），两者之间的区别在于产品与其地理来源之间的联系紧密度不同。

图 7-1　PDO 和 PGI 标志

目前，欧洲式专门法保护模式内部分工明确。PDO 与 PGI 的对象均为欧盟内的食品、农产品（1152/2012 号条例、664/2014 号条例、668/2014 号条例）和葡萄酒（479/2008 号条例、555/2008 号条例）。其中，PDO 的条件最为严格，要求产品的质量或特性必须主要或完全归因于其地理来源的自然和人文因素，农产品和食品整个生产、加工和制备过程中的每个环节（包括原材料的生产和加工）均须在规定的原产地区域内进行。对葡萄酒而言，意味着葡萄必须完全来自葡萄酒被酿造的地理区域。PGI 的条件略微放宽，且将声誉纳入考量，即要求"产品特定质量、声誉或其他特征与其地理来源之间存在因果关系，且产品生产、加工和制备过程中至少有一个阶段在规定地理区域内进行。葡萄酒产品使用的葡萄中至少 85% 必须完全来自实际酿造葡萄酒的地理区域。

自 2008 年起，欧盟引入地理标志（GI）以保护产自某一国家、地区或区域的烈酒（110/2008 号条例、716/2013 号条例、2019/787 号条例）或芳香葡萄酒的名称（251/2014 号条例），所贴标志与 PGI 相同，要求产品的特定质量、声誉或其他特征主要归因于其地理来源。对大多数产品而言，其蒸馏或制备中的至少一个阶段要位于该区域内，但原料产地可不完全限定在该区域。此外，对所有酒类产品而言，是否标明 PDO/PGI 标签是可选择的，但农产品和食品则必须标注。

由于"风土"是欧盟地理标志保护制度的核心理念，因此申请欧盟地理标志保护须证明产品满足地理标志"风土"的条件以及欧盟制定的产品规范。申请者在产品规范中要详尽说明产品的所有特性、生产方法、生产过程和生产的地理区域等，才能通过地理标志注册认证成为名称使用的法定条件。

在地理标志的使用保护层面，申请方需要指定具有特定资质的第三方检查机构监管产品品质，负责整个供应链认证和检查。欧盟成员国要指定执行官方控制的主管职权部门，验证产品是否符合相应的产品规格，监督地理标志在市场上的使用是否符合法律规定并处理滥用、模仿和误导性使用等问题，核实地理标志产品是否符合质量计划的法律要求。考虑到欧洲式保护模式下地理标志的审核、批准以及标准的制定均由国家行政机

关所掌握，许多学者认为欧洲式专门法地理标志保护模式具有明显的公权属性。

总体而言，欧洲式专门法保护模式属于非排他性的知识产权保护模式，地理标志作为集体性标记，其使用权被赋予指定生产区域内所有符合产品规范的生产者，值得注意的是，这些生产者即使不是最初申请地理标志注册的协会成员，也可获得合法授权使用权。

（二）美国式商标法地理标志保护模式

在欧盟以外施行普通法的发达国家（如美国、加拿大、澳大利亚等），地理标志保护普遍采取以商标体系为地理标志保护提供法律框架的保护模式，即"美国式商标法"地理标志保护模式，又称为"盎格鲁—美国证明商标模式"。

与欧盟的专门立法不同，美国将地理标志看作商标的子集，对地理标志的法律保护依据来源于法律法规的集合，包括作为主要法律依据的《兰哈姆法》即商标法，以及普通法、州法、联邦行政规章等，并将"服务"纳入地理标志保护范畴。为表述方便，下文将以"商品"指代美国地理标志保护制度下的"产品/服务"。

"美国式商标法"保护模式与"欧洲式专门法"保护模式实行不同的立法体系。形成差异的根源之一，在于对地理标志的核心要素——产品与产地的关联性理解不同，即地理标志的关联性是基于消费者主观认知还是"产品—环境"的客观关联。

"风土"的概念将产品品质与其地理来源相连接，地理标志实为提供产品品质可靠的认证机制。但按照美国商标法原理，消费者的认知至关重要，因此要从消费者主观认知出发看待商品品质以及地理标志的功能。在此视角下，地理标志"唤醒"的是消费者将商品品质与其地理来源相联系的主观认知，其来源于与商品相关的"声誉"而非"风土"。商品的声誉可能来自风土，也有可能是不受风土影响的独立要素。因此，产地来源与商品之间的关联性不再是风土而是声誉，声誉与普通商标的商誉无异，进而地理标志与商标之间的功能差异也就不复存在。

美国为地理标志提供普通商标、集体商标或证明商标的法律保护，并以证明商标为主。由于前两者对消费者不具有"首要意义"——表明商品"真实"的地理位置，因此以普通商标或集体商标注册需证明该地理标志具有独特性，即"第二含义"——表明商品生产或制造的来源。在"美国式商标法"保护模式下，地理标志具有两种不同的法律属性，一是作为"真实"标明商品地理来源的地理名称或标志，在此情况下，美国商标法为防止其私有化，只允许作为证明商标注册；第二种是作为"地理描述性术语"，如果其对消费者而言具有"第二含义"，具有识别商品（生产或制造）来源的能力，可作为普通商标或集体商标申请注册。

与欧洲地理标志保护申请标准相比，在美国无论是证明商标还是普通、集体商标，其申请注册的条件均较为宽松。协会、工会、合作社或其他有组织的集体团体可作为"集体"注册人申请集体商标保护，一般自行拟定商标使用条款，集体商标的使用权归属与标明的来源皆为集体内所有成员。协会等集体组织作为地理标志集体商标的所有者，"不能在集体商标名下销售自己的商品或服务，但可以宣传或推销其成员在商标下销售或提供的商品或服务"。申请证明商标只需递交文件材料证明产品的地理来源即可。商标的竞争对手和消费者等与证明商标"准确性"和"高标准"关系最为紧密的人群，负责确保标准制定者保持必要的授权质量。作为主管部门的美国专利商标局（USPTO）

无须制定任何有关产品质量或特征的认证标准以审查证明申请。

由于美国商标制度的基本特点之一是商标权使用产生制，因此即使地理标志未经美国专利商标局注册，只要"地理名称的使用受到控制和约束，使其可靠地向购买人表明使用该名称的商品完全来自特定地域"，也可在普通法上成立证明商标，作为未注册证明商标受到保护。

美国商标法与普通商标均禁止"虚假"的地理标志和名称。商标法尤其重视地理标志的"独特性"，如某国外生产者使用"虚假"标志或误导性描述，则构成违法，构成不正当竞争。但在实际操作中，由于对"虚假"的判定不在于地理标志自身，而在于从消费者认知角度考量其是否传递了"虚假"信息，从而误导和混淆了消费者判断。如果"虚假"地理标志的注册与使用不会对消费者产生误导作用，则通常不会受到商标法的禁止。地理标志"通用化"/"去地方化"的使用，例如使用地理标志的同时标明商品的真实来源，或在地理标志后带有"种类""类型""风格""模仿"等词语，在美国并不构成欺诈，反而被视为传递了有用的商品信息，如果地理标志由于长期使用丧失了地理区域指示的功能，变成了某种商品的通用名称，则任何生产者都可以自由地把它用作自身商品的名称。

在美国法律环境注重商标而非地理标志的同时，各个地理标志商标获得者，会根据自身的发展需要和市场发展的规律，进行地理标志商标基础上的品牌化运营。如新奇士是地理标志集体商标，在其发展过程中，作为集合了众多合作社、果农的新奇士品牌运营者，协会为打造品牌的统一形象、统一调性不断进行品牌传播，让品牌深入消费者心智，在同类产品中脱颖而出，成为强大的、具有国际范围品牌影响力的、市场占有率的品牌。爱达荷土豆是地理标志证明商标。作为该地理标志证明商标的运营者"土豆联盟"，统一品牌形象与产品包装、设计原创吉祥物、持续不断地做品牌相关话题、建设土豆博物馆、延伸土豆基地旅游与体验消费等，利用品牌化运作，通过长期的品牌化运营，使之成为代表爱达荷州获得高经济效益的品牌。

除上述两种模式外，目前，国际社会还存在行政产品审批计划等关注商业实践的地理标志保护方法，以及"部门规章或专门立法—商标法"混合式的地理标志保护模式，采用该种模式的国家有中国、日本、韩国、瑞士等[①]。

（三）地理标志保护国际规则制定

20 世纪之前，地理标志保护的重点在于禁止使用虚假或欺骗性产地名称误导消费者的行为。1883 年《保护工业产权巴黎公约》（以下简称《巴黎公约》）以及 1891 年《制止商品产地虚假或欺骗性标记马德里协定》都明确规定了对货源标记（Indications of Source）的保护，主要禁止虚假以及欺骗性货源标志的使用行为，且各国之间并不存在实质分歧。到 20 世纪初，法国建立原产地名称制度并取得了成功，受此影响，1958 年《保护原产地名称及其国际注册里斯本协定》（以下简称《里斯本协定》）建立了原产地名称（Appellation of Origin）保护制度，确立了地理标志国际保护的高标准。该协定的成员主要是欧洲国家，而美国、澳大利亚、加拿大等"新世界"国家则拒绝加入。在《与贸易有关的知识产权协定》（以下简称《TRIPS 协定》）的订立过程中，欧盟（时为

---

① 胡晓云. 中国地理标志产品的品牌化基础 [J]. 国际品牌观察，2019（9）：70-72.

欧共体）试图将其地理标志保护理念和标准纳入其中，遭到了来自美国等"新世界"国家的强烈反对，这些国家认为，地理标志保护可能会对国际贸易形成不公平限制，并限制商标注册的自由度。《TRIPS协定》最终确立了地理标志的双重保护标准：对一般产品，第22条仅禁止使用虚假、欺骗性地理标志误导消费者，以及《巴黎公约》规定的不正当竞争行为，且未规定地理标志的保护方式；对保护诉求最为强烈的葡萄酒、烈酒产品，第23条则根据欧盟提案提供绝对保护，禁止一切不当仿冒和模仿行为。该区分缺乏统一自洽的逻辑，是面对欧美不同利益诉求的折中产物①。由于统一标准尚未达成，在后TRIPS时代，欧盟、美国两大贸易集团通过双边、多边贸易协定的形式向全球强势输出其各自的制度理念和模式②：美国在与智利、摩洛哥等国的双边自由贸易协定以及《跨太平洋伙伴关系协定》（以下简称TPP）等多边协定中，要求对地理标志提供商标法保护；欧盟在世界贸易组织（以下简称WTO）多哈回合谈判中试图提升《TRIPS协定》地理标志保护标准失败之后，将地理标志保护作为"必备章节"，先后与韩国、加拿大、日本、越南、新加坡等国签订双边自由贸易协定，规定地理标志的专门保护。

三、中国农产品地理标志

中国农产品地理标志，一般指标示农产品来源于特定地域，产品品质和相关特征主要取决于自然生态环境和历史人文因素，并以地域名称冠名的特有农产品标志。1993年，我国地理标志首次纳入法律保护体系，1999年，原国家质量技术监督局颁布实施了《原产地域产品保护规定》，尝试对原产地产品进行注册登记保护，标志着中国特色的地理标志产品保护制度的初步确立。2007年12月，原农业部颁布实施《农产品地理标志管理办法》，首次以农产品字样的部门规定对中国境内的地域农产品实施保护。此后，中国政府陆续出台了一系列相关政策和法规，加强了对农产品地理标志的保护和管理。

（一）中国农产品地理标志登记制度演化

我国虽然地理标志资源丰富，却并没有地理标志保护的历史传统，改革开放之后，才逐步建立起了地理标志保护观念和制度体系。1982年《商标法》颁布之初并未就地理标志作出任何规定，直到1985年我国加入《巴黎公约》后，地理标志保护问题才进入视野。根据《巴黎公约》中的"货源标记"保护义务，我国商标审查实践中不再核准注册行政区划名称及知名外国地名构成的商标，1993年《反不正当竞争法》第5条进一步规定了禁止"伪造产地"。1994年《TRIPS协定》第22条和第23条规定了地理标志的保护义务，在积极准备加入WTO以及履行《TRIPS协定》义务的过程中，我国建立起了地理标志保护的"两种体系、三套制度"。

1. 三套制度并存

地理标志保护的三套制度：第一，受法国原产地名称控制（Appellation d'Origine

---

① Lang, A. C. On the need to expand Article 23 of the TRIPS Agreement. Duke Journal of Comparative and International Law, 2006 (16): 487-494.

② 孙智. 地理标志国际保护新发展的路径分歧及我国选择 [J]. 知识产权, 2019 (1): 90-91.

Contrôlée，AOC）制度影响，1999年原国家质量技术监督局《原产地域产品保护规定》和2001年原国家出入境检验检疫局《原产地标记管理规定》建立了最早的地理标志专门保护制度，2005年原国家质量监督检验检疫总局《地理标志产品保护规定》吸收了二者，创设了地理标志产品保护制度。目前，地理标志产品的注册、保护和管理等职能由国家知识产权局负责。第二，2001年《商标法》修改增加了集体商标、证明商标和地理标志保护，根据《商标法实施条例》《集体商标、证明商标注册和管理办法》，地理标志可注册为集体商标、证明商标，并受商标法保护。第三，2002年《农业法》修改中专门规定了"农产品地理标志"保护，2007年原农业部《农产品地理标志管理办法》建立了农产品地理标志的专门保护制度。总体来看，我国地理标志保护的"两种体系、三套制度"建设，一是受欧洲国家和欧盟影响，建立地理标志专门保护制度，包括地理标志产品保护制度和农产品地理标志保护制度；二是受美国法影响，地理标志可注册为集体商标或证明商标，获得商标法保护。

2005年，原质监总局颁布《地理标志产品保护规定》将原产地域产品改称为地理标志产品。强调"地理标志产品，是指产自特定地域，所具有的质量、声誉或其他特性本质上取决于该产地的自然因素和人文因素，经审核批准以地理名称进行命名的产品。地理标志产品包括：来自本地区的种植、养殖产品；原材料全部来自本地区或部分来自其他地区，并在本地区按照特定工艺生产和加工的产品。""地理标志产品保护申请，由当地县级以上人民政府指定的地理标志产品保护申请机构或人民政府认定的协会和企业提出，并征求相关部门意见。"[①] 申请产品获得审核通过并公告后，申请单位的生产者即可在其产品上使用地理标志产品专用标志，获得地理标志产品保护。规定同时废止了之前的《原产地域产品保护规定》。根据《地理标志产品专用标志使用申请》的规定，在地理标志产品保护范畴区域的协会或企业，申报地理标志的条件为：产品是具有鲜明地域特色的名、优、特产品；产品的原材料具有天然的地域属性；产品在特定地域内加工、生产；产品具有较悠久的生产加工历史或天然历史；产品具有稳定的质量。申报材料必须说明：产品生产地域的范围及地理特征；产品生产技术规范（产品传统加工业安全卫生要求、加工设备的技术要求）；产品的理化及感官等质量特色，与生产地域地理特征之间的关系，产品生产、销售、历史渊源等。

根据质检总局《地理标志保护产品专用标志说明》，标志（如图7-2所示）的轮廓为椭圆型，淡黄色外圈，绿色底色。椭圆内圈中均匀分布四条经线、五条纬线，椭圆中央为中华人民共和国地图。在外圈上部标注"中华人民共和国地理标志保护产品"字样；中华人民共和国地图中央标注"PGI"字样；在外圈下部标注"PEOPLE'SREPUBLIC OFCHINA"字样；在椭圆型第四条和第五条纬线之间中部，标注受保护的地理标志产品的名称。该地理标志保护的产品，由质检总局根据《地理标志产品保护规定》实施监督与管理保护，上述系列文件体现了"统一制度、统一名称、统一标志、统一注册程序、统一标准"等"五统一"原则。

---

① 国家质量检测检验检疫总局：《地理标志产品保护规定》，2005年6月7日发布，《国家质检总局公报》2005年第11期．

图 7-2 国家质检总局发布的地理标志保护专用标志

2007年1月30日,原国家工商总局商标局颁布实施《地理标志产品专用标志管理办法》,明确了专用标志的使用规则及设计规范。专用标志的基本图案(如图 7-3 所示)由中华人民共和国国家工商行政管理总局商标局中英文字样、中国地理标志字样、GI的变形字体、小麦和天坛图形构成,绿色和黄色为专用标志的基本组成色。专用标志与地理标志必须同时使用。已注册地理标志的合法使用人可以同时在其地理标志产品上使用该专用标志,并可以标明该地理标志注册号。专用标志使用人可以将专用标志用于商品、商品包装或者容器上,或者用于广告宣传、展览以及其他商业活动中。

图 7-3 原国家工商行政管理总局商标局发布的地理标志保护专用标志

为规范农产品地理标志的使用,保证地理标志农产品的品质和特色,提升农产品市场竞争力,原农业部依据《中华人民共和国农业法》《中华人民共和国农产品质量安全法》相关规定,于2007年12月颁布并于2008年2月施行《农产品地理标志管理办法》。农产品地理标志公共标识基本图案(如图 7-4 所示)由中华人民共和国农业部中英文字样、农产品地理标志中英文字样、麦穗和日月组成的地球构成。标识的核心元素是天体、星球、太阳、月亮相互辉映,麦穗代表生命与农产品,同时从整体上看是一个地球在宇宙中的运动状态，体现了农产品和地球、人类共存的内涵。标识的颜色由绿色和橙色组成，绿色象征农业和环保，橙色寓意丰收和成熟。

2. 三套制度整合

我国虽然确立了专门保护和商标法保护两种体系，但实际上采用的都是《TRIPS协定》第22条的最低保护标准，地理标志的注册和保护都侧重于确保产地来源真实性、防止误导消费者，而非地理标志与产地所决定的独特产品质量特征信息之间的关联性。导致现实中地理标志产品与一般产品在质量等方面并无显著区别，消费者购买商品时较少关注地理标志及其背后的质量保证功能，经营者也缺乏使用、保护地理标志的动力。地理标志的保护制度形式上运转，未真正发挥提升产品质量、促进农业发展的功能。

2018年，国务院机构改革将国家知识产权局的职责、国家工商行政管理总局的商标管理职责、国家质量监督检验检疫总局的原产地地理标志管理职责整合，并重新组建国家知识产权局，由国家市场监督管理总局管理，由隶属于农业农村部的中国绿色食品发展中心参与农产品地理标志有关规章制度规划计划、政策措施的拟订及实施，负责相关质量标准、技术规范并组织实施，负责登记审查、实施登记相关检验检测工作。国家知识产权局发文指出，根据党中央、国务院《深化党和国家机构改革方案》中关于统一地理标志认定的原则，依据商标法等，确定地理标志专用标志为官方标志（如图7-5所示），原相关标志过渡使用到2020年12月31日，以此推进地理标志统一认定，规范专用标志管理。

图7-4　原农业部农产品地理标志公共标识

图7-5　国家知识产权局发布的地理标志保护专用标志

地理标志专用标志以经纬线地球为基底，体现了地理标志作为全球通行的一种知识产权类别和地理标志助推中国产品"走出去"的美好愿景。标志设计以长城及山峦剪影为前景，兼顾地理与人文的双重意向，代表着中国地理标志卓越品质与可靠性，透明镂空的设计增强了标志在不同产品包装背景下的融合度与适应性。稻穗源于中国，是中国最具代表性农产品之一，象征着丰收。中文为"中华人民共和国地理标志"，英文为

"GEOGRAPHICAL INDICATION OF P. R. CHINA",均采用华文宋体。GI 为国际通用的 "Geographical Indication" 缩写名称,采用华文黑体。标志整体庄重大方,构图合理美观,体现官方标志的权威,象征中华文明的深厚底蕴,作为地理标志专用标志,具有较高的辨识度和较强的象征性。国家知识产权局负责制定地理标志专用标志的管理规范,组织实施监督与管理工作。地方知识产权管理部门负责地理标志专用标志使用的日常监管。

国家知识产权局发布的《地理标志专用标志使用管理办法》规定,地理标志保护产品和作为集体商标、证明商标注册的地理标志使用地理标志专用标志的,要求在地理标志专用标志的指定位置标注统一社会信用代码。国外地理标志保护产品使用地理标志专用标志的,应在地理标志专用标志的指定位置标注经销商统一社会信用代码。地理标志保护产品使用地理标志专用标志的,应同时使用地理标志专用标志和地理标志名称,并在产品标签或包装物上标注所执行的地理标志标准代号或批准公告号。作为集体商标、证明商标注册的地理标志使用地理标志专用标志的,应同时使用地理标志专用标志和该集体商标或证明商标,并加注商标注册号。

党的二十大报告提出"加快建设农业强国",《中华人民共和国国民经济和社会发展第十四个五年规划和 2035 年远景目标纲要》提出"提高农业质量效益和竞争力"。以地理标志助力乡村振兴是促进农业高质高效发展、推进农业供给侧结构性改革的关键举措,要求完善地理标志保护制度,释放其支撑农业高质量发展的潜在动力。2020 年 9 月,中欧正式签署《中华人民共和国政府与欧洲联盟地理标志保护与合作协定》,除推动双方注册地理标志互认之外,第 4 条规定了对地理标志的绝对保护,将《TRIPS 协定》第 23 条对葡萄酒、烈酒地理标志的保护标准扩大到所有产品,中欧双方共同成立联合委员会监督协定实施、推动相关立法。基于此,我国正在积极推动地理标志立法,《知识产权强国建设纲要(2021—2035 年)》《"十四五"国家知识产权保护和运用规划》均强调完善地理标志专门立法,国家知识产权局已正式着手起草"中华人民共和国地理标志法"[①]。

(二)中国农产品地理标志产品建设成效

2008 年 7 月 1 日,原农业部发布首批农产品地理标志登记公告,共有 121 种农产品上榜,上榜产品覆盖全国 11 个省份 51 座城市,涵盖 12 种品类。保护和发展地理标志农产品是推进农业生产和农产品"三品一标"的重要内容,是增加绿色优质农产品供给、促进农业高质量发展的重要举措。2022 年,农业农村部印发《关于做好 2022 年地理标志农产品保护工程实施工作的通知》,强调通过保护工程的实施,增强地理标志农产品的综合生产能力,产品知名度、美誉度和市场占有率显著提高,有效带动农民持续增收,形成一批依靠地理标志农产品助力农业高质量发展、乡村产业振兴的样板。

---

① 地理标志专门立法自 2022 年正式启动,根据《国家市场监督管理总局 2022 年立法工作计划》,由国家知识产权局起草"中华人民共和国地理标志法",作为第二类立法项目。参见《市场监管总局关于印发 2022 年立法工作计划的通知》,国市监法发〔2022〕50 号。

【知识拓展】

"三品一标"四大行动

发展绿色、有机、地理标志和达标合格农产品（以下称农产品"三品一标"）是供给适配需求的必然要求，是提高农产品质量品质的有效途径，是提高农业竞争力的重要载体，是提升农安治理能力的创新举措。进入新发展阶段，农产品"三品一标"的内涵外延进一步拓展。守底线方面，将达标合格上市要求，从自愿认证的无公害农产品拓展到所有农产品；拉高线方面，将优质农产品范围从绿色、有机和地理标志农产品，拓展到其他具有高品质特性的农产品。为推动农产品"三品一标"高质量发展，农业农村部决定实施农产品"三品一标"四大行动，包括优质农产品生产基地建设行动、农产品品质提升行动、优质农产品消费促进行动、达标合格农产品亮证行动。

资料来源： 农业农村部关于实施农产品"三品一标"四大行动的通知［EB/OL］. https：//www.moa.gov.cn/govpublic/ncpzlaq/202209/t20220929_6412208.htm, 2022-09-29/2024-07-15.

根据全国地理标志农产品查询系统的数据显示，截至2022年年底，我国已有3510个农产品地理标志，覆盖全国31个省市的341座城市，品类扩展至22种品类。从品类分布看，果品类、蔬菜类、肉类产品类位列地标农产品数量前三甲。这三大品类的地标农产品总共有1988个，占整体规模的57%。以农产品地标数量高居榜首的大米为例，全国目前各类大米地标农产品总计有85种之多。它们星罗棋布地分布在全国21个省59座城市中，从时间与空间上展现出我国农产品的多样性：北有产自哈尔滨的阿城大米，早在800多年前就有生产；南有广东所产的恩平大米，依托现代农业科学不断改良育种。从区域上看，山东、四川、湖北、山西、黑龙江五省的地标农产品数量位居全国前五，五省累计有1093个地标农产品，占全国总数的31%，其中，山东的地标农产品数量高达351个，居全国之首，亦是国内唯一一个地标农产品数量突破300的省份。全国地标农产品产地最多的五所城市中，山东占了4个，其中，产自山东青岛市的地标农产品高达54个，居全国地级市之冠，山东省威海市下辖荣成市地标农产品高达17个，居全国县级市之首。从区域特色看，山东是果品和蔬菜类地标农产品的"排头兵"。在果品和蔬菜两大类上，山东有113个果品类地标农产品和73个蔬菜类地标农产品，数量均居全国第一。

从类型结构上看，种植业类、畜牧业类、水产业类三大类地理标志农产品中，种植业类地理标志农产品数量最多，达2677项，占总量的77%，说明我国种植业在第一产业中具有绝对优势。畜牧业类地理标志农产品数量为525项，占总保有量的15%。水产业类地理标志农产品数量为268项，占全部保有量的8%。具体如表7-2所示。

表7-2 2022年各省市区地理标志农产品分类统计结果

省（市、区）	总量	种植业类	畜牧业类	水产业类	省（市、区）	总量	种植业类	畜牧业类	水产业类
山东	351	261	36	54	安徽	119	95	7	17
四川	201	158	39	4	陕西	117	107	8	2

续表

省（市、区）	总量	种植业类	畜牧业类	水产业类	省（市、区）	总量	种植业类	畜牧业类	水产业类
湖北	197	162	19	16	福建	115	95	12	8
山西	176	156	19	1	江西	105	78	19	8
黑龙江	168	128	15	25	辽宁	100	59	12	29
广西	165	110	36	19	云南	86	59	26	1
河南	163	150	6	7	青海	77	41	36	0
浙江	154	130	11	13	重庆	70	60	8	2
贵州	154	112	39	3	广东	63	48	7	8
江苏	141	110	12	19	宁夏	60	44	14	2
甘肃	137	100	37	0	河北	57	51	6	0
内蒙古	135	83	38	14	海南	42	32	8	2
新疆	129	104	23	2	西藏	35	21	13	1
湖南	128	100	17	11	吉林	25	23	2	0

在全部地标农产品类型中，排在前十位的品类分别是果品类、蔬菜类、肉类、粮食类、水产类、茶叶、药材等，占总保有量的95.37%。这一分布表明，地标农产品类型高度集中，其中果品类和蔬菜类优势明显，具体如表7-3所示。地标农产品中，经济类产品占绝对优势，这为通过品牌溢价提高经济效益奠定了基础。同时，地标农产品的类型与当前我国居民健康意识提升、饮食结构优化的消费市场需求特征是一致的，这些品类与老百姓"菜篮子工程"关系密切，未来市场空间广阔。

表7-3　2022年全国地理标志农产品结构

种类	项数	比例	排名	种类	项数	比例	排名
果品类	926	26.67	1	香料类	34	0.98	11
蔬菜类	590	17.00	2	花卉类	31	0.89	12
肉类	437	12.59	3	蛋类	19	0.55	13
粮食类	411	11.85	4	棉麻蚕丝类	19	0.55	14
水产类	262	7.55	5	烟草类	16	0.47	15
茶叶类	244	7.04	6	糖类	11	0.32	16
药材类	232	6.67	7	水产植物类	8	0.23	17
油料类	83	2.39	8	奶制品类	4	0.12	18
食用菌类	71	2.05	9	水产初加工品类	4	0.12	19
蜂类	54	1.56	10	其他	14	0.40	—

（三）中国农产品地理标志的基本特征

地理标志农产品由于承载着长期历史积淀形成的产品特色声誉，具有极高品牌价值和竞争力。得到中国地理标志保护的农产品，具有以下基本特征。

1. 生产区域性

农产品地理标志所对应的产品往往与特定的地理环境、气候条件、土壤特质等息息相关。特定区域的独特自然条件，如温度、降水、光照、海拔等，会对农产品的生长、发育、品质产生不可替代的影响，从而造就其区域性。一些区域具有历史悠久的传统种植、养殖方式，这些方式经过长期沉淀和传承，成为该区域农产品地理标志的重要特色之一，且这种生产方式往往只在该区域得以延续。当地的人文、民俗等文化因素也会融入到农产品的生产过程中，赋予其文化内涵和地域特色，进一步凸显区域性。正是由于地理标志产品与特定区域的紧密结合，其生产条件和产品特征在其他区域难以复制，从而确保了地理标志产品的独特性与市场竞争力。

【案例 7-1】

庆安大米

庆安大米，产自庆安县，这片寒地黑土的丰饶之地位于黑龙江省中部的松嫩平原与小兴安岭余脉的交汇地带，拥有百年的稻作历史，也是黑龙江省最早种植水稻的县之一。"庆安大米"的品牌核心价值聚焦于"庆安香"，品牌主形象以田字格为基础，融合庆安整齐无垠的广袤农田完整品牌标志如图7-6所示。以淳朴风格体现庆安大米的淳正品质，展现庆安辽阔稻田禾海，同时，将品牌口号定为"有一种米香叫庆安香"。庆安县以品牌塑造为引擎，依托多元化产业，将品牌转化为产业优势、发展优势。庆安县政府以乡镇为单位建立网格化管理体系，形成由乡镇到村（社区）到生产经营主体的管理网格，推进人员年度培训全覆盖，让良田产好米，夯实品牌地基。在产业链延伸方面，引进了不少下游企业，开发了速食米饭、大米酒等产品，2023年年产值实现近1亿元。

图7-6　庆安大米品牌标志

资料来源： 芒种品牌智库. 地标专题｜庆安大米：有一种米香，叫庆安香［EB/OL］. https：//www.163.com/dy/article/GU43NAAE05389QFM.html，2022-01-19/2024-07-20.

思考： 面对日益激烈的市场竞争和不断变化的消费者需求，庆安大米如何进一步创新品牌传播方式和拓展产业链，以实现更高的品牌价值和经济效益？

2. 产品独特性

获得地理标志产品认证的产品，必须以当地地域特点为基础，形成独特的产品特色。这些特色可以表现为品种的独特性、风味的差异性、原材料的特殊性、工艺的独创性，或体现于特定的人文因素所赋予的产品价值。因此，这类产品在市场中具有无可替代的销售优势和独特价值主张。

【案例 7-2】

盐池滩羊

盐池地处宁夏回族自治区东部,扼陕甘宁蒙四省交界之地。微妙的地理区位与气候环境,使得中原农耕文化与草原游牧文化在此交汇融合,孕育了诸多驰名中外的道地农产品。盐池滩羊起源于我国三大地方绵羊品种之一的蒙古羊,在盐池地区独特的气候环境下,经过漫长的风土驯化和当地百姓的精心培育,形成如今的这一特殊品种。滩羊毛色洁白、光泽如玉,尤其羔羊长至 30 日龄左右,毛股形成花穗状弯曲,十分美观,而这种性状离开盐池地区便会消失。另外,滩羊是单胎动物,一年只产一胎,一胎仅产一只羊羔。盐池县农牧局于 2005 年成功注册"盐池滩羊肉"证明商标,并于 2010 年获得"中国驰名商标"称号。盐池滩羊的羊种、产品特色因地域特色而显著,在价值体系上,盐池滩羊肉已彰显出与众不同的品牌价值。盐池滩羊品牌形象如图 7-7 所示。

图 7-7 盐池滩羊品牌形象

资料来源:芒种品牌智库. 地标品牌专题|强调个性,盐池滩羊的价值再造之路[EB/OL]. https://www.sohu.com/a/432150642_120197559,2020-11-16/2024-07-20.

思考:如何在保持盐池滩羊品质和特色的基础上,通过创新的养殖模式、营销策略或产业合作等方式,进一步提升盐池滩羊的市场份额和品牌影响力?

3. 品质差异性

由于生产区域性、产品独特性,自然也就带来了地理标志产品的品质差异性。所谓的"橘生淮南则为橘,生于淮北则为枳"即为此意。即便是同一科同一属的产品,由于地理条件、人文因素等不同,也会形成差异化的品质特征。

4. 品质稀缺性

由于生产区域性带来的地理条件、自然风土、生物品类、种质资源等差异,导致一些地区产生不同的物产品种。如同样是羊,宁夏盐池滩羊、内蒙古巴美肉羊、陕西横山羊、海门山羊、蒙山黑山羊、梁山青山羊、阿勒泰大尾巴羊等,都是其他地区没有的原生种质资源和稀缺品种。

5. 工艺传承性

地理标志产品认证限定了生产的区域范畴，而不同的区域范畴内，其社会演变、工艺发展都会体现出不同特征。一般而言，地理标志产品均有由区域内先民们研究出来的不同的工艺手法，并通过师徒授艺、家传秘方等方式，得以传承。如龙井茶的"抖、搭、拓、捺、甩、抓、推、扣、磨、压"十大手法，即为历史传承及总结所得。

6. 文脉悠久性

一个区域有一个区域的文化特质，但凡地理标志产品，大多具有长期的种养殖历史，并在种养殖历史发展进程中，形成了特殊的生产文化脉络。如四川雅安，在西汉时期便有吴理真在蒙顶山种茶的文字记录，自西汉至今，蒙顶山的种茶文脉源远流长。

7. 地域指向性

地理标志产品名称一般由农产品所生产的地理区域名称、农产品品类通用名称两者协同构成。如福州茉莉花、云阳红橙等，前两字为地理区域名称，后两字为产品品类通用名称。因此，其命名具有直接的地缘依附性、地缘联想性。看到产品名称便可联想到地缘特征，便于记忆、便于产生品牌联想。地域指向性是农产品地理标志命名的关键特征之一，它体现了农产品与特定地域之间不可分割的联系，对于保护地方特色、促进农业发展和满足消费者需求都发挥着重要作用。

8. 使用公共性

地理标志产品的生产，只要是在限定的区域内生产，其产品符合地理标志产品认证要求的、获得认证保护管理权力的机构（协会或者其他组织）认可的企业或农户、个人，都能够获得授权，拥有生产权益。因此，地理标志产品的生产区域，比区域公用品牌的范畴要大。而地理标志产品的生产授权，则是一个区域的农产品区域公用品牌建设的基本范畴。为了保护农产品地理标志，相关机构和组织通常会采取一系列措施，如制定使用规范、加强监督检查、打击冒用行为等。同时，也需要提高生产者和消费者对地理标志产品的认识和保护意识，共同维护地理标志产品的品牌形象和声誉。

9. 两权分离性

地理标志的所有权和使用权是相互分离的。以地理标志证明商标为例，其商标所有权由对某种商品或者服务具有监督能力的组织所控制，而商标使用权则由该组织以外的单位或者个人使用于其商品或者服务。这种分离可能导致"公用地灾难"隐患，即由于众多使用者的存在，可能会出现对地理标志的滥用或不当使用，从而损害地理标志的品牌形象和声誉。

10. 政府背书性

地理标志产品的生产者通过被审核、评审的过程及授权使用的权利获得，能够得到县级及以上政府、组织、专家甚至农业农村部、国际知识产权局、商标法、中欧地理标志互认等多重信用背书。如"库尔勒香梨"作为中国国家地理标志产品，其背后有库尔勒市政府的支持和推广。政府通过制定相关政策、提供技术指导和质量监管等措施，确保库尔勒香梨的品质和特色得到保护和传承。同时，政府还积极开展宣传和推广活动，提高库尔勒香梨的知名度和美誉度，增强其在市场上的竞争力。

第二节 中国农产品地理标志的品牌化基础

一、差异化特征驱动品牌竞争战略

从品牌起源角度来看,无论东方还是西方,品牌的起源都是用烧灼或镌刻等方式,在物件上留下一个标记。留下这个标记的目的很简单直接——区分,通过符号创造差异。品牌起源于区分(差异),通过符号标志区分产品的所有者和制作者,以及通过区分,形成权利维护和信用保障,明确所有权归属,明确责任归属,并给予消费者承诺。可以说,品牌是权利所有与诚信标志,品牌经济也被视为信用经济的典范。

迈克尔·波特在《竞争战略》中提出,竞争战略有三个选择,分别是总成本领先战略、差异化战略和专业化战略。品牌战略从本质上讲,是差异化战略的一种。因此,从品牌战略角度来看,品牌战略首先是一种竞争战略,它在竞争中产生,为了利于竞争而采用,并历久弥新。品牌战略强调的是差异化竞争,力图从符号、个性、文化、品质、渠道、定位、人格等一个或多个方面去塑造、传播差异性,以形成消费者的差异化认知;通过区分形象、个性、内涵、价值、消费意义、产品特质、消费者等方式,实现品牌的塑造与价值赋予。通过对地理标志产品特征的研究与把握,凸显其独特的、符合差异化竞争战略的品牌基因,可以创造富有特色的地理标志产品品牌。

差异化、特色化农业正在成为中国农业现代化发展的重点,《农业农村部关于加快推进品牌强农的意见》(农市发〔2018〕3号)提出"突出区域农产品的差异化优势,以特色塑造品牌的独特性,以标准确保品牌的稳定性"。地理标志制度是差异化发展、培育特色品牌的重要机制,我国具有丰富的地理标志资源,为采取差异化策略、发展特色农业提供了基础。推进地理标志农产品品牌化,构建地理标志产品保护制度,有利于维护地域名称与产品质量特征之间的特定关联,可为消费者购买相关产品提供更加充足的信息,使高质量产品免受廉价竞争,符合供给侧结构性改革和农业高质量发展的长远需求。此外,在推动偏远地区发展、维护生物多样性、保存文化遗产、保护传统知识等方面,我国也存在相同发展需求。

二、地理标志农产品的独特价值保护

从经济学视角出发,地理标志保护的正当性基础在于解决市场交易中生产者与消费者之间的信息不对称问题。信息是市场主体进行经济活动的关键要素,而产品生产者与消费者之间存在巨大的信息不对称,导致市场竞争并不总能实现优胜劣汰和资源最优配置。根据 Shapiro 的信誉理论模型,破除信息不对称困境的有效方式是消费者在不断消费学习的过程中建立对企业的信誉评价,代表企业信誉的简单符号可以发挥向消费者传递产品质量信息的功能,消除这种信息不对称[1]。这种符号最典型的体现即商标,商标

---

[1] Carl Shapiro, Consumer Information, Product Quality, and Seller Reputation, 13 Bell Journal of Economics 20 (1982); Carl Shapiro, Premiums for High Quality Products as Returns to Reputations, 98 The Quarterly Journal of Economics 659 (1983).

制度因此成为在生产者与消费者互动中建立商誉的主要机制：首先，商标发挥着向消费者标识生产者来源的功能，允许消费者在持续消费互动中对产品质量进行评价，逐渐建立企业信誉而减少道德风险，故商标法禁止假冒行为以保护消费者不受混淆；其次，商标（主要是已经建立一定商誉的商标）可以发挥信息传递功能，向消费者传达产品质量、品牌价值等信息，扩大了消费者获得信息的范围。

地理标志作为一类特殊商业标记，发挥着与商标类似的功能，特殊之处在于地理标志标识的并非商品与生产者之间的联系，而是产品与地域生产者集体之间的联系，其传递的信息不仅是某一产品来自特定地域，更主要是产品具有可归因于产地的质量特征声誉，其往往以特定地理环境、自然条件、人文因素以及大量经济投入和长期历史传统作为基础，消费者无法直接感知，甚至经过使用也无法确定（如产品成分、葡萄酒陈化年限、酿造工艺、产品的环保性等）。这使得地理标志产品在市场活动中为消费者所信任和青睐，产生了不同于一般产品的附加值。因此，需要对地理标志提供法律保护，确保产品的质量、特征、声誉真正可归因于该地区的地理标志，防止竞争者的假冒以及"搭便车"行为耗散地理标志所承载的有价值信息。

在实际应用中，地理标志容易受到"搭便车行为"的威胁，即权利人难以有效阻止不符合标准的产品滥用地理标志，进而削弱其品牌价值。在质量参差不齐的产品上使用地理标志会使得其背后代表的独特产品质量声誉被消磨殆尽，导致地理标志逐渐演化为通用名称而失去保护，无法再发挥传递产品质量信息、消除信息不对称的功能。通常，知名度较高的地理标志更容易因这种广泛使用行为而通用名称化，如大理石、绍兴黄酒、沁州黄小米等。为防范这一问题，国家知识产权局2023年公布的《地理标志产品保护办法》第30条规定，"将受保护的地理标志产品名称用于产地范围外的相同或者类似产品上，即使已标明真实产地，或者使用翻译名称，或者伴有如'种''型''式''类''风格'等之类表述的"，"依据相关法律法规处理"，旨在将保护标准由禁止混淆升级为绝对保护。

三、地理标志农产品的品牌背书力不显著

目前，我国农产品的地理标志在提升产品质量和推动农业高质量发展的实际效果尚未充分显现。相比之下，欧盟现注册地理标志有 3594 个，其地理标志保护产品的售价是同类普通产品的 2 倍，2017 年地理标志产品总销售额为 771.5 亿欧元，占当年度食品饮料销售总额的 7%，出口额占欧盟农产品出口总额的 15.5%[①]。我国大部分地理标志产品都是初级农产品，地理标志对于品牌的附加值尚未显现。直接原因在于，消费者对地理标志的认知度相对较低。对比来看，在欧洲，相关消费者对地理标志相对熟悉，能够区分地理标志背后所代表的产品质量、特点、声誉、制造方法、历史文化等，愿意支付更高价格购买地理标志产品；我国消费者对地理标志关注甚少，对其防伪和质量保证的含义也了解较少，仍然习惯于通过商标和生产者购买商品[②]。地理标志的受认可程

---

① European Commission, Directorate-General for Agriculture and Rural Development, Study on Economic Value of EU Quality Schemes, Geographical Indications (GIs) and Traditional Specialities Guaranteed (TSGs): Country Fiches, https://data.europa.eu/doi/10.2762/063780.

② 王笑冰. 地理标志法律保护新论：以中欧比较为视角 [M]. 北京：中国政法大学出版社. 2013：264.

度是经营者是否使用地理标志的重要影响因素,消费者对地理标志的低认知度,反过来导致经营者将重点放在自身商标和品牌上,缺乏对作为共有财产的地理标志宣传使用的积极性[①]。

多数中国农产品地理标志虽然拥有了专用标志,但作为基本的品牌符号,还没有建构系统的品牌识别体系,尚未形成清晰而富有意义的品牌识别。未通过价值发现、价值再创与价值延伸形成现代意义上的品牌价值链。

第三节　中国农产品地理标志的品牌化路径

中国农产品地理标志产品的品牌化,可以根据其区域性、独特性、公用性和背书性四大核心特征,进行品牌化适用路径的多方探索。抓住地理标志产品的区域性、公用性特征,在品牌类型上,选择创建或重塑特色显著的单一品类区域公用品牌;抓住地理标志产品的独特性(产品独特性、品质差异性、品种稀缺性、工艺传承性)特征,创建或重塑具有差异化、专属性强、消费对象精准度高的个性品牌;针对地理标志产品由区域性带来的独特文脉及文脉依赖性(独特生产者、生活方式与价值观、文化脉络故事)特征,创建或重塑具有独特的人物、故事、生活方式、价值观的文脉品牌;利用中国农产品地理标志产品的多重背书性及其命名地缘性所带来的区域、政府、专家、相关组织背书性等特征,创建或重塑与区域公共品牌相联动的地域联合品牌[②]。

一、创建或重塑富有地域特色的单一品类区域公用品牌

能够获得我国地理标志登记、注册的产品,都必须在一定的区域范畴内进行生产。但不同的区域会有不同的风土、物种、工艺、人文等诸多方面差异性特征,基于地理标志的产品则在产品生产、品质监管、产业规模、商标使用、文化背景、生产者等方面具有区域共性特征。同时,基于地理标志产品的单一品类特征,可以在品牌类型上选择创建或重塑特色显著的单一品类区域公用品牌,并使之成为单一品类基础上的产业内相关企业品牌与产品品牌的母品牌、产业背书品牌、产业延伸品牌,形成产业品牌内在生态结构。农产品地理标志区别于工业品和服务产品的最大特征是始终与种植、养殖、生产它的一方水土不可分割。正是这一区域不可复制的自然资源如地形地貌、气温、水质、土壤、光照昼夜温差等因素,和特有的人文特征如种植模式、管理技术、加工工艺等因素,共同决定了农产品地理标志产品的"特定质量、信誉或者其他特征"。

区域公用品牌,与普通商标意义上的企业品牌、产品品牌有所不同,它是基于区域特征基础上的品牌,因此,须先注册地理标志证明商标、地理标志集体商标,获得商标保护,与农产品地理标志专用标志实现双管齐下的知识产权保护。同时,因具有整合区域资源、联动区域力量的特殊能力,进而可以普惠地理标志产品的相关生产主体,带动区域经济发展,提升区域品牌形象。以农产品地理标志产品为产业基础,充分挖掘和利

---

① 王磊,赵瑞莹. 农户申请使用地理标志行为决策的影响因素分析:基于山东省16市的调查[J]. 农业技术经济, 2012 (1): 89.

② 胡晓云. 中国地理标志产品的品牌化适用路径[J]. 国际品牌观察, 2019 (11): 66-68.

用其区域性特征，创建区域公用品牌，并通过构建科学合理的管理机制，形成与企业品牌、合作社品牌、农户品牌等协同的母子品牌关系，创造区域与企业（合作社、农户等）的品牌互动模式，能够最大限度地形成区域、产业、企业、农户的合纵连横，创造区域品牌新生态。

二、创造具有独特差异化、专属性强的个性品牌

农产品地理标志产品在登记过程中，都要求产品或服务具有独特的品质、声誉或其他特点，而该品质和特点本质上可归因于其特殊的地理来源。这意味着产品必然拥有基于品种、品质、风味、材料、工艺、人文等各种因素带来的独特性。即便是同一科同一属的农产品地理标志产品，也会由于上述因素，形成显著的差异化品质特征。差异化品牌的创建需要深入挖掘地理标志所代表地区的独特自然环境、气候条件、土壤特质等，强调这些因素对农产品品质的独特影响，突出其不可复制性，并将当地的历史文化、民俗风情与农产品紧密结合，讲述农产品背后的故事和传统，赋予品牌浓厚的文化底蕴。

如龙井茶是中国著名的绿茶品种，产于浙江杭州西湖一带。龙井茶以其独特的外形、香气和口感而闻名，其品牌的独特差异化主要体现在以下几个方面：一是产地的独特性，西湖地区的自然环境和土壤条件为龙井茶的生长提供了优越的条件；二是制作工艺的传承性，龙井茶的制作工艺经过长期的传承和发展，形成了独特的工艺流程和技术标准；三是品牌文化的深厚性，龙井茶与杭州的历史文化和人文景观紧密相连，形成了独特的品牌文化内涵。

再如盘锦大米是辽宁省盘锦市的特产，以其米粒饱满、色泽清白、口感香糯而受到消费者的喜爱。盘锦大米的品牌差异化主要体现在以下几个方面：一是产地的生态环境，盘锦市地处辽河三角洲地区，拥有丰富的水资源和肥沃的土壤，为大米的生长提供了良好的自然条件；二是种植技术的创新，盘锦市积极推广绿色、有机种植技术，提高大米的品质和安全性；三是品牌营销的特色，盘锦市通过举办大米文化节、开展品牌推广活动等方式，提升了盘锦大米的品牌知名度和美誉度。

三、打造文化底蕴深厚的文脉品牌

农产品地理标志产品的登记，要求其品质特征主要源自特定区域的特定地理生态环境与历史人文因素。农产品地理标志产品大都具有悠久而独特的产品文脉，形成了相当的文脉依赖性，这种文脉依赖性将区域文化、产品文脉、生活方式、价值观等特性深深融入产品之中，并有可能成为产品重要的消费内核。西湖龙井的十大炒制工艺法，体现了独特的传统技艺；蒙顶山茶与昙真栈茶的故事，展现了深厚的文化底蕴；烟台苹果与传教士的渊源，反映了中西文化交融；长白山人参与赶山人的传说，则传递了地域特色与民间智慧。针对地理标志产品由区域性带来的独特文脉及文脉依赖性特征，创建或重塑具有独特的人物、故事、生活方式、价值观的文脉品牌，成为一种可能，甚至是创建文脉品牌的有效路径。

每个地理标志产品在其诞生之初，便蕴含深厚的文化底蕴。这种文化特质在品牌建设过程中得以进一步彰显，成为品牌差异化和价值增值的重要来源。通过研究农产品的起源、发展历程、传统种植或养殖方法、与当地文化的深度关联，挖掘独特的历史文化

故事，是构建文脉品牌的核心路径之一。

【案例 7-3】

梁平柚

2008年，"梁平柚"被农业部纳入"农产品地理标志"登记保护。据四川省档案馆资料和《梁山县志》记载，"梁平柚"系清乾隆末期，由乾隆五十七年进士、任福建省某县知县的梁山人刁思卓引进，植于梁山县梁山镇内，目前已有200多年的栽植历史。梁平县柚文化源远流长，清人对"梁平柚"曾有这样的描述："其色金黄，柠檬不能比其艳，红橘不能比其雅；其香幽馥，臵于舍内，异香满室，臵于园中，香飘十里；其味甘醇，橘莫能比其甜，梨不能比其清；其形肥美，诸果莫及……"。

同时，梁平还拥有极具特色的地域文脉符号——双桂堂，它在佛教界地位崇高，被尊为"西南佛教禅宗祖庭"，在中国及东南亚佛教界都具有显著地位，世谓之"西南丛林之首""第一禅林""宗门巨擘"。近代著名书画家、佛学家竹禅大师也担任过双桂堂第十代住持方丈。

双桂堂之所以是"堂"，而不以"寺""庙"命名，只因这里原本是一个旧式学堂。后人附会颇多，称双桂堂是西南禅宗之"大学堂"，"教"出一批方丈与住持。双桂堂创始人破山，一生培育弟子一百余人。后来，这些弟子分赴重庆、四川、云南、贵州、陕西等省市甚至东南亚地区，中兴了许多毁于战乱的寺院，成为西南汉传佛教的主体，故有"渝川滇黔禅宗祖庭"之称，并尊其为"堂"。

民间特色文化，梁平也是一绝，抬儿调、梁平竹帘、梁山灯戏、木版年画、癞子锣鼓等民俗艺术交相辉映，被誉为"中国民间文化艺术之乡"。

在挖掘和提炼"梁平柚"的多维文脉的基础上，胡晓云老师组建"中国地理标志农产品品牌化研究课题组"，充分思考了新时代消费市场趋势、移动互联媒介传播特性，改造、创新了文脉价值，为"梁平柚"打造了极具特色的人格化、年轻化的品牌形象（如图7-8所示）。对"梁平柚"而言，一方面其具有200多年的产业历史，是当之无愧的"百年名柚"；另一方面，梁平声名远播的双桂堂不仅在佛教界地位崇高，而且是真正"桃李满天下"的"名堂"。将两者相结合，就碰撞出"有名堂"的"梁平柚"品牌口号："百年名柚，大有名堂"。

图 7-8　梁平柚品牌主形象

为了直观地向消费者展示"梁平柚"的产品特点"香、甜、色",让消费者形成更为直观的印象与记忆,分别从嗅觉、味觉、视觉三个角度入手,创意"梁平柚"的产品口号为"柚香柚甜柚出色"。"柚"与"又"同音,使得这句品牌口号简单直接,朗朗上口,易于传诵,从而降低传播成本,加速品牌认知。在新媒体环境之下,消费者拥有更强烈的表达欲望与个性诉求,"梁平柚"基于"出色"的品牌定位与价值,能够满足消费者对品牌的情感诉求。一方面,"出色"表明了"梁平柚"作为"百年名柚"与众不同的产品态度,另一方面,"出色"也形成了与消费者的互动链接和精神激励,成功建构起"梁平柚"就是"励志柚"的品牌认知。在众多柚品牌中以独特的人格,实现差异化竞争。

资料来源: 余新月. 地标品牌专题|梁平柚:区域文脉的新时代演绎 http://www.brand.zju.edu.cn/2020/1201/c57354a2295902/page.htm,2020-12-01/2024-07-19.

思考: 如何利用地域文化中的独特元素为品牌增添魅力,以及如何与现代消费者的审美和需求相结合,创造出既有传统文化韵味又具有时尚感的品牌形象?

四、创建具有鲜明地域特征的区域联合品牌

农产品地理标志产品的命名具有直接的地缘依附性、地缘联想引导性。消费者看到产品名称便可联想到地缘特征,既容易记忆,又能激发品牌联想。如一看到听到库尔勒香梨、哈密瓜、吐鲁番葡萄,便会想到新疆"大漠孤烟直,长河落日圆"的独特景致,以及新疆人民载歌载舞的民风民俗。

农产品地理标志产品的竞争,在物质和功能的竞争层面上,是产品本身的竞争;在消费者心智和区域形象的竞争层面上,是产区的竞争。当其面向市场、面对消费者时,无一不是承载着区域形象和消费者的区域认知。从这个意义上,以区域形象与区域认知、以与区域同名的地理标志产品为基础,打造区域联合品牌,将一个区域的区域公共品牌与一个农产品地理标志产品的区域公用品牌进行联合,携手共进,可以自然延续已经积累的商品信誉和区域形象。

在品牌创建与管理过程中,应充分发挥农产品地理标志产品的命名地域性优势,联合区域政商、组织和专家等多重背书力量,提升品牌的知名度、联想度和影响力,同时强化区域名称的正面形象传播效果。还可以借助区域形象与区域特征,塑造具有独特个性的品牌形象,建立区域品牌形象与地理标志产品区域公用品牌互为背书、互动融合、相互支撑的专属性、品牌关系,构建区域联合品牌。

【案例7-4】

"遂宁鲜"农产品区域公用品牌

"遂宁鲜"品牌于2018年成功通过国家工商总局商标注册,成为全国首例"地域+产品特性"的综合型农产品区域公用品牌。"遂宁鲜"整合了遂宁市的优质农产品资源,涵盖了甜橙、白柠檬、沙田柚、白芷、洋姜、524红苕、小磨香油等多个品类。通过品牌建设,"遂宁鲜"提升了遂宁市农产品的知名度和美誉度,带动了当地农业的发展。授权使用"遂宁鲜"标识的会员单位有四川高金、四川可士可果业、安居524红苕等

100家，使用"遂宁鲜"标识的产品有甜橙、白柠檬、沙田柚、白芷、洋姜、524红苕、小磨香油等1000余个。其中，大英白柠檬便是全国农产品地理标志产品，大英白柠檬的地理标志保护的区域范围为大英县所辖河边镇、卓筒井镇、蓬莱镇、玉峰镇、天保镇、智水乡、金元乡7个乡镇。大英县以白柠檬为拳头产品，实施品牌培育计划，积极融入"遂宁鲜"区域公用品牌，高质量建设柠檬产业基地，并通过发展加工企业、完善配套设施等，延伸产业链条，提高产品附加值。

目前，遂宁市已建成国家绿色食品原料标准化基地7个、省部级畜禽养殖标准化示范场62个、水产健康养殖示范场16个，"遂宁鲜"优质农产品生产基地15个。2019年，遂宁市探索形成了"遂宁鲜"保护机制。制定了《"遂宁鲜"标识使用管理办法》，强化"遂宁鲜"品牌标识（如图7-9所示）的使用授权和日常监管，明确加入"遂宁鲜"协会需经过初审、复审、终审三关，由"遂宁鲜"协会常务理事投票，农业农村、市场监管等部门联合审管，实行严格的准入制度和违规必退的动态管理制度，构建能进能出、优胜劣汰的准入和退出机制。遂宁市全面建设"遂宁鲜"农产品质量安全追溯管理体系，逐步形成产销一体化的农产品质量安全追溯信息网络，并建立市、县、企业、终端查询四级信息化监管系统。目前已有330家企业、1752个产品入驻遂宁农产品追溯系统，"遂宁鲜"农产品追溯覆盖率达90%以上。

图7-9 遂宁鲜品牌标识

资料来源：遂宁鲜．"遂宁鲜"农产品区域公用品牌运营情况［EB/OL］．https：//nycj.suining.gov.cn/xinwen/show/16e99cbea12c4b64bd687cd1c1775090.html，2021-05-12/2024-07-15．

思考："遂宁鲜"若要与其他类似的区域联合品牌进行合作，共同拓展市场，提升影响力，需要考虑哪些关键因素和采取哪些具体的合作策略？

本章小结

（1）不同国际条约与地方立法文件对地理标志的定义不尽相同，曾采用过"原产地名称""来源标识""货源标志"等一系列称谓。地理标志（GI）被视作知识产权的一种形式，获得了欧盟以外众多国家的重视与讨论。

（2）从地理标志保护的历史传统出发，各国采用了不同的立法体系，目前主要包括"欧洲专门法""美国商标法"以及"专门法—商标法混合"三种保护模式。

（3）中国农产品地理标志，一般指示农产品来源于特定地域，产品品质和相关特征主要取决于自然生态环境和历史人文因素，并以地域名称冠名的特有农产品标志。

（4）中国农产品地理标志的基本特征包括：生产区域性、产品独特性、品质差异性、品质稀缺性、工艺传承性、文脉悠久性、地域指向性、使用公共性、两权分离性、政府背书性。

（5）中国农产品地理标志的品牌化基础包括：先天具备差异化特征，适用差异化竞争战略；地理标志农产品的独特价值保护；地理标志农产品的品牌背书力不显著。

（6）中国农产品地理标志品牌化路径主要涵盖以下方向：一是创建地域特色鲜明的单一品类公用品牌；二是塑造专属性强的差异化个性品牌；三是深挖文化价值，构建文脉品牌；四是通过区域整合形成联合品牌，提升市场竞争力。

思考与讨论

（1）在"欧洲式专门法""美国式商标法"以及"专门法—商标法混合"这三种地理标志保护模式中，哪种模式更适合中国农产品地理标志保护的现状和未来发展需求？为什么？

（2）中国农产品地理标志具有生产区域性等基本特征，如何充分利用这些特征来提升品牌的市场竞争力和附加值？

（3）面对地理标志农产品品牌背书力不显著的问题，应如何加强品牌推广和宣传，以提高其在消费者心中的认知度和信任度？

（4）在创建或重塑富有地域特色的单一品类区域公用品牌时，如何平衡地域特色与市场需求的关系？

（5）打造文化底蕴深厚的文脉品牌过程中，如何挖掘和传承地理标志农产品背后的历史文化内涵，使其成为品牌的核心竞争力？

（6）创建具有鲜明地域特征的区域联合品牌时，怎样协调不同地区地理标志产品之间的差异，实现协同发展？

案例分析

建设地理标志产品保护示范区　擦亮宁乡花猪品牌名片

宁乡市根据《湖南省地理标志产品保护示范区建设管理办法（试行）》要求，对标起草印发了《宁乡花猪省级地理标志产品保护示范区实施方案》（以下简称《方案》），进一步加大地理标志产品保护力度，在体系机制建设、重点市场监管、发展机遇把握等方面下功夫，以实现高标准建设、高水平保护、高质量发展，将资源禀赋转化为竞争优势，助力乡村振兴战略和区域经济发展。

1. 狠抓地理标志保护制度落实

宁乡花猪因其毛色为黑白花、头型多样得名,是中国四大地方猪种之一,入选国家重要家畜基因库,曾被联合国粮农组织列为推荐品种,被列入地方畜禽品种国家级保护名录。近年来,宁乡市充分发挥花猪品牌特色,在大力发展养殖规模的基础上,做好花猪产品精深加工文章,全面推进休闲观光、乡村旅游等项目,拓宽三产融合路子,不断延伸产业链条,有效增加附加值,使"花猪+"效益全面彰显。

做强一产,以流沙河牧业、楚沩香等为龙头的花猪企业带动专业合作社、养殖户,采取"统一供种、统一饲料、统一技术、统一防疫、统一保底价回收"的管理模式和"开班授课、现场指导、信息化服务"的推广模式,降低农民生产和市场风险,实现农民增收致富。

做靓二产,建立宁乡花猪专用屠宰线 1 条,宁乡花猪冷鲜肉分割车间 2 个,宁乡花猪产品加工生产线 7 条,产品加工能力大幅提升。紧跟市场需求,开发了里脊肉、五花肉等 100 多种不同规格的宁乡花猪精细分割产品,肉卷、腊肉、香肠、火腿等 46 种深加工产品,受到各地消费者的喜爱。

推动三产,宁乡探索发展"农业+"模式,以湘都生态农业园为代表,因地制宜推动宁乡花猪产业与休闲观光、乡村旅游、科普教育、餐饮康养等产业深度融合,盘活闲置民房、学校、废弃矿区,聘请农民管理房屋,建立利益联结机制,壮大村级集体经济。

如今,宁乡花猪产业坚持"百亿产业、富民产业、品牌产业"发展定位,形成了"种质有保障、高端有市场、产业全链条"的发展格局。由宁乡花猪这颗美食"明珠"串起的"种质资源保护、标准化生产、屠宰、冷链、精深加工、销售服务"全产业链上,已有超过 300 多家企业,全市 2023 年出栏花猪近 50 万头,全产业链综合产值近 50 亿元。

为进一步形成宁乡花猪保护合力,提高建设水平,《方案》明确提出要有效运用上级建设专项资金,推动宁乡花猪地理标志产品保护运用与农业、文旅等工作有机融合,建立社会共治、协调联动的工作机制,加强区域资源整合,协同推进宁乡花猪产业高质量发展。积极与"中国四大名猪"县市合作,共同打响"名猪"品牌。

同时,《方案》要求建立健全宁乡花猪地理标志产品专用标准体系,制(修)定宁乡花猪地理标志产品专用地方标准和《宁乡花猪饲养规程》;建立健全检测检验体系,确定鉴定机构对标宁乡花猪地理标志产品专用标准实施质量监控;建立健全质量管理体系,对标《宁乡花猪饲养规程》,倡导企业建立贯彻 ISO9001 质量管理体系,确保宁乡花猪品质;增加申报 29 类宁乡花猪鲜肉地理标志证明商标,完善保护类别,促进宁乡花猪全产业链发展。

2. 打造地标产品地标金字招牌

落日归山海,烟火向星辰。宁乡花猪的发源地流沙河镇紧盯"产业兴镇 品牌强镇"目标,充分发挥致富带头人作用,依托基层党校,先后开设了花猪、渔业、荷花等种植养殖培训班,为当地党员干部、花猪产业人才送上了知识"大餐"。同时,流沙河镇围绕花猪特色产业推进一二三产业之间的深度融合,不断延伸花猪产业链条,全面提升产业效益,实现了工业与农业、城镇与乡村的"跨界"联动,实现了农文旅联动发展,培育了一批美丽休闲乡村，让广大农民充分享受到产业增值收益。

目前，宁乡市共有宁乡花猪从业企业300余家，覆盖保种、养殖、屠宰、加工、销售、农旅等全产业链。宁乡花猪产品也"飞"向北上广深等一线城市大卖场，品牌价值和市场影响得到极大提升。

为进一步推动保护运用，促进产业发展，《方案》中明确要求制定《宁乡花猪地理证明商标标识印制和使用管理办法》，制作相关标牌（活体耳标）、标识（加工产品包装）、标章（用于白肉胴体）、门牌（门店）等，开展"宁乡花猪国家地理标志产品品牌合作商（单位）"授权挂牌。对授权单位实施公示，并全面启动规范使用相关标识、标牌、标章。开展市场专项打假行动，严厉打击未经许可擅自使用宁乡花猪证明商标、假冒地理标志产品等行为。并统一编印促进地标产品宁乡花猪发展扶持政策，组织使用企业深入学习和遵照执行，树立地标引领意识；在地标使用企业中重点培养地标保护人才，熟悉地标法律法规和相关政策，提高执行能力，加强地理标志保护专业人才队伍建设；适时举办宁乡花猪节会等活动，开展宁乡花猪品牌价值评价工作，加强品牌宣传和推广；突出宁乡花猪地标引领作用，组织沩山毛尖、宁乡五里堆香干、宁乡栀子地理标志相关使用企业，开展宁乡花猪地理标志保护运营现场观摩学习活动，全面推动宁乡特色地方产业发展。

同时，加强合作共赢，引领市场开拓。《方案》要求推动宁乡花猪养殖基地建设，努力实现建设100万头生猪养殖基地目标，扩大产能；加强与太湖猪、金华猪、荣昌猪"三大名猪"的交流合作与相互学习；加强与湖南农业大学、湖南省畜牧兽医研究所的合作，共同研发更科学的保种、育种方法和改良品种方法；加强与各级湘菜大师、厨师协会、餐饮协会的交流，研发创造更多宁乡花猪菜品，适时开展各种生动活泼赛事，在餐饮行业内积极推广，形成湘菜名品。加强与盒马生鲜、麦德龙、平和堂等大型连锁超市合作，形成完整供应链，推动宁乡花猪"走出去"。认真总结"买头花猪做年猪"活动经验，积极探索线上线下联动，推进"订购模式"的推广，减少市场价格波动对宁乡花猪养殖业的冲击。

资料来源：段华良.建设地理标志产品保护示范区 擦亮宁乡花猪品牌名片［EB/OL］. http：//www.brand.zju.edu.cn/2024/0511/c57338a2914258/page.htm，2024-05-11/2024-07-15.

思考：面对未来市场的变化和竞争，宁乡花猪如何进一步创新品牌推广和销售模式，以确保宁乡花猪能够持续扩大市场份额，提升品牌影响力，并带动当地经济更高效发展？

第三篇 农业品牌营销活动设计

第八章　农业品牌形象识别与要素设计

知识与技能目标

（1）理解品牌要素的概念，包括显性要素和隐性要素的具体内容和特点。
（2）掌握设计不同品牌要素应遵循的原则。
（3）运用品牌形象识别系统，为农业品牌构建完整的形象识别体系。
（4）能够结合农业品牌的特点和目标受众，设计具有吸引力的隐性要素，如品牌个性、体验和承诺。

情境导入

周至县是全国种植规模最大的猕猴桃产区，也是世界上最重要的猕猴桃生产基地之一，每年面市的国产猕猴桃中，就有将近五分之一来自周至。中国农业品牌研究中心为周至猕猴桃制定了品牌战略规划，提炼出品牌创意核心"有道"，借力传统文化的现代演绎，发展出更为丰富的涵义，将品牌口号定为"周至猕猴桃，鲜甜自有道"。"自有道"的结合更强化这一特征，表现出"理所当然""当仁不让"的品牌自信，更隐含了"舍我其谁"的冠军气质。该方案立足创意核心，结合周至猕猴桃产业特色和产品特征，将其"鲜甜"、"自然"的特点融入口号，既生动地表现出产品的品质特点，又能迎合消费者追求新鲜、美味的市场需求，极大地激发了消费者的购买冲动。品牌主形象将周至县的重要区域背书"秦岭山脉"，以及猕猴桃生长的关键要素"阳光、耕地、水流"融入品牌标志中，通过猕猴桃果肉切面的形式有机整合、统一表达，山水自然所形成的小天地、生态圈完整和谐地呈现在标志中，充分表达周至猕猴桃源自自然、内蕴自然的特点，成为对品牌口号的有力补充。

资料来源："周至猕猴桃"区域公用品牌创意解读［EB/OL］. http：//www. brand.zju. edu. cn/2019/0802/c57340a2294483/page. htm, 2019-08-12/2024-05-06.

思考：周至猕猴桃品牌要素设计对品牌形象的提升与品牌战略体系的构建有什么重要意义？

农业品牌建设要不断丰富品牌内涵，树立品牌自信，而且还要具有明确的品牌传播识别体系，以及较强的品牌传播能力和运营能力。农业农村部《关于加快推进品牌强农的意见》（农市发〔2018〕3号）中明确提出，要深入挖掘农业的生产、生活、生态和文化等功能，加强老工艺、老字号、老品种的保护与传承，培育具有文化底蕴的中国农业品牌，使之成为走向世界的新载体和新符号。充分挖掘农业多功能性，使农业品牌业态更多元、形态更高级，讲好农业品牌故事，树立农业品牌形象，增强中国农业品牌在全世界的知名度、美誉度和影响力。

在新经济时代，如何让品牌与品牌间的竞争规避价格竞争，除了强化质量之外，品牌的重要附加价值还体现在情感和体验属性方面。农产品品牌要素设计，就是要运用品牌名称、标志、包装、产品形式与宣传等手段与消费者进行沟通，营销良好的品牌形象，助力农产品品牌感官性和品牌竞争力的提升。

第一节　农业品牌要素的内涵与意义

一、品牌要素的内涵

成功品牌的品牌要素往往在消费者心目中留下深刻的烙印。凯文·凯勒（Kevin Keller）认为，品牌要素也称为品牌特征，指的是那些用以识别和区分品牌的商标设计，主要用来帮助消费者识别和区分目标品牌与竞争品牌。

需要注意的是，产品成分标签并不是品牌要素，如一些食品会标注产品的成分构成或质量等级等信息，但这些信息很多品牌都有，并不具有差异性，因此不构成品牌要素。另外，对于单个品牌而言，并不需要囊括所有的品牌要素。通常，一般农产品经营者都会设计品牌名称与品牌标志，大多数品牌会设计口号、形象代表、广告、域名等。

品牌要素一般分为显性要素与隐性要素两个层面。

（一）显性要素

显性要素是品牌外在的、具象的东西，可直接给消费者带来较强的感觉上的冲击，主要包括品牌名称、品牌标志、形象代表、标准色、标准字、品牌口号、品牌广告、包装和域名等。如横州市以茉莉花文化作为品牌建设的灵魂，推出"好一朵横州茉莉花"的品牌口号、品牌标识（如图8-1所示）、品牌图腾、文化族谱，深挖历史人文，制定了以横州茉莉花品牌为核心的城市发展路径。

图 8-1　横州茉莉花品牌名称与标志

(二) 隐性要素

隐性要素是品牌的精神与核心，不可以被直接感知，包括品牌个性、品牌体验、品牌承诺等。

1. 品牌个性

个性是品牌的灵魂，一个没有个性的品牌，就如同一个没有灵魂的躯壳在市场游荡，不可能有真正持久的生命力。正如广告大师奥格威所说："最终决定品牌的市场地位的是品牌本身的性格，而不是产品间微不足道的差异"。他所说的品牌性格就是品牌个性。大量事实表明，消费者总是喜欢符合自己个性（或观念）的品牌。

品牌个性是指一个品牌所体现出来的独特价值及其存在形式，以及企业将这种独特价值在向消费者传达的过程中，所采用的独特表现形式与风格及其人格化的描述。简而言之，品牌个性就是品牌给予消费者的人格化印象和总体感觉，即品牌性格。

【案例 8-1】

霍邱稻田龙虾

在市场竞争的促进下，小龙虾区域公用品牌将会逐步进入品类为王的时代，稻田龙虾和湖泊（清水）龙虾抢先占位成功者，将决定未来行业领先的地位。尤其是稻田龙虾，现已经成为小龙虾行业的主要养殖方式。但稻田龙虾这一品类依然没有出现领导品牌，在天锐灵动的调研中发现，有 33.2% 的消费者认为稻田龙虾更安全、口感也会更好。

现在的小龙虾区域公用品牌已经完全陷入到了同质化竞争的状态，抛开知名度和产业基础优势，在消费者的心目中，各地龙虾都差不多，因此，如何提升品牌价值，实现产品差异化，成了龙虾区域公用品牌第二阶段要走的路。

那么，霍邱稻田龙虾需要占领哪些核心心智资源呢？安全是消费者心中尤为关键的一道防线，也是大多数小龙虾产区没有注意和突出的基本点。而安全的心智资源对于品牌来说，无疑是一座巨大的金矿，所以，控制了"安全"这道防线，也就控制了属于霍邱稻田龙虾的行业地位，更是掌控了稻田龙虾的核心品类资源。

基于此，天锐灵动在详细了解霍邱稻田龙虾养殖细节之后，发现霍邱稻田龙虾存在一个很自然的信任状——6 个 0，即 0 污染、0 抗生素、0 药残、0 化肥、0 添加、0 铅汞砷。由此梳理出霍邱稻田龙虾的卖点支撑体系和品牌个性：

稻田为家，谷稻为伴，0 污染，干干净净地生！

虾稻轮作，全程自然长，0 抗生素，0 药残，0 化肥，干干净净地长！

纯植物喂养，0 添加，干干净净地吃！

头小身大壳薄，清香 Q 弹，0 铅汞砷，干干净净地放心买！

资料来源： 霍邱稻田龙虾区域公用品牌策划手记［EB/OL］.https：//www. nongyecehua. com/design/show/44. html，2017-10-10/2024-07-01.

思考： 霍邱稻田龙虾的品牌个性是如何提炼和塑造的？

2. 品牌体验

品牌体验是一种主观的、内在的顾客反应（诸如认知、情感和感觉）和行为反应。

品牌体验可以从感官体验、情感体验、行为体验和思维体验方面进行测度,具体测量题项如表8-1所示。

表8-1 品牌体验的测量题项

体验类别	具体测量项目
感官体验	这个品牌在视觉或其他感官上给我留下深刻印象 在感官体验上,我觉得这个品牌是很有趣的 这个品牌在感官体验上一点也不能吸引我
情感体验	这个品牌能够激发我很多感情与情感 我对这个品牌并没有很强烈的感情色彩 这个品牌是一个情感化的品牌
行为体验	当我使用这个品牌时,我很愿意与它发生深入互动 消费这个品牌可以让人产生身体上的体验 这个品牌不是行动导向
思维体验	当我接触到这个品牌时,我会投入很多知识去思考它 这个品牌不会引发我的思考 这个品牌会引发我的好奇与解决问题的兴趣

3. 品牌承诺

品牌承诺是一个品牌给消费者的所有保证,反映出一个企业的经营理念及终极追求,反映出决策者超越产品的品牌规划能力和企业经营者对企业未来的规划能力。一般来说,品牌承诺就是告诉消费者企业要达到什么目的。

二、品牌要素的重要意义

(一)有助于消费者理解品牌的精粹

品牌是消费者对产品及企业所具有的全部联想,但品牌过于抽象,会让消费者难以理解和接近。因此,有形的、可感受的品牌要素可以支撑并表达品牌的内涵和精粹,增加消费者对品牌的深层认知。

(二)有助于消费者识别与选择

对于消费者而言,农产品购买不是缺乏选择而是选择太多,面对众多的产品信息,消费者需要在备选方案中选出一种,这时,高知名度的品牌要素会简化消费者选择,增加决策信息。

(三)有助于形成品牌资产

品牌资产由品牌知名度、品牌美誉度、品牌忠诚度、品牌商标、专利等构成,品牌资产的产生源于消费者的认知,而消费者认知是通过接触品牌,在头脑中储存关于品牌名称、品牌标志等要素的知识和记忆后,形成品牌认知能力,并引导其尝试使用品牌。

三、品牌要素设计的原则

品牌要素设计应遵循一定的原则,包括可记忆性、象征性、吸引力、可转换性、可适应性、可保护性等。可记忆性、象征性、吸引力原则是农产品营销者创建品牌资产时应采取的进攻性战略，而可转换性、可适应性、可保护性是企业提升和维护品牌资产时应采取的防御性战略。

（一）可记忆性

可记忆性指品牌要素很容易在消费者头脑中被回忆或者识别出来。农产品品牌要素具备可记忆性的前提是能够吸引消费者的注意。一般而言，越是具有特色的、与众不同的特征越容易引起注意，从而增加记忆度。

（二）象征性

象征性强调品牌要素寓意丰富，品牌要素要同时表达品类特性及品牌属性和利益的具体信息。对于品类一般信息，消费者希望看到品牌要素就能马上知道它代表的具体品类，比如通过王老吉凉茶品牌名称消费者能迅速知道具体品类信息。关于品牌属性与利益的具体信息则用于品牌定位和传播中。

（三）吸引力

吸引力原则意味着品牌要素在视觉、听觉等方面具有吸引力，以及形象丰富、富有乐趣。感官的吸引力可以通过设计品牌元素时采用的风格与主题来体现，形象一致的风格与主题能够引起消费者的好感并激发正向的情绪反应。

（四）可转换性

可转换性强调品牌要素的设计是否有助于品牌的延伸及品牌在不同地区和文化间进行传播。一般而言，不包含具体的品类和属性利益信息，品牌名称越宽泛，越容易跨品类延伸与转换；同时要注意品牌要素设计不能引起文化障碍或误解。

（五）可适应性

可适应性指的是品牌要素更新的难易程度。由于农产品市场竞争环境、消费者的需求偏好与消费价值观、生活方式等会随着时间发生变化，因此，品牌要素也要与时俱进，做出相应的调整。但需要注意两个问题：一方面，品牌名称是品牌的精髓，更代表着品牌形象的基础和品牌资产的来源，品牌名称的更改可能会造成老用户的流失和品牌资产的稀释，而品牌标志、形象代表、广告、包装等更改则相对容易；另一方面，每个品牌都具有自己的核心价值和经营理念，这些价值理念往往通过品牌要素来体现，品牌要素更新应考虑核心价值理念的传承与延续问题。

（六）可保护性

可保护性指在品牌要素设计过程中应防止竞争者的模仿和争取法律保护。品牌要素的独特性可以避免赝品和仿冒品的威胁。品牌要素设计好后，营销者应第一时间申请正式登记注册，后续经营中也需要对商标侵害者以及未授权使用者进行查证和打假。

第二节 农业品牌显性要素设计

农业品牌要素设计旨在形成鲜明的企业或产品视觉形象，在市场竞争中引起消费者注意，并做出购买行为。针对品牌的定位、内涵特点、文化元素与形象特点合理设计品牌要素，可以为农业品牌增加附加值，并获得消费者认同，提升品牌美誉度与忠诚度。

一、品牌名称设计

（一）品牌名称的设计原则

每个品牌都必须有名称，通常也称企业商号，这是合法经营所必须具备的基本条件。品牌名称是构成品牌基本的和必不可少的元素。它可以反映产品内容、提高品牌认知、强化品牌联想，并最终给品牌带来资产。品牌名称一般用中文、英文或拼音和数字表示。品牌名称可以国际国内通用，也可以不通用。例如：知名茶叶品牌吴裕泰，其品牌名称中就包含中文、拼音和数字（创建时间），水果品牌佳沃其品牌名称中包含中文和英文。具体如图8-2所示。

图8-2　吴裕泰和佳沃的品牌名称与标志

对于大多数农业企业而言，目标市场主要是国内的消费者，取一个能与消费者文化观念与价值观相兼容的名字非常重要。研究表明，汉语品牌命名应坚持下述原则：

（1）简洁但不过短，大多由2～3个汉字组成，英文品牌以5～8个字母为宜，太长会烦琐，太短则突兀，不符合现代汉语双音词居多的拼读习惯。一些较长的如4个字的品牌名，各有特点，如多有叠字或一个词语，读起来顺口。

（2）读音朗朗上口。品牌名读起来应响亮、顺畅、易于发音，如娃哈哈；应注意，单音字无法朗朗上口，读一个音就结束，无效果。汉字在读音上有声、韵、调三个基本要素，发音响亮主要体现在声调上，取名时尽量避免使用声调相同的字，以免平直呆极，缺乏动感。使用不同声调的字，让它们错杂相间，就可能产生悦耳动听、抑扬顿挫的艺术效果。同时注意声母和韵母的配合，二者搭配得当，读来就会给人朗朗上口的感觉，如汇源果汁。

（3）赋予产品潜在寓意，喻示产品给消费者带来的利益和祝愿，如"同仁堂"蕴含"同修仁德"之意。

（4）便于法律保护。及时在销售地及潜在销售地申请注册，以便获得法律保护。

（二）品牌名称来源

1. 以创始人名字或人名命名

可以体现品牌创始人对自己所生产的商品的责任意识和对消费者诚信经营的理念，

其直接的效果就是使消费者对这些品牌产生一种信赖感。如以农产品经营者、企业创始人名字命名，食品、酒类行业较为常见，如王守义、王致和、张小泉、李锦记等；或以已故人名或虚拟人物名字命名，如曹雪芹家酒，孔乙己茴香豆等。

2. 以动物名或植物名命名

消费者在接触到这类品牌的名称时就对品牌的品质或性能产生一定的认知。如以动物命名的鳄鱼皮具、小天鹅电器、三只松鼠坚果、熊猫电子、凤凰自行车、金丝猴香烟、大白兔奶糖等，以植物命名的花椒直播、西瓜视频、土豆视频、牡丹香烟、美柚网、百合网、红豆男装、苹果手机、小米手机等。

3. 以虚构或杜撰的词语命名

以虚构或杜撰的词语命名的品牌，在市场中同样具有独特的吸引力和辨识度。这些品牌名称往往富有创意和想象力，能够迅速吸引消费者的注意并留下深刻印象，且竞争者无法模仿，一旦认知，便会产生一对一品牌联想。如克宁奶粉 KLIM 是奶粉英文单词 Milk 的反写。

4. 以数字或首字母命名

以数字或首字母命名的品牌非常多样，这些命名方式不仅独特，而且易于记忆和识别。纯数字品牌名（数字重复出现或对称），如 999、361 等；数字文字组合，如首衢一指、17.5°橙等；首字母命名，如 BYD、KFC、GE 等。

5. 以历史文化背景命名

以历史文化背景命名的品牌，往往蕴含着丰富的历史典故和深厚的文化底蕴，这些品牌名称不仅易于记忆和传播，还能与消费者建立情感联系，增强品牌的认同感和归属感，如北大荒、诗仙太白、杏花村等。

6. 以产地命名

凭借地区的独特资源和历史文化，用地名命名产品品牌，标志产品的唯一性。国际上的原产地保护政策为这种方法提供了更强的品牌排他性，所以以地名作为产品品牌名称的方法一直受到企业的推崇。如烟台苹果、金乡大蒜、西湖龙井、武夷山大红袍、北京烤鸭、德州扒鸡、东阿阿胶等。

二、品牌标志与商标

（一）品牌标志

品牌标志是品牌商标中图形化、概念化的视觉符号，其基本构成元素包括图形、图案、色彩、字体。标志符号是品牌最外在、最直接、最具有传播力和感染力的部分，它以深刻的理念、优美的形象给人们留下深刻的印象和记忆，有利于克服语言和文字上的障碍及表述的困难，便于传播和记忆。品牌标志设计的形态要在一定程度上符合品牌战略和品牌理念，并体现和代表品牌的行业属性、功能属性和价值属性。

一般品牌标志设计应遵循以下原则：

1. 标志要具有可识别性

造型独特，"抓眼球"，富有个性和创意，并易于与竞争者相区分；简洁明了，易于记忆，能够迅速被识别，如餐饮品牌麦当劳的大写的黄色拱门形"M"标识，很容易提高消费者的记忆力；传达清晰一致的企业形象个性；在各种媒介和范围内都能良好运作；在法律上受到保护。

【案例8-2】

稻香粽

肇庆裹蒸粽品牌"稻香粽"的品牌标志在设计过程中，主体造型将裹蒸粽外形与肇庆名山结合，突出了肇庆"鼎湖山""七星岩""盘龙峡"等旅游资源，强调了肇庆中国优秀旅游城市的地位，体现了裹蒸粽如肇庆的高山一般历史悠久、扬名于世。标志下方的波纹设计象征肇庆的西江河，标志色彩采用裹蒸粽的"冬叶"的原本色彩，与裹蒸粽相呼应，同时微妙地传达了肇庆绿色环保的城市理念。标志用特别设计的字体表现裹蒸粽，中英文结合象征肇庆与裹蒸粽走向世界，独特的字体与图形浑然一体，凸显出农产品的健康性与绿色环保性，并在一定程度上全面提升了农产品的品牌设计内涵与效果，充分发挥了地域文化的积极作用。具体如图8-3所示。

图8-3 稻香粽品牌标志设计

资料来源： 高广宇. 品牌设计助推农产品产业升级［J］. 南方农村，2020，36（02）：31-34.

思考： 肇庆裹蒸粽品牌"稻香粽"的标志设计是如何体现辨识度的？

2. 标志要具有艺术性

一方面，标志视觉风格要受到品牌理念的约束，如一些品牌追求"丰富多彩"和变化，标志视觉风格也许就会以较繁复多变的姿态呈现；另一方面，标志要体现美感，符合时代和不同目标人群的审美感受，如中国消费者更加注重美感、与自然的和谐、质量等。因此，设计新的品牌标志应注意要在上述几点上有所倾向。以浙江芒种品牌管理有限公司设计的醉三都品牌标志为例，其主形象为精心设计的"醉三都"三字的书法字体，充分应用了虚实结合的艺术手法，具体如图8-4所示。

图8-4 醉三都品牌标志

3. 标志要具有目的性

目的性的核心含义是指品牌的"意义"。意义是品牌标志的基因（DNA），它作为象征符号将智慧、想象和情感融合到一起。有些标志本身就有着鲜明的历史文化象征意义；有些标志本身的形态则相对抽象，更加强调带给人的"感觉"意义。

【案例8-3】

青岛农品

2017年12月5日，青岛市政府发布了"青岛市农产品区域公用品牌形象标识"，形象标识包含品牌名称、品牌口号和形象标识三部分。其中，"青岛农品"作为区域公用品牌名称，"绿色品质·世界共享"为品牌口号，图形符号logo为品牌形象标志，具体如图8-5所示。

图8-5 青岛农品品牌标识

青岛市农产品区域公用品牌形象标识logo是"青"字的变体，凸显"青岛"之名，以盛满粮食的"斗升"形状，寓意农产丰收、品质升级、品牌升值的内涵；农田阡陌葱郁的直观形象，幻化抽象为"绿色"基调，具有渐变质感的并行线条，展现出自然生态的农业特质，彰显青岛农产品"绿色品质"；两端微微上扬的条状横线，代表"地球纬度线"，寓意青岛农产走向国际、世界共享的高端品质；六条横线，寓意青岛市一二三产业融合发展，全力培育壮大"新六产"的属性与内涵，昭示"粮、蔬、果、茶、渔、牧"六大支柱产业蓬勃发展的良好态势。

青岛农产品公用品牌形象标志，色彩简洁，线条流畅，庄重大方，寓意丰富，彰显出青岛优美的自然环境，独特的文化内涵，悠久的历史底蕴，丰富的特色农产，具有耳目一新的视觉冲击力。

资料来源：于洪光. 青岛发布农产品区域公用品牌标识［EB/OL］. http：//rmfp.people.com.cn/n1/2017/1207/c406725-29691712.html，2017-12-07/2024-05-03.

思考：青岛农品品牌标识的目的性是通过哪些元素实现的？

4. 标志要具有适应性

品牌标识要适时更新以应对新环境，并避免消费者的视觉疲劳。标志的改变不仅是审美角度的决策，更是来自品牌经营者自身更深刻的思考，是对品牌新理念和战略调整的体现。标志的设计要兼具时代性与持久性，如果不能顺应时代，就难以产生共鸣。

5. 标志要具有应用性

通常意义上的标志运用，指的是图形和文字的组合使用，还有根据logo的色调而推广使用的统一视觉颜色，如服装服饰、办公用品、交通工具、广告媒体、产品包装、公务礼品、陈列展示、印刷品等。在战略应用时，图形的作用和意义要大于文字的作用和意义。标志的运用可以体现品牌使用的意图，从战略角度反映品牌结构、角色乃至模式。

（二）品牌商标

一个成功的品牌必须有一整套完整的商标。商标分为注册商标和非注册商标；注册商标和非注册商标都包含图形商标、中文商标、英文商标、数字商标以及组合图形商标；上述商标类型都包含企业品牌名称商标、产品商标、服务商标。商标右上方有®标识，表明已注册，为注册商标。商标右上方有 TM 标志的，其与®标识的商标不同。TM 为英文 Trade Mark 的缩写，既包含注册商标®，也包含未经商标局核准注册的未注册商标。商标标注 TM，能够起到一定的保护作用，但若该商标未经商标局核准注册，其受法律保护的力度不大，只有当该未注册商标达到一定知名度的情况下，才能够获得一定程度的法律保护。例如前述图 8-2 中两个商标，吴裕泰标注的是®，佳沃标注的是 TM。

【知识拓展】

不符合法律规定的品牌

显著特征、便于识别是品牌应当具备的必要条件，在品牌审查中被视为一种绝对标准。除《商标法》规定禁用的文字、图形外，凡是不能识别不同经营者的农业品牌，均属缺乏显著特征、不符合法律规定的品牌。其主要表现形式包括：

（1）仅以变通形式、过于简单的几何图形构成的农业品牌，不易产生感官印象，不具备农业品牌识别作用。

（2）过于复杂的文字、图形及其组合的农业品牌，缺乏显著特征，也不具有农业品牌识别作用。

（3）仅以变通字体的字母构成的农业品牌，因字母的数目有限，不宜为一家独占，缺乏显著特征，不具备农业品牌识别作用。

（4）仅以变通字体的阿拉伯数字构成的农业品牌，且指定使用在习惯于以数字作为型号或货号的农产品上，缺乏显著特征，不具备农业品牌识别作用。

（5）仅用常见姓氏以普通字体构成的农业品牌，且指定使用于日常生活用品与日常服务的，其姓氏不宜一家独占，缺乏显著特征，不具备农业品牌识别作用。

（6）民间约定俗成的表示吉祥的标志，且指定使用于日常生活用品或者日常服务的，缺乏显著特征，不具备农业品牌识别作用。

（7）常用于商贸中的语言或者标志构成的品牌，以普通形式的产品包装、容器或者一般商品的装饰性图形作品牌的，缺乏显著特征，不具备农业品牌识别作用。

（8）由企业或行业的普通名称、简称构成的品牌，缺乏显著特征，不具备农业品牌识别作用，如"农业法律事务所"。

（9）非独创性的广告用语，缺乏显著特征，不具备农业品牌识别作用，但独创的短语不受此限。

（10）民族名称作品牌容易使消费者认为是来自某民族的或者表示民族特色，缺乏显著特征，不具备农业品牌识别作用。但民族名称具有其他含义的不受此限，如"高山"。

(11) 以常用的礼貌用语及普通的人称称谓作品牌，缺乏显著特征，不具备品牌识别作用，如"老农""农家"等。但非普通形式或者已图形化的不受此限，如"康师傅"方便面。

资料来源：白光，马国忠. 中国要走农业品牌化之路［M］. 北京：中国经济出版社，2015.

三、品牌形象代表

品牌形象代表或吉祥物，是品牌符号的一种特殊类型，是品牌形象的传递者。品牌形象就是消费者对品牌所具有的一切联想，可能是品牌功能属性的认知，也可能是品牌情感属性的感受。

品牌形象代表一般包含两类：虚构形象和现实人物原型。虚构形象组成的品牌标识如三只松鼠、小猪拱拱（如图8-6所示）等。一般吉祥物多以平易可爱的人物或拟人化形象来唤起社会大众的注意和好感，充满想象力和趣味性，使视觉体系活泼生动，品牌形象饱满鲜活，具体化了品牌个性。由现实人物原型组成的品牌标识如老干妈的陶华碧、王守义十三香的王守义（如图8-6所示）等。与品牌名称相比，品牌形象代表的优点非常明显，如有助于建立品牌认知、增加品牌的可爱性和情趣体验、易于在跨文化和跨品类间进行转换等。

图8-6　品牌形象代表示例

【案例8-4】

大洱朵茶

大洱朵茶是一家新兴互联网普洱茶品牌，它以时尚、便捷、高性价比为产品宗旨，最终形成一站式购买，开启茶饮新体验。

大洱朵品牌标志设计采用字体标识识别为先，凸显品牌识别中文字体，整体感觉清新、干净、自然。用一个圆形将"洱"字圈住，一方面是将"洱"字单独凸显出来，也将普洱的概念凸显出来，另一方面是用中国传统的水墨概念融入到标识中与茶品类结合，让消费者第一时间认知了解到品牌是做什么的，同时也能感受到中国传统的茶文化。标识整体色彩上呈现的是绿色、清新、自然，将普洱这种会呼吸的茶在某种程度上的优质性表现出来。

大洱朵品牌的第二识别亮点为它的卡通形象——清兵。由清朝时期茶马古道而衍生。卡通形象的正中间一个洱字，完美地和大洱朵的LOGO相互呼应。其品牌标识与品牌形象具体如图8-7所示。

图8-7 大洱朵茶包装设计里的品牌元素和品牌形象代表

在大洱朵的包装设计及后期的品牌视觉形象表现中，始终围绕着LOGO和卡通形象的表现方式，强调品牌的统一性，方便消费者对品牌的强大记忆。

资料来源：欣赏大洱朵普洱茶最新包装设计［EB/OL］. https：//www.mroyal.cn/News_335.html, 2016-09-08/2024-07-12.

思考：大洱朵茶在品牌设计和品牌形象代表设计上有什么特别之处？

四、品牌色彩设计

（一）标准色与辅助色

1. 标准色

标准色也称基本色或主色，是用来象征公司或产品特性的指定颜色，是标志、标准字体及宣传媒体专用的色彩，可表现出企业的经营理念及产品内容的特质，体现出企业属性和情感。

标准色在视觉识别符号中具有强烈的识别效应，是与品牌相关度最高的颜色，不仅可以加强品牌识别，还可以与竞争对手有效区别开来。企业标准色具有科学化、差别化、系统化的特点。

2. 辅助色

辅助色主要用于衬托表现企业理念和象征意义，强化重点、协助沟通，一般不居于主角。企业标准色可和辅助色配合使用，以增强企业表达的多彩和活力。

研究证明，色彩确实能增强视觉记忆、提高捕捉或直觉理解的精确性、降低误解信息的可能性。色彩是消费者和社会公众最容易接收、最容易辨识的品牌元素。每个品牌都在寻找一种色彩作为消费者视觉中的映射，而且都有其独特的色彩识别"语言"，这种语言不仅发挥着统一品牌形象的作用，还有助于体现品牌的定位和独特性。

【案例8-5】

宿有千香

芒种团队设计的"宿有千香"品牌，在主形象的设计上，以"千里飘香"的形象为创意原点，将"宿有千香"四字以香味飘散的形式呈现，凸显"宿有千香"的品牌内涵，同时也传达了美好的品牌寓意，表达了通过农产品区域公用品牌让更多国人认识到宿迁农产品的深层意义。具体如图8-8所示。

在颜色搭配上，采用了四种主色调，进一步凸显宿迁农业的差异化价值。绿色，为原生态的色彩，代表了宿迁万千绿色物产；蓝色，为活水的色彩，代表宿迁350万亩活水面积，凸显生态优势；黄色，为土壤的色彩，代表了宿迁684万亩肥沃丰茂的耕地；红色，为战旗的色彩，代表宿迁的楚汉文化底蕴。

同时，通过色彩的搭配，呈现出更多的品牌内涵：以黄色凸显"日月"，代表时间与天地，表现8300年的种植历史与优质的生态地理条件；以蓝色凸显"千百"，表现因地处南北交界而形成千姿百态的农产品；以绿色凸显"禾"，表现品牌的农产品属性；以红色凸显"宀"，代表"家"，表现品牌是优质农产品的归宿。

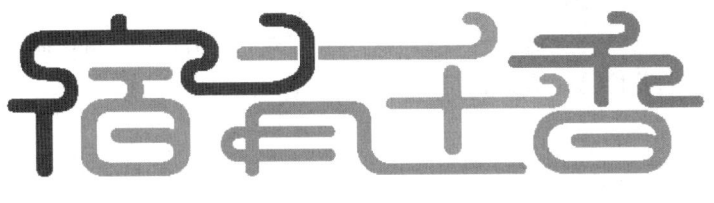

图8-8 "宿有千香"品牌形象

资料来源：区域价值的聚焦与延伸——"宿有千香"品牌创意解读［EB/OL］.http：//www.brand.zju.edu.cn/2018/1206/c57340a2294452/page.htm，2018-12-006/2024-07-12.

思考：在品牌标志设计中如何选择标准色和辅助色？

（二）色彩的象征作用

色彩是人类信息的主要来源。心理学研究表明，一个人在接受外界信息时，视觉接收的信息占全部信息量的83%，其中色彩语言所承载的信息量占绝大多数。

色彩还有其独特的文化功能。在古代中国，5种色彩象征宇宙的5种基本元素：黄色象征土、白色象征金、蓝色象征木、红色象征火、黑色象征水。红色是中国文化中的基本崇尚色，它体现了中国人在精神和物质上的追求。

【知识拓展】

色彩营销

色彩营销，就是要在了解和分析消费者心理的基础上，想消费者所想，给商品恰当的定位，然后给产品本身、产品包装、人员服饰、环境设置、店面装潢以及购物袋等配以恰当的色彩，使商品高情感化，成为与消费者沟通的桥梁，实现"人心—色彩—商品"的统一，将商品的思想传达给消费者，提高营销的效率，并减少营销成本。

美国营销界总结出"7秒定律"，即消费者会在7秒内决定是否有购买商品的意愿，而在这短短7秒内，色彩的决定因素为67%。对于品牌设计来说，很多品牌都会将色彩纳入品牌战略中，增加品牌特性和辨识度，同时也借用颜色更好地传达品牌的核心价值，也就是我们常说的"品牌色"。某种程度上，颜色对于品牌来说，就如同它们的

DNA，色彩上带来的价值甚至有时会远超产品、服务本身。

资料来源：百度百科．色彩营销［EB/OL］．https：//baike.baidu.com/item/％E8％89％B2％E5％BD％A9％E8％90％A5％E9％94％80/3329724，2023-05-02/2024-05-23.

（三）色彩与品牌识别

色彩与品牌识别之间存在着密切的关系，它不仅能够传达品牌的核心价值、理念和个性，还能在消费者心中建立独特的形象，增强品牌的识别度。根据相关研究，有95％的品牌只使用一两种色彩。基本的色彩有5种（红、橙、黄、绿、蓝），加上中性的没有特色的（黑、白、灰）。对于色彩的选择，最好是坚持使用5种基本色中的一种，而不是介于两者中间的或者是混合的色彩。

如果是品类开创品牌，可首先对色彩做出选择，并与品牌内涵相通，如可口可乐的红色和百事可乐的蓝色已经成为各自品牌不可分割的一部分，消费者一看到这些颜色就能联想到相关品牌。

（四）包装与产品中的色彩

1. 包装中的色彩

（1）包装色彩是极其重要的产品识别，其不仅影响购买，还会影响竞争差异化，甚至影响品牌内部品类系列的差异化。包装色彩差异化策略的关键在于选择富有创意的色彩组合，同时综合考量色彩对人的心理作用、色彩与图形的结合、色彩对品牌内涵的诠释等，从而增强品牌的视觉识别力，吸引受众的视线，让品牌的视觉形象在浩瀚的商海中脱颖而出。

（2）用色彩强化味觉感。如康师傅方便面就以不同色彩的包装区分不同口味，既强化了口味联想，也提升了产品品种的识别性。具体如图8-9所示。

图8-9 康师傅产品包装色彩的口味象征

（3）用色彩强化品牌联想。色彩之于食品包装，不仅是口味和营养的象征，还可以发挥更多价值，如用蓝色、白色表示食品的卫生和清凉，用透明或无色显示食品的纯净和安全，用绿色表示食品的新鲜和无污染，用沉着古朴的色调表明传统食品工艺的历史和神奇感，用红色、金色表示食品的高贵和价值。

(4)产品包装的"色彩"并不一定要通过外在的物质材料来体现,有时"无色透明"的包装反而是最有效的。各种酒类的包装,通常是通过有品类属性的无色玻璃瓶或水晶瓶来衬托酒的品质,并在瞬间引发人们的欲望,以天然的酒体颜色凸显品类特色和产品的品质。

2. 产品中的色彩

将产品自身的外观色彩与相应的物料材质相结合,更能给人们贴近"灵魂"和"欲望"的体验。这种结合不仅触动了人们的视觉感官,还通过材质的触感和色彩的情感表达,激发了深层次的情感共鸣和欲望满足。玛氏公司给巧克力豆穿上色彩缤纷的"外衣"成为里程碑式的事件,在M&M's巧克力近年推行的"全球新色彩投票"营销活动中,在来自全世界超过1000万名巧克力爱好者的热情参与下,从紫色、粉红色、水绿色三种颜色中挑选出紫色成为"冠军颜色"。

(五)色彩与名称相呼应

色彩不仅是一种记忆和心理感觉,还是一种文化和观念的反映。品牌的色彩定位,最终的目标是创造某种色彩和某个品牌之间的关联,即让人能在最短的时间内由品牌联想到某种色彩,也能在看到或"听到"某种色彩时,最快地联想到某个品牌。如加多宝和王老吉分家后,为了避开王老吉的红色包装,推出金罐加多宝。

五、品牌口号

品牌口号也称品牌标识语,是用来传递有关品牌的描述性或说服性信息的短语,常出现在广告中,有一些品牌也会将口号放在包装上。口号对一个品牌而言起着非常重要的作用,如品牌口号可以宣传品牌精神、反映品牌定位、丰富品牌联想、清晰品牌名称和标识等。

相比那些普通的、没有新意的口号,有趣的、意想不到的和有特色的口号更容易得到消费者的偏爱。如M&M's延续50余年的口号"只溶在口,不溶在手"(Melts in Your Mouth, Not in Your Hand)至今萦绕于心,成为M&M's品牌不可舍弃的一部分。

好的品牌标识语能起到推广品牌的作用,能够让消费者记忆和想象,并最终产生认同。例如,烟台大樱桃品牌红唇之吻,其标识语为"樱桃如吻,小心亲咬";赣南脐橙品牌实赣派,其标识语为"山地诚意,赣南脐橙",具体如图8-10所示。如果品牌带给消费者的利益越具体(如健康营养等),则可以在口号中反映品类信息;相反,如果品牌带给消费者的利益较为抽象(如超越自我、张扬个性等),则不必在口号中涉及品类信息。一般而言,抽象的口号更有助于品牌延伸、联想等。

图8-10 红唇之吻与实赣派的品牌口号

六、品牌广告曲

品牌广告曲是用音乐的形式描述品牌，是一种被延伸的品牌口号。通常它会以广告形式进行传播，如百事可乐的广告曲《百事可乐恰到好处》，以及绿箭口香糖《开心加倍，欢乐成双》。

即使是处于不同文化背景、不同地理区域，人类对音乐也有着共同的天然偏好，所以也使得品牌广告曲的可转换性高。同时，广告曲作为一种被延伸的品牌口号，朗朗上口，易于识记，因此在提升品牌知名度、增加品牌联想等方面也很有优势。但广告曲也有些不足，它较为抽象，和产品关联较弱，也易于淡化品牌名等。因此，建议营销者在制作广告曲时将品牌名包含在其中，避免消费者"只知其曲，不知其名"。

七、包装的视觉设计

包装是指设计和制造产品的容器或包裹物。包装能为消费者创造方便价值，能为生产者创造促销价值。包装是产品推广的"临门一脚"，要使包装成为"推销员"，就要在包装上通过商标和包装造型有意识地扩大商品之间在质量上的差异，从而起到突出商品特征的作用。设计良好的包装，以一种物化的形式体现着一个企业的营销策略、目标市场。

（一）包装规格设计

不同的时代，不同的人群，对包装规格的要求有所不同。随着人们的生活节奏越来越快、越来越追求精致、健康、环保的生活理念，尤其是电子商务时代购物便利性的提升，包装小型化成为多数产品的一种趋势。但从追求性价比角度看，同样的价格或相对优惠的价格，更大号的包装会更具吸引力。

（二）包装诉求设计

包装是品牌自我表达的视觉载体，包装设计传达的信息重点要和品牌定位及传播策略相匹配，以求最快速地传达最关键的信息。每一品类的包装会有一定的共性，而每一品牌的包装都会以共性为基础，结合需要明确表达的重点诉求，凸显品牌的独特定位。

（1）强调产品。包装采取直截了当的表现方法，在包装的展销面上突出产品的形象，也可以用产品的配料成分作为出发点，吸引消费者的注意力。

（2）突出品牌。在表现方法上适合以品牌名称和标志为视觉的绝对核心，以品牌色彩和品牌辅助图形作为吸引视觉的元素。

（3）强调价值意义。如需体现产品作为"礼品"的价值和审美感，可以用高品位或高典雅的装饰效果来提高产品身价。

（4）强化包装造型。有些产品可以利用包装的造型来引起消费者的联想欲望。

（5）强化顾客身份。为某些特定对象服务的产品，需考虑到特定消费者的兴趣和爱好，针对客户群的特点设计包装。

（6）演绎文化故事。对本土具有历史性意义的著名产品就可以采用这种方法，以故事情景的连续出现来打动或诱惑消费者。

（三）包装的核心表达元素

（1）包装上的人物。看到与"人"的视觉有关的形象时，所引发的反应应该最为丰富和宽泛，而且更容易产生情感的投射。

（2）包装上的标志。作为品牌识别的最核心要素，标志在包装的视觉构成中占有重要的地位，如何在包装上使用标志也大有学问。

（3）包装上的图形。具象的事物更容易引起消费者的兴趣，也更容易激发消费者的联想和想象，继而对产品产生鲜明的好感或者负面感受。

（4）包装的具体形式。不同的产品，有不同的包装材质考虑；不同材质的包装，有不同的包装图案设计；不同的品牌，还可以通过不同的包装形式体现其独特与价值。一个好的产品包装形式，不仅能对品牌形象建设和品牌价值认知起到积极的促进作用，还能成为一种品牌"战略"。

尽管每种品牌要素所起的作用不同，但它们并非相互独立、相互排斥的，相反，各要素如同品牌躯干，共同支撑着品牌的血液和灵魂。只有发挥好各要素间的协同作用，才能共同服务于品牌这一主体。因此，各要素必须传达相同的品牌含义、联想和形象。只有这样，才能让消费者理解品牌的精髓，最终形成基于顾客的品牌资产。

第三节　农业品牌形象识别系统

一、品牌形象识别系统的含义

品牌形象识别系统（Corporate Identity System，简称 CIS），是指将企业经营理念与精神文化，运用整体传达系统（特别是视觉传达系统），传达给企业内部与大众，并使其对企业产生一致的认同感或价值观，从而达到形成良好的企业形象和促销产品的设计系统。这一理论于 19 世纪 30 年代由雷蒙特·罗维提出，19 世纪 60 年代在美国开始使用，19 世纪 70 年代在日本得到广泛应用。

CIS 是现代企业走向整体化、形象化和系统管理的一种全新的概念，将生产系统、管理系统和营销、包装、广告、活动等进行统一管理，包括理念识别系统（Mind Identity System，简称 MIS）、行为识别系统（Behavior Identity System，简称 BIS）和视觉识别系统（Visual Identity System，简称 VIS）三个方面，如图 8-11 所示。一般将理念识别比作"心"，行为识别比作"手"，视觉识别比作"脸"。

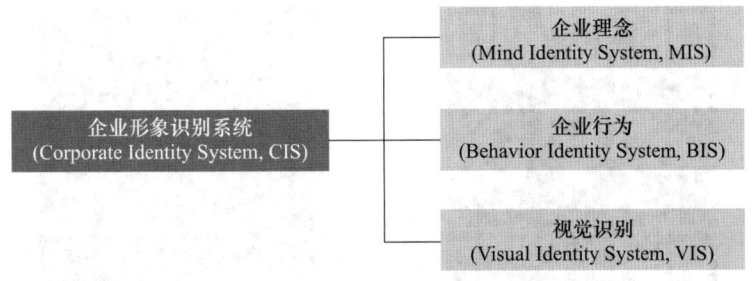

图 8-11　企业品牌形象识别系统构成

（一）理念识别系统

理念识别，指企业由于具有独特的经营哲学、宗旨、目标、精神等而与其他企业相区别。它是企业的价值观、经营理念、企业精神的综合体现。

（二）行为识别系统

行为识别，指在企业理念统帅下企业及全体员工的言行和各项活动（教育培训、生产福利、市场调查、产品开发、公关、促销）所表现的一个企业和其他企业的区别。

它以经营理念为基本出发点，对内建立完善的组织制度、管理规范、职员教育、行为规范和福利制度；对外则开拓市场调查、进行产品开发，透过社会公益文化活动、公共关系、营销活动等方式来传达企业理念，以获得社会公众对企业识别认同的形式。

（三）视觉识别系统

视觉识别是以企业标志、标准字体、标准色彩为核心展开的完整的视觉传达体系，是将企业理念、文化特质、服务内容、企业规范等抽象语意转换为具体符号的概念，塑造出独特的企业形象。VI 在 CI 系统中最具传播力和感染力，最容易被社会大众所接受。

品牌视觉识别的核心意义在于让品牌从竞争中脱颖而出，形成有效的传播和记忆。VI 设计的意义在于将无形的企业及品牌理念有效地转化成易于被人们识别、记忆并接受的一种视觉上的符号系统，有着自己独立的法则和规范。

视觉识别的内容包括基本要素系统和应用要素系统。

（1）基本要素系统：企业名称、企业标志、标准字、标准色、象征图案、吉祥物、宣传口号等。

（2）应用要素系统：办公事务用品、生产设备、建筑环境、产品包装、广告媒体、交通工具、衣着制服、橱窗、陈列展示等。

【知识拓展】

视觉识别系统 VI 设计全案

VI 设计是一种用视觉符号综合阐述企业或品牌的设计方式，主要是通过标志、字体、颜色、文字、图形等视觉元素，来塑造和传达企业品牌的形象，好的 VI 设计有助于企业或品牌快速与用户建立信任感和进行交流。

招码了解涌禾农场和宝峰农业品牌视觉 VI 设计全案

二、企业形象识别系统的发展

（一）听觉识别（AI）

听觉识别（Audio Identity）是根据人们对听觉视觉记忆比较后得到的一种 CI 方法，是通过听觉刺激传达企业理念、品牌形象的系统识别。

听觉识别的内容包括主题音乐（企业形象歌曲、企业团队歌曲）、标识音乐（用于广告音乐和宣传音乐中）、主题音乐扩展（通过交响乐、轻音乐等进行全方位展示）、广告导语、商业名称等。

（二）环境识别（EI）

环境识别（Environment Identity）是企业通过创造良好的环境改变公众认知和评价的识别系统。环境识别包括企业所处的市场环境、企业内部环境和企业展现给公众的环境。

第四节　农业品牌体验与感官体验

品牌体验是消费者与品牌之间建立连接和情感纽带的重要方式。企业需要不断优化和创新品牌体验，以满足消费者不断变化的需求和期望。

一、农业品牌体验

品牌体验是指消费者在与某一品牌的所有接触点上所感受到的综合感受和情感反应。它涵盖了消费者从最初认识品牌，到选择、购买、使用，以及坚持重复购买的全过程，是消费者与品牌或供应商之间的每一次互动的综合体现。受消费者的需求、偏好、情感以及行为习惯等影响，可以将品牌体验分为四类。

（一）感官体验

感官体验是人类与外界互动时最基础、最直接的反应，它依赖于人们的眼、耳、口、鼻、身等感官器官与外界进行信息交换，从而产生愉悦感。这种体验是其他所有体验的基础，它涵盖了人们对色彩、声音、味道、触感等多方面的感受。在品牌体验中，通过视觉、听觉、嗅觉、味觉和触觉等多种感官刺激，可以为消费者营造出一个立体、真实的品牌体验环境。这种体验不仅涉及产品的形态、色彩、材料，还包括销售环境、广告语言、音乐、气味等多个方面。研究表明，启动的感官或感觉越多，品牌对消费者行为的影响就越大。一个三维的、多感官体验的品牌，相比二维的品牌，其传达的效果更为有效，给消费者的感受也更加真实。因此，全方位的品牌体验是企业提升品牌影响力和消费者忠诚度的重要手段。

（二）情感体验

情感体验是人类情感与外在世界相互交织、相互投射的过程。情感是人对客观事物是否满足自己需要而产生的态度体验，当人们的感官接触到外界事物时，会在内心产生相应的情感反应。例如，看到红色的火焰，可能会感受到一种愉悦的情绪；而当面对灰暗的天空时，则可能产生阴沉的情感。这种基于感官体验的情感反应，正是情感体验的基石。

在情感体验中，人的情感会投射到所感知的对象上，赋予它们原本没有的属性。花草树木、流水白云这些自然元素本身并无情感，但人们的情感却可以为它们赋予意义。树木的呻吟、花儿的飘零、风的怒吼、水的低语、白云的来去匆匆，这些都是人们的情感在对象上的投射，是情感体验的具体表现。

此外，情感体验并不局限于人与物的关系，还体现在人与人之间的互动中。人们追求关爱与被关爱，追求亲情、友情和爱情，这些复杂的情感交织在一起，形成了更为丰富的情感体验。这些情感会在人们心中留下深刻的印记，成为情感体验的重要组成部分。因此，情感体验既是感官体验的自然延伸，又是人类情感世界的深刻反映。

（三）成就体验

成就体验作为人类追求自我尊重和自我实现需求的核心体现，是马斯洛需求层次理论中高层次需求的直接反映。这一体验不仅是人的社会性的深刻表达，更是人的心理、行为与社会价值观念相互交织的结果。在追求情感生活满足的同时，人们渴望得到社会的广泛认可，这种认可通常与个人的社会成就紧密相连。通过不懈的拼搏和奋斗，人们努力在各个领域取得成就，以赢得社会的赞誉和尊重。在这一过程中，成就体验油然而生，成为推动人们不断前行的强大动力。

成就体验的形式多种多样，但其本质离不开名利二字。对成就的追求，实则是对名利、控制欲、权力欲和占有欲的追求。这些欲望的满足，是成就体验得以具体呈现的关键所在。奢侈品牌深谙此道，它们巧妙地在品牌构建过程中融入成就体验的元素，使购买者在享受产品的同时，也能感受到一种社会地位的提升和认可。这种精致生活品质的象征，成为许多人追求成就体验的重要途径。据《时代》杂志的全球调查，多数中国人将奢侈品视为地位符号，这恰恰反映了人们对成就体验的渴望和追求。无论是地位符号还是炫富型消费，都在某种程度上揭示了人类追求成就体验的本性。

（四）精神体验

精神体验是人类追求的深层次、高境界的体验形式。现代心理学研究表明，尽管物质和名利的满足能带来一定程度的快乐，但人的幸福感更多来源于精神的满足。在名利与物质得到满足后，精神层面的需求显得尤为突出。精神体验超越了情感和物质层面，它表现为对世俗名利的舍弃，对高雅情趣的追求。精神体验与精神寄托紧密相连，缺乏精神寄托的人，其精神体验也会相应减少。在追求精神寄托的过程中，精神体验会以不同形式在不同的时空点上得以实现。

精神满足并非人类追求的终极境界。日本著名佛学大师阿部正雄在《禅与西方思想》一书中指出，人是一个具有形而上学特质的动物，对真善美的追求和终极关怀的产生是植根于人性之中的。每个人都面临着生死的问题，不断追问着生命的起源与归宿。对这些问题的思考，已经超越了普通的精神体验范畴，与形而上本体存在着某种融合，是一种超道德、与无限相统一的精神感受。因此，精神体验不仅是对物质生活的超越，更是对人类精神与心灵世界的深度探索与追求。

二、农业品牌的感官体验

品牌感官体验是消费者对品牌形成全面认知和情感连接的重要途径。通过精心设计和优化品牌的感官体验，企业可以吸引和留住更多消费者，并提升品牌的认知度和忠诚度。同时，感官体验也是品牌差异化竞争的重要手段，有助于企业在激烈的市场竞争中脱颖而出。

（一）品牌视觉体验

在品牌感官体验中，视觉通常是最直接和强烈的感受方式。品牌视觉体验是指消费者通过视觉感官在与品牌接触过程中形成的感知和印象。它是通过视觉元素传达品牌信息、塑造品牌形象、建立品牌识别的一种方式。品牌视觉体验涵盖了品牌标识、色彩搭配、包装设计、店面装潢、广告创意、网站界面、产品外观等诸多视觉表现手段。

（1）品牌标识：作为品牌的视觉符号，其设计风格、形状、颜色都深深烙印在消费者心中，成为品牌最直观的视觉识别标志。需要注意的是，不同消费者对标识的大小、是否有边框等都存在特殊的偏好。

（2）色彩运用：不同的颜色可以引发消费者不同的情绪反应和联想，品牌通过独特的色彩体系传达品牌个性和价值主张，如怀旧类产品选择黑白色彩可唤起消费者的时代记忆。此外，色彩的选择应与产品类别相匹配，功能性产品可能更倾向于选择中性或冷静的色彩，而感官社交型产品则可能选择更加鲜艳或温暖的色彩以吸引消费者。

（3）包装设计：包装既是保护产品、传递产品信息的工具，也是品牌视觉形象的延伸，通过精美的包装设计可以吸引消费者注意，增强其购买欲望。包装尺寸与消费行为间的关系因情境而异，如大包装可以增加消费者对内部实物数量的感知，增加支付溢价的可能性，而小包装可能增加消费者的购买频率。

（4）店面陈列与装潢：实体店的装修风格、布局、灯光照明、商品陈列等视觉效果直接影响到消费者的购物体验和对品牌的认知。

（5）数字媒体呈现：网站、App、社交媒体账号等线上平台的界面设计和视觉内容，构成消费者在网络世界中对品牌的视觉体验。

品牌视觉体验致力于打造一种连贯、一致且富有吸引力的品牌视觉语言，通过各种视觉表达方式向消费者传达品牌的价值观、特性与承诺，从而提升品牌形象，强化品牌记忆，促进消费者与品牌之间的情感联结。同时，也要求营销者深入了解消费者心理和市场趋势，以制定更具针对性的营销策略。

（二）品牌听觉体验

品牌听觉体验是指消费者通过听觉感知在与品牌进行互动的过程中形成的独特感受和记忆，是品牌建设中不可忽视的一部分。它包括品牌声音标识、语音服务体验、广告音乐与音效、线下场合的声音环境、产品声音设计等。企业通过精心设计的广告音乐、产品声音或客户服务声音，可以为消费者创造愉悦、舒适的听觉环境。

（1）品牌声音标识：品牌的音频LOGO或主题曲，如英特尔的"Intel Inside"声音标识、诺基亚的经典铃声等，这些声音能在短时间内唤起消费者对品牌的强烈认知。

（2）语音服务体验：如智能语音助手的声音设定、电话客服的语音提示、IVR（Interactive Voice Response）系统的交互声音等，良好的语音体验有助于塑造专业的品牌形象和服务态度。

（3）广告音乐与音效：广告背景音乐、产品宣传片的音效等，能够激发消费者的情

感共鸣,加深对品牌核心信息的理解和记忆。

(4)线下场合的声音环境:例如实体店的背景音乐、展会活动现场的音响效果、发布会的音效设计等,为消费者创造特定的氛围,使其沉浸在品牌想要传达的故事和情境中。

(5)产品声音设计:如汽车引擎声浪、电子产品开机声音、家电操作提示音等,这些产品自带的声音元素也能成为品牌差异化和特色的一部分。

听觉体验在品牌传播中具有显著的优势。首先,听觉信息传播效率高,消费者可以在任何环境下被动性地接收到听觉信息;其次,声音信息容易被改变和灵活运行,使得品牌传播更具灵活性和创意性;最后,声音信息能够引发消费者的情感共鸣,增强品牌与消费者之间的情感联系。品牌听觉体验是品牌塑造多元感官体验的重要维度,通过科学有效的听觉设计,能够有效提升品牌识别度,丰富品牌内涵,强化品牌形象,并在消费者心中留下深刻而美好的品牌印记。

【知识拓展】

多感官设计

多感官设计是指设计师突破传统视觉推广模式所带来的局限性,从人体感官的视、听、味、嗅、触感入手,多层次刺激消费者感官机能,使消费者对产品的认知更加真实,从而更有效地引导消费。大量心理学、生理学和行为学研究表明,人的五感产生联觉反应是人体各感官单一接受某种感觉所带来的信息量的数倍。

多感官设计是一种新型设计理念,已在商品设计、包装设计等众多领域应用。在广告中,感官设计也有不少探索,但多停留在单一感官设计或简单的视听双感官设计层面。人脑是通过不同感官通道接收外界信息的,并没有将世界感知为碎片化的图像、声音等,而是将同一感官通道内的不同信息和不同感官通道的不同信息进行整合,形成整体的知觉。如果某个感官通道信息缺失或不协调,就会影响整体的知觉体验。

资料来源:百度百科.多感官设计[EB/OL]. https://baike.baidu.com/item/%E5%A4%9A%E6%84%9F%E5%AE%98%E8%AE%BE%E8%AE%A1?fromModule=lemma_search-box,2023-12-11/2024-07-03.

(三)品牌触觉体验

品牌触觉体验是指消费者在接触、使用品牌产品或服务过程中,通过触觉感官产生的感觉和情感反应。这种体验涵盖了从产品材质、质地、温度、重量到包装质感、按钮手感、使用便捷性等多方面的细节。品牌触觉体验是品牌感官体验的重要组成部分,能够直接影响消费者的感知、判断、情感和消费行为。

(1)产品材质与质地:优质的材料选择和精细的工艺处理,可以使消费者在触摸产品时感受到舒适、豪华、耐用等特质,如华为产品简洁光滑的金属外壳、高级皮具细腻柔软的皮革质地等。

(2)产品形态与尺寸:产品的大小、重量、形状都会影响消费者的触觉体验,轻便易握持的手机、符合人体工学设计的家具等都能提升消费者触觉满意度。

(3)包装设计:精美的包装材料和独特的开箱体验可以增强品牌的高端感,如某些奢侈品采用的厚实质感纸盒、丝绒内衬等。

（4）交互设计：电子产品的按键反馈、滑动顺畅度、震动回馈等功能性触感设计，会影响用户的操作体验和对品牌的认知。

（5）服务触点：实体店内的试穿、试用环节，销售人员的热情服务和专业的指导等，都是品牌触觉体验的重要组成部分。一个舒适、温馨的购物环境能够提升消费者的购物愉悦度，从而增加他们的购买意愿。

总的来说，品牌触觉体验是品牌感官体验中不可或缺的一部分。通过优化触觉体验，品牌可以与消费者建立更紧密的情感联系，提升他们的购买意愿和品牌忠诚度。

（四）品牌嗅觉体验

嗅觉体验在品牌感官体验中扮演着重要角色。特定的香气或味道可以与品牌形成独特的关联，从而增强消费者对品牌的记忆和认知。

品牌嗅觉体验是品牌通过特定的气味来触动消费者的嗅觉感官，从而创造出独特的品牌记忆和情感联系的过程。这一类型的体验在很多行业中都被广泛应用，尤其是在零售、酒店、餐饮、汽车等行业比较突出。

（1）零售业：许多商店会利用香味营销，通过特定的香氛来营造舒适的购物环境。例如，高端服装店可能会散发出淡雅清香，让人联想到高品质的生活方式；家居用品店则可能使用温馨的木质香调，使人感受到家的温暖。

（2）酒店业：五星级酒店通常有自己独特的香氛，客人一进入酒店就能闻到，这不仅能美化环境，更能形成品牌特色，使客人对该酒店的记忆更加深刻。

（3）餐饮业：食品和饮品本身的香气就是重要的嗅觉体验，而且很多餐厅还会注重环境的香气设计，如咖啡馆的咖啡香、面包房的烘焙香等，这些都能提升消费者的就餐体验和对品牌的认知。

（4）汽车行业：新车内部的气味往往成为评价车辆品质的重要因素之一，许多汽车制造商会在内饰材料上下功夫，确保新车车内拥有清新宜人的味道，以此提升品牌形象和客户满意度。

要打造成功的品牌嗅觉体验，企业需要深入了解目标消费者的嗅觉偏好和情感需求，选择合适的香气类型和浓度，并确保香气与品牌形象和产品特性相契合。同时，品牌还需要注意香气的持久性和安全性，确保消费者在享受嗅觉体验的同时不会感到不适或反感。

总之，作为感官体验的重要组成部分，嗅觉体验能够深刻影响消费者的情感反应、记忆形成以及消费行为，是提升品牌认知度、情感联系和消费者忠诚度的有效手段。通过精心设计和优化嗅觉体验，能帮助品牌在激烈的市场竞争中脱颖而出，打造出具有辨识度的品牌形象。

（五）品牌味觉体验

品牌味觉体验是指消费者在与品牌互动过程中，通过味觉所产生的感官享受和情感反应。味觉体验是食品、饮料、酒类等可食用类产品品牌塑造过程中极其关键的一环。品牌通过产品研发、配方调配、生产工艺等手段，创造出独特的口味和口感，以期在消费者的味蕾上留下深刻的情感联系和记忆。

（1）食品行业：如巧克力品牌通过研发不同浓度的黑巧、添加坚果或水果干等配料，创造出丰富的口感层次，让消费者记住其独特的甜而不腻、微苦回甘的味道。

（2）饮料行业：如一款成功的茶饮品牌，可能是因其特有的茶香、果香，或是酸甜适宜的口感而被广大消费者喜爱，这种独特的味觉体验成为了品牌的核心竞争力。

（3）酒类行业：白酒、红酒、啤酒等各种酒类品牌，都有自己独特的酿造技艺和风味特点，有的醇厚浓郁，有的清爽宜人，每一种味道都承载着品牌的历史文化与地域特色。

（4）快餐和休闲食品行业：快餐品牌可能会通过调整食材配方，使食物达到最佳的咸鲜适中、酥脆嫩滑的口感；零食品牌则可能推出新颖奇特的口味，如辣味薯片、混合水果口味糖果等，以满足消费者的猎奇和尝鲜心理。

除了产品本身的味道外，品牌味觉体验还可以延伸至品牌形象和营销活动中。例如，一些餐厅或咖啡店通过独特的装修风格和氛围设计，营造出与品牌味觉体验相契合的环境，使消费者在用餐或休闲时能够全方位地感受到品牌的魅力。此外，与其他感官体验相比，味觉体验更加直接和深刻，能够更好地激发消费者的情感共鸣和记忆，这也是味觉体验在品牌传播中的独特优势。

要打造成功的品牌味觉体验，首先，企业需要深入了解消费者的味觉偏好和需求，研发出符合市场需求的产品口味；其次，企业还需要注重产品的品质和安全性，确保消费者能够放心地享受味觉体验；最后，企业还需要不断创新和尝试新的味觉体验方式，以吸引和留住消费者。

总之，品牌味觉体验是一个品牌能否打动消费者内心、培养忠诚度的关键要素之一，品牌需要不断创新和完善产品口感，努力为消费者提供独一无二且令人回味无穷的味觉盛宴，以此与消费者建立更紧密的情感联系和信任关系，提升品牌的认知度和美誉度。

本章小结

（1）品牌要素是指那些用以识别和区分品牌的商标设计，一般分为显性要素与隐性要素两个层面。显性要素是品牌外在的、具象的东西，可直接给消费者带来较强的感觉上的冲击，主要包括品牌名称、品牌标志、形象代表、标准色、标准字、品牌口号、品牌广告、包装和域名等。隐性要素是品牌的精神与核心，不可以被直接感知，包括品牌个性、品牌体验、品牌承诺等。

（2）品牌要素的设计原则包括可记忆性、象征性、吸引力、可转换性、可适应性以及可保护性等。

（3）品牌名称的设计原则包括简洁性、易读性、寓意性以及便于法律保护等。通常，品牌名称来源于创始人名字、动植物名、虚构或杜撰的词语、数字或名称首字母、历史文化典故、产地名称等。

（4）品牌标志是品牌商标中图形化、概念化的视觉符号，其基本构成元素包括图形、图案、色彩、字体。品牌标志设计要具有可识别性、艺术性、目的性、适应性以及应用性。

（5）品牌形象代表或吉祥物，是品牌符号的一种特殊类型，是品牌形象的传递者。品牌形象就是消费者对品牌所具有的一切联想，可能是品牌功能属性的认知，也可能是品牌情感属性的感受。

(6) 色彩是消费者和社会公众最容易接收、最容易辨识的品牌元素。每个品牌都在寻找一种色彩作为在消费者视觉中的映射，而且都有其独特的色彩识别"语言"，不仅发挥着统一品牌形象的作用，还有助于体现品牌的定位和独特性。

(7) 品牌口号，也称为品牌标识语，是用来传递有关品牌的描述性或说服性信息的短语。好的品牌标识语能起到推广品牌的作用，能够让消费者记忆、想象，最终产生认同。

(8) 品牌形象识别系统是指将企业经营理念与精神文化，运用整体传达系统（特别是视觉传达系统），传达给企业内部与大众，并使其对企业产生一致的认同感或价值观，从而达到形成良好的企业形象和促销产品的设计系统。其包括理念识别系统、行为识别系统和视觉识别系统三个方面。

(9) 品牌体验是指消费者在与某一品牌的所有接触点上所感受到的综合感受和情感反应，它涵盖了消费者从最初认识品牌，到选择、购买、使用，以及坚持重复购买的全过程，是消费者与品牌或供应商之间的每一次互动的综合体现。品牌体验分为感官体验、情感体验、成就体验以及精神体验四类。

(10) 品牌感官体验是消费者对品牌形成全面认知和情感连接的重要途径，包括视觉体验、听觉体验、触觉体验、嗅觉体验和味觉体验五个方面。

思考与讨论

(1) 在品牌要素设计中，应遵循哪些核心原则？这些原则对塑造品牌形象和增强品牌影响力的重要意义是什么？

(2) 探讨农业品牌显性要素设计的内容，并分析每项内容如何促进品牌认知与消费者偏好的形成。

(3) 选取几个典型的农业品牌案例，详细分析这些品牌的名称、标志、形象代表、色彩设计、口号、广告曲及包装视觉设计的特点与关键因素，并探讨这些因素如何共同作用于品牌形象的塑造。

(4) 如何构建农业品牌形象识别系统？并举例说明农业品牌形象识别系统构建的关键因素。

(5) 提升农业品牌体验感的策略与方法有哪些？如何通过创新感官体验设计，增强消费者对农业品牌的情感连接与忠诚度？并给出实际可行的操作建议。

案例分析

"醉三都"品牌战略规划

2021年，芒种品牌管理基于地域禀赋、产业禀赋、产品禀赋、人文禀赋等多维度价值，挖掘与提炼"醉三都"区域公共品牌差异化价值，以充分迎接当下消费需求、直面市场激烈竞争。

芒种品牌管理在梳理三都镇区域特色，比较三都与周边小镇的差异性后发现，相比

于竞争品牌的单一化价值表达，三都镇的优势更加多元，能同时满足消费者观赏自然山水、体验特色文化、追求身心休闲的需求。

因此，基于这一优势，规划团队选择以"醉"字为核心，将三都镇视为"醉之归处"，以兼具诗意表述和消费期待的方式进行品牌价值演绎，形成五大品牌价值支撑，构建起品牌内生动力价值结构。基于品牌价值支撑，继而形成"醉三都"品牌口号——醉有来处，亦有归处。

口号意在塑造"醉三都"品牌与消费者之间的链接。"来处"，是对当下消费者追求乡野、渴望田园生活的真实写照，即以摆脱城市喧嚣、获得身心沉醉为目的，充满着对乡野田园的美好想象。"归处"，则是对三都镇诗画山水、自然盛宴、渔舟唱晚、宜居创业等多重价值的总结。借"来处"与"归处"的对比，表明三都镇是能满足消费期待，受消费群体、创业群体、本土居民等各类人群认可的最佳小镇旅游地点。

"醉三都"的品牌名称，会引发消费者一定程度的误读，以为三都镇以酒为主业。但通过品牌价值的建构，形成品牌价值体系、品牌核心价值，便能让消费者理解到"醉三都"的真实含义。醉，不仅是醉酒，更是"醉于三都"，即因被陶醉而后沉醉，然后深醉不知归处，最终将三都镇视为"归处"的消费情感转变。

品牌主形象以"醉三都"书法字体为主体，充分应用了虚实结合的艺术手法。从符号的实际演绎来看，字体笔触皆为山水意象的表达，红、黄、绿三个颜色的结合也契合了三都的三大特色物产现状。

从符号的意象图景来看，醉三都品牌符号蕴藏了三大意境。一是清江秀水的秘境。符号借助"两岸绿树凝滴翠，翠色随人欲上船"的意象，将三都镇的自然生态、怡人风光跃然呈现。二是风雅江南的意境。正如诗中所说的"梦里爱江南，竹船湖水边"，品牌主形象也蕴藏着一幅江南山水的风雅画卷。三是刻画悠然自得的心境。主形象呈现出了《富春山居图》中所刻画的"诸山皓然，寒江独钓"意象，将"三"字最后一笔作为水上的渔船，垂钓者坐于渔船之上悠然垂钓，也表明三都是能让消费者身心沉醉的心灵胜地。

此外，团队还为三都镇柑橘、香榧、西红花三大特色产业创意产品口号，建立品牌内在结构，支撑"醉三都"镇域品牌形象。在延续主口号的诗意化表达基础上，以醉于橘乡的场景体验、群山林立的生态价值和珍贵稀有的产品属性为切入点，展现产品价值。其创意表述如下：

三都柑橘：一年好景，醉是橘时。

三都香榧：草木有实，山野予香。

三都西红花：一花一色，一丝欢喜。

资料来源：醉三都品牌战略规划［EB/OL］. http：//www.mangzhongbrand.com/an-li/985.html，2023-01-11/2024-06-05.

思考：

（1）"醉三都"的品牌形象是如何提炼出来并被塑造的？

（2）"醉三都"品牌要素设计中是如何表达"来处"与"归处"的文化内涵和价值理念的？

（3）如何构建全方位、沉浸式的品牌体验，让消费者能够充分感受到"醉三都"的品牌魅力？

第九章　农业品牌营销方案设计

 知识与技能目标

（1）了解后营销的概念及其在深化消费体验和构建品牌资产方面的重要作用。

（2）明确消费者价格感知的影响因素，包括产品特性、市场定位、购买经验、经济状况和产品价值认知。

（3）掌握营销渠道的概念和分类，包括直接渠道和间接渠道，以及对中间商和零售商的规划与管理。

（4）具备使用营销组合策略分析农业品牌的能力。

 情境导入

近年来，广东省大力推进"12221"① 农产品市场体系建设，打响了"广东菠萝""广东荔枝""广东（梅州）柚""阳西生蚝""惠来鲍鱼""澄海狮头鹅"等一批"粤字号"农产品，促进了农民增收，推动了产业数字化，建立了全产业链的大数据服务平台，创新云直播、云发布、云签约、云互动、云采购、云消费、云旅游等数字营销模式。

作为全国最大的菠萝产区，广东省徐闻县菠萝总种植面积35万亩，占全国三分之一以上，年收获鲜果约70万吨，是名副其实的"中国菠萝之乡"。近年来，"徐闻喊全球吃菠萝"等话题屡次登上各社交平台的热搜，创造了农产品区域公用品牌营销上的不俗佳绩。2019年，徐闻菠萝获得农产品地理标志认证，徐闻县委、县政府以菠萝作为试验田，首创菠萝"12221"市场体系，发力生产和市场两端，不但破解了徐闻菠萝"销售难"问题，更是在2021年实现了销售价格、农户收入、储蓄金额、出口数量、网络热度、营销影响、GDP贡献、工作成效等8个历史之最。如今在徐闻，电商销售、直播带货等线上营销新模式早已深入人心，在拓宽销路的同时也进一步扩大了品牌声量。2021年徐闻菠萝出口到阿联酋迪拜，实现了徐闻菠萝出口跨境电商"零突破"。2022年广东"菠萝的海"百千田头直播开锣暨全球采购商大会在徐闻举办，百名网红主播到"菠萝的海"办起田园大学堂，逾千名徐闻果农化身主播，一手拿锄头一手用手机，现场直播声此起彼伏。徐闻菠萝年产值从2018年的9.8亿元，攀升至2021年的22

---

① "12221"，即建设"1"个农产品大数据，组建销区采购商和培养产区经纪人"2"支队伍，拓展销区和产区"2"大市场，策划采购商走进产区和农产品走进大市场"2"场活动，实现品牌打造、销量提升、市场引导、品种改良、农民致富等"1"揽子目标。

亿多元，辐射带动近5万农户、14.5万劳动力增收，预计平均每户果农增收1.2万元，使徐闻菠萝从田间地头的"甜蜜果"，变成千家万户的"致富果"，成为广袤乡村的"振兴果"。

资料来源：徐闻菠萝：营销有道"12221"市场体系助力品牌打造[EB/OL]. http：//journal.crnews.net/ncpsczk/2022n/d21q/gz/951394_20221123075839.html，2022-11-23/2024-6-15.

思考："12221"市场体系与传统的市场体系有何不同？

在农业品牌创建过程中，农产品"卖难"一直是亟须解决的问题。《"十四五"全国农产品产地市场体系发展规划》推进实施农产品产地市场体系培育工程，选择农产品优势产区培育国家级、区域级产地市场以及示范性田头市场，不断壮大农产品经纪人、经销商两支队伍，构建线上线下互联互通的农产品产销对接渠道，塑强一批国家级农产品区域公用品牌、企业品牌和农产品品牌，形成"三级产地市场带两支队伍、建两条通道、强三类品牌"的"3223"农产品产地市场流通发展模式。与此同时，积极实施农业品牌提升工程，包括农产品产地市场品牌提升计划、农业品牌精品培育计划以及农业品牌营销拓展行动。

营销组合策略包括产品策略、价格策略、渠道策略和促销策略四个方面。与营销组合策略不同的是，本章重点在于如何从品牌化角度设计营销策略，并探索如何将品牌本身有效地融入营销活动中，以及如何通过整合这些营销活动来增强品牌认知、改进品牌形象、提升品牌正面反应、增加品牌共鸣。

第一节　产品策略

在深入探讨农业品牌建设的营销策略时，产品策略无疑占据核心地位，其不仅是顾客体验品牌的起点，更是企业在推广活动中向顾客传达品牌理念与价值的核心载体。品牌创建中的产品策略更加关注消费者体验与品牌资产的累积。理论和实践经验共同表明，消费者对品牌的产品质量的感知以及对产品的消费体验，已成为当今品牌创建过程中最为重要的两大产品策略。这两大策略不仅有助于品牌资产的长期积累，更是影响消费者购买决策的关键因素。

一、感知质量

（一）感知质量含义

由于消费者对品牌的产品质量的感知是影响品牌资产积累的重要因素，因此，在品牌创建的产品策略中，必须提高消费者对品牌感知质量的认识，让消费者对品牌产生积极的、正面的品牌联想，从而树立高品质的品牌形象。

从营销学的视角出发，质量蕴含双重含义：①从厂商的角度来看，质量是衡量产品的各个方面是否达到规定标准的指标。由于这种标准通常是客观且可量化的，因此被称为"客观质量"。②从消费者的角度来看，质量是指消费者对产品或服务的整体质量或其独特优势的感知，这种感知深受其个人选择标准和期望目标的影响。由于这种感知是基于消费者感觉的评价，因此被称为"感知质量"，或"主观质量""认知质量"。消费者通过对产品质量的感知，会在心中形成对高质量产品的评判标准，然后再用这些标准去评价该品牌的形象。因此，在农业品牌建设中，要想塑造高品质的品牌形象，不仅要确保产品的"客观质量"，更要关注并提升产品的"感知质量"。

【知识拓展】

感知质量与感知价值

感知质量指的是顾客对服务企业所提供服务的整体质量的主观感受和评价，其涵盖了顾客对服务质量、服务过程、服务结果等多个方面的综合评价。感知价值则是指顾客在购买过程中，对产品或服务的感知利得与感知利失之间的比较和权衡，其更强调的是顾客对产品或服务的整体价值和满足程度的评价。

感知质量更侧重服务的质量，包括服务的过程、结果以及为顾客带来的整体感受，其反映了顾客对服务企业所提供服务的整体评价，是顾客对服务质量的感知和认同。感知价值则更侧重于顾客的利得与利失的比较，它不仅涉及服务质量，还包括了产品的性能、价格、品牌形象等多个方面的因素。感知价值反映了顾客对产品或服务的总体满足程度和对其价值的评价。

资料来源：感知质量和感知价值的区别［EB/OL］.https：//zhidao.baidu.com/question/2021741892991726148.html，2023-11-05/2024-05-13.

虽然消费者对产品质量的感知会因产品属性以及产品品类的不同而有所区别，但却有几个共性指标，如产品主要成分和补充特性、产品可靠性、产品耐用性和服务能力，以及产品风格和设计。消费者对这些指标所形成的信念，通常就决定了该产品的感知质量，而这反过来又会影响消费者对品牌的态度和行为。

（二）感知质量与客观质量

1. 感知质量与客观质量的关系

消费者的感知质量和客观质量的关系主要有两种情况，即消费者购买产品前和消费者购买产品后。在购买行为发生前，消费者通过各种渠道获得与产品有关的各种信息资料，对所要选择的产品有了初步的了解，这时消费者所感知的产品质量占主导地位，并在一定程度上决定着消费者的购买行为；在购买行为发生后，实际的产品质量占据主导地位，消费者通过实际使用该产品，把实际的质量与感知的质量进行比较，通过比较后决定是否会对这个品牌有重复性购买行为。消费者感知质量与客观质量之间的关系可以从静态和动态两个方面分析，具体如表 9-1、表 9-2 所示。

表 9-1　静态状态下感知质量与客观质量的关系

质量关系	购买行为变化情况
感知质量大于客观质量	消费者感到失望，再次购买品牌的可能性降低
感知质量等于客观质量	消费者反应一般，可能会持续购买
感知质量小于客观质量	大大刺激了消费者的购买欲望，购买重复性增加

表9-2　动态状态下感知质量与客观质量的关系

质量关系	购买行为变化情况
客观质量上升，感知质量不变	消费者感到喜出望外，购买重复性增加
客观质量上升，感知质量上升	消费者购买时还会有购买重复性行为
客观质量下降，感知质量不变	消费者表现失望，购买重复性大大降低
客观质量下降，感知质量下降	消费者反应一般，但可能还会选择此品牌
客观质量不变，感知质量不变	消费者还会像往常一样发生购买行为

2.感知质量与客观质量不一致的原因

"感知质量"是以消费者的感觉为基础对产品质量作出的评价，具有较强主观性，这就有可能造成感知质量与客观质量的不一致。之所以会出现产品的感知质量与客观质量的差异，其原因是多方面的。

（1）评判标准的差异。感知质量是消费者基于个人主观意识和偏好进行的评价，它更多地受到个人情感、经验和期望的影响。而客观质量则是以客观技术指标和标准为依据，是产品本身固有的属性。这种评判标准的差异使得消费者对产品的感知质量可能与客观质量存在偏差。

（2）信息不对称的影响。在交易过程中，企业往往掌握更多关于产品的信息，而消费者则可能因缺乏相关知识而无法对产品的客观质量作出理性判断。这种信息不对称导致消费者容易受到外界信息的影响，形成对产品质量的主观感知。对农产品而言，这种信息不对称的现象更为严重，由于消费者缺乏关于农产品的全面信息，往往只能根据有限的、甚至是误导性的信息来评估产品的质量，导致其可能对高质量的产品产生不信任感。

（3）有限理性的限制。消费者的有限理性也是造成感知质量与客观质量差异的原因之一。由于生理和知识方面的限制，消费者的理性程度有限，难以对产品的客观质量进行全面、准确的认识。因此，消费者对产品质量的感知往往受个人经验和认知水平的限制。

（4）继往消费体验的影响。消费者对某一品牌或产品的初次体验往往会影响其后续对该品牌或产品的评价。如果消费者之前对某品牌的产品质量有不良印象，即使该品牌的客观质量后来有所改善，消费者仍可能对其持有负面评价。但当消费者对某一品牌现有的质量有良好的感知时，他们往往会对该品牌新推出的产品持有积极态度。这种品牌效应的传递使得企业在推出新产品时能够借助消费者对品牌的良好印象来提升新产品的感知质量。

（5）期望水平的高低。消费者对品牌感知质量的好坏还与其对品牌产品质量的预期密切相关。当消费者对品牌的产品质量预期较低时，即使产品客观质量并不出色，只要能满足消费者的基本需求，他们仍可能对品牌产生良好的感知质量印象。反之，如果消费者对品牌的产品质量预期较高，而产品客观质量又未能超过其预期，即使产品能满足消费者需求，其也有可能对品牌产生负面印象。

因此，企业在塑造品牌形象和推出新产品时，应充分考虑消费者对产品质量的感知和预期。一方面，企业应确保产品的客观质量达到行业标准，以满足消费者的基本需求;另一方面,企业还应通过有效的营销策略和沟通手段来提升消费者对产品质量的感知,使品牌的感知质量达到消费者满意的水准。同时,企业应避免过度宣传,以免给消费者带来不切实际的期望,从而影响其对品牌感知质量的评价。

(三)感知质量形成的机理与提升途径

1. 感知质量的形成机理

消费者对产品质量的认知,从影响因素的来源来看主要有内在线索和外在线索两个方面。产品的内在属性所引起的,称为内在线索。产品的内在属性是指产品的自然属性,其随着产品的变化而变化,包括产品寿命、材料、色彩、功率、结构、形状、大小等。产品的外在属性所引起的,称为外在线索。产品的外在属性包括产品的社会属性和企业属性,如品牌名称、品牌标识、产品包装设计、广告、产品价格等。消费者对产品质量的认知,实质上就是在内在线索和外在线索的双重作用下作出的一种总体判断。在这种判断最终形成之前,消费者往往有一个归纳产品质量维度的抽象思维过程,经过该过程后形成消费者对产品的感知质量。消费者对产品质量感知的形成机理如图9-1所示。

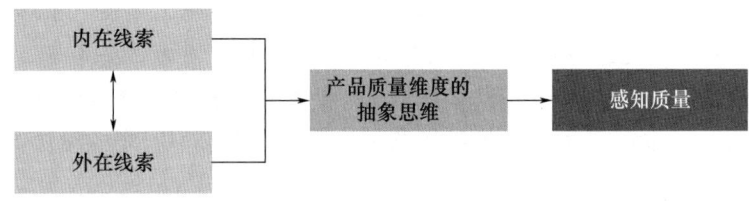

图9-1 感知质量的形成机理

资料来源:祝合良. 战略品牌管理[M]. 北京:首都经济贸易大学出版社,2013.

从感知质量形成的机理来看,消费者对感知质量的判断往往是基于内在线索和外在线索的综合考量。理论上,若内外线索均优质且充足,消费者自然能做出精准的感知质量判断。但在现实情境中,这一过程受到消费者知识、时间、精力、金钱等方面的限制以及内在线索的有限性的制约,其更倾向于利用外在线索,如品牌声誉、包装设计、价格标签等易于观察和理解的因素,来形成对产品质量的主观判断。因此,经营者若想提升消费者对品牌产品质量的认知,应在外在属性方面下足功夫,如精心塑造品牌形象、优化包装设计等。

2. 感知质量的提升途径

感知质量是塑造强势品牌的核心要素,因此提升消费者对品牌的感知质量至关重要。要实现这一目标,需从内外线索两方面入手。对于内在线索,即产品自然属性产生的信息,提升产品的客观质量是关键。企业应确保产品至少符合行业规范,达到标准,这是消费者对产品质量认知的基础。对于外在线索,即产品的社会属性和企业属性产生的信息,提高产品的感知质量尤为重要。这主要通过两方面实现:一方面是企业在产品价值链上为消费者创造更多价值;另一方面是降低消费者的感知成本,这包括货币价格、时间、精力等机会成本。

在提高产品感知价值时,必须妥善处理感知质量与产品价格的关系。产品类别、消费者知识背景以及产品属性等,均可能导致感知质量与价格的非正相关关系,这

就要求企业制定价格策略时,应以有利于品牌资产积累为前提。目前,市场上的低价策略,虽然短期内有助于销售,但长期来看不利于树立高品质的品牌形象和积累品牌资产。因此,提升品牌感知质量的核心在于提高产品感知价值,而非低价竞争。

【案例 9-1】

好想你

作为中国红枣产业龙头企业的"好想你"创始于1992年,主要从事红枣、冻干产品、坚果、果干等健康食品研发、采购、生产和销售,成为红枣行业第一家上市公司,先后获得中国驰名商标认定、河南省省长质量奖等,现已成为国内红枣产业的领导品牌。

"好想你"致力于改变中国红枣的品质,从706种红枣里选择了最好的品种灰枣,并将灰枣枣苗嫁接到新疆,进行规范化种植。作为农业产业化国家级重点龙头企业,"好想你"先后参与制定了3项红枣行业国家标准,拥有1个省级工程技术研究中心、1个省级果蔬创新中心;拥有"好想你"和"枣博士"2个驰名商标、33件专利、1199件商标及著作权、5大生产加工基地、1000多家专卖店。同时,公司通过了ISO9001:2008国际质量管理体系认证,并导入HACCP食品安全管理体系认证,建立了更为高效完善的ISO22000食品卫生安全管理体系,按医药行业GMP要求建设了十万级净化车间。

目前,大健康产业规模有望步入万亿行列,成为当前新兴产业中一股强劲生产力,"食药同源"概念已经深入人心,国民基础和消费需求越来越强。2020年启动全面战略升级的"好想你"也瞄准"食药同源"版图,在做好红枣主业的同时,布局"食养结合"、多产业融合的大健康战略蓝图。结合国家大健康战略,"好想你"致力于打造标准健康食养生活方式,确立纵横两个产品开发方向。纵向从原枣类产品向去核枣、夹心枣、红枣脆片、红枣浓浆等深加工产品拓展;横向开发坚果类、豆类、谷类、药食同源类产品,使产品能够满足不同人群的需求。

近年来,"好想你"在发展创新方面聚焦"健康、时尚、快乐、品质"的品牌定位,全力打造食品制造产业集群,积极发展科技研发、现代物流、市场营销、电子商务、休闲旅游和科普教育等服务业,形成"1+N"制造业与服务业深度融合发展产业链,产业生态体系基本形成,"两业"深度融合发展取得较快进展。

资料来源: 好想你:依托融合创新 打好红枣文化牌[EB/OL]. https://mp.weixin.qq.com/s/Bd2Gwwv7z8MF40Jtaab8uQ,2023-04-27/2024-03-05.

思考: 好想你的哪些典型做法有助于提升消费者的感知质量?

二、消费体验

产品策略的核心应集中于购买与消费环节,以此塑造积极的品牌形象。营销活动的设计初衷,往往在于探索如何激发消费者的试用意愿和促成重复购买行为。然而,真正强大且极具吸引力的品牌联想,通常源自于消费者真实的产品体验。遗憾的是,企业常常未能充分关注如何使消费者真切地感受到产品的优越性和潜在价值。

（一）后营销

针对企业常常未能充分关注消费者的产品体验，凯文·莱恩·凯勒（Kevin Lane Keller）提出了"后营销"（After Marketing）概念。顾名思义，后营销是指在消费者购买行为发生后所展开的营销活动。在深化消费体验、构建品牌资产方面，后营销发挥着举足轻重的作用，因为它能影响产品的创新设计、全面测试、精准生产以及与消费者有效沟通等。

为了充分发挥后营销的价值，企业需要全面审视并优化消费者在购买与消费环节中的体验。通过深入了解消费者的需求和期望，企业可以设计出更具吸引力的后营销活动，进而提升消费者的满意度和忠诚度，最终巩固并增强品牌形象。同时，后营销也要求品牌在产品创新、测试、生产和沟通等各个环节中保持高度的专业性和严谨性，以确保消费者能够真切地感受到产品的优越性和潜在价值。

（二）增强消费体验的方法

在深化消费体验的过程中，用户手册、顾客服务计划以及忠诚度计划三大要素发挥着举足轻重的作用，它们共同构成了品牌与消费者之间紧密联系的桥梁。

1. 用户手册

用户手册是提升消费者体验的关键一环。传统的操作手册往往缺乏易读性和友好性，导致消费者在初次使用时感到困惑甚至失败。为了改善这一状况，企业应当投入更多精力，设计和制作界面友好、内容详尽的用户手册。这样的手册不仅应当清晰地描述产品或服务的功能，更应强调其独特价值和优势，从而加深消费者对品牌的认知。随着全球化的推进，手册的多语言版本也显得尤为重要，以确保品牌信息能够准确传达给不同国家的消费者。此外，采用在线和多媒体形式展示产品功能和利益，能够进一步提升用户手册的效果。企业可以通过用户调研和用户反馈，不断优化手册内容，使其更加贴近消费者的实际需求。

2. 顾客服务计划

顾客服务计划是延长品牌生命周期、建立消费者忠诚度的关键手段。首先，顾客服务不仅是解决消费者在使用过程中遇到的问题，更能通过日常的售后服务深化消费者与品牌之间的联系，如汽车的售后保养服务。其次，通过提供高质量的售后服务，企业可以在消费者心中树立起良好的形象，从而增加重复购买和品牌忠诚度的可能性。再者，销售互补性产品也是企业营销活动的重要策略之一，它不仅可以增加品牌的收入来源，还可以强化消费者对品牌整体价值的认知，如净水器和滤芯的配套销售、剃须刀和刀片的配套销售、打印机和墨盒与硒鼓的配套销售等。最后，通过平衡营销资金的分配，企业可以在进攻性活动和防守性活动之间找到最佳的平衡点，从而实现长期的盈利和增长。

3. 忠诚度计划

忠诚度计划是企业与顾客之间建立长期、互动关系的重要工具。通过提供专业化服务、折扣、奖励等多样化措施，企业可以吸引并留住最优质的顾客群体。忠诚度计划不仅可以降低客户流失率、提高客户保有率，还可以增加品牌的销售份额和市场份额。然

而，在实施忠诚度计划时，企业也需要注意保护消费者的隐私和信息安全，避免因信息泄露而引发消费者的担忧和不满。同时，企业还需要不断更新和优化忠诚度计划，以适应市场变化和消费者需求的变化。

在建立有效的忠诚度计划时，企业需要充分了解其受众的需求和偏好，通过数据库和软件等工具对顾客进行精准分类和定位。同时，企业还需要不断创新活动形式和内容，以吸引新顾客并保持老顾客的活跃度和参与度。此外，倾听优质客户的建议和抱怨也是改进忠诚度计划的重要途径之一。通过不断优化和完善忠诚度计划，企业可以建立起品牌与消费者之间的紧密关系，从而实现长期的品牌价值和业务增长。

产品是品牌资产的核心所在，其设计、制造、上市、销售、配送和服务的各个环节，均须构筑起强劲、独特且受消费者偏好的品牌联想。这样的品牌联想有助于塑造正面的品牌形象，形成积极的品牌评价和品牌感知，增强消费者对品牌的正面响应，进而构筑更为强大的品牌共鸣。产品策略旨在将符合消费者需求及企业能力的有形与无形优点融入产品及相应的营销行动中。品牌所引发的联想具有多样性，有的更侧重产品功能，与产品本身关联紧密；有的则更偏向于象征意义，与产品的直接联系相对较少。其中，质量感知和价值感知作为尤为重要的品牌联想，常常成为影响消费者购买决策的关键因素。因此，在构建品牌资产的过程中，消费者对产品的真实体验以及后营销活动显得尤为关键。成功的品牌资产建设者，均致力于深入了解消费者需求，并在售前、售中、售后环节持续提供卓越的价值体验，以确保与消费者建立长期、稳固的关系。

第二节　定价策略

价格是传统营销组合中直接产生收入的关键因素，而溢价则是构建强势品牌的核心优势之一。消费者的价格感知并非单一的，而是受到多种因素的影响，形成多样化的认知。一方面，消费者对价格的敏感度取决于产品本身的特性及其在市场中的定位；另一方面，消费者的购买经验、经济状况以及对产品价值的认知也会影响其价格感知。本节将深入探讨消费者可能形成的多元化价格感知，以及企业为积累品牌资产可能采用的不同定价策略。

一、顾客感知价格

（一）顾客感知价格的概念

顾客感知价格是指消费者对产品或服务价值的心理认知和主观判断。它不仅是产品或服务实际价格的体现，还受诸如产品质量、品牌形象、购买环境、售后服务等多种因素的影响，是顾客在权衡产品或服务的价值与其所需付出的成本后，形成的对价格的总体评价。

顾客感知价格与顾客感知价值密切相关。顾客感知价值是顾客所能感知到的利益与其在获取产品或服务时所付出的成本进行权衡后，对产品或服务效用的总体评价。顾客在做出购买决策时，通常会将产品或服务的价格与其感知价值进行比较。如果顾客认为产品或服务的价值高于价格，他们就会认为购买是值得的；相反，如果顾客认为产品或服务的价值低于价格，他们可能会放弃购买或选择其他替代品。质量好、符合心理和生理需要的产品或服务，顾客对价格的高低可能就不会非常敏感，如产品的档次越高、顾客对产品的需要程度越高，其对价格的反应敏感度就越低。

除了价格本身所代表的数值意义，消费者还能感知到价格所蕴含的内在产品含义。对于众多产品而言，价格往往成为消费者判断产品质量的依据，并据此评估产品的感知价值。在这一过程中，成本不仅仅是货币价格，还包括消费者在决策过程中投入的时间、精力和心理成本。消费者对感知价值的联想，对其购买决策具有重要影响。因此，许多企业采取基于价值的定价策略，旨在通过合理的价格提供符合消费者需求的产品。这种策略的核心在于理解消费者如何根据产品的感知价值来评估价格，并据此制定能够最大化满足消费者需求的价格策略。

【知识拓展】

参考价格

参考价格是消费者进行价格判断时所使用的参考点，但因很多价格都可以作为比较的基点，所以参考价格是多维度的、不明确的。根据参考价格形成中受刺激对象的不同，可以把参考价格分为内部参考价格和外部参考价格。参考价格对购买行为的影响受到相关性因素的调节，如消费者的品牌忠诚度、可选品牌数量、购买频率和品牌偏好等因素。对消费者来说，实际价格高于参考价格是感知损失；实际价格低于参考价格是感知收益，且消费者对感知损失的负面反应要大于对感知收益的反应，这一现象称为"损失回避"。此外，参考价格对消费者的购买时间决策有重要的影响，消费者会根据实际价格与参考价格比较产生的得失评估决定提前或推迟购买。当评估结果是有失时，消费者会推迟购买，当评估结果是有得时，消费者会提前购买，但是消费者的推迟购买程度要比提前购买程度强烈。

资料来源： 参考价格效应［EB/OL］. http：//wiki. pinggu. org/index. php?doc-innerlink-%E5%8F%82%E8%80%83%E4%BB%B7%E6%A0%BC%E6%95%88%E5%BA%94，2009-08-31/2024-05-06.

（二）价格阶梯

在消费者对品牌价格认知的过程中，定价策略发挥着决定性作用，并影响着企业或消费者对价格灵活性的看法，如是否经常打折。消费者通常依据品类中的价格阶梯来评估品牌的价值。价格阶梯的存在揭示了价格与质量之间的某种关联，同时也揭示了每个价格阶梯内存在一段消费者可接受的价格范围，即"价格带"。这些"价格带"为品牌管理者提供了在特定价格阶梯内定价的灵活度依据。具体如图9-2所示。

一些企业为了在不同市场中获得竞争优势，通常会采用多品牌策略，且每个品牌都针对特定的品类和消费者群体进行定位和定价。企业的这种品牌布局，在拓展市场份额的同时，也使价格更具有灵活性，其价格阶梯和价格带的特征会更明显。

首先，多品牌策略允许公司在不同的价格区域内进行布局。这些价格区域可能涵盖了从低端到高端的各个层次，以覆盖广泛的消费者群体。在低端市场，公司可能推出价格亲民的品牌，以吸引对价格敏感的消费者；而在高端市场，公司则可能推出具有奢华特质和高品质的品牌，以吸引追求品质和独特性的消费者。

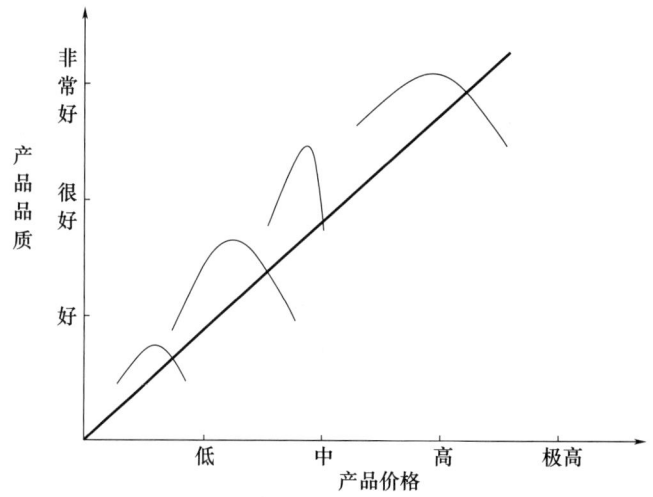

图 9-2　产品价格阶梯和价格带示意图

其次，这些品牌在不同价格区域内的销售策略也各具特色。在低端市场，品牌可能更注重成本控制和大规模生产，以实现价格优势和市场份额的提升；而在高端市场，品牌可能更注重产品的独特性和创新性，以及提供个性化的服务体验，以满足消费者对品质和个性化的追求。

最后，这种多品牌策略进一步凸显了价格感知的复杂性和多样性。不同消费者对于同一品牌的价格可能有不同的感知，这取决于他们的个人喜好、经济状况和购买经验等因素。此外，同一消费者在不同场合或不同情境下，对于同一品牌的价格也可能有不同的感知。因此，公司在制定定价策略时，需要充分考虑消费者的价格感知差异，以确保品牌能够在不同市场中获得成功。

二、基于品牌资产的定价策略

选择定价策略旨在构建品牌资产，关键在于确定现行价格的设定方式，以及促销和折扣的幅度与期限。在定价策略中，制造和销售成本、竞争品牌的价格等固然是重要的决定因素，但越来越多的企业开始重视顾客的感知与偏好对价格的影响。许多企业采用以产品价值为基础的"价值定价"法，并运用"每日低价"策略，制定长期的折扣定价政策。

（一）价值定价策略

价值定价法旨在实现产品质量、成本和价格之间的优化组合，以全面满足顾客需求并达成企业利润目标。多年来，企业以不同方式运用此法，但一个核心认知是：若产品价格超出顾客对品牌的感知价值，顾客将不愿支付溢价。也就是说，强势品牌具备获得溢价的能力，但并不能无限制地获取溢价。此外，当品牌价值未得到相应投资时，价格增长反而使品牌在面对低价竞争时显得脆弱。顾客可能会因对高价品牌的价值疑虑而选择品质稍逊的产品。

有效的价值定价策略需平衡三个关键因素：产品设计、产品成本、产品价格。换言之，就是要以恰当的方式生产恰当的产品，并以恰当的价格销售。

1. 产品设计

一个精心设计和有效执行的营销计划能够显著提升产品的价值，进而为企业创造更多的溢价空间。价值定价法的倡导者明确指出，只有当消费者能够感知到产品或服务中的增值价值时，他们才会愿意支付溢价。为了提升产品价值，一些企业巧妙地推出了新的或经过改进的高附加值产品，并通过提高价格来反映这些增值特性。在某些细分市场中，企业更是将产品革新、改良与高档价位相结合，以找到市场能够接受的平衡点。这种策略不仅有助于提升品牌形象，还能为企业带来更高的利润。

随着互联网技术的兴起，许多评论家曾预言消费者在线上的广泛搜寻，将导致只有提供低价产品的企业才能生存。但事实并非如此，具备强势品牌的差异化优势的企业，无论是线上还是线下销售，都能够实现溢价销售。例如，尽管亚马逊网站的在线图书和音乐产品的销量有所下滑，但其凭借强大的品牌影响力和优质的服务，仍然保持了市场领导者的地位，而那些低价竞争者则纷纷破产。因此，企业需要精心设计产品并有效执行营销计划，以提升产品价值并吸引消费者支付溢价。

2. 产品成本

产品成本是价值定价策略成功的第二个核心要素，其关键在于实现成本的优化与降低。为了达到这一成本目标，企业需要从多个方面入手，包括提升生产效率、优化外部供应链、实施材料替代策略、进行流程改造等。这些措施旨在通过降低材料成本、减少浪费以及提升生产效率，从而实现节约成本的目的。

降低成本并不意味着牺牲产品的质量、效率或效益。事实上，过度削减成本可能会对产品造成负面影响，进而损害品牌形象和声誉。

因此，企业在追求成本降低的过程中，必须确保不损害产品的核心价值和质量。只有在保证产品质量和顾客满意度的基础上，才能实现成本的有效降低，进而为价值定价策略的成功实施奠定坚实基础。

3. 产品价格

产品价格也是价值定价策略中的重要环节，其核心在于准确理解消费者对品牌的价值感知以及他们愿意在产品成本之上支付的溢价程度。企业可以采用多种方法估算消费者的价值感知，但最直接且最有效的方式就是从不同角度直接询问消费者对价格和价值的感知。

通过这种方法获得的感知价值，通常可以作为确定市场价格的初步依据，然后再根据产品成本以及市场竞争态势进行必要的调整。

总之，企业将产品设计、产品成本以及产品价格三部分以适当方式整合起来创造价值的过程至关重要。但值得注意的是，仅仅依靠价值创造并不足以确保定价策略的成功，必须让消费者在实际购买过程中能够感知并认可品牌价值。在某些情况下，品牌价值可能显而易见，即与竞争对手相比，该产品或服务的优势一目了然。但在更多情况下，品牌价值可能并不那么明显，消费者可能会倾向于选择价格更低的竞争性产品。因此，营销人员需要通过有效的营销沟通策略，帮助消费者更好地认识到品牌价值。有些场景下，只需要直接强调产品的价值所在就能传递品牌价值，如"一分钱一分货""物有所值"等理念；但在其他情况下，则可能需要通过比较和参照，引导消费者关注品牌间的差异以及产品的不同之处。

【案例 9-2】

四川栀子花

以往谈及栀子花,是 10 元 3 把的小确幸,是弥漫在大街小巷的清香;如今再谈栀子花,是 37 元一斤的"花界刺客",是流淌在田间地头的"钱味"。"栀子花成天价花"是近期网络上的热议话题。四川省内相关行业数据显示,2023 年栀子花收购均价为 5.5 元/斤,但 2024 年 5、6 月栀子花第一轮花期期间,价格已上涨至 28 元/斤,其中 6 月均价更是高达 34 元/斤。"比肉还贵"并非戏言,而是在新茶饮行业带动下,四川栀子花行情火爆的真实写照。

在消费者追求天然健康、轻盈低负担的需求下,以天然原料、优质茶叶萃取的茶汤基底大行其道,成为新茶饮进入 3.0 时代(即产品品质升级、注重创新、讲究原茶原叶)的主角。围绕这一消费趋势,新茶饮品牌不断推陈出新,挖掘出"花香+茶香"的创新组合。2024 年 5 月 31 日,四川本土新茶饮品牌"陈多多"上架栀香系列新品,拉开今夏新篇。该系列饮品以四川栀子绿茶做底,搭配水果"阳光玫瑰",为消费者营造花香和果香交织的夏日清爽口感与风味。

广州鲜和茶业创始人周杰长期做新茶饮研发拼配方案和原料供应,对当下的新茶饮"追香"趋势颇有研究。在他看来,四川栀子花香味清甜、有辨识度的特点,会让奶茶风味更加突出。来自浙江宁波的花香型茶饮品牌"东方栀子"创始人张小健有着同样的看法,"花香更浓,与绿茶结合得更好。"该品牌围绕栀子花茶系列,试验超过 100 种栀子花绿茶,最终选用了四川栀子花。

翻看近两年各大新茶饮品牌的夏日新品菜单,四川栀子花的身影无处不在。"奈雪的茶"香水栀子绿茶底以四川牡丹栀子窨制雅安烘青绿茶而成,"书亦烧仙草"栀夏、"雅克雅思"栀子芋圆茶底均选用了四川重瓣栀子窨制而成。四川本土产的栀子花正逐步成为夏日奶茶饮品的"明星搭档",但也因供不应求导致价格大幅上涨。

资料来源:四川栀子花价格"狂飙"为哪般?[EB/OL]. http://www.brand.zju.edu.cn/2024/0621/c57338a2937943/page.htm,2024-06-21/2024-07-12.

思考:从价值定价策略的角度出发,分析四川栀子花价格"狂飙"的原因是什么?

(二)每日低价策略

每日低价作为一种长期的价格策略,已经受到广泛关注和重视。它通过避免价格的频繁波动,建立了稳定且一致的"每日"产品基础价,这在很大程度上是基于价值定价的深入考量。

宝洁公司在 20 世纪 90 年代便明智地采用了每日低价策略,降低了产品目录中一半品牌的价格,并取消了众多临时性折扣。这一决策在 1991 年为该公司节省了高达 1.75 亿美元的成本,相当于前一年利润的 10%。每日低价的拥护者认为,该策略有助于提升品牌忠诚度,有效抵御自有品牌的竞争,并降低生产和库存成本。但是,即便坚定地执行每日低价策略,企业也需认识到在某些时期进行打折促销的必要性。例如,在 20 世纪 90 年代后期,面对市场挑战,宝洁公司在部分细分市场调整了价值定价策略,重新引入了价格促销。近年来,为应对多变的市场环境,宝洁公司更是采取了一套更为灵活的定价策略。2010年，在经济萧条期间，宝洁公司采取了降价策略以扩大市场份额；2011年，随着商品成本的上涨，公司又调整提升了部分产品价格，这充分显示了宝洁公司灵活的定价策略。

那么，为何企业仍追求价格稳定性呢？原因在于，过度依赖促销所引发的价格波动会对生产商造成不利影响。例如，尽管商业促销通常针对特定时期和区域，但零售商有时会采取先期购买或转向出售的策略，从而增加了生产复杂性，并导致生产商在促销期间需应对激增的需求，促销结束后又面临产能闲置的问题，造成巨大经济损失。更重要的是，价格的频繁波动会促使消费者等待打折或特殊促销活动时再购买，这无形中损害了品牌的长期价值。一旦品牌与"折扣"或"非全额支付"产生关联，其品牌资产便会受到贬损。因此，尽管促销和折扣在短期内可能带来销售增长，但长期而言，维持价格稳定对于保护品牌价值和确保企业持续健康发展至关重要。

总之，为了创建品牌资产，营销者必须确定短期和长期内的定价和调价策略。这些决策越来越反映消费者对价值的感知。价值定价要在产品设计、产品成本和产品价格方面寻求平衡。从品牌资产的角度来看，消费者必须能够基于从产品中获得的实际利益，感知到该品牌价格的合理性和公平性。与此同时，相较于竞争性产品，消费者应能感受到该品牌在其他方面的显著优势。每日低价策略作为一种有效的补充定价方式，使得主要产品能够长期、稳定地保持基于价值的低价。

需要注意的是，在平衡降低价格与提升顾客质量感知的过程中，营销者往往面临巨大的挑战。尽管营销者经常通过降低价格来试图提高价格感知，但通过打折促销来增加价值的方式，其成本往往远高于通过品牌营销活动来增加价值的方式。这是因为通过降低价格来减少每单位产品的收益，进而导致收入的损失，通常远大于营销活动所需要的成本。相比之下，那些旨在提升品牌价值的营销活动的成本，多属于固定支出，当这些成本分摊到售出的每一个单位产品上时，其实际成本就显得相对较低。

第三节 渠道策略

产品销售或分销方式的选择对品牌资产及最终销售成果具有深远影响。营销渠道是指产品或者服务从生产制造到消费者使用的过程中所涉及的一系列相互依赖的组织，其涉及对批发商、分销商、代理商等中间商以及零售商的有效规划与管理。

一、营销渠道类型与选择

渠道类型的组合和选择对品牌资产和销售成果具有显著影响。总体而言，渠道可分为直接渠道和间接渠道两大类。在选择渠道时，需权衡不同渠道的利弊。直接渠道适用于对产品信息需求高、定制化程度高、质量要求高、采购批量大且物流重要的场景。而间接渠道则更适合品类丰富、购买便捷、售后服务关键的场合。直接渠道和间接渠道各有优势，对品牌资产的影响也各不相同。直接渠道有助于建立紧密的客户关系，提升品牌形象；而间接渠道则能扩大市场覆盖范围，提高销售效率。此外，细分市场的特点也是决定渠道选择的重要因素。

很少有公司仅采用单一渠道，更多的是采用多种渠道类型的复合模式。但需要注意的是，复合模式也存在风险，如渠道过多可能导致成员间冲突或缺乏支持，而渠道过少则可能忽视市场机会。渠道设计的目标应是实现渠道覆盖率和效率的最大化，同时最小化渠道成本和冲突。

成功的渠道策略需具备"完整购物体验"的特点。从消费者购买行为的角度来看，信息、娱乐和体验是影响渠道选择的关键因素。消费者不仅会关注品牌本身，还会对其销售渠道感兴趣，并期望能够参与和体验渠道活动。

二、直接渠道策略

直接渠道作为销售方式的一种，对于品牌资产的形成与提升具有显著意义。直接渠道是指生产企业不通过中间商环节，直接将产品从公司售给潜在客户。这种渠道有助于建立直接且紧密的客户关系，增强品牌忠诚度。

（一）直营店

公司直营商店是直接渠道的重要形式之一。厂商通过建立自己的零售商店，旨在控制销售过程、深化与顾客的关系，并将商品直接呈现给消费者。这种方式的复杂性在于其需要厂商全面投入零售运营。直营商店的优势在于，它们能够全面展示品牌及其产品系列，为消费者提供完整的品牌体验。例如，耐克公司通过直营商店有效地展示了其产品的广度和深度，进一步强化了品牌形象。然而，直营商店也面临挑战，如缺乏零售经验的公司可能难以高效运营，导致与现有零售渠道和分销商产生潜在冲突。尽管如此，直营商店在提升品牌形象和积累品牌资产方面的作用不容忽视。

【知识拓展】

企业经营模式

自营：经营模式的一种，指的是由零售商向供应商采购商品后自行销售，以获取购销差价。

联营：经营模式的一种，指的是零售商与供应商共同经营管理，零售商通过提取销售扣点来获取收入。

直营：由公司总部直接投资经营，这种以一个品牌为主导，在各地投资设立分公司或子公司的经营管理模式，相对于特许加盟连锁模式来说，称为直营公司连锁模式。

加盟：就是该企业组织，或者说加盟连锁总公司与加盟店二者之间的持续契约关系。根据契约，总公司必须提供一项独特的商业特权，并在人员培训、组织结构、经营管理、商品供销等方面提供无条件协助。加盟店需付出相应的费用，通常表现为加盟费等。加盟特许经营的经营方式有很多，依出资比例与经营方式大概可以分为自愿加盟、委托加盟与特许加盟。

也就是说，自营通常是和联营相对，针对的是零售商与供应商之间的关系。而直营通常与加盟相对，针对的是总公司的经营方式。

资料来源：直营与自营有什么区别？[EB/OL]. https：//www.zhihu.com/question/263349271/answer/1306557019，2020-07-14/2024-05-25.

（二）店中店

除了自营商店，店中店也是直接渠道的一种形式。店中店经营模式，也称为内店经营或店内店铺模式，是一种常见的零售业态，主要特征是在如购物中心、百货商场等大的商业空间内部设立独立运营的小型店铺，每个小店铺都有自己的品牌特色和经营范围。采用店中店模式的企业，在利用零售商品牌形象的同时，保留对产品设计和展示的控制权，这对于提升品牌知名度和促进销售具有积极作用。零售商通过与其他零售商合作，也能获得类似益处，进一步拓宽销售渠道和提升品牌形象。

店中店经营模式的优势主要表现在以下几个方面：一是聚集效应，各店铺共享大商业体带来的客流量，可以实现客流资源共享，提高单个店铺的曝光度和客流量。二是满足多样化需求，通过不同品牌的集合，满足消费者多样化、一站式购物需求，增强消费体验。三是降低经营风险，对于小型店铺经营者来说，无须承担高昂的租金和物业管理成本，同时可以借助大商业体的品牌影响力和成熟的管理经验，降低经营风险。四是经营灵活，各店可以根据自身品牌定位和市场变化灵活调整经营策略和产品结构。但与此同时，也应该看到店中店模式面临一些挑战，例如，品牌商需要支付租金，并受到商场管理方的约束；由于面积有限，可能难以全面展示所有商品；商场内店铺众多，突出自家特色，避免同质化竞争的难度增大；此外，员工能力、商场客流量等因素也可能对店中店的经营效果产生影响。

（三）其他直接渠道类型

除了直营店和店中店模式，企业还可以采取很多无店铺的直销渠道，如人员推销、网络直销、电视直销、电话直销、直接邮购、目录营销、定制销售以及自动售货机等。这些方式使得产品能够直接触达消费者，促进销售的同时也有助于积累品牌资产。

总之，直接渠道在提升品牌资产方面具有重要作用。无论是通过自营商店、店中店还是其他直接渠道手段，都能够有效地与消费者建立联系，提升品牌形象，进而促进销售增长。因此，在选择销售渠道时，厂商应充分考虑直接渠道的优势，并结合自身实际情况制定合适的销售策略。

三、间接渠道策略

间接渠道则是通过第三方中间人，如代理商、批发商、分销商或零售商等，进行产品销售。这种渠道能够扩大市场覆盖范围，提高销售效率。在选择间接渠道时，需注意对中间商的有效管理和协调，以确保品牌形象和产品质量的一致性。

间接渠道涵盖了多种类型的中间商，其中零售商作为关键一环，对消费者有直观且直接的影响，因而对品牌资产的形成具有显著作用。零售商通过储存、展示和销售商品，不仅塑造了自己的品牌形象，同时也对销售产品的品牌资产产生了重要影响。消费者往往会根据零售商的形象推断其所售商品的质量和价值，例如，如果一家商店以销售高质量、高价值商品著称，消费者便会认为该商店所售的所有产品均具备这样的品质。

（一）推动与拉动策略

在影响品牌资产的策略上，零售商可以采用推动与拉动两种策略。推动策略侧重于直接刺激渠道成员，使其愿意储存并销售产品给最终消费者。而拉动策略则聚焦于最终消费者，通过满足消费者需求，创新独特产品，以及应用适当的定价和广告策略，使消费者主动要求零售商储存和销售这些产品。

虽然不同的品牌可能在不同情况下更强调某一种策略，例如，推动策略往往与较窄的分销渠道相结合，而拉动策略则更适用于更广泛的分销渠道，但成功的品牌创建方案往往巧妙地将两种策略相结合。例如，小米、华为等品牌，就是通过综合运用推动和拉动策略，成功创建了强大的品牌资产。

此外，还需要注意生产商和零售商之间相互促进、相互制约的关系。渠道营销强调了生产商和零售商在店内营销活动中的协作，而这种协作通过品牌展示、样品促销以及其他突出零售商和顾客能力的店内活动设计，有效地提升了品牌资产。但随着货架空间竞争的加剧，生产商和零售商在分销渠道建立方面出现了分歧。零售商由于掌握了主动权，在商业条款制定方面往往处于有利位置，这要求生产商更加灵活地运用品牌创建策略，以重新获得在渠道中的影响力。因此，生产商和零售商应紧密合作，灵活运用推动与拉动策略，共同创建和维护强大的品牌资产。

（二）渠道支持

1. 企业与经销商之间的支持关系

渠道成员提供的多样化服务显著提升了顾客购买某品牌产品的整体价值。尽管企业倾向于自行提供部分服务，如免费电话咨询和线上网站支持，以便更直接地服务消费者，但与零售商建立稳固的"营销伙伴制"，对于确保渠道的有效支持和服务的有效执行至关重要。

为确保与经销商的愉快合作及供应链的稳固，企业需付出诸多努力。鉴于零售商在运营和人员成本方面的投入，厂商应给予其独家经销新产品的权益作为补偿。同时，在直接面向消费者的产品定价策略上，公司应保持价格的一致性；若需进行折扣促销，应限定在特定商场进行，以避免给消费者带来价格混乱的印象。此外，通过为经销商提供产品知识培训，公司可协助其建立高效的销售团队。

2. 企业与经销商之间的合作形式

公司与经销商应共同参与决策过程，并深刻认识到经销商的成功直接关系到公司的利益。随着经销商在零售市场份额中的增长，为了保持供应链的顺畅，公司需确保与经销商的合作愉快且有利可图。其中，"伙伴制战略"的关键组成部分包括零售细分和合作广告。

在零售细分方面，由于零售商的营销能力和需求各异，应对其进行细分，并提供个性化的品牌支持。例如，包装食品公司通过为不同零售商制定个性化的营销方案，实现了供应链的高效运作。此外，品牌元素变量的运用，如产品颜色、设计等方面的差异，有助于减少零售价格竞争，并鼓励不同零售商销售同一品牌下的不同产品或型号。

合作广告作为渠道支持的重要手段，往往被忽视。在合作广告中，生产者可以承担部分零售商为促销产品而产生的开销。但也应注意，合作广告传递的品牌形象需得到严格控制和保护，以避免过分强调特定商场而忽视品牌本身。理想的合作广告应实现厂商品牌活动与经销商合作广告活动的协同效应，确保在推广品牌和商场之间取得平衡。为此，生产者需积极参与零售商推销活动的设计和执行，而非仅提供资金支持。

【案例 9-3】

京东与苹果合作推出 618 广告

2023 年 5 月 29 日，京东发布了 20 周年与 Apple 品牌定制打造的主题 TVC 视频广告。在短短 1 分钟影片中，通过京东 JOY 形象将 iPhone/iPad/MacBook 等 Apple 产品带给更多用户，闪闪发光的日常碎片展现了浓浓的"苹果风"，也展现了京东将 Apple 全品线的产品送到千家万户的场景。

京东与 Apple 品牌的合作，也在向消费者传递出一个信息——在 618 来临之际，京东将与品牌携手为消费者带来更全面的产品、更好的服务和最实在的价格。

苹果市场营销被分解为"共鸣、专注、灌输"三个关键词，这是早在 1977 年苹果成立时就定下的"苹果营销哲学"。对于品牌的塑造、价值观共鸣与产品营销的极致追求，已融入到苹果产品发布的前中后全流程。对于品牌形象的重视，也让苹果非常谨慎对待每一部广告。值得注意的是，这次联合京东发布的最新 TVC 视频是 Apple 授权经销商 LOGO 的第一次对外深度授权。不仅如此，Apple 全线产品也罕见地在授权经销商的 TVC 集中亮相。

品牌的调性和对极致消费体验的追求，是京东与 Apple 开展品牌合作的一个重要基础。京东成立 20 年来，一直做的只有一件事——与合作伙伴一起围绕产品、价格、服务，为用户打造"多、快、好、省"的极致消费体验。

资料来源：京东 20 周年联合 Apple 品牌推出 618 广告大片［EB/OL］.https：//tech.cnr.cn/techph/20230530/t20230530_526269166.shtml, 2023-05-30/2024-05-26.

思考：在新的消费趋势下，京东和苹果为什么要共同推出营销广告？

在渠道支持中，生产者应创造性地制定针对销售及其他渠道成员的商业营销计划，通过激励试用性购买、宣传展示产品信息以及树立正面品牌响应，全面提升渠道支持的效果，实现品牌价值的最大化。与此同时，生产者还应与零售商建立稳固的合作伙伴关系，通过实施个性化的零售细分策略，以及精心设计和执行合作广告计划，确保供应链的稳健运行，并实现与经销商的共赢发展。

四、复合渠道策略

在当今商业环境中，实体销售渠道与网上在线零售渠道的并存与融合，已成为众多公司的共识。这种复合渠道模式为消费者提供了前所未有的购物便利，使购买时间和购买方式变得更为灵活。消费者不仅享受在线下单的便捷，更青睐于在本地实体商店取货。此外，消费者还期望能够在外地商店购买商品，在本地商店办理退货，这种无缝衔接的购物体验极大地提升了消费者的满意度，满足了消费者多样化的需求。

【案例 9-4】

洛阳源耕

洛阳源耕，是洛阳市打造的市级农产品区域公用品牌，旨在推动沟域生态经济快速发展。做减法、推精品、强链条，是"洛阳源耕"品牌运营的首要原则。目前，"洛阳

源耕"品牌授权涵盖菌类、高山杂粮等品类,特色产业必须同时满足国家标准、行业标准、三品一标才能纳入品牌使用范畴。在销售渠道构建方面,洛阳源耕采取旗舰店、自营店、加盟店、社区店相结合,线上、线下销售相结合,农特产品、大宗农副产品相结合,溯源基地培育、全域产品开发相结合,自营、外包销售相结合的行动战略。紧密围绕线上、线下两个主战场,做实渠道销售、电子商务、资本运作、品牌宣传、基地孵化、服务支撑、协会运营、爆品打造八大业务,完善标准管控、增值业务、专家服务、物流配送四大支撑体系,实现品牌的快速发展。

资料来源: 一个市级农产品区域公用品牌的诞生密码[EB/OL]. https://www.thepaper.cn/newsDetail_forward_10491424,2020-12-22/2024-05-06.

思考: 洛阳源耕在销售渠道构建方面有什么独特之处?

复合渠道的优势不仅体现在消费者受益方面,更在于其对企业利润的贡献。德勒的研究表明,相较于单一商场购物者,多渠道的购物者在每一笔交易上会多花费82%。这一数据充分证明了复合渠道在提升销售额和利润方面的显著效果。波士顿咨询公司认为,多渠道销售能够以单渠道的一半成本获得同等数量的客户。这一观点强调了复合渠道在成本控制和市场拓展方面的优势,使得企业能够以更低的成本获取更多的客户,实现更高效的市场拓展。

此外,多渠道零售商还具备与供应商有实际市场接触、拥有完善的分销渠道和实施体系等优点。这些优点使得复合渠道厂商能够更好地满足市场需求,提升品牌影响力和竞争力,从而在激烈的市场竞争中脱颖而出。

复合渠道策略已成为当今商业环境中不可或缺的一部分。通过充分发挥线上线下的优势,企业不仅能够提升消费者的购物体验,还能够实现销售额和利润的最大化。因此,对于寻求长期发展的企业而言,制定并实施有效的复合渠道策略具有极其重要的意义。

渠道作为企业将产品传递给消费者的关键环节,其策略设计对于品牌资产的构建具有至关重要的影响。品牌资产的渠道策略主要包括直接渠道与间接渠道的设计与管理。直接渠道通过直接触及消费者,使其深入了解品牌产品的深度、广度、种类及独特性,从而有效增强品牌资产。间接渠道通过中间商对品牌所采取的行动和给予的支持,以及中间商可能带给品牌的联想来影响品牌资产。直接渠道和间接渠道各有利弊,企业需要实现渠道的优化组合和匹配,并综合平衡短期与长期目标,以实现短期的销售增长和长期的品牌资产维持与增强。因此,对每个可能的渠道选择进行深入评估显得尤为重要,不仅要关注每一种渠道对产品销售和品牌资产的直接影响,还需要分析其与其他渠道选择之间的相互作用及潜在影响。

本章小结

(1)消费者通过对产品质量的感知,会在心中形成对高质量产品的评判标准,然后再用这些标准去评价该品牌的形象。消费者的感知质量和客观质量的关系主要有两种情况,即消费者购买产品前和购买产品后。感知质量是以消费者的感觉为基础对产品质量作出的评价,具有较强主观性,这就有可能造成感知质量与客观质量的不一致。

（2）消费者对产品质量的认知，从影响因素的来源来看主要有内在线索和外在线索两个方面。提高产品的感知质量主要通过两方面实现：一方面是企业在产品价值链上为消费者创造更多价值；另一方面是降低消费者的感知成本。

（3）后营销是指在消费者购买行为发生后所展开的营销活动，其在深化消费体验、构建品牌资产方面，发挥着举足轻重的作用。在深化消费体验过程中，用户手册、顾客服务计划以及忠诚度计划三大要素发挥着举足轻重的作用，它们共同构成了品牌与消费者之间紧密联系的桥梁。

（4）消费者的价格感知并非单一的，而是受到多种因素的影响，形成多样化的认知。一方面，消费者对价格的敏感度取决于产品本身的特性及其在市场中的定位；另一方面，消费者的购买经验、经济状况以及对产品价值的认知也会影响其价格感知。

（5）在定价策略中，制造和销售成本、竞争品牌的价格等固然是重要的决定因素，但越来越多的企业开始重视顾客的感知与偏好对价格的影响。许多企业采用以产品价值为基础的"价值定价"法，并运用"每日低价"策略，制定长期的折扣定价政策。

（6）营销渠道是指产品或者服务从生产制造到消费者使用的过程中所涉及的一系列相互依赖的组织，其涉及对批发商、分销商、代理商等中间商以及零售商的有效规划与管理。营销渠道可分为直接渠道和间接渠道两大类。

思考与讨论

（1）感知质量和客观质量不一致的原因有哪些？如何设计并实施综合性的策略来降低这种不一致性，以增强消费者对产品质量的信任度和满意度？

（2）思考应采取哪些策略来提高消费者的感知质量；同时，探讨这些策略在不同市场环境和消费者群体中的适用性和效果如何。

（3）讨论增强消费体验的方法有哪些。通过具体案例分析这些方法是如何提升顾客满意度和忠诚度的，以及它们在不同行业中的应用前景和挑战。

（4）分析顾客在评估价格时考虑的因素有哪些，以及这些因素是如何共同影响顾客的购买决策的。

（5）讨论在实施价值定价策略时，需要考虑的关键因素有哪些。通过案例分析，探讨如何制定既能反映产品价值又能吸引目标顾客的价格策略。

（6）农业品牌所采取的渠道策略主要有哪些？探讨在多渠道环境下，如何协调各渠道之间的关系，以实现品牌信息的一致性和市场资源的最大化利用。

案例分析

清美：三产融合　创新模式助推企业品牌发展

上海清美成立于1998年，是国家农业产业化重点龙头企业，已实现全产业链生产，产品包括豆制品、面制品、蔬果、禽蛋、肉制品、方便食品、轻食、粮油等16大类，销往全国14个省（自治区、直辖市），并出口澳大利亚、加拿大、美国等国家。据上海市豆制品协会统计,清美豆制品上海市场占有率达6成以上,超市覆盖率超过95%,每天可满足15万上海人的早餐消费。其先后被认定为中国驰名商标、上海市质量标杆,并获得上海市质量金奖。

上海清美涵盖16个品类生鲜农产品,具有从基础研究、现代农业、研发设计、智能制造、冷链物流、智慧零售、餐饮管理到综合服务的全产业链体系,已经形成了自主可控,自有全产业链保障生产供应模式,实现了从"豆制品专家"向"城市生鲜食品综合服务商"的成功转型。

研发端,成立上海清美农业科技有限公司全资子公司,落地自有高标准种植示范基地,提出"清美自主优势种源"战略,与上海市农业科学院合作,组建种源研发团队,针对农作物种子繁育项目周期长、投入大、回报不稳定的产业特性,在自有农业基地设置农作物种子繁育生产点,建立育苗工厂,在清美集团总部开辟场地用作种子研发,采取分步走战略,从引入到吸收再到合作开发,实现了清美农作物新品种的自主研发。

生产端,建立蔬菜产业化利益联结体,构建"清美集团+清美农业公司(包括自建蔬菜基地)+农民合作社+家庭农场+农户"的经营模式,涵盖了所有类型的农业经营主体,各农业主体利益联结、合作共赢,实现了1+1>2的效果。清美为联合体成员提供物资、种子、种苗等生产资料及技术,以保证农产品的品质。集团按签约价收购,既确保了农民利益又保证了蔬菜原料的稳定可靠。2020~2021年,清美蔬菜产业联合体对接浦东7个镇,共采购蔬菜200余个品种,年采购量2万多吨。

销售端,线下成立清美鲜食和清美鲜家两大实体门店,其中清美鲜食定位社区鲜食服务店,清美鲜家是"店+仓"模式运营的线上线下一体化门店,目前清美集团上海地区共有清美鲜食和清美鲜家门店730多家。线上,清美坚持融合发展理念,大力推动"特色+""绿色+""互联网+"深度融合。清美开通清美云超和及时达业务,通过搭建产业一体化大数据分析平台,利用大数据分析对用户进行画像,了解客户需求、消费者的消费习惯、行为模式、消费偏好等一系列信息,不断促进供给侧改革和销售的个性化推荐及预测,实现模块化生产、订单化生产、标准化生产和柔性化生产,提高企业内部的运营效率,有效降低成本。

清美集团还建设了清美学堂、清知园创意农园等特色点位,满足村民学习提升需求。清知园创意农园以蔬菜为主题,分类展示了上百种色彩缤纷的四季蔬菜,创意设计了蔬菜花园、科普园地、田头体验等,融入了科技、人文、生态、教育、健康等元素,可为周边村民、参观者、学校提供休闲观光、科普学习的场所。通过与植物亲密接触,感受解压的慢生活,了解更多农业园艺方面的知识。

清美集团20多年专注鲜食领域,以市场为导向,以创新为手段,持续提升核心竞争力,增强品牌核心竞争能力。已在供应链、品牌、技术、质量、冷链、管理、销售渠道等诸多方面建立领先优势,形成全产业链、全品类、全渠道的清美特色鲜食发展模式,做优做强产业共建、服务共建、文化共建三大主题,为打造"全球一流的生鲜食品企业"提供了可行路径。

资料来源:清美:三产融合 创新模式助推企业品牌发展[EB/OL].https://mp.weixin.qq.com/s/0_DhfYfnYAuCn2aJ1UNLnQ,2023-04-23/2024-05-27.

思考:

(1) 清美集团应如何进一步丰富和差异化产品线,以满足不同消费群体的多样化需求,并保持其"城市生鲜食品综合服务商"的市场定位?

(2) 如何进一步优化和拓展清美集团的销售渠道,以实现全渠道覆盖并提升销售效率?

(3) 在竞争激烈的生鲜食品市场中,上海清美应如何进一步强化其品牌差异化,清晰界定并传播其独特的品牌定位和核心价值,以吸引并巩固消费群体?

第十章　农业品牌整合营销传播策略

 知识与技能目标

（1）理解整合营销传播的概念、目的以及其对品牌价值塑造的驱动作用。

（2）熟悉整合品牌传播（IBC）理论，了解其通过整合多种传播活动来管理品牌资产和实现品牌价值最大化的策略。

（3）领会中国农业品牌传播的"消费者品牌价值共创模型"，明确以"文脉传播"为轴心及多维度整合传播的要点和消费者价值共创机制。

（4）能够运用整合营销传播的理念，为农业品牌制定"组合和匹配"的传播方案。

 **情境导入**

象山县供销联社在"数字兴业"框架协议基础上，同阿里巴巴集团开展深度合作，通过开展整合营销活动，为象山县柑橘"红美人"品牌"走出去"提供强大助力。一是举办拍卖认领，助力品牌宣传推广。在象山柑橘文化节上携手阿里拍卖平台，将中国第一棵"红美人"果树上所摘鲜果线上拍卖，筹得善款12267元，捐助给四川凉山州雷波县；在抖音等移动端平台上开展认领果树活动，受到了社会各界的广泛响应，知名导演张纪中、演员潘长江等各界名人积极参与认领，进一步扩大象山柑橘"红美人"的品牌影响力。二是开展直播大赛，助力培养电商人才。柑橘文化节前夕，联合象山影视学院举办"象山美人·华夏当红"直播大赛，由阿里巴巴集团培训部门对200余名在校学生进行免费线上培训，学生们以个人或团队的形式通过制作短视频、直播带货比拼，最终决出10组优胜；此次活动培养了一批直播销售人才，同时，活动中创作的短视频作品也为产业的宣传推广提供了优质素材。三是保护知识产权，助力保障品牌价值。为更好地保护象山柑橘"红美人"的品牌知识产权，在阿里巴巴平台治理部协助下对"象山柑橘""象山红美人"区域公用品牌及地理标志证明商标进行品牌保护；此外阿里数字乡村还在产销对接服务、品牌传播、数智产业、人才培训等多个为农领域开展合作，共同维护象山柑橘"红美人"的品牌形象，提升品牌影响力，打造数字化促进共同富裕的象山样板。四是连接产销渠道，助力果农拓展市场。由象山县供销联社同盒马鲜生平台就象山柑橘"红美人"产销进行合作签约，通过"专业合作社＋农户"利益联结机制的供货方式入驻盒马鲜生全国线下门店、盒马App产地量贩、天猫盒马官方旗舰店等渠道，在产销两端实现全面结合，将优质的象山柑橘"红美人"送达高端用户手中，进一步拓展市场布局，助力其销量与品牌双丰收。

资料来源：宁波市供销合作社联合社. 开展整合营销，象山县供销联社积极助力柑

橘"红美人"品牌打造．[EB/OL]．http：//gxs.ningbo.gov.cn/art/2021/12/27/art_1229056759_58942182.html.2021-12-27/2024-07-15.

思考：从象山柑橘"红美人"与阿里巴巴集团的深度合作中，能总结出哪些成功经验应用于其他地区的农业品牌发展？

习近平总书记高度重视农业品牌建设，他指出要做好"特"字文章，加快培育优势特色农业，打造高品质、有口碑的农业"金字招牌"。2022年12月，习近平总书记在中央农村工作会议上强调，各地推动产业振兴，把"土特产"这3个字琢磨透，要强龙头、补链条、兴业态、树品牌，为我国走好品牌强农之路，助力建设农业强国指明了方向路径。农业农村部密集出台系列政策文件和措施，确立品牌推进年，推动目录制度建设，加快推进品牌帮扶，相继印发品牌强农指导意见、精品培育计划等，品牌打造贯穿农业农村重点领域重点规划，国家级和各层面品牌推介营销全面开展，我国农业品牌发展进入全面创新提升发展的新阶段。这些政策和讲话强调了农业品牌建设的重要性，为农业品牌的发展提供了指导方向和政策支持，有助于推动我国农业现代化进程，提升农业产业的竞争力和附加值，促进乡村振兴。

第一节　农业品牌传播的理论背景

一、品牌传播理论

（一）媒介即信息

"媒介即信息"是加拿大学者麦克卢汉在《理解媒介：论人的延伸》中提出的概念。这一著名论断揭示了媒介的价值，洞见了科技对文化的深刻影响。从印刷术到互联网，媒介作为人的器官与意识的延伸，长久以来与人类互相塑造，共同进化。人们如何获取知识、协同工作、连接彼此，皆深受媒介影响。麦克卢汉认为，人类的文化表达始终与媒介密不可分，媒介本身承载并传递着特定的意义与信息。人类只有在拥有了某种媒介之后才有可能从事文化传播和社会活动。真正有意义、有价值的"信息"是特定时代所使用的传播工具的性质、它们所开创的可能性以及由此带来的社会变革。

这一理论强调传播信息的媒介和技术工具，往往比信息本身更重要，更有意义。因为影响我们认知和思考习惯的，往往不是信息，而是传播信息的媒介。媒介对人类协作与活动的形式和范围产生深远影响，同时塑造并控制这些行为的具体方式。麦克卢汉认为，这种感官比率和认知模式的改变是坚定不移且不可抗拒的，这表明媒介不仅被动记录信息，还主动改变社会行为与文化结构。

"媒介即信息"理论对品牌传播和广告业发展产生了重要影响。以印刷时代为例，其广告理论被称为"纸上推销术"。这是1904年，广告史上第一位文案大师约翰·肯尼迪（John E. Kennedy）给广告下的定义。随后又有一位广告大师克劳德·霍普金斯（Claude Hopkins）提倡"科学的广告"。20世纪50年代，罗瑟·瑞夫斯（Rosser Reevers）写出《实效的广告》一书，提出"独特的销售主张"（USP）广告理论。他们共同的主张都是在广告中传递翔实的产品信息，用一种通俗、真诚、平实的语调描述清

楚产品的功能卖点,这样消费者就会买单。他们都反对夸张和搞笑的广告。正如霍普金斯所说:"只有对我们产品感兴趣的人才会阅读我们的广告。不论广告的篇幅是长是短,都不会有人将它当作一种消遣乐趣来阅读。所以,我们应该将广告读者视作一位正在向你咨询信息的潜在顾客,给他足够的产品资讯促使其消费买单。"到了20世纪60年代,广告业发生了创意革命,扛起创意大旗的三位旗手大卫·奥格威(Rosser Reeves)、李奥·贝纳(Leo Burnett)、威廉·伯恩巴克(William Bernbach)分别提出了品牌形象论、产品的戏剧性、创意ROI理论(原创、相关、震撼)。从这一时期开始,广告业开始注重创意性,广告信息开始从物理层面、理性的产品功能主张,向强调情感、个性形象、态度的用户沟通转变,广告形式越来越注重视觉效果、戏剧性、震撼力,以抓住消费者的注意力。20世纪60年代电视开始在美国普及,广告业从印刷时代进入了电视时代。步入互联网时代,尤其是以短视频、直播、社交媒体为主要媒介形式的时代,品牌传播重要的不只是品牌向消费者传递什么(不管是功能卖点还是情感态度),更是品牌如何向消费者传递信息。品牌用一种什么样的姿态跟消费者发生交互和关系,可能比跟消费者说什么更重要。

【知识拓展】

USP

20世纪50年代初,美国广告大师罗瑟·瑞夫斯(Rosser Reeves)提出USP理论,要求向消费者说一个"独特的销售主张"(Unique Selling Proposition,USP),简称USP理论,又可称为创意理论。其特点是必须向受众陈述产品的卖点,同时这个卖点必须是独特的、能够带来销量的。USP理论的三个特点:第一,必须包含特定的商品效用,即每个广告都要对消费者提出一个说辞,给予消费者一个明确的利益承诺;第二,必须是唯一的、独特的,是其他同类竞争产品不具有或没有宣传过的说辞;第三,必须有利于促进销售,即这一说辞一定要强有力,能招来数以百万计的大众。

资料来源:罗素·瑞夫斯. 张冰梅译. 实效的广告[M]. 呼和浩特:内蒙古人民出版社,1998.

(二)模仿即传播

19世纪法国社会学三大创始人之一的加布里埃尔·塔尔德(Gabriel Tarde)认为,社会由一群人组成,他们表现出来的许多相似性是模仿或反模仿造成的。模仿是社会生活的核心,是最基本的社会现象。我们的社会就是由模仿而导致的个人情感与观念的传播、交流而组成。传播的结果和终极目标是形成模仿,包括从言语到行为上的模仿。言语上的模仿就是对品牌进行口口相传,行为上的模仿就是群起而消费和使用某个品牌。塔尔德在1890年出版的《模仿律》中总结了几种关于模仿如何形成的规律,如下降律,意思是模仿经常是从上而下的,社会中较低经济地位的阶层和个人总是模仿地位高的阶层和个人,这是从高位到低位辐射的模仿;先内后外律,意思是模仿都是从内心到外表的,任何模仿行为都是先有思想上的模仿,后有物质上的模仿,思想的传播走在表达的传播之前;几何级数律,是指在没有干扰的情况下,模仿一旦开始,便以几何级数增长,迅速蔓延,即品牌传播所指的裂变和指数式增长。

(三)传播即营销

"传播即营销"理论的发展历程是与传播技术的进步和市场环境的变化密切相关的。在传统媒体时代,企业通过广告、公关和促销活动等手段来传播产品信息,以吸引消费者的注意和购买。互联网的出现改变了传播的方式和范围,企业开始利用网站、电子邮件、社交媒体和搜索引擎等数字渠道进行营销传播,这个阶段强调了互动性和个性化的传播,消费者可以更主动地参与和分享信息。

1992年,美国西北大学教授唐舒尔茨(Don E. Schultz)及其合作者斯坦利·田纳本(Stanley I. Tannenbaum)、罗伯特·劳特朋(Robert F. Lauterborn)合著了第一部IMC(Integrated Marketing Communications)专著《整合营销传播》。整合营销传播的核心思想可概括为以下三点:

其一,以消费者为导向。与之相关的是4Cs取代4Ps。4Ps理论是传统营销理论的重心和基础,由密歇根大学教授E·J·麦卡锡(E·J·McCarthy)在20世纪60年代提出,4P即产品(Product)、价格(Price)、配销渠道(Place)和促销(promotion)。4P理论一经提出,成为当时的主流营销思想。1990年,美国营销专家罗伯特·劳特朋教授(R. F. Lauterborn)提出与传统营销的4P相对应的4C理论(The Marketing Theory of 4Cs)。劳特朋认为随着市场竞争日趋激烈,媒介传播速度越来越快,以4P理论来指导企业营销实践已经"过时",4C理论以消费者需求为导向,重新设定了市场营销组合的四个基本要素,即消费者(Consumer)、成本(Cost)、便利(Convenience)和沟通(Communication)。该理论认为,企业应当以消费者需求为出发点,关注消费者的购买成本,提供便利的购买渠道,并通过有效的沟通和营销手段来建立品牌和消费者之间的关系。从4Ps到4Cs,是营销活动价值导向的一种根本性变革,以前时代的营销传播是"消费者请注意",而现在则变成了"请消费者注意",即从过去的以生产厂商为中心转到以消费者为中心上来。以消费者为中心,是整合营销传播理论的根基和出发点。

其二,关系营销导向。传统上,厂商只使用单向沟通,即企业是传播者,将产品或者服务的有关信息传递给受众。在这个过程中,企业控制着传播的信息和过程,消费者所能做的就是听企业说什么。消费者虽然有自己的想法和观念,但是无权表达。这是与当时的生产力水平相适应的。由于生产力低下,物资匮乏,产品及产品相关的资讯都极其有限,企业的竞争对手也不多,因此,单向沟通能够有效地影响消费者,实现商品交换的目的。然而,从20世纪70年代开始,市场的同质化越来越强,产品及品牌种类和数量快速增殖,资讯及传播方式也快速扩张,单向传播的影响逐渐衰落。而科技的高速发展引起媒体的巨大变革,使双向沟通成为现实,企业和消费者能够平等地进行一种互动的对话(资讯的交换活动)。舒尔茨强调的"营销即传播",也说明受众不是被动的接受者,而是有判断能力的个体。要影响消费者,必须重新认识其心理图像,了解消费者既有认知和观念,适当地整合营销信息,使之与消费者的认知偏好相契合,投其所好,从而建立和加强消费者对企业或产品的感知。

其三,信息整合。整合营销传播活动中,能否正确地整合企业或产品的信息,恰到好处地与消费者进行双向沟通,是营销传播活动成败的关键。整合营销传播活动的目标是让消费者得到一个关于企业或产品的长期统一的形象,这就需要整合传播活动中的信息和工具，传递出一致的资讯，即外延丰富，但内涵一致。"信息一致，可以使一个平淡无奇的创意变得强而有力"。这种一致性并不是单一性，而是在企业的核心价值观的基础上达成的一种丰富的共识，是丰富中的统一，统一中的丰富。

【知识拓展】

4C 理论

4Cs 营销理论（The Marketing Theory of 4Cs），也称"4C 营销理论"，是由美国营销专家劳特朋教授（R. F. Lauterborn）在 1990 年提出的，与传统营销的 4P 相对应的 4C 理论。它以消费者需求为导向，重新设定了市场营销组合的四个基本要素，即消费者（Consumer）、成本（Cost）、便利（Convenience）和沟通（Communication）。它强调企业首先应把追求顾客满意放在第一位，其次是努力降低顾客的购买成本，然后要充分注意到顾客购买过程的便利性，而不是从企业的角度来决定销售渠道策略，最后还应以消费者为中心实施有效的营销沟通。

二、整合营销传播的评价标准

整合营销传播被认为是对品牌传播项目的利益相关者、内容、渠道和结果进行战略管理的过程，主要目的在于使营销者能"组合和匹配"传播方案，以创建品牌资产。整合营销传播通过影响传播活动的有效性和品牌市场绩效来驱动品牌的财务绩效。有效实施整合营销传播，要求自下而上的沟通匹配模型（包括识别消费者不同阶段购买对应的最适合的沟通方式）与自上而下的通信传播模型（根据推动销售和权益的能力来判断市场营销传播计划）相结合。

（一）整合营销传播评价标准

在评估整合营销传播方案的整体影响时，最重要的目标是要创造最有效果和最有效率的传播方案。相关评价标准被称为"6C"，即覆盖率（Coverage）、贡献率（Contribution）、一致性（Commonality）、互补性（Complementarity）、通用性（Conformability）、成本（Cost）。

1. 覆盖率

覆盖率与采用的每个传播方案能够触达目标受众的比例以及各种传播方案之间存在多少重合部分有关，用来衡量传播方案对目标市场的覆盖深度以及市场中相同或不同消费者的数量。覆盖率的独特性与传播媒介的"主要效果"有关；覆盖率的共同性与两种传播方式的"互动效果"有关。当消费者先前接触过不同的沟通方式时，消费者接触一种沟通方式的沟通效果会增强。各种传播方案之间都存在一定程度的重叠，企业必须决定怎样合理地设计自己的传播方案以反映这一现实，即消费者在接触到某一特定的传播方案之前，已经在记忆中保存了一些传播效果。一个传播方案，或者强化品牌联想，或者产生其他的品牌联想和联系，具有一致性和互补性。

2. 贡献率

贡献率反映营销传播的内在能力，即在无其他传播选择的情况下，能否从消费者处获得期望的反应和传播效果，用来衡量营销传播方案是如何影响消费者处理传播信息及其相应的效果。营销传播承担多种角色（如建立知名度、提升形象、引发反应、刺激消费），其贡献率取决于这些角色实现的实际效果。

3. 一致性

无论采用何种传播手段，营销传播方案应协调一致，以构建统一的品牌形象，即品牌联想具备一致的内容和含义。品牌形象的一致性和内聚性是很重要的，它决定了现有的联想被回忆起来的难易程度，以及额外增加联想的难易程度。一致性是指不同传播方案传递相同信息的程度。总的来说，在含义上一致的信息比毫无关联的信息更容易获取和记忆。长期来看，各种传播方案应当进行精心设计组合，使得它们合起来能有效地建立统一、一致的品牌形象。此外，一致性还指不同传播方案之间执行的一致性，执行信息越协调，该信息就越有可能成为重新回忆起其他传播的提示线索。

4. 互补性

多种传播工具的协同使用通常更有效。互补性是指不同传播方案强调差异性联想及连接的程度。理想的营销传播方案需确保所选择的传播手段能够互相加强、互相补充，以帮助建立理想的消费者品牌知识结构。利用最适合引起特定消费者反应或者建立特定品牌联想的营销传播方案，是建立不同品牌联想最有效的方式。

5. 通用性

通用性是指营销传播方案对不同顾客群体的有效性。整合营销传播方案的实质是，当面对某一营销传播时，一些消费者可能已经接触过其他的有关该品牌的营销传播，而其他消费者以前则没有这样的经历。营销方案能够在这两个层面上都起作用，即同时对两个群体进行有效传播，这一点至关重要。无论消费者过去接受的传播事实如何，当传播能够取得期望的效果时，这个传播方案就被视为成熟的传播方案。

除了传播的通用性，人们还可以根据顾客多样性来判断传播方案，即传播方案是如何告知、说服不同层面消费者的。有两种方式可以实现这种双重传播，一是多种信息提供策略，在一个传播方案中，向不同类型的消费者提供不同的信息，并吸引这些消费者；二是广泛的信息提供策略，提供丰富的或者模糊的信息，而不管消费者以前拥有怎样的产品或品牌知识，重点是怎样让信息变得有影响力并取得成功。

6. 成本

营销传播方案的评价，还需要考虑成本，在合理成本上才能达成最有效果和最有效率的营销传播方案。

（二）整合营销传播方案评估

1. 判断营销传播方案

根据营销传播方案所产生的反应、传播效果，以及整合营销传播六大标准，可以判断营销传播方案的选择和沟通的类型。不同的传播类型和方法各有利弊，并会产生不同的问题。传播类型不同，营销传播受众覆盖面的广度和深度也不同，传播采用的形式越多，出现一致性和通用性的可能性越大。

2. 确定营销传播方案目标优先级

各种营销传播方案的权衡与采用取决于选择标准是如何排序的。在对营销传播方案的目标设置优先级的基础上，考虑标准之间的相关性因素。其一，一致性和互补性通常是负相关的，各种营销传播方案越强调品牌的某种属性或者利益，那么在其他条件相同

的情况下,就越少强调该品牌的其他属性和利益;其二,通用性和互补性通常是负相关的。如果营销传播方案在内容中将互补性最大化,通用性就显得不那么重要了;其三,一致性和通用性之间并没有明显的关系,有可能采用十分抽象的信息,但这些信息在不同的传播方案中能够得到有效的加强。

三、整合品牌传播（IBC）

整合品牌传播（Integrated Brand Communications，IBC）理论是一种整体传播战略,通过整合多种传播活动（如公关、广告、投资者关系、互动关系和内部传播）来管理品牌资产,实现品牌价值的最大化。该理论强调品牌是一种财务资产,需要通过识别提升品牌价值的关键因素,并借助整合传播上的努力对其进行影响、控制与评估。

IBC理论的核心理念是通过品牌管理实现价值最大化。IBC理论认为,品牌不仅是产品或服务的标识,更是与消费者建立关系的价值承诺。因此,IBC理论的起点是企业,而不是营销传播。企业首先明确品牌在商业模式中所扮演的角色,以及如何借助品牌的作用促进和维持企业的成长。IBC理论的优势在于提供了一种全过程的管理方法,能够协调品牌资源,维持和促进企业发展。它强调建立和客户或消费者之间更为稳固的联系,通过深入了解受众需求、市场动态和企业商业计划,制定出符合品牌战略的传播计划。同时,IBC理论也注重创新和适应性,随着市场和技术的变化,不断调整和优化传播策略,以确保品牌的持续竞争力。

（一）整合品牌传播的运作程序

基于IBC的整合品牌传播观念,不仅体现了强调识别并处理消费者与消费愿景之间关系的最显著特征,还深入阐述IBC计划步骤、策略发展过程,IBC实施效果测量方法、各种在IBC观念下的广告传播、公共关系等品牌构建途径,注重IBC的推广、实施和效果测量。IBC的计划分为五步骤。在五步骤展开以前的重要程序是"品牌商业评价"。这个评价过程分为三部分:品牌的市场地位、竞争与份额。从市场的角度,分析其作为品牌竞争在当前市场的地位和竞争态势。

该计划的本质特征之一是循环性。当一个IBC计划经由五个步骤实施了一个完整的过程后,在第五步"评价",即投资回报率的评价系统执行完毕,得出有关结论后,再根据结论提出新的计划步骤。本质特征之二是其"输入"概念,即由以往的由内而外（输出）转向由外而内（输入）,一切来源于消费者。因此,IBC计划呈现如下展开方式。

第一步骤:行为数据库。指的是利用终端数据,获得消费者的行为数据。这些数据不仅包括人口统计的各项指标,还包括心理因素、行为习惯、购买数据等各方面指标。企业信息数据库包括交易/购买历史、调查/回复历史、分配制度细节/行为、数据库成员关系、消费者品牌归属、营销传播（品牌传播）消费者管理和技术支持的需求和支出、培训/消费者交易细节的历史、人口统计/心理/购买等其他相关数据。利用并聚合以上各类指标,可从深层次挖掘到与品牌相关的现有消费者、竞争性消费者、潜在消费者及其各种相关指标特征。

第二步骤:价值。基于第一步骤的行为数据库,对消费者价值进行评估。通过消费者的品牌购买数据、需求强度和市场份额,分析其对品牌收益流的影响。然后,根据其对收益流的影响确认其对品牌的价值,并决策其行为目标。如果是有价值的现有消费者,可采用保留并发展其关系的方式;对于有价值的竞争性消费者而言,可采用试用、特殊试用方式接近;对于有价值的潜在消费者,可采用试用、改变整个活动或变化的方式来获得。

第三步骤:创造/传达品牌。指构建消费者的品牌知识的过程,形成品牌网络和品牌联系。根据目标的不同,选择品牌信息或品牌刺激两种不同的手段,区分利用营销组合及其直邮、广告、促销、公关等方式来创建品牌传播。

第四步骤:资源分配。指在一定的时间框架当中,根据目标,合理投入品牌传播的品牌信息、品牌刺激成本。在预测并确定投入回报率的同时,分别进行有关商业建构和品牌建构的双渠道资源分配。双渠道分配不仅能够获得财务年中的商业收益,也可以同时获得有关品牌长期发展的品牌传播累积。

第五步骤:对以上四步骤在商业建构和品牌建构过程中的品牌传播的实际效果进行评价。通过评价,可确定实际的投资回报率。

(二)整合品牌传播的发展过程

基于上述计划步骤,IBC 的策略发展过程由 9 个程序组成,具体如表 10-1 所示。9 个程序的第 1~3 步骤中,依据整合品牌传播的"输入"原则,首先界定消费者、判断消费者行为,然后形成有效的、与竞争对手策略相关的消费者沟通策略。第 4 步"投资策略"强调的是在评价消费者对品牌的价值意义之后形成进行商业构筑和品牌构筑的有效投资分配策略、时限策略(按照会计度,投资策略所涵盖的时间长度一般为一年。但如果着重于长期的品牌构筑也可以有特殊的时限策略)。第 5 步"传播策略"强调对消费者采用"品牌刺激"(指促销、消费奖励等活动)、"品牌信息"(指广告等提供品牌信息的活动)的选择,实际上是品牌传播的途径选择。当选择"品牌刺激"时,需要确定是否应当为产品调价,来调整对消费者的价值,即强调促销活动对品牌形象的提升也是有一定好处的。第 6 步的"传递策略"则强调品牌传播方法的运用,即"何种刺激或信息最能让消费者乐于接受?"要确定这个问题,在第 7 步中就要解决"行动目标"问题,在第 8 步中就要解决"期望感知效果"问题。只有明确了期望行动目标,才能够决策传递的具体方法,以便达到对行动目标形成的有效刺激;只有明确了期望感知效果,才能确定对商业构筑和品牌构筑的投资比例选择。九个过程,其实就是一连串的选择过程,直至最后的评价选择,如评价方法、评价程序、评价效果选择等。

表 10-1 整合品牌传播发展过程[①]

第一步　界定消费者
1. 我们想要达到的目标消费者群体是谁?(现有消费者、竞争性消费者、新/刚进入此领域的消费者等) 2. 该群体想购买何种产品?他们如何购买和使用产品? 3. 我们知道该群体的消费者的哪些信息?(人口统计、生活方式、心理分析)

---

① Don E. Schultz, Beth E, Barnes, Strategie Brand Communication Campaigns. NTC Busines Books, 1999, 116-128.

续表

第二步 消费者行为
1. 该群体对此类产品产生的收益流是多少？对我们产品又如何？ 2. 该群体对我们品牌的需求份额是多少？ 3. 该群体的现有价值和潜在价值如何？ 4. 该群体消费者如何感知此类产品？ 5. 该群体认为产品的关键是什么？
第三步 消费者策略
1. 对这个群体应采取何种策略？（发展、保持、转变、吸引、试验） 2. 确定策略后，竞争框架如何？为什么？ 3. 竞争对手向消费者传达何种观点？ 4. 消费者如何感知竞争对手的产品？ 5. 竞争对手如何反击我们的策略？
第四步 投资策略
1. 评价消费者群体对我们品牌的价值。 2. 用于这个群体品牌建构的投资应为多少？ 3. 用于这个群体商业建构的投资应为多少？ 4. 投资的时限应如何？
第五步 传播策略
1. 我们需要向这个群体传达信息、刺激，或两者兼具吗？ 2. 如果是信息，对这个群体的策略是什么？（发展、保持） 3. 如果是刺激，需要降低产品价格或增加产品对消费者的价值吗？
第六步 传递策略
1. 用何种营销传播技巧传达信息或刺激，为什么？ 2. 何种信息/刺激系统对这种传播策略最有效？ 3. 何种信息/刺激系统，消费者最乐于接受？
第七步 行动目标
1. 传播结果意欲消费者采取何种行为？ 2. 希望消费者从传播中接收的要点是什么？
第八步 期望感知效果
1. 传播的商业建构效果如何？ 2. 传播的品牌建构效果如何？
第九步 评估
1. 我们如何评估传播的短期影响？ 2. 我们如何评估传播的长期效果？ 3. 应采用何种调查，进一步改善未来的传播策略，为什么？

整合品牌传播（IBC）是着眼于基于消费者及相关利益者的价值评估基础上的品牌价值的建构，并以此应对品牌竞争时代的变化。

第二节 中国农业品牌传播的策略

品牌传播是品牌建设的重要环节,需要在品牌战略规划的基础上,紧密衔接传播策略与落地运营。有效的农业品牌传播能够传递品牌的价值观、文化与优势,提升消费者对品牌的好感和信任,并提高农产品的知名度、声誉及市场占有率。

依据整合品牌传播的基本理论逻辑,浙江大学CARD中国农业品牌研究中心主任胡晓云建构了中国农业品牌传播的策略模型——互联网环境下的"消费者品牌价值共创模型",认为农业品牌的品牌传播活动,是由农业品牌主利用各种符号、媒体、场景、消费者体验等,与目标消费者及其公众进行品牌的相关信息沟通,达到构建品牌个性及核心价值、形成品牌消费与品牌忠诚的品牌传播活动。模型着重表达了策略的三个重点:以"文脉传播"为轴心,以多维度、整合的品牌传播拥抱消费者,消费者品牌价值共创机制生成。

一、以文脉传播为轴心

(一)文脉传播

"文脉"原指语言学中的上下文关系,后被引申为事物在时间或空间上与其他相关事物的联系。相关"文脉"分析研究,原着重于语境的特殊性,引申意义则强调一个事物和他事物之间的渊源关系。有学者曾简明地将其概括为"一种文化的脉络",美国人类学家克莱德·克拉柯亨曾界定其为"历史上所创造的生存的式样系统"。德国的恩斯特·卡西尔,则曾以符号系统诠释文脉,并强调人对外部事物意义的认知就是对符号意义的破译工作。而摆脱既有的符号形式特征的限制,以全新的形式与结构再诠释与发展其意义,才是文脉之所在[①]。

文脉思想被20世纪60年代以后产生的后现代主义提到了相当的高度。后现代主义者看到了现代主义建筑和城市规划设计对文脉的漠视,试图恢复城市原有的秩序与精神,于是主张从传统、民间、地方的文脉中找到现代城市建筑的立足点。该思潮并非简单地将文脉传承理解为简单的复古行为,而是将文脉视作激发创作的灵感或原材料,经过撷取、改造、移植等创作手段来实现新的创作,使建筑与文化与当代社会有机结合[②]。

文脉传播,在一般的有关传播的解释中,其解释为"语境交流"。传播中有关"语境"特别是高语境文化(high-conlewculture)与低语境文化(low-context culture)的研究,缘起于1976年美国学者爱德华·霍尔(Edward Hall)的《超越文化》。霍尔认为,考察具体的语言交流活动,不能回避交流双方所处的社会文化背景,他打开了语境研究的全新局面,开创性地将"语境"划分为"高语境"和"低语境"。霍尔认为,在高语境文化中,大部分信息存在于物质语境中,或内化于交流者的思维、记忆深处,信息的传递和编码取决于社会文化环境和交流者所处的具体情景,清晰的编码所负载的信

---

① [德]恩斯特·卡西尔著,甘阳译. 人论[M]. 上海:上海译文出版社,1985.
② [英]肯尼迪·弗兰姆普敦著,原山,等译. 现代建筑:一部批判的历史[M]. 北京:中国建筑工业出版社,1988.

息量相对较少,人们对交际环境的种种微妙的提示较为敏感。而低语境文化则正好相反,人们在交流时,大量的信息通过显性直白的编码来承载,隐性的环境信息传递出相应的意义,而暗示的信息则较少[①]。在霍尔的研究中,日本等东方国家属于高语境国家。高语境文化的国家中,交流由高语境作铺垫,表达含而不露,不是直接表达。

(二)农产品品牌文脉

品牌文脉,指的是一个品牌的脉络体系与根脉渊源。也就是一个品牌在进行品牌传播之前已有的脉络体系与根脉渊源,即品牌语境。文脉传播,是指品牌通过充分地挖掘、传承、再造文脉,并结合内容传播、故事性传播的策略与方法,传播与品牌相关的文脉。农产品品牌文脉是指农产品品牌在长期的发展过程中所形成的文化脉络和历史传承。它是农产品品牌的核心价值和文化内涵的体现,也是农产品品牌与消费者之间情感沟通和价值认同的重要纽带。农产品品牌文脉的形成与农产品的产地、历史、文化、传统等因素密切相关。例如,一些农产品品牌可能与特定的地理区域、气候条件、土壤环境等自然因素相关,形成了独特的品质和风味;一些农产品品牌可能与特定的历史事件、文化传统、民俗风情等人文因素相关,形成了独特的文化内涵和品牌价值。

农产品品牌文脉是指农产品品牌在长期的发展中所形成的文化脉络和历史传承。它是农产品品牌的核心价值和文化内涵的体现,也是农产品品牌与消费者之间情感沟通和价值认同的重要纽带。农产品品牌文脉的形成与农产品的产地、历史、文化、传统等因素密切相关。例如,一些农产品品牌可能与特定的地理区域、气候条件、土壤环境等自然因素相关,形成了独特的品质和风味;一些农产品品牌可能与特定的历史事件、文化传统、民俗风情等人文因素相关,形成了独特的文化内涵和品牌价值。农产品品牌文脉的价值在于它能够为农产品品牌提供独特的竞争优势和市场价值。通过挖掘和传承农产品品牌的文脉,企业能够塑造出具有文化内涵和历史底蕴的品牌,提升品牌吸引力和竞争力。同时,农产品品牌文脉也能够为消费者提供更加丰富和多样的消费体验,满足消费者对于品质、文化、情感等方面的需求。

(三)农产品品牌文脉传播

农产品品牌的文脉传播,是将一个品牌的文脉作为核心的传播内容与传播形式,并以此为轴心,进行品牌传播的核心概念、核心价值发现,并在后续场景体验、消费互动中传播,在原有文脉的基础上,再造农产品的品牌文脉与品牌价值。农业品牌建设需要尊重文脉、整合创新,借助农产品的文化性、区域性特征,加强文脉利用,凸显文脉特征,提升文脉价值,创造品牌新境界。

将文化创意融入农产品,是台湾省农业品牌打造的普遍方式,"掌生谷粒"就是其中的佼佼者,其品牌 LOGO 如图 10-1 所示。掌生谷粒品牌以"台湾生活风格"为品牌定位,为产品注入灵魂和生命力,让城市消费者感受到它们的产品不只是可以满足饱腹感的粮食,更是可以产生精神和情感上共鸣的生活方式,让品牌价值得到升华。赋予品牌文化内涵,让产品与消费者产生共鸣,是掌生谷粒品牌大获成功的关键。掌生谷粒的产品以大米为起始,目前已经形成了米、茶、酒饮、蜂蜜、生活选品和礼品共 5 大类别

---

① 爱德华·霍尔著,何道宽译. 超越文化 [M]. 北京:北京大学出版社,2010.

的产品,每一类别都有很多细分产品,每种产品都有一个动人的故事。"有乡下味的米"包括精选台湾省各地有特点的小农生产者种植的精品米,有阿罩雾米、劲风米、求真米(胚芽米)、藏玉米、静农米、饭先生、地粮、新粮、新长期饭票、糜咕熬米汤(杏仁)和糜咕熬米汤(原味)等10多个产品。其中,新长期饭票是一项定制的产品服务,每月固定为会员配送大米,每包长期饭票的大米都是新鲜现碾的大米,并且有多款产品可供消费者选择,包装如图10-2所示。秘密花园系列包括文旦蜜、荔枝蜜、桂花蜜、向日葵蜜、月桂蜜、山茶蜜等蜂蜜产品,既有单独包装,也有组合包装可供消费者选择,包装如图10-2所示。田边俱乐部是生活用具产品,如筷子、购物袋、明信片等。喜事好事要送礼系列是礼品装产品,有针对二十四节气的大米产品,有面向婚庆的婚礼的祝福与囍米两款大米产品,还有特殊寓意的产品,如相聚和乐套装、柿柿如意等产品礼盒,包装如图10-3、10-4所示。

图 10-1　掌生谷粒品牌 LOGO

图 10-2　秘密花园系列

图 10-3　喜事好事要送礼系列

图10-4 柿柿如意礼盒

掌生谷粒的产品包装采用古朴、简约的设计风格，先后荣获2010年台湾省文创精品金奖、2011年德国红点设计大奖、亚洲最具影响力设计大奖及日本Good Design设计奖等。大米系列产品采用小包装的方式，一包几百克到2000克不等，小包装的形式可以让米在新鲜时被尽快食用，以避免长久存放生虫。经典包装采用牛皮纸包装袋，揉制而成的纸藤圈为提手的包装形式，外圈环绕一周的白纸，其上用黑色的毛笔字体将产地、产品与生产者的故事娓娓道来，最后用小面积的中国红来点缀搭配[①]，具体如图10-5所示。

图10-5 米的包装设计

---

① 乡村集结号.农创品牌掌生谷粒：将文创融入农产品，打造享誉亚洲的知名品牌[EB/OL]. https://www.toutiao.com/article/7244106272633766412/?upstream_biz=doubao&source=m_redirect，2023-06-14/2024-07-15.

第十章 农业品牌整合营销传播策略

掌生谷粒还从 2011 年开始，开设二十四节气电子报栏目，传播二十四节气文化，并根据每个节气的特点，有针对性地推出产品套装，且每年都有新内容，达到科普与品牌推广、产品推广相融合的目的。海报如图 10-6 所示。

图 10-6 掌生谷粒二十四节气海报

二、基于消费者心智的整合品牌传播

基于消费者心智的整合品牌传播需要深入了解消费者，明确品牌核心价值，制定整合传播策略，打造独特的品牌形象，提供优质的产品和服务，建立与消费者的互动和沟通，并持续创新和改进。

(一) 品牌要素设计与符号传播

品牌本质是一种刻意构建的差异化符号，用以区分产品或服务与其他竞争者。随着品牌的不断演化，这种差异化符号从简单的图形发展为包含图形、文字、色彩、声音、气味等在内的完整符号体系。品牌符号是品牌概念的基础，是产品和服务的基本手段。常见的名称、口号、标志、包装等都可以成为品牌符号，成功的品牌符号能与大众产生共情，是企业的重要资产。符号由"符形"与"符释"组成，"符形"是符号的形式，"符释"是符号的意义，所以品牌符号具有指示意和内涵意，是企业最直接的、最节约成本的信息传播方式。

品牌将符号传递给消费者的过程是帮助消费者识别和记忆符号的过程。消费者对符号的识别与记忆取决于其认知基础，认知基础越深刻，符号越容易被记住；认知基础越广泛，符号越易于被更多人识别。因此，品牌符号在设计过程中，要尽可能找到消费者共同认知的基础，这是品牌符号诞生的基础。优秀的品牌符号在传播信息的同时，也具有重要的形象建构意义。世界知名广告人大卫·奥格威认为："消费者会对接触到的品牌进行选择与加工，在大脑中形成有关品牌印象的总和，该总和即为品牌形象"。品牌符号是品牌内涵与形象的标志，造型别致、简明易记的符号可以很直观地传达企业品牌文化、理念、精神、形象，以及塑造鲜明的品牌个性。奥格威曾说过："决定品牌市场地位的，是品牌本身的性格，而不是产品之间微不足道的差异"。如果把品牌形象比作人的形象，那么品牌个性就是人的个性，品牌形象是外显个性的载体。

"丽水山耕"品牌由CARD农业品牌研究中心为浙江省丽水市创意设计，作为农产品区域公用品牌。从传统东方农耕文化而言，"耕种"是自古延续至今的农耕方式；从丽水的地貌形态而言，由"山地"衍伸出的梯田是最主要的农耕形态；而"山珍"又是因山地特征孕育而出的丽水农产品主要内容；同时，由于是区域公用品牌，仍要背靠"丽水"这一区域名片。

将这些文脉符号进行整合，又经过多轮论证、票选，最终创意而出"丽水山耕"这一品牌名称，寓意为"九山半水半分田"。"山"是丽水最大的自然特征，山地农耕因此成为丽水农耕最主要的生产形式；山地特征造就了丽水水源清澈、空气清新、土质安全的原生态环境，是丽水生态精品农产品的核心竞争力。"丽水山耕"将区域名称、区域地貌、农耕文化相结合，象征着来自丽水原生态环境中的农耕方式、农耕文化和农耕产品。

品牌名称诞生后，开始创意品牌口号。品牌口号须与品牌名称的基调保持一致，同时拓展延伸品牌内涵，顺应消费特征，保持与市场的关联性，以及与消费者的互动性。因此，"丽水山耕"品牌口号的创意要点，须源于传统文脉，并着眼消费互动。从丽水农业的独特文脉出发，"丽水山耕"可追溯至中国哲学的源头，即老子的《道德经》。"人法地，地法天，天法道，道法自然。"其核心价值即遵循自然规则，顺应自然发展，保全自然生态，即"法自然"。

从品牌消费的互动着眼，品牌口号须触及消费心境。近年来，食品安全问题频发，城市生活节奏越来越快，消费者越来越追求无污染、原生态农产品，这一现象折射出的是对传统农耕时代安全、自然的生活的向往。即，重回淳朴、返璞归真。基于此，

"丽水山耕"不仅"法自然",保留传统生态农耕方式,生产生态精品农产品,更与消费者分享来自丽水的原生态美味,为其提供了享受淳真、原味生活的机会与体验,即"享淳真"。将丽水农耕文脉与消费互动融合,"丽水山耕"的品牌口号为:"法自然,享淳真"。

随后开始创意品牌符号。丽水的秀山丽水中最具特色也最形象的农耕特征是大面积的梯田,其中,云和梯田更被誉为"中国最美梯田",而梯田也是南方耕地的典型形态。同时,"丽水山耕"是来自丽水的区域公用品牌,"丽水"二字是品牌符号中必不可少的形象要素。将以上元素有机融合,形成"丽水山耕"品牌的主形象符号组合体系,如图10-7所示。品牌主形象以"丽""水"两个汉字为基本构图元素,将"丽水"二字有机交融,形成一幅生动的丽水梯田形象;以绿色为主色调,象征着丽水农业的生态绿色环保;整合形象主体更象征着丽水农业的"丽耕"模式。

图 10-7　丽水山耕品牌标识

CARD农业品牌研究中心还创意了一组辅助形象来配合品牌主体形象(如图10-8所示),以丰满系列包装、宣传物料以及相关衍生品的视觉形象。而"丽水山耕"品牌旗下的十类产品亦可借助辅助图形加以区分,展现品类特色。这组辅助形象以传统质朴的版画风格,勾勒出丽水百姓躬耕田园的生动剪影,形象生动、富于动感,呈现了十大类产品的生产特征、劳作形象。

图 10-8　丽水山耕辅助形象

(二)品牌场景体验传播与情境互动

在营销传播领域,以消费者为中心的理念已成为行业共识,而情景营销传播模式则

是对此理念的进一步深化和实践。该模式强调，品牌应始终以消费者需求为出发点，通过精准的市场洞察和个性化的服务策略，增强品牌与消费者的联系。情景营销传播模式认为，品牌首先应深入了解消费者在不同情境下的需求变化，通过提供适时的信息和服务，帮助消费者实现其目标，从而赢得消费者的信任和忠诚。其次，情景营销传播模式注重为消费者提供连续化和动态化的体验，要求品牌不仅要关注单一营销活动的执行效果，更要从全局视角出发，设计连贯、协同的营销策略。通过洞察消费者在品牌接触点上的行为模式和情感变化，品牌可为消费者提供更加个性化、精准的服务，从而提升消费者的满意度和忠诚度。

农产品品牌场景体验与情境互动设计可以有效地传播品牌形象，增强消费者对品牌的认知和信任，促进产品的销售和消费。具体如根据品牌定位和目标受众，打造具有特色和吸引力的农场、果园、田园综合体等主题场景，让消费者身临其境地感受农产品的生产过程和环境，结合主题场景，设计丰富多样的体验活动；举办与品牌相关的文化活动，如农产品文化节、农事节庆等。通过展示农产品的文化内涵和特色，吸引消费者的关注和参与；利用社交媒体平台，开展互动活动，如农产品知识问答、摄影比赛、美食分享等，增加消费者对品牌的参与度和黏性；提供个性化的服务，如定制农产品礼盒、农产品配送等，满足消费者的个性化需求，提高消费者的满意度和忠诚度；农产品品牌可以与旅游品牌、餐饮品牌合作，开展联合推广活动，共同推广农产品，扩大品牌影响力和受众群体。

如子归村播，采用"源头拿货+分销"的方式，通过孵化待业青年、宝妈、农户、退伍军人等素人主播，在抖音直播渠道开展当地农特产品的线上售卖。该公司打造了菌菇、黄鱼、银耳、黄酒等特色农产品，还通过打造素人直播团队"孵化+农产品"直播带货，建立销售渠道，优化产品，做好品控、优化供应链和产品的升级，打造农产品品牌。

子归村播总结其品牌打造方法论为"先立人设"。主播出现在镜头前的时候，一定要让用户清晰地感知到他是什么样的人；有了人设之后做IP，如把小田姑娘变成一个符号化的人物，逐渐形成IP，她在卖菌汤包的时候，需要获得消费者的信任，即IP的影响力逐渐扩大，才能真正形成品牌。

值得注意的是，品牌发展的两个前置条件是渠道和供应链。渠道方面，子归村播制定了全渠道战略，以抖音中心场为核心阵地，联动天猫、京东、小红书、视频号等平台，还有线下KA（Key Account，重要客户）渠道，同时搭建私域阵地。根据不同平台的调性来制作不同的产品线，例如，私域领域更强调定制化，因此在私域领域会与一些用户进行更多的接触沟通，比较了解用户的需求。在抖音平台，子归村播会打造24小时的直播间，抖音店铺更像一个24小时农村便利店；小红书上女性群体偏多，更多的是资深中产人群和精致妈妈群体，所以更多是高质量且具有视觉效果的产品，品类更偏向滋补类、食疗类的衍生品。不过，所有平台核心的要求是产品品质，首先要做好品控，重视客户的长期价值和用户体验。与传统的供应链不同，子归村播是基于新型电商背景下的供应链，包含服务体验分、物流体验分、商品体验分等，要求它们的供应链从产品的品控、产品的组合、用户开箱的体验感、用户的售后服务、多地仓储仓配，缩短物流时间等方方面面展开布局。

【案例 10-1】

爱达荷土豆品牌传播的"五个一"

1. 一套食用推广方法

为鼓励餐馆使用爱达荷土豆，协会鼓励把统一印有"很荣幸为你提供土豆第一品牌（Proud To Serve The First Name In Potato）"的文字和爱达荷认证商标的标志添加到餐馆的菜单上。该标志的彩色和黑白版本在爱达荷土豆的官方网站上均有下载。餐馆将菜单的复印件送到协会的食品服务部，还能得到免费礼物。

2. 一个富有亲和力的品牌图腾

品牌图腾，是一个品牌独有的品牌价值、气质和形象的载体。品牌图腾是品牌视觉体系中最核心的要素，是品牌外在化最重要的表现，能够让人一眼记住，能够让消费者直接、鲜明地感知到品牌形象和差异。爱达荷土豆协会创造了矮胖可爱的品牌图腾"土豆先生"（Spuddy Buddy），将品牌理念、品牌个性以活泼生动的方式展现给消费者，尤其是儿童消费者，非常具有亲和力。"土豆先生"频频亮相各种场合，"为土豆先生涂颜色"活动，讲述"土豆先生"的故事和"妈妈怎样辨认真正的爱达荷土豆"等一系列广告和促销活动陆续开展，逐步提高了爱达荷土豆的市场占有率。

3. 一系列活动营销

由品牌主导举办的节庆文化活动，可以大大提升整个产区的知名度、影响力和美誉度。在节日里，通过行业论坛、产品推介、文娱表演、比赛评选、参观体验、免品促销等一系列活动，可以宣传产品，提升和塑造品牌。

4. 一场由"滞销"演变成的"慈善"

2001年，爱达荷土豆获得了大丰收。但是，大丰收不但没有给农民们带来收益，反而由于供过于求，市场上土豆价格一跌再跌，已经大大低于当地农民的种植成本。在这种形势下，爱达荷州的农民们决定向慈善组织捐献土豆，他们认为，捐献可以做善事，也可以减少土豆的市场供应量，有助于土豆价格回升。他们共同商议并为一家名为"再次收获"的慈善组织捐赠了1500万磅（约合6750吨）质量上乘的土豆。"再次收获"是一家全国性的专门进行食品援助的慈善机构。该组织在美国各地有200多家分支机构，已经形成了一个覆盖全国的食品储备、调配和分发网络。

5. 一个马铃薯文化博物馆

爱达荷专门建了一个土豆博物馆，还入选了全球十大美食博物馆。在博物馆里，游客们可以看到从土豆进入爱达荷州开始，到世界上规模最大的土豆片公司——品客薯片公司的诞生，满满的美食历史。爱达荷土豆博物馆内还有一个纪念品店，出售各种与土豆相关的纪念品，如土豆形状的香皂、T恤、饰品等，感兴趣的游客可以购买留作纪念。

资料来源： 神农岛. 爱达荷土豆：全球最赚钱，让肯德基、麦当劳离不开！［EB/OL］. https://www.163.com/dy/article/EE0MBLKK0518O2MA.html，2019-04-30/2024-07-15.

思考： 对于其他农产品品牌，如何借鉴爱达荷土豆的经验，根据自身特点和资源，创新并整合多种推广策略，以提升品牌知名度、市场占有率和消费者忠诚度？

三、多媒介联动传播与互动沟通

随着信息技术、通信技术和互联网技术的飞速发展,媒体互联传播的形式和手段也在不断创新和丰富。例如,移动化、视频化已经成为媒体互联传播的重要趋势,人工智能、大数据、云计算等技术的应用,也为媒体互联传播带来了更多的可能性。该形式是综合利用报刊、广播、电视、网络等多种媒介形态,针对不同类别、不同时间、不同地点、不同终端的受众的不同需求,通过纸质媒介、广电网络、电视网络、互联网络、电信网络、户外媒体等多种渠道与平台进行全方位、多层次融合传播的一种新的信息生产、传播与消费形态。

对农产品品牌传播而言,需要实施多媒介联动传播策略,在多媒介环境中实现更广泛的传播和影响力。具体如整合线上线下渠道,通过线上社交媒体、电商平台进行推广,同时结合线下实体店、展会、活动等进行宣传,提高品牌知名度和影响力。利用微博、微信、抖音等社交媒体平台,发布有趣、有用、有情感共鸣的内容,吸引用户关注和参与。可以通过品牌故事、产品展示、用户案例等形式,传递品牌价值和产品优势;创建高质量的内容,如文章、视频、图片等,以吸引目标受众,内容可以是关于农产品的种植、加工、烹饪、营养价值等方面的知识,也可以是与农村生活、文化相关的故事和体验;与有影响力的社交媒体博主、网红、专家等合作,进行产品推荐和品牌宣传,KOL 的粉丝和影响力可以帮助品牌快速扩大知名度和影响力。根据目标受众的特征和行为,选择合适的广告平台和形式进行投放,如搜索引擎广告、社交媒体广告、视频广告等,确保广告内容精准、吸引人,并与品牌形象一致;通过提供优质的产品和服务,赢得消费者的口碑和信任,促使消费者主动进行品牌传播。可以鼓励消费者在社交媒体上分享自己的购买体验和评价。

(一)大众媒介传播

行业媒体具有较强的行业权威性和专业性,可为农业品牌背书,增强其行业影响力与权威性。广东卫视《从农场到餐桌》是一档立足大湾区,面向全国推出的三农融媒体栏目。该栏目通过多场景立体化展现优质农产品溯源、田园美食制作及乡村振兴新风貌,并利用融媒体矩阵与多产业深度融合,推动线上线下多渠道助力农产品产销对接。节目通过"微纪录+综艺"的形式呈现农产品的全产业链,并在播出过程中展示节目公众号二维码,搭建流量留存和转换消费的平台。节目播出过程中,实现短视频与电商平台同步直播带货。围绕单期节目产品打造若干条短视频作品,推送至学习强国、腾讯视频号等多个平台。通过电视节目进行即时导流,通过直播带货产生销售,通过短视频作品进行深度长期传播,从而实现了大小屏联动、跨屏消费与"边看边买、所见即所得"。

在我国,大众传媒平台有国家、省、市、县四级。央视系列、卫视系列、门户网站、区域纸媒、户外媒介等正在快速实现全媒体、融媒体建设,对农业品牌影响力提升形成背书与支撑。2020 年 6 月 10 日,中央广播电视总台推出"强农品牌计划",旨在助力乡村振兴战略,加快推进品牌强农,集合中国优质农业品牌和农业资源,充分利用国家级平台的融合传播能力,擦亮中国农业品牌,展现中国农业自信,打造中国农产品名片。该计划分为"支柱品牌""领跑品牌""优特品牌"三个层级,精选总台头部农业传播资源,从内容生产端、广告传播端、产品销售端给予入选品牌全方位支持,通过大小屏互动、媒体融合传播等手段实现品效合一。该计划以国家平台内容为核心驱动力，借助CCTV品牌权威，依托CCTV-17农业农村频道，量身定制传播策略，助力优质品牌发展，树立中国优质农业品牌，打造优质产品名片，带动相关产业链的发展，将强农效果落到实处。

（二）社交媒介互动传播

在数字化时代，社交媒体已经成为人们生活中不可或缺的部分。人们通过社交媒体获取信息、交流、娱乐和建立联系。社交媒体平台上的信息传播方式独具特色，具有快速、广泛、互动性强等特点。明确品牌定位和目标受众是利用社交媒体提升品牌影响力的前提和基础。企业需要在制定社交媒体策略之前，深入研究和理解自己的品牌和目标受众，以确保策略的有效性和精准性。企业需要深入了解各个社交媒体平台的特点和优势。例如，微博是一个信息传播速度极快的平台，适合发布新闻、活动信息和行业动态；抖音则以短视频为主，适合展示产品使用场景、品牌形象故事等；而微信则拥有强大的社交属性和私域流量，适合建立用户社群、进行深度互动和客户服务。企业还需要考虑目标受众在哪些平台上活跃。如果目标受众主要是年轻人，那么抖音、B站等平台可能更合适；如果目标受众是专业人士或行业决策者，那么知乎、LinkedIn等平台可能更具针对性。社交媒体是一个互动的平台，企业需要积极与受众进行互动和回应。通过积极互动，企业可以建立与受众的信任关系，增强品牌的口碑和影响力。

自2020年起，新昌茶文化节创新采用"云节庆"模式，用互联网思维与品牌思维对传统的线下节庆进行了改造，为消费者带来更具参与感、新鲜感的品牌盛会。通过云直播、云游览、云互动、云发布、云观点、云连线、云消费在内的"七朵云"，用互联网思维和品牌思维进行颠覆改造，将"线下节庆"转至线上为主①。新昌的"云节庆"并非简单的县长代言、网红直播，而是根据产业现状、消费趋势、目标群体等特征，所做的系统、全面的转型谋划。并运用H5形式将内容线上集成，通过微信、抖音等平台传播引流，实现"品效合一"的营销，以打通"农业品牌—农事节庆—农品上行"的全链条通路。

在节庆活动中，品牌链接构建品牌方与消费者互动的诸多节目，在提升品牌体验的同时，借助互联网实现了高效、精准化传播。例如，为充分演绎品牌"一杯好茶，万事新昌"传播口号，品牌设计了一幅身着素衣，只见其手、不见其人的奉茶照，在活动前夕及活动当天，通过抖音、今日头条开屏进行内容推广，传播展现量高达350万，广泛吸引了广州、河南、江苏、安徽、浙江等地用户的关注。主海报如图10-9所示。

---

① 芒种. 链接现代消费者，看大佛龙井的品牌传播新探索［EB/OL］http：//www.mangzhongbrand.com/zhuanti/dibiaopinpai/801.html，2020-12-02/2024-07-15.

图 10-9　大佛龙井品牌主传播海报

品牌还锁定环卫工人、医护人员、执勤交警等大众消费群体，拍摄了一组双手奉茶的照片，作为活动的辅助传播海报，助力品牌传播。辅助海报如图 10-10 所示。

图 10-10　大佛龙井品牌辅助传播海报

主海报更多呈现出的是一种从容自在之感，颇具禅意，以构建对受众的初步认知链接为目的。而辅助海报在设计上则更为亲民化、接地气，这是为强化受众认知，进一步链接与消费者的关系所特别设计。

活动仪式当天，"大佛龙井"品牌还通过微信朋友圈广告（如图10-13所示）、抖音开屏页等线上渠道投放短视频，以开启线上社交玩法为方式，引发热门话题讨论，进行高效精准的品牌传播。利用H5为消费者打造实时观看体验，推出在线体验采茶、炒茶、制茶全过程活动（在茶山中设置场景、二次元采茶女等，如图10-11所示）；通过"云上茶园"入口，领略江南风光，欣赏茶道表演；借VR虚拟体验"大佛龙井"品牌馆等。借助线上渠道、"七朵云"H5小程序的应用（页面如图10-12所示），"大佛龙井"品牌所获得的曝光高达千万级。

图10-11　2020年新昌大佛龙井茶文化节"云节庆"中二次元采茶女形象

图10-12　2020年新昌"大佛龙井"品牌茶文化节H5页面

图 10-13　2020 年"大佛龙井"品牌茶文化节的朋友圈广告

(三) 消费者价值共创与传播

为用户创新价值的思想可以追溯到务实而充满远见的管理学大师彼得·德鲁克在 1973 年出版的《管理实践》的洞见"任何商业行为的唯一目的都是创造客户"。2004 年,普拉哈拉德(C. K. Prahalad)在其著作《竞争大未来》中首次提出了"合作营销"和"与顾客共创价值"的思想,他认为未来营销应该包括通过对话共同创造价值平台,用户消费前积极参与价值共创,企业要让用户参与价值界定及共创过程,与用户和社群积极对话。2005 年开始,互动营销和服务营销在数字化下融合出一个新的营销理念,即"顾客浸合"。菲利普·科特勒在《市场营销原理》第 17 版中吸纳了"浸合"定义,再一次更新了"营销"定义:通过为顾客创造价值和"从顾客获得价值",以浸合顾客并建立可持续的顾客关系的过程。随着个性鲜明的"Z 世代"逐渐成为中国消费市场的主力军,传统被动式广告已难以满足其个性化需求,品牌与用户的连接正在被重塑。价值共创主要分为两类:一类是品牌与用户的产品共创,另一类是用户生成内容(UGC)的品牌内容共创。

【知识拓展】

UGC

用户生成内容(User Generated Content,简称 UGC),互联网术语,即用户原创内容。UGC 的概念最早起源于互联网领域,即用户将自己原创的内容通过互联网平台进行展示或者提供给其他用户。UGC 是伴随着以提倡个性化为主要特点的 Web2.0 概念兴起的,也可叫作 UCC(User Created Content)。

农产品品牌的消费者价值共创是指通过与消费者的互动和合作,共同创造并提升品牌的价值。如小罐茶在社交媒体上积极与消费者互动,通过发布有趣的内容、举办互动活动等方式，吸引消费者的关注和参与。小罐茶提供个性化定制服务，消费者可以根据自己的需求和喜好，定制属于自己的小罐茶产品。这种个性化定制的方式，让消费者能够参与到产品的设计和制作过程中，增强了消费者对产品的认同感和归属感。通过举办茶文化活动，如茶艺表演、茶文化讲座等，让消费者深入了解茶文化。消费者可以在活动中品尝小罐茶的产品，感受茶文化的魅力，同时也能够与其他消费者进行交流和互动。小罐茶推出品牌大使计划，邀请消费者成为品牌大使，代表小罐茶参与各种活动和宣传。品牌大使可以通过自己的社交网络和影响力，传播小罐茶的品牌理念和产品信息，与品牌共同成长。

【案例 10-2】

小罐茶品牌传播案例

小罐茶创立于 2014 年，注重品质，致力于打造高端茶叶品牌。小罐茶与时尚、艺术、科技等不同领域的知名品牌进行跨界合作，推出限量版联名产品，为消费者提供新颖体验，同时借助创新营销手段，如线上直播、短视频等，吸引大量年轻消费者关注。例如 2019～2021 年，小罐茶与恭王府连续三年联合推出"天下第一福"新年礼茶，并通过多种创意活动和话题传播，让更多人了解传统文化的魅力。2022 年，小罐茶从《百福图》中汲取文化灵感，邀请百位国粹传承人创作百件"福"字手艺作品，在长城展出，还通过区块链技术将国粹艺术品转化为数字藏品。小罐茶在广告宣传、渠道选择等方面采取精准营销策略，有效触达目标消费者。如在腾讯社交广告上投放微信朋友圈广告时，利用其强大的标签体系，选择 25 至 50 岁的年龄标签，以及茶、名烟名酒、礼品、金融、房产、汽车、旅游等多个兴趣标签，确保锁定精准目标受众，并选取武汉地区小罐茶门店周边 3～5km 的商圈进行投放，有效拉动用户进店消费。在推广春茶时，外层文案强调高品质产品的追求，配合实拍图片和视频等趣味形式展现茶叶特点；同时使用图文＋卡券的方式，卡券功能方便快捷，且会在有效期限将至时提醒消费者使用，进行二次刺激到店消费。春茶项目投放当天仅用 1000 元成本便吸引了 200 多名用户领券，核销额达到 1 万余元，最终该项目用较低的成本获得了 3.4 万元订单额，实现超高转化。此外，小罐茶一直不遗余力地宣扬茶文化，并赋予其传统文化的内涵。如 2023 年中秋节推出宋朝古风系列礼品，将宋式美学意趣创新融入茶、月饼、茶器产品中。其中，宋时明月·茶香礼盒甄选 6 款经典茗茶，以米芾的《中秋诗帖》为设计主元素，搭配中秋蓝定制诗词罐；宋时明月·月饼礼盒将 5 种天然茶香与经典月饼食材和谐搭配，并由米其林星级主厨段誉研发，使传统风味焕发新灵感。同步推出的锦月·宋韵茶具套组，设计灵感源于宋代执壶，营造出节日小聚的欢乐氛围，且每个茶杯配备茶碟，既实用又有仪式感，体现对消费者的尊重。其公众号文章更新虽不频繁，但营销文案却极富文化底蕴。

资料来源：齐鲁壹点．知否风的茶礼品，小罐茶：这样的文化营销多来一点！［EB/OL］．https：//www.toutiao.com/article/7276302510577451531/?channel＝&source＝search_tab．2023-09-08/2024-07-15．

思考：请结合其案例，分析如何在品牌推广中有效整合跨界合作、创新营销方式、精准营销、文化内涵赋予等策略，以吸引目标消费者，提升品牌影响力和销售转化。并探讨在资源有限的情况下，企业应如何选择和侧重这些策略。

第三节 农业品牌的媒介传播组合

品牌传播组合是指企业为了实现品牌传播目标而综合运用的各种传播手段和工具的组合。合理构建品牌传播组合可以增强品牌的影响力和竞争力,使品牌在市场中更具吸引力和辨识度,进而推动销售增长和可持续发展。不同的企业会根据自身目标、资源和市场情况等来选择和优化适合的品牌传播组合策略。

一、品牌传播组合构成

根据品牌经营管理者对传播媒介的控制能力强弱,可将常用品牌传播媒介分成三类,即非媒体传播、自媒体传播、大众媒体传播。

非媒体是指不具备传播媒介属性,但对品牌信息传播具有重要作用的信息载体。如产品包装、企业领导者、员工、办公设备等都能发挥品牌传播的功效或作用。

自媒体传播是指个人或组织通过自主创建的媒体平台(如博客、微博、微信公众号、抖音等)生产、发布和传播信息的过程。在自媒体传播中,传播者具有高度的自主性和独立性,可以自由地表达观点、分享经验、发布内容,并能够与受众进行实时互动和交流。受众也可以根据自己的兴趣和需求选择关注相应的自媒体,获取个性化的信息。自媒体传播具有传播速度快、传播范围广、互动性强、成本较低等特点,它极大地丰富了信息传播的渠道和方式,对传统媒体格局产生了重大影响。

大众媒体指的是那些具有媒介属性,但品牌经营管理者对其没有自主使用权的信息载体,品牌经营管理者需要通过购买或租用媒介的方式来发布品牌相关信息。大众媒体传播是指通过专业化的大众传播媒介,如报纸、杂志、广播、电视、互联网等,将信息广泛地传递给大量的、分散的受众的过程。

二、非媒体传播

非媒体传播依赖于实物展示、口碑相传、产品包装等途径来传递品牌、产品或服务的相关信息。这种传播形式往往更具有个性化,能在特定的场景和受众中产生较为深入的影响,引发消费者更强烈的情感共鸣和参与度。

(一)产品包装传播

1. 产品包装传播的价值

产品包装是品牌传递信息、塑造形象、沟通情感及传达文化的重要媒介。首先,品牌通过包装上的图案、文字、色彩等元素,向消费者传达关于产品的特性、功能、品质等关键信息;其次,独特而有吸引力的包装能够塑造鲜明的品牌形象,强化品牌在消费者心目中的认知和记忆,能够唤起消费者的情感共鸣,建立起与消费者之间的情感联系,从而增强消费者对产品的好感度和忠诚度;此外,包装传播还体现了文化内涵,可以融入特定的文化元素,展现产品的文化底蕴和价值观,与目标消费者的文化认同相契合。

2. 产品包装传播的方式

(1)独特的视觉呈现。

通过独特的色彩、图案、造型设计,创造视觉冲击力,吸引消费者目光并引发讨论。如通过独特的标志和符号、鲜明的色彩搭配、个性的字体风格、夸张的造型设计、高质量的图像和插画、光影效果的运用、动态视觉元素、对比强烈的布局、全景式的包装设计、材质质感的体现等呈现方式，实现强烈的感官识别力，帮助品牌从众多竞争中脱颖而出。

（2）讲述品牌故事。

通过在包装上融入品牌故事与产品起源，使消费者了解品牌背景，增加情感共鸣。如在包装上用插画展现品牌发展中的重要场景、事件或人物，以时间顺序在包装上呈现品牌的关键阶段和成就，通过图片或文字说明品牌的起源地及其对品牌的意义，直接以醒目的文字展示品牌的核心价值观和理念，将品牌相关的老照片融入包装设计中，通过吉祥物的形象和相关情节来讲述故事，通过一系列包装分别呈现不同阶段的故事，形成连贯的整体，在包装上设置二维码，扫码可查看详细的品牌故事。

（3）互动设计。

让消费者通过与包装互动来深入了解品牌。如在包装上设置二维码，消费者扫码可参与抽奖、游戏、获取更多产品信息或解锁专属内容；通过手机扫描包装，呈现出虚拟的三维场景、动画或与产品相关的互动内容；在包装上设置一些拼图碎片或解谜线索，消费者完成后可获得奖励或优惠；集齐全系列包装可兑换奖品或获得特别权益；在包装上设置简单的游戏，如答题、找茬等，鼓励消费者将与包装的互动照片或视频分享到社交媒体，并带上特定话题，与包装关联；消费者通过互动来养成虚拟宠物并获得奖励；利用包装打造一个虚拟情景，让消费者参与其中进行角色扮演或任务挑战。

（4）与文化艺术结合。

与艺术家、设计师合作，打造具有艺术气息的包装，吸引特定群体关注并传播。具体如将剪纸、刺绣、年画等传统艺术元素融入包装设计中，邀请知名艺术家创作包装图案或进行艺术化处理，借鉴印象派、抽象派等艺术流派的风格来设计包装，结合特定地域的文化符号、特色技艺等在包装上体现地域文化，选取经典文学作品中的场景、人物等作为包装设计元素，和热门影视 IP 合作推出联名包装，由艺术院校合作创作包装设计，展现年轻的艺术创意。

（5）包装系列化。

形成统一风格的系列包装，强化品牌形象的一致性和整体性，易于消费者识别和记忆。如围绕一个特定主题，如季节、节日、活动等，设计一系列包装；以几种固定的品牌色彩为基础，分别设计不同的包装款式；根据产品的不同功能特点，设计相对应的系列包装；按照品牌故事的不同阶段或情节，制作成系列包装；选取不同地域的特色元素来打造系列包装，展现多元风格；采用几种有代表性的图案，分别应用在不同包装上；设定不同的使用场景，如家居、户外、办公等，设计相应系列包装。

（6）合作与联名。

与其他知名品牌或 IP 进行包装联名合作，借助双方的影响力扩大传播范围。包括与知名品牌、时尚品牌、文化机构、动漫 IP、体育赛事、明星、网红博主、游戏品牌、旅游景点等合作联名。

（7）环保包装理念。

强调包装的环保属性，树立品牌的社会责任形象，引发公众对环保的关注和讨论。

通过运用可降解材料、再生材料、环保印刷、包装回收提示、绿色认证标识展示、鼓励消费者参与回收、与环保组织合作推广等方式强调品牌环保理念。

3. 农产品包装传播品牌的策略

（1）农产品包装应体现品牌价值理念。

农产品包装设计应体现品牌理念，如选择与品牌理念相符的主色调，农产品常用代表自然的绿色、代表活力的橙色等；融入能体现品牌文化、价值观的图案，体现传统农耕文化的元素展现品牌对传统的尊重；在包装上用简洁有力的文字传达品牌理念，如用"匠心种植"等表述传达对品质的追求；包装整体风格要与品牌的定位一致，保持同一系列农产品包装在设计元素、风格上的统一，强化品牌形象。

例如，武汉市蔡甸区张湾街道为辖区农产品龙头企业发放了首批"独家定制"的农产品包装礼盒。这些礼盒的标识主色调以红黄橙为主，还有醒目的"张湾"二字，整体设计体现了张湾街道农文旅品牌特色，传递了街道核心价值观，增强了品牌视觉认知度。其中，红色代表党建引领和红色基因的传承，黄色代表丰收和希望，橙色代表富足和幸福。标识中的动物既像凤凰又像孔雀，体现了地区生态资源丰富和人与自然和谐共生的发展理念。此外，还有一条金黄锦鲤，代表着鱼跃龙门和长江刀鱼，也体现了街道以种植业、养殖业为基础，向第三产业融合发展的趋势①。

（2）农产品包装要有统一的视觉形象。

农产品包装应围绕品牌理念，整合各类品牌要素，形成统一的视觉形象，增强视觉冲击力和吸引力，能让消费者对品牌更加印象深刻。当消费者看到一系列具有相似风格、色彩、图案等元素的农产品包装时，能迅速与特定品牌联系起来，有助于在众多竞品中脱颖而出。无论是对品质的追求、对自然的尊重，还是对传统的传承等，都能通过统一视觉形象得以体现，加深消费者对品牌内涵的理解。同时，统一视觉形象设计有利于塑造专业、规范的品牌形象，给人一种严谨、用心的感觉，以此增加消费者对产品的信任度。

如"淮味千年"品牌，将"鲜"的味觉特点转换成视觉语言，构建了以"鲜"为核心的品牌视觉。其旗下12个单品类农产品包装采用统一化视觉设计，"鲜"字作为视觉icon贯穿其中，强化了品牌特色；插画元素作为主视觉，通过简约的配色和平面构成美学组合，表达了"鲜"这一美学感受；放大产品名称与插画元素排版相呼应，让视觉更显年轻化；每个产品对应一组有趣的词文谐音梗表达，传达美好寓意的同时增加了农产品包装的趣味性；12个品类的包装对应着12种颜色，提升了品牌的系列感②。

（3）农产品包装品牌传播应契合整体营销方案。

包装设计的风格和元素应与整体营销方案所传达的品牌定位、形象一致。例如，如果营销方案强调高端品质，那么包装应体现出精致、典雅的感觉。在包装上可以展示一些与整体营销策略相关的关键信息，如营销活动主题、特定的宣传口号等。通过与其他传播活动产生关联和呼应，互相促进，提高品牌传播活动效果。

如北大荒集团各单位在哈尔滨冰雪旅游热度不断攀升的背景下，积极做好品牌营销

---

① 武汉蔡甸｜张湾：定制包装送上门 聚力打造农产品特色品牌［N］. 湖北日报．2023-07-04.
② 淮味千年品牌插画包装设计［EB/OL］. https：//www.zcool.com.cn/work/ZNjE2NDExODg=.html.

推广活动。嫩江农场携"豆都豆仁"参加活动，通过朗朗上口的口号宣传产品，同时工作人员扮成憨萌小"豆娃"与南方游客互动，展示北大荒风土人情。北大荒优选超市则通过美食品鉴活动，让游客品尝北大荒优质特色产品，感受北大荒特色文化[①]。

（二）企业家传播品牌

1. 企业家传播品牌的内涵

从品牌理念层面，企业家通过自身的言行和决策来诠释品牌所秉持的价值观、使命和愿景。他们的坚守与追求向外界展示着品牌的内在精神，让消费者更深入地理解品牌的意义和追求。在品牌个性方面，企业家的风格、气质、性格等往往会融入到品牌个性中。例如，有的企业家雷厉风行，可能就会让品牌展现出果敢、高效的特质；有的企业家富有创新精神，品牌也会相应地传达出创新、突破的气息。企业家还能通过自身的故事和经历为品牌赋予更丰富的情感内涵。他们的创业历程、奋斗精神等可以引发消费者的共鸣和情感连接，让品牌不仅是一个产品或服务的标识，更是带有情感温度的存在。企业家在各种场合的亮相和表达，也是对品牌形象的直接传播。他们的形象和声誉与品牌紧密关联，其良好的形象有助于提升品牌的可信度和吸引力。企业家在与利益相关者的互动中，不断传播着品牌的优势、特色和独特价值，从而强化品牌在市场中的地位和影响力。他们是品牌的重要代言人，以独特的方式向世界传播着品牌的丰富内涵。

2. 企业家传播品牌的方式

（1）新闻报道。

企业家可以通过积极与媒体建立良好关系，提供有价值的新闻素材和企业动态，吸引媒体的关注和报道。例如，在企业取得重大突破、推出创新产品或服务、获得重要奖项、开展社会责任活动等时，及时向媒体通报，引发新闻报道。企业家通过展现自身的专业素养、人格魅力和领导力，成为品牌的有力代言人，媒体对企业家的报道也能间接传播品牌。通过向媒体分享品牌的起源、发展历程中的感人故事或独特经历，增加品牌的情感吸引力。在面临危机时，及时、透明、诚恳地通过新闻媒体向公众解释和说明，展现品牌的担当和解决问题的能力，也能让公众更了解品牌应对挑战的一面。

如中粮集团与央视保持着紧密的合作。2020年以来，中粮集团与央视总台达成"品牌强国工程"的战略合作，借助总台融媒体平台开展系统化、规模化的品牌传播。中粮借助总台"品牌行动""品牌故事"等资源，展现更立体的中粮形象；依托央视总台重点新闻节目，在全国两会、建党百年等大事周期最大化传播声量；依托央视总台《中国诗词大会》《经典咏流传》《遇鉴文明》等IP节目，以更立体的形象展现品牌理念，提升品牌美誉度。

（2）广告代言。

企业家作为企业的灵魂人物，亲自代言能让消费者感到品牌更真实、可信赖，从而拉近与消费者的距离，产生更强的亲和力，也能通过自身形象和言行来展现品牌独特的个性和企业文化，使消费者对品牌有更深入的理解和感知。独特的企业家形象容易被消费者记住，从而快速提升品牌在市场中的辨识度。消费者更容易与企业家产生情感共鸣，进而将这种情感转移到对品牌的喜爱和认同上。同时，企业家代言表明企业家对品

[①] 李淑霞，刘畅．"黑土优品"让北大荒火出圈[N]．黑龙江日报．2024-01-24．

牌的高度承诺和担当，让消费者对品牌的未来发展更有信心。如褚时健曾为自己种植的橙子代言。他的人生经历充满波折，作为古稀之年东山再起的企业家，通过电商和媒体的演绎，他变成了一个励志符号。

（3）事件营销。

与企业家相关的热点事件或独特经历，能迅速吸引公众关注，让更多人了解到品牌，大大提高品牌的曝光度。事件营销为品牌传播提供了丰富的话题和素材，能够引发广泛的讨论和传播，延长品牌的传播周期和影响力。如"潘大米"品牌，因中国知名地产商潘石屹被授予"响水村荣誉村民"称号而带火的农产品互联网品牌。此前，潘石屹代言的天水花牛苹果，经过名人效应，实现了从平均1斤只有1.7元左右，转为12个一盒，每盒118元的高档水果路线。

（4）社会化媒体。

通过社交媒介传播，可以让公众看到企业家更真实、更有人情味的一面，拉近企业与消费者、社会的距离，使品牌更具亲和力。如微博、微信公众号等，定期发布动态、观点、企业资讯等；通过制作和发布短视频，如抖音、B站等，分享工作场景、企业故事；积极参与相关行业的线上论坛、社区讨论，发表见解，提升知名度；在社交媒体上发起与企业相关的话题或互动活动，吸引关注和参与。通过企业家的言行和观点分享，可以更好地传播和塑造企业独特的文化和价值观，扩大企业家个人和企业的社会影响力，也有助于企业在市场竞争中占据更有利地位。

如乔府大院董事长乔文志在广西第一批答谢的砂糖橘刚到达黑龙江时，在社交平台上发布了一则"回礼100000份五常大米已经在路上"的户外大屏广告，引发了广泛关注。随后，乔府大院通过直播大米装车、董事长发表公开感谢和邀请等方式，进一步扩大了品牌影响力。五常大米到达南宁后，乔府大院将大米优先赠予环卫工人、消防员、交警等一线"城市守护者"，以及社会福利院的老人、孩子等弱势群体，赢得了市民的一致好评。

（5）公共关系。

企业家通过综合运用公共关系策略，能够更有效地将品牌推向市场，提升品牌的知名度和美誉度。如通过支持慈善事业、环保行动等，展现企业的社会责任感，提升品牌的正面形象，赢得公众的好感和尊重；举办产品发布会、周年庆典等各类公关活动，吸引媒体和公众的关注，为品牌造势，增加品牌的曝光度。在广西砂糖橘滞销时，乔府大院向广西捐赠了100000份五常大米。乔府大院不仅在官方抖音平台直播大米装车，董事长乔文志还发表公开感谢和邀请，欢迎广西朋友到五常游玩。这一行动不仅体现了企业的社会责任感，也让乔府大院品牌获得了高度认可。在捐赠过程中，乔府大院还通过直播、互动等方式，与消费者进行了深入沟通，进一步提升了品牌知名度和美誉度。

3. 企业家传播品牌的策略

品牌通过企业家进行传播首先需要企业家塑造突出的个人品牌形象，在消费者心目中将个人品牌转移给企业或产品品牌，从而扩大企业或产品品牌的知名度、美誉度。

（1）将维护企业品牌形象作为个人行为的准则。

企业家需要将个人品牌的塑造与企业或产品品牌形象形成合力，从而为企业及其产品塑造积极的品牌无形资产。企业家面对社会公众时，应当以维护企业的品牌形象为准则,思考自己的言行举止对塑造企业品牌可能带来的影响。

(2) 为个人品牌定位。

企业家需要通过定位来塑造独特的、突出的、积极的个人形象,并将个人品牌形象转移给企业或产品品牌。褚橙的创始人褚时健,将自己定位为励志的新农人。他在74岁时开始二次创业,通过打造励志橙的IP,建立品牌信任,将褚橙打造成全国知名的水果品牌。他的个人故事和品牌理念激励了许多人,也为农业品牌的发展树立了榜样。黑龙江省鑫广达米业有限公司的创始人赵新明,将自己定位为情系家乡的创业者。他致力于打造特色农产品品牌,通过不断创新和拓展市场,将公司发展成为市级农业产业化重点龙头企业。他的成功不仅带动了当地农民的就业和增收,也为家乡的发展做出了贡献。

【案例10-3】

褚橙案例

2012年11月,褚时健种植的"褚橙"通过电商渠道热销。随着他的个人故事被媒体广泛报道,褚时健成为"中国橙王",而"褚橙"也成为了一个具备超强IP的橙子。褚橙品牌的打造,除去褚橙自身产品过硬,也成功借势互联网的力量以及褚时健本人的名气。

在褚橙的品牌推广过程中,有以下几个关键举措:

故事传播:褚时健的励志人生经历引起了很多人的共鸣,他74岁再创业、85岁迎来成功的故事被广泛传播,为褚橙品牌赋予了深刻的内涵,褚橙也因此被称为"励志橙"。

微博营销:2012年微博正处于强势的营销阵地,当时王石(万科创始人)在微博上转发了一篇采访褚时健的新闻,并配文"衡量一个人成功的标志,不是看他登到顶峰的高度,而是看他跌到谷底后的反弹力",引发了大量关注和转发。随后,徐小平等商界知名人士也发布了相关微博。褚橙团队反应迅速,让很多微博大V晒出了收到的褚橙照片,进一步扩大了品牌影响力。

事件营销:2018年,褚橙团队策划了一场面向80后的活动,邀请了10位不同领域的"80后"知名人物,如作家蒋方舟、韩寒以及滴滴创始人程维等,让他们分享自己的人生感悟。该活动既强化了褚橙的品牌slogan"人生总有起落,精神终可传承",也补充和丰富了品牌内涵,使其更具故事性。

褚橙的案例表明,一个优秀的品牌需要在产品质量的基础上,深入挖掘品牌文化和故事,通过有效的营销策略,与消费者建立情感共鸣,从而提升品牌价值和影响力。同时,褚橙的成功也为其他农产品的品牌建设和营销提供了有益的借鉴。

资料来源:时代融媒中心. 从"褚橙"品牌的成功,分析水果爆款打造. [EB/OL]. https://www.toutiao.com/article/6633106492192981512/? upstream _ biz = doubao&source=m _ redirect. 2018-12-10/2024-07-15.

思考:对于其他农产品品牌,在自身产品有一定品质的基础上,如何借鉴褚橙的经验,深入挖掘品牌文化和故事,选择并运用合适的营销方式,与消费者建立情感共鸣,以实现品牌价值和影响力的提升?

(3) 提高公众曝光率。

企业家提高公众曝光率可以让公众更深入地认识企业的品牌理念、特色和优势，进而塑造良好的品牌形象，提高品牌的竞争力。企业家需要经常向社会公众传播自己的声音，关注业界热点事件并发表自己的评论，积极参与社会活动并表现出强烈的社会责任感。网易创始人丁磊在2009年宣布投身农业领域，创办了网易味央。他通过举办发布会、接受媒体采访、在社交媒体上分享等方式，不断提高自己和网易味央的公众曝光率。例如，他在2016年11月举办了网易味央猪肉新品发布会，邀请了众多媒体和嘉宾参加，并在发布会上亲自介绍了网易味央的猪肉产品。此外，他还在社交媒体上分享了自己在网易味央农场的生活点滴，吸引了大量粉丝的关注。新希望集团创始人刘永好在农业领域有着广泛的影响力。他通过参加各种农业论坛、发表演讲、接受媒体采访等方式，不断提高自己和新希望集团的公众曝光率。例如，他在2018年11月参加了在上海举办的第六届中国国际食品饮料展览会，并在展会上发表了主题演讲，介绍了新希望集团在食品饮料领域的发展战略和创新成果。此外，他还在社交媒体上分享了自己对农业发展的看法和建议，吸引了大量粉丝的关注。

(三) 员工品牌传播

1. 员工品牌传播的内涵

员工是企业品牌的生动载体和展示窗口，他们的言行举止、专业素养和工作态度等，都直观地体现着企业的形象和价值观，能在与外界的接触中传播企业品牌。员工对企业的产品、服务以及文化有着深入了解，他们能够以自身的体验和理解，更准确、更有说服力地向外界传达品牌的特色与优势。员工还可以在社交圈、行业交流等各种场合，主动分享企业故事、发展成果等，扩大品牌的影响力和知晓度。另外，员工的凝聚力和对品牌的认同感，也会转化为积极传播的动力，形成一种由内而外的传播力量，共同推动农业企业品牌在公众心中的认知和接纳。

2. 员工品牌传播的策略

(1) 内部品牌化。

企业内部品牌化目标是让员工关心和培育品牌，企业品牌形象的塑造需要全体员工同心协力，将品牌的核心理念、价值观和企业愿景在日常工作中践行。在内部品牌化过程中，需要确保员工的参与度和积极性，让员工自觉肩负传播品牌的职责。企业可以定期为员工开展品牌理念、价值观、特色等方面的培训，确保员工深刻理解品牌内涵；经常组织员工分享企业品牌发展过程中的故事，增强员工的认同感和归属感，确保员工自身能感受到企业品牌的优势，如提供优质的工作条件、福利等，让员工成为品牌的忠实拥护者；利用内部沟通平台，如企业内刊、工作群等，持续传播品牌信息和动态，不定期举办与品牌相关的内部活动，如主题日等，强化员工对品牌的认知和情感连接。

(2) 帮助员工建立个人品牌。

员工个人品牌的成功建立和传播，在一定程度上也能为企业的品牌形象增光添彩，扩大企业在行业内和社会上的影响力。如在企业内部的宣传栏、线上平台等，展示优秀员工的事迹和成果，对表现突出的员工给予公开表彰和荣誉，增强他们的自信心；鼓励员工在社交媒体上展示工作成果、专业见解等，且企业可以给予一定资源支持。

(3) 在品牌传播活动中实现员工品牌与企业品牌互动。

在品牌宣传推广中，同时突出企业的核心价值观和员工的个人特质与成就。例如，在企业的宣传资料、广告中，既展现企业的整体形象和优势，也融入员工的故事和风采，让消费者感受到企业背后是一群优秀的个体在支撑。企业也可以举办一些联合活动，如企业与员工共同参与的公益项目、社区活动等，在这些活动中展示企业的社会责任感以及员工的积极参与，强化两者之间的关联。

（四）办公环境与设施设备

1. 办公环境与设施设备传播品牌的内涵

办公环境与设施设备与其他品牌产品的协同性和兼容性也能展现品牌在生态系统构建方面的能力和优势，传播品牌全面、综合的价值。办公环境一般指企业实体办公环境，主要包括生产厂房、办公室、销售门店、会议室、休息室等，品牌经营者可以将品牌识别与标志协调地融入企业的办公环境。如布谷鸟农业生态园是由义乌市农合联主导、义乌市供销集团打造的新型田园休闲生态园，根据园区的特色定位，提取了能突出布谷鸟农业生态园的"布谷鸟"和"音符"等核心元素，打造了"布谷鸟农业生态园"品牌形象。"音符"和"布谷鸟"等视觉元素的恰当选取，提升了布谷鸟农业生态园的品牌形象视觉层次，进一步加快了其品牌传播力。

企业办公用品是企业日常经营过程中所用到的各种用品，包括信封、信纸、便笺、名片、徽章、工作证、请柬、文件夹、介绍信、账票、备忘录、资料袋、公文表格、公务礼品、交通工具等。在消费者与品牌互动过程中，消费者有机会接触到企业的办公设备，这时办公设备就可以为承载品牌信息的载体，发挥品牌传播的作用。企业可以通过办公用品统一规范的视觉符号展现品牌形象，传递品牌理念。如甘肃农垦亚盛好食邦，企业统一了视觉识别系统，在门头、产品、办公用品等方面使用"甘肃农垦亚盛好食邦食品"的统一标识，积极参加大型食品展会、产品发布会，举办"甘肃农垦·亚盛好食邦杯""垦三代"征文活动等，提高了企业和产品的知名度和美誉度。

2. 办公环境与设施设备传播品牌策略

（1）视觉设计应与品牌定位相一致。

品牌定位明确了品牌在市场中的独特形象和价值主张。办公环境与设施设备的视觉设计应从品牌定位出发，不仅要符合目标消费者的审美标准，还要展示品牌形象，达到强调和突出品牌识别系统、方便消费者识别和记忆的目的。相符的视觉设计能够准确传达品牌的理念和个性，例如，高端品牌可能会采用更简洁大气、富有质感的设计风格，而创新型品牌则可能会在设计中融入更多独特、新颖的元素，从而更好地吸引目标客户群体，增强他们对品牌的认同感和忠诚度。如农业企业的品牌定位是绿色、自然、生态，那么办公设备的视觉设计可能会运用大量的绿色调、自然元素的图案或纹理等，以直观地体现品牌的特色。

（2）让消费者参与办公设备的设计。

通过鼓励消费者参与品牌办公设备的设计，能够制造热点新闻，提高品牌知名度，增强消费者与品牌的亲密关系，减少距离感。消费者在参与设计的过程中，可以更深入地了解企业的品牌理念和文化，从而增强对品牌的认同感和忠诚度。如分享收获（北京）农业发展有限公司采用社区支持农业（CSA）模式，致力于推广社区食品安全和生

态农业。他们通过食农教育、新农人合作和培训等方式，吸引消费者参与到农业生产和办公设备设计中，共同推动农村的可持续发展。

【知识拓展】

社区支持农业（CSA）

社区支持农业（Community Support Agriculture，以下简称CSA）的概念于20世纪70年代起源于瑞士，并在日本得到最初的发展。当时的消费者为了寻找安全的食物，与那些希望建立稳定客源的农民携手合作，建立经济合作关系。如今，CSA的理念已经在世界范围内得到传播，它也从最初的共同购买、合作经济延伸出更多的内涵。从字义上看，"社区支持农业"指社区的每个人对农场运作作出承诺，让农场可以在法律上和精神上，成为该社区的农场，让农民与消费者互相支持以及承担粮食生产的风险和分享利益。

三、自媒体传播

（一）自媒体的含义及发展阶段

自媒体，又称"公民媒体"或"个人媒体"，由美国作家丹·吉尔默（Dan Gillmor）在2002年对"新闻媒体3.0"概念进行界定时首次提出。2003年7月，谢因·波曼（Shayne Bowman）和克里斯·威理斯（Chris Willis）联合提出的研究报告，首次给予了"We Media"一个权威的学术定义："一个普通市民经过数字科技与全球知识体系相联，提供并分享他们真实看法、自身新闻的途径。"中国学者对"自媒体"的定义保持着基本一致的核心内容，即"自媒体是指传播者通过互联网平台，以点对点或点对面的形式，将自主采集或把关过滤的内容传递给他人的个性化传播渠道。"此外，刘阳在著作《自媒体终极秘诀》中曾对广义自媒体和狭义自媒体两个概念作出区分。狭义自媒体是指以单个个体作为新闻制造主体进行内容创造且拥有独立用户号的媒体。广义自媒体的概念界定则重点强调其与传统媒体在信息传播渠道、受众、反馈渠道等方面的差异，该语义环境中的自媒体不再局限于个人创作，群体创作、企业微博等都可以纳入其范畴。

中国以互联网为背景的自媒体发展迄今经历了四个阶段。第一个阶段是自媒体初显阶段，互联网和电脑出现后，互联网电子信息服务系统BBS凭借较强的交互特性催生了部分网民的自媒体参与热情。第二阶段是自媒体的雏形阶段，21世纪后，随着博客、微博的相继出现，自媒体传播同步实现了大众化和全民化。博客的雏形是1997年一些程序员在网络上发布的超链接形式日记，后来才成为公众普遍认知中的博客网站。而该阶段的另一个典型代表——微博，相较传统博客而言，具备简短的特点，它作为一种分享和交流的互动平台，提高了信息传播的时效性和随意性。第三个阶段是繁荣发展阶段，2010年前后，自媒体发展进入了新的高度，自媒体平台通过相互竞争与合作，实现了功能优化和自我革新。智能手机与互联网的融合为自媒体发展提供了巨大空间，微信、微博等平台移动端也相继得到开发、使用，自媒体时代下，短视频与直播成为最具特色的信息传播方式。

总的来说，自媒体传播具有信息传播多样化、信息传播即时化、传受关系一体化和传播方式网络化的特点。企业自媒体传播指的是企业利用自身建立和运营的自媒体平台（如企业官方网站、社交媒体账号、博客、视频平台等）来进行信息发布、品牌推广、与受众互动交流等传播活动。农业企业应用自媒体传播可以增强企业的自主性和控制权，有利于塑造独特的品牌形象和个性。

（二）企业内刊自媒体

1. 企业内刊自媒体的内涵

企业内刊自媒体是指企业内部自行创办和运营的、具有自媒体属性的刊物或平台。企业内刊以自媒体的形式存在，这意味着它具有较强的自主性、灵活性和互动性。企业可以自主决定内容的方向、风格和发布节奏，它是企业内部信息传播和文化建设的重要载体，承载着企业的发展动态、员工风采、管理理念、业务知识等，有助于统一员工思想，提升员工素养，也是企业对外展示形象和传播品牌的窗口，通过向内刊受众传递企业的独特价值、优势和特色，来塑造良好的外部形象。此外，企业内刊自媒体还可以作为企业与员工、合作伙伴、客户等之间沟通互动的平台，促进各方的交流与理解。

2. 企业内刊自媒体传播品牌的策略

企业内刊是品牌能够完全控制的传播媒体，对内能够向员工传播品牌理念，对外能够传播积极的品牌形象。

首先，企业内刊应定位清晰，内外分明。企业内刊要明确自己的目标和功能。对内，它要服务于企业内部的员工，成为传递企业战略、文化、价值观、规章制度等重要信息的渠道，起到凝聚员工共识、提升员工素养、促进内部沟通的作用。对外，则是展示企业形象、实力、特色的窗口，要能够吸引潜在客户、合作伙伴等外部受众的关注和认可。对内的内容可能更侧重于企业内部事务、员工风采、专业知识分享等，语言风格可以较为平实和亲切，满足内部人员对信息获取和交流的需求。而对外的部分要更加注重企业形象的塑造和品牌的推广，内容可能更多涉及企业的成就、创新、社会责任等，语言风格相对更正式、专业且具有吸引力，以给外部受众留下良好的印象。通过这种明确的定位和区分，企业内刊能够更好地发挥其在不同层面的作用，对内增强企业的凝聚力和向心力，对外提升企业的知名度和美誉度。

其次，企业内刊内容应凸显企业个性。每个企业都有其独特的历史、文化、价值观、经营理念等，这些构成了企业的个性。通过内刊内容展示这些方面，能让读者清晰地感受到企业与其他企业的不同之处，如在内容中体现企业特有的创新精神，讲述企业在研发、突破方面的故事和成就；或者展现企业浓厚的人文关怀氛围，分享关爱员工、回馈社会的事例。当员工看到内刊上展现的企业个性与自己所认同的特质相契合时，会更加热爱和忠诚于企业。例如，中化农业的内刊《新芽》记录了员工在服务"三农"过程中的故事和经验，展现了企业的社会责任和品牌形象。例如，内刊中介绍了曹赞在贫困县参与水肥一体化项目和盐碱地改造项目的经历，以及刘洋用专业技术帮助种植大户提高产量的故事。浙农集团通过内刊宣传了其在为农服务、品牌建设和社会责任方面的举措和成果。例如，内刊中报道了公司开展的"送农资、送服务、送科技"下乡活动，以及在测土配方、质量追溯等方面的工作，提升了品牌的美誉度。通过内刊传播品牌，农业企业可以提升企业形象，增强与利益相关者的沟通和联系。

(三) 官方网站自媒体

1. 企业官方网站自媒体的内涵

企业官方网站自媒体是企业品牌塑造和传播的关键阵地，通过精心设计的页面、高质量的内容呈现企业的独特价值和形象。官方网站的类型具体包括展示型、资讯型、互动型、电商型、多媒体型及社区型网站等。展示型网站主要侧重于展示企业的形象、历史、成就、产品与服务等基本信息，以直观、简洁的方式呈现品牌全貌；资讯型网站会频繁更新企业新闻、行业动态、技术进展等资讯内容，让用户能及时了解企业的最新动态，突出品牌的专业性和活跃度；互动型网站设置有较多的互动元素，如在线客服、留言板、论坛、投票等，鼓励用户与企业互动交流，增强用户对品牌的参与感和黏性；电商型网站在传播品牌的同时，还具备在线销售功能，用户可以直接在网站上购买产品或服务，将品牌传播与业务拓展紧密结合；多媒体型网站大量运用图片、视频、动画等多媒体元素来丰富内容表现形式，更生动地展现品牌形象和特色；社区型网站则围绕品牌打造一个用户社区，让用户之间可以交流分享，形成品牌的社群效应，进一步提升品牌影响力。一般企业会综合呈现以上方面内容，更有效地传播品牌。

2. 官方网站传播品牌的策略

(1) 强化视觉识别，明确导入品牌形象。

品牌官方网站应在视觉上与品牌识别系统相吻合，在内容上与品牌文化、品牌理念和品牌精神相契合。首先，在网站的整体视觉设计上，要与品牌的主色调、标志风格等保持高度一致，比如采用品牌标志性的颜色作为网站的主色调，在页面布局中巧妙融入品牌标志元素等，让用户一进入网站就能感受到强烈的品牌氛围。其次，在内容呈现上，要始终围绕品牌的核心价值、使命、愿景等来展开，通过文字描述、案例展示等清晰传达品牌的独特理念和优势。此外，在网站的文案风格上，要符合品牌的个性，是严谨、活泼、亲切还是其他风格，都要与品牌形象相符。同时，企业的历史、文化、团队精神等软性内容也应在网站中得到恰当体现，以丰富品牌形象的内涵。通过这些方面，让企业官方网站充分导入并传递品牌形象的内涵，从而强化品牌在用户心中的认知和印象。

(2) 打造优质内容，优化用户体验。

企业官方网站需提供高价值且相关性强的内容（如文章、案例、视频），同时优化导航设计和用户交互，提高用户满意度及留存率。首先，应明确目标受众的需求和兴趣点，针对性创作内容，提供行业权威知识、深度见解和专业分析，以生动有趣的方式展现品牌的起源、发展和独特价值，通过实际案例展示品牌如何解决问题或带来价值，同时保持网站内容的新鲜度和活跃度，让用户有持续访问的动力。其次，网站设计应简化页面布局、设计清晰导航与行动指引、建立用户反馈渠道、优化页面交互，优化用户体验。

(3) 鼓励消费者互动参与。

企业官方网站应鼓励用户参与和反馈，增强用户黏性。如举办线上竞赛、创意征集、投票等互动活动；设置用户生成内容板块，鼓励消费者上传他们与品牌相关的照片、故事、评价等；开展问答互动、发起话题讨论、设置打卡签到任务等互动方式；创建品牌社群，在网站上搭建交流社区，方便消费者相互交流和与品牌互动；还可以邀请消费者成为品牌大使，赋予他们一定的特权和责任。例如，儒然农科是一家从事绿色可持续农业种植社会化服务的科技有限公司，建立了官方网站、微信公众号以及微商城，利用微商城打造特价"认养一棵树"营销活动等互联网品牌建设活动，吸引用户参与，树立了良好正面的品牌形象。

（四）社会化自媒体

1. 社会化自媒体的内涵

社会化自媒体是以互联网为基础，品牌以自身的名义在社会化媒体平台上创建和运营的媒体账号或渠道。品牌利用社会化媒体的开放性、互动性和传播力，打造自己的传播阵地，塑造独特的品牌形象，增强消费者的认知和情感连接。通过发布有趣、有价值、个性化的内容，吸引消费者关注、参与讨论、分享，从而扩大品牌影响力，提升品牌的知名度和美誉度，同时也能更好地了解消费者需求和反馈，进一步优化品牌策略和运营。常见的品牌社会自媒体形式如品牌官方微博、微信公众号、抖音号、小红书账号、B站账号、知乎账号、官方论坛或社区、官方音频平台账号等。

2. 社会化自媒体传播品牌的策略

（1）明确品牌定位，制定内容策略。

清晰界定品牌的独特价值和个性，在自媒体内容中始终突出这些特点。契合品牌定位，规划多样化的内容，如产品介绍、品牌故事、用户案例、行业资讯等，确保内容具有实用性、趣味性、创新性，能吸引用户关注和停留。制定内容发布计划，保持一定的频率和节奏，持续输出优质内容，注重内容的故事性和情感性，引发用户共鸣，加深品牌印象。根据不同平台的特点和用户群体，定制有针对性的内容，实现精准传播。定期评估内容效果，根据反馈及时调整和优化内容策略。

（2）利用热点话题，强化互动性。

品牌应巧妙结合当下热点，将品牌融入其中，扩大传播范围。时刻关注各类热点事件和话题，一旦发现与品牌相关或有结合点的热点，迅速行动，制作图文、视频、文案等形式的内容，巧妙融入热点元素，引发用户兴趣，并围绕热点开展线上竞赛、投票、抽奖等活动，让用户积极参与，对用户在热点相关内容下的评论、私信等及时、认真回复，增强与用户的联系。例如，拼多多在2020年推出了"多多果园"活动，用户可以通过在拼多多上购物、分享等方式获得水滴，用于浇灌虚拟果树，当果树成熟后，用户可以获得真实的水果。该活动结合了当时流行的"云种植"概念，吸引了大量用户参与，提高了用户的活跃度和黏性。

（3）与意见领袖合作，扩大品牌影响力。

根据品牌定位和目标受众，仔细寻找与之匹配的意见领袖。他们的领域、风格、粉丝群体等应与企业的需求高度契合。真诚地与意见领袖沟通，建立良好的合作关系，为每个意见领袖量身定制合作内容，确保能够自然地融入他们的创作风格，同时突出品牌特点和优势；给予意见领袖足够的素材、产品信息等，帮助他们更好地传播品牌；鼓励意见领袖与粉丝互动，及时收集粉丝反馈，反馈给企业用于改进；也可以与意见领袖一起举办线上或线下活动，进一步扩大影响力和参与度；同时，密切关注合作带来的传播效果、品牌曝光度等指标，以便及时调整策略。例如，新希望乳业与母婴、育儿、美食等领域的意见领袖合作，举办丰富的线上线下活动，如新品发布会、亲子活动等。这些

意见领袖通过他们的社交媒体账号，宣传和推广新希望乳业的产品和活动，吸引了更多的消费者关注和参与。

（4）邀请用户共创内容。

进行社会化自媒体传播时，应为用户提供交流和共创平台，鼓励用户创作自己的内容并分享。当用户参与到内容共创中，会对品牌产生更深厚的情感连接和归属感，进而成为更忠实的拥护者。用户共创的内容往往更贴近消费者自身的视角和感受，使品牌形象更具亲和力和真实感，拉近与消费者的距离。同时，用户自己创作的内容，更愿意在自己的社交圈中分享和传播，从而能以更广泛的渠道触达更多潜在受众。此外，相较于品牌单方面制作内容，用户共创能利用广大用户的力量，在一定程度上减少营销投入。例如，认养一头牛通过与用户共创的方式，提升了用户的参与感和品牌影响力，具体做法包括邀请用户参与产品设计和研发过程，如让用户选择牛奶的口味、包装设计等，使产品更符合用户需求，鼓励用户分享自己与认养一头牛产品的故事和体验，通过用户的口碑传播，扩大品牌影响力。

本章小结

（1）整合营销传播主要目的在于使营销者能"组合和匹配"传播方案，以创建品牌资产。整合营销传播通过影响传播活动的有效性和品牌市场绩效来驱动品牌的财务绩效。

（2）整合营销传播相关评价标准被称为"6C"，即覆盖率（Coverage）、贡献率（Contribution）、一致性（Commonality）、互补性（Complementarity）、通用性（Conformability）、成本（Cost）。

（3）整合品牌传播（Integrated Brand Communications，IBC）理论是一种整体传播战略，旨在通过整合多种传播活动，包括公关、广告、投资者关系和互动或内部传播等，来管理公司的品牌资产，实现品牌价值最大化。

（4）中国农业品牌传播的"消费者品牌价值共创模型"着重表达了策略的三个重点：以"文脉传播"为轴心，以多维度、整合的品牌传播拥抱消费者，消费者品牌价值共创机制生成。

（5）品牌传播组合是指企业为了实现品牌传播目标而综合运用的各种传播手段和工具的组合。合理构建品牌传播组合可以增强品牌的影响力和竞争力，使品牌在市场中更具吸引力和辨识度，从而促进销售和长期发展。

（6）非媒体指的是那些原本并非作为传播媒介使用，但对传播品牌信息发挥重要作用的信息载体。如产品包装、企业领导者、员工、办公设备等都能发挥品牌传播的功效或作用。

（7）自媒体传播是指个人或组织通过自主创建的媒体平台，如博客、微博、微信公众号、抖音等，来生产、发布和传播信息的行为和过程。

（8）大众媒体指的是那些具有媒介属性，但品牌经营者无法直接控制的信息载体，品牌经营管理者需要通过购买或租用媒介的方式来发布品牌相关信息。

思考与讨论

（1）对于农业品牌，如何通过整合多种传播活动来实现品牌资产的有效管理？请结合实例说明一致性与互补性的应用。

（2）请结合实例，探讨中国农业品牌是如何以"文脉传播"为轴心，通过多维度、整合的品牌传播来实现与消费者的价值共创的。

（3）为提升农业品牌影响力，应如何合理构建品牌传播组合？在选择传播手段和工具时需要考虑哪些关键因素？

（4）自媒体传播在农业品牌推广中具有哪些独特的优势和挑战？怎样才能充分发挥自媒体的传播功效？

（5）资源有限的新兴农业品牌，应如何优先选择并合理配置传播组合，以快速提升品牌知名度？

（6）以某个成功的农业品牌为例，分析其在整合品牌传播（IBC）过程中的策略和实践，以及对品牌价值提升的具体作用。

案例分析

看仙居区域公用品牌"神仙大农"如何轻松"撩"用户

近年来，仙居县致力于打造"神仙大农"这一区域公用品牌（图 10-14 为品牌 LOGO），作为推动当地特色农业发展的关键手段。目前，"神仙大农"品牌旗下产品包括杨梅、粮油、茶叶、药材、肉类、禽类、新鲜果蔬、竹制品和小吃等八大类，共计 100 余种仙居农产品。

图 10-14 神仙大农品牌 LOGO

面对市场多变的竞争环境，"神仙大农"寻求全新的互动方式来传递其多样化产品的价值。仙居被称为"仙人居住的地方"，坐拥 5A 级风景区"仙居"；还有着举世闻名的仙居杨梅，但其他的诸多特色农产品却鲜为人知。作为农业大县，仙居县也走上了"农户＋农产加工企业＋品牌"富农路径，有了"神仙大农"的品牌，但如何和更多的

消费者触达仍然处于摸索阶段。

后疫情时代，年轻人对旅游的渴望愈发强烈，他们以自己的方式探索世界，从随性的"City Walk"到富有人情味的"互助式旅游"，再到追求自然自由的"城市出逃计划"，年轻人正在重新定义旅行的意义。神仙居住的地方，符合反卷文化还自带话题。"神仙大农"公用品牌MV紧跟这一潮流趋势，借势仙居县景区的知名度，以"来仙居玩，看大美仙居，过神仙日子，品神仙味道"为主题，为"神仙大农"品牌与产品赋能。神仙大农的产品为仙居旅游增添了亮点，丰富了旅行的体验感，与此同时，仙居旅游业也能有效助力神仙大农产品的传播推广。

在传统农产品推广中，发布会和大屏广告曾占据主导地位，如今，视频号、抖音、小红书、B站等平台迅速成为品牌传播的新阵地。MV通过面向新时代，运用新形式、新形象、新表达迅速在区域公用品牌的传播中突围。

首先，聚焦品牌客户群体，做精准传播。神仙大农的爆品"杨梅汁"主打情绪瓶，用"梅焦虑""梅烦恼"年轻化的表达去沟通消费者。MV也通过年轻人的喜好、节奏和行为习惯，用旅游"Vlog+神曲"的年轻化形式吸引观众，为其呈现琳琅满目的美食和迷人的自然景观，极大地激发观众的好奇心和探索欲。这些生动的元素激发了观众亲自前往MV中的地方，去体验那里的风土人情和享受地道的美食。

其次，用"国风+Rap"的MV形式贴近年轻群体，助力品牌年轻化。2023年的亚运会，越剧和啦啦队的组合上了热搜，利用热点营销，内容创作团队以此为灵感原创了一首由时下流行的国风和RAP元素组成的原创歌曲，拉近和年轻消费者的距离，传唱的方式也更利于传播。同时衍生了新的情景营销模式。仙居有了自己的歌，神仙大农有了自己的音乐，歌曲可以单独用作二次营销，还可以做事件营销、做裂变，接下去的发布会、市集、推介会等场景都可以循环使用，引发传播的连锁反应。在歌曲中段，将产品卖点转化为说唱歌词，朗朗上口，形成洗脑效应。说唱音乐特有的韵律和节奏，能够使产品卖点在消费者心中产生强烈的印象，转化为一种"病毒效果"，让人难以忘怀，产生品尝的冲动。而说唱这一流行文化趋势，也能将普通农产品包装成网红商品，打破年龄层的界限，吸引更广泛更多元的消费群体。

再次，运用UGC（User Generated Content，用户生成内容）关系营销带动大众的产品认知。传统品牌营销往往采用自上而下的BGC（Brand Generated Content，品牌生成内容）模式，这种方式虽然能够传递品牌信息，但往往单向传播，缺少与用户的互动和情感连接。MV则采用了一种创新的营销策略，将UGC的元素融入到BGC模式中，从而打破了传统营销的局限，实现了品牌与消费者之间的关系营销和情感连接。这种策略不仅能够提高消费者的参与度和兴趣，更能够看到其他消费者的真实反馈和体验，能够更好地激发消费者的兴趣和情感共鸣。神仙大农优质的农产品被软性植入MV里，借主人公和朋友的互动一一呈现，将产品的优势卖点转化为主人公和朋友的真实的所见所感，从而建立和消费者的情绪共鸣，形成互动关系。

此外，激发仙居人的自豪感，让仙居人参与到"神仙大农"品牌传播中来。在MV的开头，主人公自豪地说："不，我不是旅游，我是回家"，拉近了本地人与此次营销的私人距离。小学、老街道、年底的回家则是勾起了在外地的仙居人的思乡情结和自豪感，而全片的大美仙居、神仙般的日子、家人和邻里的温情互动，各种神仙味道既撩动了消费者，也勾起本地居民的认同和自豪感。在MV的结尾，神仙大农的旗舰门店前"我在仙居，神仙大农欢迎您！"的字样也奠定了神仙大农作为仙居农业公用品牌的主人地位，让外乡人感受到了神仙大农的热情和好客，进一步增添了区域公用品牌的个性化魅力。

资料来源：燧人影像. 唤醒好奇心与探索欲！看仙居区域公用品牌"神仙大农"如何轻松"撩"用户？［EB/OL］. http：//www.brand.zju.edu.cn/2024/0708/c57340a2944300/page.htm. 2024-07-08/2024-07-15.

思考：结合"神仙大农"借势仙居景区知名度的案例，探讨农业品牌与当地旅游资源相互促进的有效策略有哪些。

第十一章　利用次级品牌联想创建农业品牌资产

知识与技能目标

（1）理解次级品牌联想的概念和作用，包括如何利用有利联想打造共同点和差异点。

（2）掌握次级品牌联想的杠杆作用原理，理解如何整合外部资源创建品牌资产。

（3）能够运用次级品牌联想的方法，为农业品牌制定独特的品牌策略。

（4）能够分析和评估不同外部实体对农业品牌的借力价值，制定有效的农业品牌推广计划。

情境导入

恒天然集团是新西兰的一家大型乳制品公司，也是全球最大的乳制品出口商之一。安佳是恒天然旗下的一个知名乳制品品牌，已经在全球市场上拥有广泛的认知度和美誉度。恒天然利用安佳品牌的知名度和信任度，推出了多个新的乳制品子品牌和产品线。例如，安佳从最初的牛奶和奶油产品，扩展到了黄油、奶酪、酸奶等多种乳制品。在推出新产品时，恒天然将安佳品牌与高质量、纯天然和新西兰原产地联系在一起，使消费者对新产品产生信任感和好感。例如，安佳的黄油产品在市场上推广时，强调其新西兰纯天然奶源和无添加剂的优势。在全球市场上，恒天然通过安佳品牌进行大规模的广告宣传和市场推广。利用安佳品牌的全球影响力，迅速提高新产品的市场认知度。例如，在中国市场，安佳通过电视广告、线上营销、以及线下活动等多种方式，全面推广其品牌和产品。恒天然还与一些知名餐饮品牌和零售商合作，利用其品牌影响力来推动安佳产品。例如，与星巴克、麦当劳等国际连锁餐饮品牌合作，使用安佳奶制品，提高产品的曝光率和消费者信任度。通过品牌杠杆策略，恒天然成功地将安佳打造成了一个全球知名的乳制品品牌。在多个国家和地区，安佳都成为高质量乳制品的代名词。这不仅提升了恒天然的整体品牌资产，还显著提高了其市场份额和销售额。

资料来源：Fonterra Co-operative Group.（2024）. Retrieved from. https：//www. fonterra. com/nz/en. html.

思考：恒天然集团还可以利用哪些次级品牌联想策略提升农业品牌资产？

将品牌与其他来源因素、相关人物、地点或事件相关联，可以在品牌和相关来源间建立起一系列新的联想，同时也可能对现有品牌联想产生影响。近年来，国家高度重视农业品牌建设，并在多项政策文件和重要讲话中强调了品牌联动的重要性。《农业农村部关于加快推进品牌强农的意见》（农市发〔2018〕3 号）指出要加快推进农业品牌化战略，提升农产品品牌的市场竞争力和国际影响力，鼓励企业通过品牌联姻和品牌合作等方式推动新品牌快速成长。《国务院关于促进乡村振兴的指导意见》（国发〔2019〕12号）进一步提出要加大对农产品品牌建设的支持力度，推动品牌化生产和标准化管理。习近平总书记在多次讲话中也强调，要注重农业品牌建设，提升农产品的质量和市场竞争力，善于利用已有的知名品牌，通过品牌联想和品牌合作，快速提升新品牌的市场认知度和美誉度。

第一节　次级品牌联想的内涵与作用

一、次级品牌联想与杠杆作用理论依据

（一）次级品牌联想的内涵

次级品牌联想是利用有利的品牌联想去打造共同点和差异点，次级品牌知识对于建立强有力的、偏好的和独特的品牌联想非常重要。次级品牌联想的杠杆作用是通过整合品牌的外部资源，以达到借力、省力来创建品牌资产的效果。传统的品牌资产创建主要依赖于企业内部资源，而次级品牌联想战略是通过与外部实体建立联系，将人们对外部实体的积极态度、印象、评价等转移到品牌上来，以增强品牌实力。消费者大脑中具有其他实体的知识结构，品牌本身可以和这些实体联系起来，由于这种联系，消费者可以假设或推断：这些实体所拥有的一些联想或特征也许是某品牌所具有的。品牌从其他实体"借来"的一些品牌知识或者品牌资产，其程度取决于产生了哪些联想和反应的特性。

（二）次级品牌联想杠杆作用的理论依据

1. 信息来源可信度理论

信息来源可信度是指信息发出主体（人或物）在专业性、客观性和可靠性上的公众感知，直接影响消费者对品牌的信任程度。具有专长的信息源一般具有高可信度，易产生信任效应。专长指信息源发出的信息是否是该专业领域的，能否反映出其专业智慧、知识、经验、能力，即信息源是否是该领域的专家权威，如果是就易于产生信任效应。在品牌传播中，信息源可信度理论启示品牌选择合适的代言人、传播渠道和传播内容，以提高品牌传播的效果。例如，企业可以选择具有专业知识和良好声誉的代言人来推荐产品，或者通过可靠的媒体渠道发布广告，以增加消费者对品牌的信任度。

2. 情感迁移模型

情感迁移模型认为，消费者对延伸产品的初始态度来自于对母品牌所具有的好感，是母品牌整体迁移的结果。同样，消费者也会将对外部实体的情感转移到品牌上来。这种迁移依赖于消费者感知到的在外部实体和品牌之间的相似性和拟合度，其对外部实体的态度和情感可能会通过两个路径迁移到品牌上。一是直接迁移机制，如当外部实体是延伸品牌的母品牌时，消费者对延伸品牌的态度就可能通过直接迁移模式发挥作用，在这一机制下，消费者对品牌信息加工的参与性较低；二是间接迁移机制，即消费者首先

要形成并体验到品牌与外部实体之间相似的程度或形成品牌认知图式,在这一心理图式的影响下,消费者对外部实体的态度和情感才有可能迁移到品牌上,从而对产品产生正面的评价,否则,就是负面的评价。

3. 认知一致理论

认知一致理论认为,人们倾向于追求认知一致性,遇到不一致时,会努力减少心理不适以恢复平衡。在品牌传播中,当消费者接收到的关于品牌的信息与他们已有的认知不一致时,可能会引发认知失调。为了缓解这种失调,消费者可能会调整对品牌的看法,或者进一步去了解品牌以使其认知重新达到一致。品牌可以利用这一理论,通过合理的信息传递和沟通策略,引导消费者形成与品牌期望相符的认知,增强消费者对品牌的认同和接受度。同时,要避免传递相互矛盾或容易引发认知失调的信息,以免对品牌形象造成负面影响。

4. 分类理论

分类理论认为,人们会根据新成员与已有类别的相似性,将其归类到某个类别中,并根据该类别的特征和属性来推断新成员的其他特质。人们判断一个客体是否是一个类别的成员要经历两阶段。首先是把新客体与现有类别相匹配。如果匹配成功,与类别相联系的情感就会转移到新客体上去,如果新客体和现有类别之间匹配性较差,消费者会将新客体的特征与现有类别的特征进行一对一比较,再根据特征对类别的不同重要性程度,决定情感迁移的多少。在品牌传播中,企业可以利用分类理论来引导消费者形成与品牌期望相符的认知。例如,企业可以通过广告、宣传等方式,强调品牌与某个特定类别的联系,从而使消费者将品牌归类到该类别中,并根据该类别的特征和属性来推断品牌的其他特质。此外,企业还可以通过创新和差异化来打破消费者对已有类别的认知,从而引导消费者形成新的认知和分类。

二、次级品牌联想的杠杆作用原理

(一)创建新的品牌联想

通过品牌与其他实体的联系,消费者可形成联想、判断和感受。通常,当消费者缺乏动机或者能力去判断与产品相关的信息时,次级品牌联想最有可能影响消费者对新产品的评估,如对农产品原产地、经销商或者其他特征的想法和感觉。

(二)对现有品牌知识的影响

品牌与其他实体的关联,既能创建新联想,也会影响现有联想。消费者对某个实体有一定的了解,当一个品牌被识别为与该实体相关联时,消费者可能会推断,该实体所持有的一些联想、判断或感觉也可能是该品牌的特征,即认知一致性原理。

(三)影响杠杆效应的因素

首先,实体本身的知名度和相关知识。如果消费者并不熟悉该实体,或者对于次级实体缺乏知识,就无法从实体转移到品牌认知上。理想的情况是,消费者能够认知实体并对其有强有力的、偏好的和独特的联想,从而对实体形成正面的判断和感受。

其次,实体相关知识的意义。如果该实体能引起一些积极的联想、判断或感受,这些相关知识的意义会随着品牌和产品环境的变化而变化。

再次，实体知识的可转移性。相关实体可能创造或影响某些类型的品牌知识。如事件可能特别有利于创造体验，人物可能在激发情感方面特别有效，其他品牌可能适合建立特定的属性和利益等。任何一个实体都可能与知识的多个维度相关联，每一个维度都可能直接或间接地影响品牌知识。消费者认识到的实体和品牌之间的相似性越多，他们就越有可能推断出关于品牌的相似知识。

（四）次级品牌联想的指导原则

利用次级品牌联想，可以让营销者创造或强化与竞争对手的重要差异点或竞争性相似点。当选择具体的人、地点或事件作为实体时，营销者必须考虑消费者对该实体的认知、联想、判断或者感受，因为这些都会与品牌发生关联，并影响既有的品牌联想。

营销者可以选择消费者已经具备一些甚至很多相似联想的东西作为实体。当消费者对一个实体产生的联想和理想的品牌联想一致时，共性杠杆策略就非常有效。例如，新西兰因羊毛闻名，当羊毛衫制造商将"新西兰羊毛"作为卖点时，就很容易形成一个强有力的、良好的品牌联想，因为对许多人来说，一听到"新西兰"，他们立即就会联想到"羊毛"。

另一方面，有时候选择的实体可能与品牌相背离，因为两者之间几乎没有相同或者相似的联想。这种情况下，互补性品牌战略就对传递理想的品牌定位至关重要。

三、次级品牌联想来源的组合框架

建立次级品牌联想，可以通过将品牌和以下实体发生关联，这些实体通常与人物、地点或者事件相关。具体如图11-1所示。

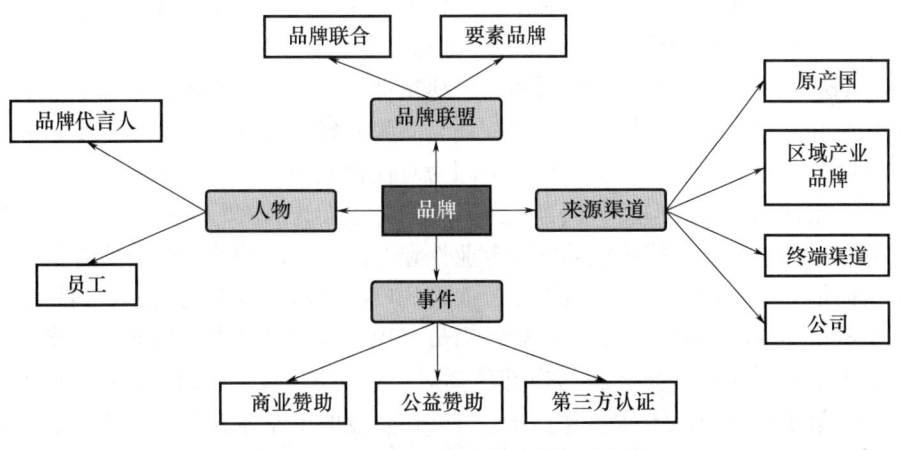

图11-1 次级品牌联想的来源组合框架

（一）作为品牌来源渠道的外部实体

以下四种外部实体反映了品牌的来源渠道，品牌需要从中借力。

第一，公司。产品品牌与公司层面的品牌形象建立联系或共享，能增强品牌认知度和辨识度，能促进资源的有效整合和利用。消费者对公司品牌形象的认可和喜爱会延伸到产品品牌上，从而建立更稳固的品牌与消费者关系。

第二，终端渠道。终端渠道与品牌形象匹配会增进品牌资产。终端的环境布置、服务方式等都与品牌形象契合，能让消费者获得连贯且独特的感受，增强对品牌的情感联结和满意度。匹配的终端渠道可以准确无误地将品牌所蕴含的价值主张传递给消费者，使消费者更深刻地领会品牌的内涵，反之，则会稀释品牌资产。

第三，区域产业品牌。区域产业品牌往往代表着一定的产业优势和特色，能为单个企业提供一种整体的信誉保障。当一个区域在某个产业领域有良好声誉时，该区域内的企业也会被认为具备相应的专业能力和品质。消费者或其他合作方可能会因为对该区域产业品牌的认可，而更容易接受区域内的企业及其产品或服务。此外，区域产业品牌所营造的产业氛围和环境，能为企业提供良好的发展条件和资源共享平台，有利于企业的成长和创新。

第四，原产国。原产国的特定形象和声誉可以直接赋予品牌某些特质。原产国的文化、历史等元素能为品牌增添独特魅力和情感价值，消费者可能会因为对某个国家文化的喜爱而对来自该国的品牌产生好感和亲近感。原产国的技术优势或产业传统能增强品牌在相关领域的专业性和可信度。同时，原产国的形象也能帮助品牌在国际市场上建立差异化优势，使其更容易脱颖而出。良好的原产国形象还能提升品牌的附加值，使品牌能够获得更高的价格定位和利润空间。相反，负面或消极的原产国形象，会严重限制其品牌的营销。

（二）作为相关人、事、物的外部实体

与品牌相关的人物（代言人等）、事件（公益赞助、体育文化活动、第三方认证等）、其他品牌（成分品牌、联盟品牌等），也可以借力给品牌，让品牌具有更高的辨识度和独特性，增加消费者对品牌的情感联结。

第一，人。人作为次级品牌联想来源，常见于品牌代言人及企业员工。首先，代言人的形象和个性可以赋予品牌独特的气质和魅力。例如，时尚代言人能为品牌增添时尚感，体育明星代言人能体现品牌的活力与拼搏精神等。他们还能帮助品牌更好地与目标消费者沟通和互动。代言人的粉丝群体往往与品牌的目标客户有较高重合度，能更有效地传达品牌的信息和价值。消费者往往会因为对代言人的信任和喜爱，而对其所代言的品牌产生一定的信任感。但品牌代言人选择不当，也会让品牌形象受损。其次，员工的专业素养和服务态度能直接体现品牌的专业性和对消费者的关怀，给消费者留下良好的印象，从而增强品牌的吸引力。员工在行业内的口碑和声誉也会间接影响到品牌，高素质的员工队伍能为品牌赢得良好的口碑。当员工积极参与品牌推广活动时，能进一步扩大品牌的影响力，他们作为品牌的内部传播者，能更准确、深入地传达品牌理念和特色。此外，员工在社交媒体等渠道上分享自己在企业的工作体验和对品牌的认可，能吸引潜在消费者的关注，起到一定的背书效果。

第二，事件。赞助事件、第三方认证等可以增强品牌在消费者心目中的正面联想和影响力。如公益赞助展现了品牌的社会责任感和爱心，能提升消费者对品牌的好感度和尊重，使消费者认为品牌不仅关注自身利益，也关心社会福祉，从而增强品牌的亲和力和美誉度。商业赞助可以让品牌与特定的活动、赛事或组织紧密关联，借助这些平台提升品牌的知名度和曝光度。同时，能传达出品牌的活力、时尚感或与特定领域的相关性，吸引目标受众的关注，强化品牌在该领域的形象和地位。第三方认证则为品牌提供了权威的认可和保障。表明品牌在质量、安全、环保等方面达到了一定的标准和要求，能增强消费者对

品牌的信任和信心，消除消费者的疑虑，让消费者更放心地选择该品牌的产品或服务。这种背书往往具有较高的可信度和说服力，有助于品牌在市场竞争中脱颖而出。

第二节　国家与区域产业杠杆

一、国家的次级品牌联想作用

国家形象对企业或产品品牌的影响深远。良好的国家形象可为品牌注入信任感，而负面形象则可能带来挑战。

（一）国家形象影响消费者的品牌购买行为

国家形象在很大程度上塑造了消费者对不同国家品牌的态度和购买倾向。当一个国家拥有良好的形象，如以高品质、创新能力强、环保意识高著称时，消费者往往会对来自这个国家的品牌抱有更高的期待和好感。他们会更倾向于购买这些国家的品牌，认为其产品或服务在质量、性能、设计等方面更有保障。这种积极的国家形象认知会成为消费者做出购买决策的重要推动因素，甚至可能愿意为其支付更高的价格。相反，如果一个国家的形象不佳，存在一些负面的认知，如产品质量不可靠、缺乏诚信等，消费者在面对来自这个国家的品牌时可能会犹豫不决，甚至产生抵触情绪，从而降低购买的意愿或选择其他替代品牌。

在农产品品牌传播中，国家的农业科技形象会让消费者认为来自这个国家的农产品在种植技术、品种培育等方面具有先进性，从而更信任其品质，增加购买意愿；国家的环保形象会使消费者觉得该国农产品在生产过程中更注重环境保护和可持续发展，对健康更有益，进而影响购买决策；国家的整体信誉和诚信形象也会延伸到农产品领域，消费者会觉得来自这样国家的农产品在质量、标准执行等方面更可靠，可放心购买；国家的文化形象可以赋予农产品独特的文化内涵，如具有悠久农业历史文化的国家，其农产品可能会因为这种文化底蕴而吸引消费者，他们购买不仅是为了产品本身，也是对该国文化的一种体验。

例如，中国作为茶叶的发源地，拥有悠久的茶文化和丰富的茶叶品种。在国际市场上，中国茶叶通常被认为是高品质、健康和具有文化底蕴的代表。龙井茶、碧螺春茶、铁观音茶等中国名茶因其产地的独特环境和制作工艺而备受消费者青睐。日本的和牛以其肉质鲜嫩、脂肪分布均匀和独特的口感而受到全球消费者的喜爱。日本在农业生产方面注重品质管理和传统养殖方法，这也为其农产品树立了良好的形象。消费者愿意为购买来自日本的和牛支付更高的价格。新西兰以其纯净的自然环境和严格的食品安全标准而闻名。新西兰的乳制品，如牛奶、奶粉和黄油等，在国际市场上享有很高的声誉。消费者认为新西兰乳制品是安全、健康和优质的选择。法国以其卓越的葡萄酒酿造技术和丰富的葡萄酒文化而闻名于世。消费者普遍认为法国葡萄酒具有高品质、优雅和独特的风味。法国的葡萄酒产区，如波尔多、勃艮第等，因其特定的土壤、气候和葡萄品种而赋予了葡萄酒独特的品质和特点。

（二）国家形象存在产品类别的差异

不同国家在不同产品类别上展现出的优势和特点，构成了国家形象在产品类别上的

差异,这种差异也会显著影响消费者对不同国家品牌的认知和选择。例如,在科技产品领域,一些国家可能因其强大的科技研发实力和创新能力而被视为领先者,其科技品牌往往被认为代表着先进和高品质,如在汽车制造领域,德国、日本等国家因其精湛的工艺和可靠的质量而享有盛誉,其汽车品牌给人留下深刻印象。在时尚和奢侈品领域,法国、意大利等国家常常以其独特的设计风格和高端品质而闻名,这些国家的时尚品牌和奢侈品牌具有很强的吸引力。在农产品领域,一些农业资源丰富、注重生态和品质管理的国家,其农产品品牌形象可能更加绿色、健康,如新西兰的乳制品等。

(三)提升国家品牌形象背书力的策略

在农产品品牌创建上,国家形象塑造对提升农产品品牌竞争力具有重要意义。通过国家的支持和引导,可以提高农产品的品质和安全性,加强品牌建设和文化传承,推动科技创新和产业升级,拓展市场渠道,从而实现农产品品牌的可持续发展。国家品牌的无形资产价值表现在一国经济及其产业、企业产品的国际知名度、美誉度和国际市场溢价能力。提升国家品牌形象需要遵循以下基本原则。

1. 把握关键时刻,有效推广国家品牌形象

把握关键时刻来推广国家品牌形象,能极大地提升国家的知名度和美誉度,在全球化时代,有力的国家品牌形象塑造能使国家在国际竞争中更具优势,在国际事务中拥有更多的话语权和主动权。如在奥运会、世博会等国际大型活动中,精心策划展示国家特色农产品的环节,利用这些全球瞩目的时刻,突出农产品的优势和文化内涵。在重要的国际会议或论坛上,安排关于农产品发展与创新的主题演讲或讨论,吸引关注,提升国家在这方面的影响力。例如,韩国成功借助汉城奥运会将泡菜推向了世界舞台,提升了泡菜在国际上的知名度和影响力。韩国政府和相关机构利用奥运会的平台,进行了大规模的宣传活动,向世界介绍泡菜的营养价值和文化意义。

2. 培育声望品牌并发挥其示范作用

政府可以筛选出具有代表性和潜力的本土品牌,在政策、资金、技术等方面给予重点扶持,帮助其提升品质、创新能力和市场竞争力,使其逐步成长为声望品牌。例如,对一些传统工艺品牌或高科技创新品牌进行针对性支持。鼓励这些声望品牌积极参与国际交流与合作,在国际舞台上展示自身优势和特色,通过其成功案例和卓越表现,向世界传递国家品牌的价值观和形象特点。同时,要引导声望品牌注重社会责任的履行,在环保、公益等方面树立良好榜样,这能进一步提升其品牌声誉和国家品牌的美誉度。像一些食品品牌强调绿色、健康生产,就有助于塑造国家在食品领域安全可靠的形象。此外,通过宣传推广这些声望品牌的故事和成就,激发其他企业的上进心和创新动力,营造良好的产业发展氛围,从而带动整个国家品牌形象的提升。利用各种媒体渠道广泛传播声望品牌的成功经验和亮点,让更多人了解和认可。

3. 弘扬优秀文化并增强国家品牌文化底蕴

挖掘优秀传统农耕文化,讲好中国故事,传递中国农业的悠久历史、传统智慧和文化价值,有助于在国际市场上树立起高品质、高文化附加值的品牌形象。打破文化隔阂和认知差异,让国外消费者更好地理解和接纳中国农业品牌,提升品牌的认可度和接受度。讲述中国农业品牌故事也是一种文化输出,能增强中国文化在国际上的影响力,进而为品牌背书提供强大的文化支撑。

二、区域产业的次级品牌联想作用

(一) 区域产业品牌的特征

区域产业品牌是指在特定的地理区域内,围绕某一优势产业或特色产业,由众多相关企业、机构等共同努力而形成的具有较高知名度、美誉度和影响力的品牌标识。它代表了该区域这一产业的整体形象和特色,体现了产业的规模、质量、技术水平、创新能力等综合特征。区域产业品牌不仅能提升区域内相关企业的竞争力和附加值,还能增强区域对外部资源的吸引力,促进区域经济的发展和升级。区域产业品牌具有以下特征:

1. 区域产业品牌的主权归属

区域产业品牌的主权通常归属于区域内相关的产业主体、政府、行业协会等共同所有,各方相互协作、共同推动区域产业品牌的持续发展和提升。其中,区域内的企业是品牌建设和发展的重要参与者和受益者,他们通过自身的生产经营活动为品牌贡献力量;政府在政策引导、资源调配、公共服务等方面发挥重要作用,推动品牌的培育和发展;行业协会等组织则在协调各方、制定标准、促进交流等方面起到积极作用。

2. 区域产业品牌的产业关联性

区域产业品牌与区域内的主导产业紧密相关。该主导产业通常是区域经济的核心支撑,其发展状况直接影响着品牌的声誉和影响力。它与产业链上下游的企业高度关联。从原材料供应、生产加工、销售流通到售后服务等各个环节的企业,都在共同塑造和维护着区域产业品牌,与相关配套产业如物流、金融、科研等产业也密切相连,为区域产业的运行提供保障和支持,共同提升品牌的综合实力。区域产业品牌的产业关联性还体现在产业间的协同发展上,不同产业相互促进、相互融合,共同推动区域经济的整体进步,而且这种关联性会带动相关产业围绕区域产业品牌进行集聚和发展,形成产业集群效应,进一步强化品牌的优势和影响力。

3. 区域产业品牌的株连效应

如果区域内企业在创新、质量、服务等方面表现出色,取得突出成就,会提升消费者对整个区域产业品牌的好感和认可度,产生积极的株连效应,带动区域内其他企业的发展和市场拓展。相反,当区域内某一企业出现产品质量问题、负面新闻或不良经营行为时,可能会引发消费者对整个区域产业品牌的质疑和不信任,即使其他企业并没有类似问题,也会受到波及和影响,这就是所谓的负面株连效应。这种情况下,可能会导致消费者对该区域同类型产品的整体购买意愿下降,影响区域内其他企业的市场份额和经济效益。例如,2003年,金华市的两家火腿生产企业被曝光在生产过程中使用敌敌畏浸泡火腿。这一事件经媒体报道后,引发了消费者对金华火腿的信任危机,导致金华火腿的销量急剧下降,整个金华火腿产业都受到了影响。

(二) 区域产业品牌的背书作用

1. 为单个企业提供品牌担保

当一个区域形成了具有较高知名度和美誉度的产业品牌时,单个企业能借助这一强大的背书。消费者会因为对该区域产业的整体认可,而更容易对区域内的企业产生信任

和好感。这种品牌担保可以帮助企业降低市场推广的难度和成本，更快地获得消费者的接纳。同时，区域产业品牌所体现的产业特色、技术水平、质量标准等内涵，也会给企业设定一定的标准和规范，促使企业不断提升自身品质以符合区域产业品牌的要求，反过来又进一步强化了区域产业品牌的影响力。然而，企业自身也不能完全依赖这种担保，仍需不断努力提升自身实力和品牌形象，与区域产业品牌相互促进、相得益彰。例如，"丽水山耕"是覆盖全市域、全品类、全产业链的区域公用品牌。浙江赶街电子商务有限公司推出优质农产品O2O新零售体验店——"山耕到家"，依托"丽水山耕"的供应链资源、赶街村货资源和运营优势，致力于打造集丽水九县（市、区）产品地道、品类齐全、宅配到家、品控到位的新零售标杆平台。通过社群营销、"线上下单+线下配送"的方式，实现"村货进城""消费扶贫"和"电商精准扶贫"。

2. 为中小企业提供经济保护伞

区域产业品牌通常会吸引更多的资源和关注，包括资金、技术、人才等，这些资源也会惠及区域内的中小企业，为它们的发展提供支持。区域产业品牌往往伴随着一定的行业标准和规范，这有助于中小企业提升自身管理和运营水平，更好地适应市场要求。在区域产业品牌的影响下，中小企业更容易形成产业集群，通过集群效应实现资源共享、降低成本，从而增强自身的抗风险能力。例如，"井冈山"是吉安市的农产品区域公用品牌，授权给符合标准的企业使用。这些企业的产品经过严格审查和把关，获得"井冈山"证明标章后，可借助该品牌提升产品的知名度和信誉度，增强市场竞争力。例如，井冈软黏在被赋予"井冈山大米"的光环后，"稻米名片"倒逼种业发展造就"种业芯片"，拉动了井冈山大米一条全产业链的发展；井冈蜜柚经过精深加工后，成为江西率先进驻全国高端餐厅"米其林、黑珍珠"的爆红饮品，一个单品的溢价带动了系列全品的销售。

3. 区域产业品牌的整合资源效应

区域产业品牌具有显著的整合资源效应，它能整合区域内的生产资源，将众多中小企业的生产能力进行有效统筹和调配，实现生产的规模化和专业化，降低成本，提高效率，也可以整合技术资源，促进企业间技术交流与合作，推动技术创新和应用，提升整个产业的技术水平。同时，区域产业品牌更容易获得政府扶持资金、金融机构贷款以及社会资本的投入，为产业发展提供充足的资金保障，并使区域内企业共同受益于相关优惠政策和扶持措施，营造更有利的发展环境。

【案例11-1】

西湖龙井

2022年，杭州市聚焦农业农村共同富裕先行和现代化先行目标，按照全省地理标志富农集成改革要求，以《杭州市西湖龙井茶保护管理条例》正式实施为契机，集成推进统一组织管理、统一政策体系、统一立法保护、统一数字赋能、统一识别标识、统一标准制定、统一品牌维护、统一品质提升、统一推进改革、统一执法打击、统一宣传提示、统一推动融合等"12个统一"举措，积极探索西湖龙井全方位保护、全产业链提升、全要素化保障的地理标志富农新路径，努力建设市场规范有序、特色产业发展、激发乡村活力、促进农民增收富裕等可感知图景，将西湖龙井地理标志富农打造成为共同富裕示范区建设的一项标志性成果。紧抓西湖龙井茶保护最核心的问题，出台《西湖龙井茶防伪溯源专用标识管理办法》；杭州市所有的茶叶市场商户、商场、茶叶销售店，粘贴"西湖龙井"专用标识宣传页；要求所有销售西湖龙井的网店展示官方茶标，并标注"购买正宗西湖龙井、请认准官方茶标"的立字说明。

向社会公开征集西湖龙井茶统一包装设计，对茶农分散销售的西湖龙井茶提供统一包装服务；与中国农业科学院茶叶研究所、全国供销合作总社杭州茶叶研究院等"国字号"机构合作，成立西湖龙井茶质量鉴定中心，为消费者提供茶叶品质鉴定服务；设置西湖龙井茶正品保险；推行"西湖龙井茶炒茶工等级评定标准"，建立西湖龙井茶手工炒制中心，实施炒制技艺培训和炒茶技师等级考证；建立完善行政执法和刑事司法衔接制度，大力打击侵犯西湖龙井品牌违法行为。2022年5月，中国茶叶区域公用品牌价值评估报告发布，西湖龙井茶品牌价值达79.05亿元，连续四年蝉联榜首。

资料来源：西湖龙井入选浙江省第一批地理标志富农最佳实践案例．杭州市农村农村局．[EB/OL]．http：//agri.hangzhou.gov.cn/art/2023/2/16/art_1229709320_58926927.html.2023-02-16/2024-07-15．

思考：地理标志农产品应如何根据自身特点和市场环境，因地制宜地制定和实施有效的保护与发展策略，以提升品牌价值、促进农民增收和推动产业发展？

（三）打造区域产业品牌的营销策略

1. 提高知识产权意识，注册区域产业品牌集体商标

区域产业品牌属于区域内全体企业的共同资产，它凝聚了区域的特色、声誉和优势，是众多企业共同努力和积累的结果。一旦受损，会直接影响每个企业的市场形象和收益。保护区域产业品牌可以确保其独特性和价值得以延续，防止其他区域或不良企业的模仿和滥用，维护品牌的权威性和辨识度。加强保护也有助于提升消费者对区域产业品牌的信任度和忠诚度，从而带动区域内企业整体的市场份额和经济效益。因此，需要强化区域内相关企业的知识产权保护意识、建立严格的品牌使用规范和监管机制、严厉打击侵权行为、加强宣传教育、提高区域内企业和民众对品牌保护的重视等。

【案例11-2】

好味知济

济阳位于黄河下游，鲁北平原的南部，具有得天独厚的区位优势和丰富的自然资源，是山东省会城市济南在"十五"期间规划建设的辅城之一。济阳区境位于黄河下游，是历史上文化发达的地区之一，境内20处古文化遗址出土了大汶口文化和龙山文化的大量代表性器物。西周、春秋、战国时期，县境为齐国要地，近年来从古墓葬中发掘出土的大量文物，充分反映了这几个历史时期劳动人民创造的文化成就。春秋时期，县境是道德文章教化之地。"不腴敝邑，闻韶旧址"，孔子在曲堤镇聆听韶乐，留下圣迹，后人曾修闻韶台以作纪念。古老、发达的文化造就了一代代文化精英。明朝的著名经学家张尔岐独精"三礼"，曾受到当时的思想家、学者顾炎武的推崇。当代人中，著名的剧作家苏耕夫、吕剧编导刘梅村、二胡演奏家范峻清等人也很有成就，受到人们的

敬重。济阳区历史悠久、人文荟萃、底蕴深厚，近千年来创造和传承下来的非物质文化遗产，不仅数量众多，而且价值巨大，承载着千年济阳的文化芳容和历史辉煌，是文化强县建设的宝贵资源。目前，济阳区已有国家级非遗项目1项，省级非遗项目4项，成功申报市级以上非遗项目15项，公布县级非遗项目29项。其中，国家级非遗项目——济阳鼓子秧歌经过不断的传承和发展，已成为济阳区文化特色品牌，多次参加国内外文化交流活动，充分展示了其独特的民族风格和艺术魅力，赢得国内外人士的广泛认可和赞誉，被誉为"民间舞蹈之经典""迷人的东方芭蕾"。通过对济阳地理纬度、水利资源、土壤情况、农业科技、历史文化方面的梳理，中国农业品牌研究院得出了济阳区农产品区域公用品牌的价值支撑——古济新河：济水故道，黄河滋养；神奇纬度：北纬37°，天赋自然；碱性壤土：黄泛平原，营养沉积；科技农耕：精耕细作，匠心农品；文化涵养：千载农耕，闻韶知礼。"知济"成为链接消费者的重要媒介和核心概念，也是与"好味"组成济阳农产品区域公用品牌名称的重要砝码——好味知济。

资料来源： 芒种品牌智库. 好客山东，好味知济，"好味知济"农产品区域公用品牌创意解读. ［EB/OL］. http://www.brand.zju.edu.cn/2018/1130/c57340a2294465/page.htm. 2018-11-30/2024-07-15.

思考： 在未来的发展中，济阳应如何进一步整合和发挥自身优势，特别是在传承和创新非物质文化遗产方面，以推动"好味知济"品牌的持续发展，提升品牌影响力，实现农产品的增值和农民增收？

2. 实施标准化工程，提升产品整体质量

要切实维护区域产业品牌声誉，需要实施标准化工程，提高区域内产品的市场竞争力，扩大市场份额，促进产业的持续发展和经济效益的提升。通过协同各方力量建立健全标准体系、加强过程监控与检测、建立质量追溯机制、推动企业间合作与交流、持续改进标准、加强监督管理，来规范区域企业的生产经营行为，切实保证产品整体质量，提升区域产业品牌效应。

3. 推动产业升级，提升区域产业品牌竞争力

推动产业升级和提升区域产业品牌竞争力对于区域的全面、协调、可持续发展具有不可替代的关键作用。区域产业只有在产业链条中获得更高位置，通过产品创新、技术创新、商业模式创新、产业治理机制创新等手段，才能推动区域产业高质量发展，促进经济结构优化。因此，在区域产业品牌建设中，应加大科技研发投入，鼓励企业创新，开发新技术、新产品、新工艺，提高产业的科技含量和附加值；促进产业间的融合发展，推动农业与旅游、文化等产业的结合，拓展产业发展空间和领域；建立产业创新平台，促进企业之间的技术交流与合作，实现资源共享和优势互补；优化产业布局，整合资源，形成集聚效应，提高产业的规模效益；推动产业链的完善和延伸，提高产业的抗风险能力和综合竞争力。

4. 提升公共服务水平，打造区域企业合作平台

区域政府及相关组织应营造更为优良的营商环境，吸引更多优质企业入驻，丰富区域产业生态，为品牌效应的提升奠定基础。为企业发展提供更好的支持保障，如高效的政务服务、完善的基础设施等，助力企业专注于自身业务，从而间接提升产业品牌的竞争力。同时，打造区域企业合作平台，促进企业间的资源共享与优势互补，使各企业能

够相互学习、协同创新，共同提升区域产业的整体实力，进而提升品牌影响力。为企业提供更多的合作机会和拓展空间，推动产业品牌不断创新和发展，保持活力和竞争力。通过平台整合各方资源，更有效地进行品牌推广和营销，扩大品牌知名度和美誉度。

第三节 农产品品牌代言人杠杆

一、品牌代言人的内涵与策略特征

（一）品牌代言人的含义

品牌代言人是品牌的战略性要素之一，是品牌特殊的象征性符号，是由品牌管理者利用或创造的，整合代表品牌发言、提供品牌信息，发表支持（或推荐）品牌的言论，展示支持（或推荐）品牌的人。随着品牌代言策略的逐步利用，品牌代言人不仅单指某个人，更是指在各个品牌传播接触点上表现与品牌之间的良好互动关系，集中体现品牌个性，表现品牌特质的真实（或虚拟）的人、动物、其他生物体或静物、组织或群体。因此，品牌代言人又被称为"品牌代言者"。选择代言者是"一种长期性的为了构筑品牌的战略性需要"。

（二）品牌代言策略的特征

品牌代言策略是指品牌管理者根据品牌战略目标，采用品牌代言者代表品牌发言，发表支持（或推荐）品牌的言论，展示支持（或推荐）品牌的行为，在各种品牌沟通活动中，整合地表现与品牌间的良好互动关系，并集中体现品牌个性、表现品牌特质的有关品牌符号系统选择、传播管理的策略。品牌代言策略的特征表现在以下几个方面：

1. 基于品牌传播战略选择品牌代言者

品牌代言在品牌传播战略中具有重要地位，能够对品牌的推广、形象塑造和市场竞争力产生深远影响。在进行品牌代言者策略选择时，需要以战略思维进行判断与决策，强调通过品牌代言者的类型选择、策略应用，创造品牌的个性化、差异化竞争力。

2. 整合品牌信息实现品牌传播目标

通过选择合适的品牌代言者，能够将品牌的关键特点、价值和优势以一种直观且吸引人的方式传递给消费者。代言者自身的形象、风格和声誉可以与品牌高度契合，让消费者更容易理解和接受品牌所传达的信息。品牌代言者可以在各种场合，如广告、社交媒体、公关活动等中，生动地展示和讲述品牌故事，使品牌信息更具感染力和说服力。

3. 代言者与品牌实现价值共创

代言者与品牌两者之间相互促进、相互成就，共创品牌价值。代言者凭借自身的人气、魅力和形象，为品牌带来巨大的关注度和流量，提升品牌的市场影响力，从而为品牌创造了价值。他们以自己的方式诠释品牌，让消费者对品牌有更深刻的认知和情感连接。

（三）品牌代言者类型

根据真实与虚拟、既存与新创、历史与现实这三种标准，可对品牌代言者进行如表11-1所示的分类①。

表11-1　品牌代言者类型

类型	人、动物、生物体或静物、组织或群体
真实	演艺明星；体育明星；专家（某一领域的专业权威人士）；企业领袖；企业员工；典型消费者；名人（如政治家、社会活动家等知名人士）；动物；动物明星；美女或美男；儿童；其他生物体；公益组织；娱乐组织；专业或行业协会组织；静物
虚拟	已创造的角色的再利用（如米老鼠等代言新品牌）；虚拟演艺明星；虚拟体育明星；虚拟专家；虚拟动物演艺明星；虚拟企业领袖；虚拟企业员工；虚拟美女或美男；虚拟名人；虚拟儿童；虚拟典型消费者；虚拟公益组织；虚拟娱乐组织；虚拟专业或行业协会组织；卡通人物造型；卡通动物造型；卡通奇幻形象造型；拟人造型；虚拟生物体；虚拟静物

二、农产品品牌的代言者价值

通过创造和利用代言者，建构品牌符号体系中的IP形象，塑造品牌个性及其气质，体现品牌的独特性、差异性，表现品牌形象，深层次对应相关利益者，在实施差异化品牌战略的同时成就独特的品牌资产。一个品牌所具有的独特的IP形象及其所带来的独特个性及气质的知识产权资产是无法复制的。

（一）品牌信息聚合价值

中国农业品牌在品牌传播上，普遍存在着信息纷繁、无法统一、形象不一致的问题。品牌代言者是品牌传播的中介，作为信息接受者的品牌信源，担当着品牌推荐者、体验者、证明者、象征者等多种身份。通过品牌代言策略，农产品可以借助代言者这一集中的形象载体，将品牌个性，如健康、自然、淳朴等，以及品牌的核心诉求，如高品质、安全放心等，以一种直观且具有较强感染力的方式展现出来。代言者能够将这些分散的品牌要素进行统一的表达和呈现，让消费者更容易理解和感知。同时，这种统一的展现形式有助于创建一种整合的力量，将品牌的各个方面紧密地联系在一起，形成一个有机整体。在传播方面，代言者的影响力可以带动品牌信息更广泛、更高效地传播，跨越不同的传播渠道和受众群体，实现整合传播的优势。这样可以避免传播的碎片化和分散性，使品牌的传播更具凝聚力和冲击力，从而更好地在市场中树立独特的品牌形象，提升品牌的知名度和美誉度。

（二）品牌个性显性化价值

利用品牌代言传播策略进行品牌传播与沟通时，农产品品牌代言人通过他们的真诚、朴实和亲和力，展现出农产品背后所蕴含的土地情怀和对自然的敬畏，让消费者感受到品牌如同一位亲切的邻家农夫，充满了勤劳与诚信的人性价值。此外，代言人以其对农产品的热爱和专业，传递出对品质的执着追求，就像一位严苛的工匠，彰显出精益

---

① 胡晓云. 品牌代言传播研究：信源·符号·适用性[M]. 杭州：浙江大学出版社，2012.

求精的人性价值，使消费者对产品质量充满信心。

不同的品牌代言者有其不同的人性特征。真实代言者能给消费者带来更直接、真实可感的印象，容易建立起情感连接。虚拟代言者可以被设计成具有极具吸引力和独特性的外观，如拥有奇幻的造型或独特的风格，其性格特征也可以被设定得非常鲜明且具有记忆点，让消费者更容易记住。

随着技术的不断发展和消费者需求的变化，虚拟代言者在农业营销中的应用将不断拓展和深化，如承德县农业农村局与北京世悦星承科技有限公司合作，授予虚拟人Vila"承德县助农公益数字大使"称号。Vila与承德县地方农产品企业合作，开展乡村振兴公益活动，为当地农产品广开销路，帮助提升品牌价值。"粤小韵"是广东农业元宇宙虚拟人（如图11-2所示），成为广东塑造新农人形象、传播乡村振兴文化的数字载体。她能融入广东现代化场景中，身兼广东农产品品牌代言人、生态农业的形象大使、观光农业导游、农业专家等多重身份，全方位带大家领略广东现代化农业。

图 11-2　广东农业元宇宙虚拟人"粤小韵"

【知识拓展】

元宇宙

元宇宙的概念源自1992年尼尔·斯蒂芬森的科幻小说《雪崩》（Snow Crash）。在这本书中，元宇宙被描述为一个虚拟的三维空间，人们通过网络可以进入其中。随着科技的发展，这个概念逐渐从科幻走向现实，成为科技公司和投资者关注的焦点。元宇宙的核心在于其沉浸性和互联性，用户可以通过虚拟现实（VR）和增强现实（AR）设备进入元宇宙，与其他用户互动，并在其中进行各种活动。元宇宙不仅是一个游戏或社交平台，更是一个全面的数字生态系统，融合了社交网络、虚拟经济、教育、工作和娱乐等多种功能。

（三）创造品牌信源背书价值

农产品与特殊区域、工艺、人物、文化渊源之间的关系，使其具有了独特的气质，利用适当品牌代言者可以加强品牌传播的有效性，原产地生产者、典型消费者、工艺传承人等作为信源背书，可产生更可信的效果。如与文化渊源相关的农产品，可以邀请对该文化有深刻理解和热爱，且具有一定社会影响力的文化名人作为代言者，借助他们的文化底蕴和表达能力，彰显农产品所蕴含的文化价值与气质。农产品与特定工艺相关，可以邀请精通该工艺的大师级人物或者对此工艺有深入研究且深受大众认可的专家作为代言者，他们可以生动地展现工艺的精湛和农产品的独特性。对于与传统手工艺相关的农产品，可以请该手工艺的非遗传承人代言，这样能将农产品的独特气质展现得淋漓尽致，让消费者更深刻地感受到其独特价值。

如"褚橙柳桃潘苹果"代言实践，实际上是利用三位大咖的个人信用背书，为生长在哀牢山、四川蒲江、甘肃天水的甜橙、猕猴桃、苹果进行加持赋能。强大的品牌传播效果源于三位代言人的人格魅力及与产品的自然关系，褚橙是由褚时健种植的冰糖橙，以其励志的品牌故事和优质的口感而受到广泛关注，柳桃是柳传志进军农业领域的明星品牌，潘苹果品牌效应源于潘石屹作为天水人为家乡代言的关联。具体如图11-3所示。

图11-3　"褚橙、柳桃、潘苹果"三大代言者

（四）精准传达品牌核心价值

每一个品牌，都要有一个品牌的核心价值以满足消费者需求。这一核心价值，也许是品牌产品本身已经拥有的产品独特卖点，也许需要品牌通过文化、艺术、精神特质等的赋能而形成。因此，品牌代言者不仅仅是表达品牌的声音或利益，更需要表达品牌独特的核心价值与精神特质。如竹叶青是中国著名的茶叶品牌，竹叶青将"平常心"作为

品牌传播的新概念，寓意着在喧嚣的世界中保持淡定和从容，享受生活的美好。竹叶青曾邀请三代围棋大师古力、聂卫平（如图 11-4 所示）、吴清源作为品牌形象代言人。围棋大师的形象和围棋精神与竹叶青的品牌理念相契合。围棋强调的是智慧、策略以及内心的平静，这与竹叶青所倡导的"平常心"的品牌核心价值相呼应。

图 11-4　竹叶青茶叶品牌核心价值与品牌代言人聂卫平

三、农产品品牌代言人策略运用

不同的品牌代言者类型，具有不同的品牌符号意义，可应对不同的品牌消费者。不同的代言策略可应对不同的品牌传播策略。

（一）虚实结合的双代言策略

虚拟代言者可以是数字化的形象或角色，如虚拟偶像、动画人物等，真实代言者可以是农民、农业专家、名人等。通过将虚拟代言者的独特魅力和真实代言者的可信度相结合，能够吸引不同受众群体的关注，扩大品牌影响力。

对于虚拟代言者，形象要符合农产品的特质和品牌的定位，清新自然、质朴等形象可能更适合农产品，同时要考虑目标受众对该虚拟形象的接受程度和喜爱程度，具备一定的科技感和创新性，能吸引年轻消费者群体，展现品牌的与时俱进。对于真实代言者，农业专家在农业领域的专业性和权威性会增加消费者对农产品的信任，有较高知名度的明星或公众人物可以迅速提升品牌的曝光度，农业企业家与农产品相关的经历、背景或兴趣，能更自然地传达产品的特点和优势。虚实结合的双代言，可以为农产品品牌传播带来更多的创意和可能性，提升品牌的竞争力和市场影响力。实际设计中，应确保虚拟代言者和真实代言者的形象、价值观与农产品品牌的定位和形象相一致。他们所传达的信息和情感应当与品牌的核心价值相契合，形成统一的品牌形象，提高品牌的辨识度和记忆度。同时，关注市场趋势，引入新的虚拟技术和互动方式，让代言策略保持新鲜感和吸引力，与消费者保持紧密的连接。

如著名的坚果品牌"三只松鼠",便采用了以虚拟代言者"三只松鼠"(如图11-5所示)为主要代言者,辅以品牌创始人章燎原、影视明星田曦薇共同代言的虚实结合代言策略。真实的创始人代言可以增加品牌的可信度和亲和力,而虚拟形象代言则可以为品牌带来独特的魅力和吸引力。

图11-5 三只松鼠品牌标志及虚拟代言者

三只松鼠品牌对虚拟代言者实现了多角度、立体化的利用。三只松鼠形象分别有不同的人格特征和名字——小美、小酷、小贱。这种品牌人格化策略让品牌形象更加生动、亲切,容易与消费者建立情感联系。品牌通过植入热门影视剧集,如《微微一笑很倾城》《欢乐颂》等,提高品牌曝光度和知名度。这些剧集的观众群体与三只松鼠的目标客户群体相契合,能够有效吸引消费者的关注。同时,利用微博、微信、抖音等社交媒体平台,与消费者进行互动,增强品牌的亲和力。例如,三只松鼠的客服会以松鼠的口吻与消费者交流,让消费者感受到独特的购物体验,更体现了品牌的服务意识与服务态度。

(二)农人群体代言策略

农人群体代言,指的是以研发、种养殖等生产农产品的相关农人群体为代言者的代言策略与代言方式。农人群体作为品牌代言者,其信源具有真实性、产品生产的高度相关性和专业性,且其与产品的天然关系也使得消费者更容易产生情感上的共鸣和认同。农人群体本身具有真实的、专业的、与产品相关性极强的、公众口碑较好的基本特质,将农人代表根据品牌传播策略进行有效聚集,并凸显其品牌态度、品牌产品特质,能够创造其他代言者无法替代的代言价值。

如2011年诞生的农产品品牌"维吉达尼",维语是"良心"的意思,在新疆尤其是南疆全域,建立农户档案,售卖如核桃、大枣、葡萄、香瓜等几乎新疆所有种植的水果品类。以新疆喀什当地农人实施"农人群体代言"的策略,创造了非常具有感染力的品牌形象,获得了即时的品牌传播效应和显著的品牌营销效果。品牌传播中推出一系列农人及其家庭成员(如图11-6所示),与互联网消费者实现了品牌互动的平等化、品牌交流的体贴化、品牌利益的家人化，建立了互动、依恋关系，达到了品牌产品前所未有的销售效果。

图 11-6　维吉达尼农人群体代言

【案例 11-3】

维吉达尼

维吉达尼（维语意为"良心"）缘起于喀什援疆社工和志愿者团队的一次"良心"行动。五位援疆社工和志愿者被新疆农户的天然无添加农产品和背后的故事所感动，于是尝试通过社会化营销和电子商务的方式，解决农户天然农产滞销的难题，并将快乐分享给更多人。2012 年 3 月 21 日，维吉达尼正式成立。维吉达尼将自己定位为高端、品质优良的小众品牌，不迎合网购商品低价竞争的风潮。维吉达尼擅长运用社会化营销方法，在农产品的生产、农户的家庭与消费者之间建立起情感联系。其创业团队有过社会工作经验，他们定期探访维吾尔农户，建立农户档案，并将农户和产品的信息发布给消费者。品牌会在寄出的每一份产品中放入一张"农户身份证"，客户能够知道产品是谁种的、谁晾晒的，以及背后的故事。同时附上一张用农户照片制成的明信片，上面印着农户的维语签名留言，如"爷爷说，好脾气才能种出好果实，我想让你们尝尝爷爷的好脾气""漫天黄沙的天空，繁星密布的天空，都是我家乡的天空"等。这种方式让消费者不仅能品尝到农产品，还能了解到远方农户的故事，理解品牌的价值理念，而农户们也感受到自己的劳动得到尊重，从而在两者之间建立起一条交易之外的情感纽带。为保证产品质量，维吉达尼为每一个农户建立档案和一套类似 KPI 的考核机制，考核内容包括产品好评率、参与合作社公共事务等方面。除了年底分红，优秀者还会额外获得"明星农户"的奖金，而如果产品质量出现问题，农户就会丢掉接下来的订单。采用合作社的方式整合散户资源，通过大户带动小户、合作社管理，相对保证产品的质量和一致性。维吉达尼在喀什有一个自营的合作社，还与多个当地合作社及产品互助小组合作，整合了新疆 2000 多个农户的资源。维吉达尼通过讲好故事、把控产品质量、建立情感纽带等方式，成功地在消费者心中树立起了具有温度和特色的品牌形象。

资料来源：曾颖．维吉达尼：小众品牌，修信念，才能得社群．[EB/OL]．https://www.sohu.com/a/381018299_120565386.2020-03-18/2024-07-15.

思考：农产品品牌在面对农户分散、产品质量把控困难等问题时，如何借鉴维吉达

尼的经验，通过创新营销和有效的管理手段，在消费者与农户之间建立稳固的情感联系，提升品牌形象和产品竞争力？

（三）关键意见领袖代言策略

关键意见领袖（Key Opinion Leader，简称 KOL）代言是指品牌邀请在特定领域或行业具有较高影响力、知名度和公信力，且拥有大量忠实粉丝或追随者的个人，来代表品牌进行宣传和推广。这些关键意见领袖通常活跃于社交媒体、专业领域或文化艺术等平台，其在这些领域的广泛认可为其代言品牌提供了独特优势。他们通过自身的言论、行为、形象以及与粉丝的互动，向大众传播关于品牌的信息、理念和价值，从而影响消费者对品牌的认知、态度和购买决策。KOL 代言可以借助他们的影响力和号召力，快速提升品牌的知名度和美誉度，有效触达目标消费者群体，促进品牌的传播和发展。

【知识拓展】

关键意见领袖

关键意见领袖是指在某一特定领域内具有较高专业知识和影响力，并能对大众的决策和行为产生显著影响的人物。他们通常在社交媒体、博客、视频平台等线上渠道活跃，拥有大量粉丝和追随者。KOL 可以是专家、学者、名人、博主、视频创作者等，其影响力不仅体现在其个人品牌上，更体现在其能够动员和影响大规模受众的能力上。

资料来源：Booth, N., & Matic, J. A. "Mapping and leveraging influencers in social media to shape corporate brand perceptions." Corporate Communications: An International Journal, 2021, 16 (3), 184-191.

如苏州市举办了多场农产品直播电商大赛，催生了一批苏州农产品"直播达人"。例如，美食博主"大鲲兄弟"通过直播展示大闸蟹、小龙虾等特色水产品，提升了品牌知名度和销售额；主播 Amy 姚佳敏拥有 10.7 万粉丝的人设 IP，单场直播 GMV 突破 100 万元。在渝中区对口帮扶巫溪县消费扶贫暨特色农产品展销会上，重庆本地 6 大直播 KOL 为巫溪扶贫产品代言，运用自身的知名度和影响力，以政府公信力为扶贫产品背书，借助网络技术在新媒体上推介农产品，在线观看人数超 100 万人次。

从品牌代言策略角度，KOL 代言策略需要在代言者的匹配度、背书信用、代言内容及其表达、代言策略设计等方面进行深入研究与应用。选择与农产品品牌的定位、目标受众、产品特点高度契合的 KOL，确保所选 KOL 具有良好的口碑和信誉，其以往的言行和形象能让消费者产生信任，从而将这种信任延伸到所代言的农产品品牌上，增强品牌的可信度。

第四节　品牌联盟杠杆

品牌联盟可以涉及不同行业、不同类型的品牌，旨在整合各方优势，形成协同效应，为消费者带来更丰富的体验，同时也为参与联盟的品牌带来更多的商业机会和效益。

一、品牌联盟的形式

品牌联盟是指两个或两个以上品牌通过某种形式的合作，建立相对长期稳定的合作关系，共同开展营销活动、共享资源、互相促进，以实现各自品牌价值提升、市场拓展、增强竞争力等目标的一种策略。

（一）联合推广

联合推广是两个或多个品牌通过协作，整合各自的资源和优势，共同制定和执行推广计划，以达到扩大影响力、吸引消费者、提升销售等目的的一种策略安排。通过联合推广，可以扩大受众覆盖面、降低营销成本、提升品牌可信度，并激发营销创新。具体方式包括共同举办活动、联合广告投放、社交媒体互动、整合营销传播、联合直播推广、互相植入、联合发布新品等。如在2023年苍溪红心猕猴桃采摘节招商营销大会上，资博股份与明康汇生态农业集团有限公司、苍溪县猕猴桃协会签约产销合作协议。三方围绕明康汇·苍溪红心猕猴桃（嘉嘉小猕）品牌宣传推广活动展开合作，发挥明康汇、（嘉嘉小猕）红心猕猴桃的"双品牌"优势，借势提升苍溪红心猕猴桃品牌影响力，拓展农产品销售渠道，提升苍溪猕猴桃品牌溢价。

（二）商业联盟

商业联盟是指两个或多个品牌为了实现共同的目标，通过正式或非正式的协议、合作关系而形成的联盟体。实现提升品牌影响力、拓大客户群体、资源共享与互补、增强市场竞争力、降低营销成本的目的，具体包括品牌联名产品、会员权益共享、合作研发、联合品牌想象塑造等。如丹霞贡柑电商运营品牌联盟，该联盟由行业知名的自媒体平台、物流服务商与当地电商、贡柑企业等联合成立。联盟通过整合资源，推动了丹霞贡柑的电商预售，提高了品牌知名度和销售额。

（三）品牌授权

品牌授权是指品牌所有者（授权方）将自己所拥有的品牌，以合同的形式授予其他企业或个人（被授权方）使用，被授权方可以在特定的领域、产品或服务上使用该品牌，并按照约定支付授权费用。对于授权方，品牌联盟可以拓展业务领域、增加收入来源、提升品牌知名度和影响力、降低市场风险；对于被授权方，可以借助知名品牌优势快速获得市场认可和消费者信任、节省营销成本、获得品牌资源支持、提升产品或服务价值。2023年8月，在"张浦黄桃"文化节暨区域公用品牌发布会上，6家企业获得了"张浦黄桃"区域公用品牌的授权。这些企业将可以使用"张浦黄桃"品牌进行产品推广和销售，借助品牌的影响力提升产品的附加值和市场竞争力。

（四）合资企业

品牌联盟中合资企业是指由两个或多个不同品牌的所有者共同出资、共同经营、共担风险、共享收益而设立的具有独立法人地位的企业。合资企业可以将各方的资金、技术、市场渠道等优势资源进行有效整合，发挥协同效应；通过资源汇聚和优势互补，提升合资企业在市场中的综合竞争力。如2024年1月6日，盐城市供销社与新疆伊犁州察布查尔县供销社联手打造的新疆农产品臻选店投入试运营，该店由双方合资成立的盐城苏源西域农产品有限公司运营管理。公司主营新疆牛羊肉、乳制品、生鲜瓜果、干果及其他特色产品，上架展示展销 6 大类 1000 多种农产品，以线上与线下相结合、团购与零售并举的方式促进新疆农产品推介与销售工作。

二、品牌联盟的收益

品牌联盟能够有效整合参与方的特色和资源优势，共同塑造一个区别于竞争对手的独特定位，丰富品牌想象，降低消费者感知风险，减少进入新市场的风险，增加销售额和利润。其收益价值表现在：

首先，品牌联盟可以实现资源的最大化整合与利用。不同品牌各自拥有独特的资源，如资金、技术、渠道、客户群体等，通过联盟可以将这些分散的资源集中起来，发挥出更大的效能，产生"1+1＞2"的效果。

其次，能极大地提升品牌的市场竞争力。在激烈的市场竞争中，单个品牌可能面临资源匮乏等诸多挑战，但联盟可以集合各品牌的优势力量，共同应对竞争，无论是在产品创新、市场推广还是抵御风险等方面都更具实力。

再次，有助于品牌的快速扩张和发展。可以借助联盟伙伴的力量迅速进入新的市场领域或拓展业务范围，加快品牌成长的速度，突破自身发展的瓶颈。

最后，促进品牌的创新与进化。不同品牌间的交流碰撞能带来新的思维和灵感，推动品牌在产品、服务、营销等方面不断创新，保持品牌的活力和先进性，更好地适应不断变化的市场环境。

三、品牌联盟成功的原则

品牌联盟各方必须有清晰、一致且具体的共同目标，所有行动都围绕这一目标展开，确保努力方向的一致性。具体实施中，需要遵循以下原则：

（一）品牌内涵与个性匹配

不同品牌具有各自独特的基因，包括品牌的定位、价值观、形象等。品牌内涵与个性匹配意味着参与联盟的品牌在这些核心特质上要有一定的契合度和兼容性。只有这样，在联合推广和合作过程中才不会产生理念上的冲突，能够更好地协同合作，确保联盟的行动具有一致性和连贯性，共同打造出符合各方品牌基因的成果。

（二）品牌目标消费群匹配

目标消费群的年龄、性别、消费偏好、生活方式等特征需要有较高的重合度或关联性。当品牌进行联盟时，如果双方的目标消费群高度相似，那么联合推广等活动就能更精准地触达这些群体，提高营销的效率和效果。即使目标消费群不完全相同，只存在一定的互补性也是有价值的。这种匹配能促进消费者对联盟品牌的认知和接受度。消费者在面对熟悉的目标群体特征时，会更容易产生共鸣和兴趣，进而对联盟品牌产生好感和信任。通过对目标消费群的匹配分析，可以更好地设计联盟策略和营销活动，使品牌联盟在满足消费者需求、提升消费者体验方面发挥更大的作用，增强品牌联盟的竞争力和吸引力。

（三）品牌资源共生

每个品牌都有自身的资源优势，如技术、渠道、客户群体、生产能力等。资源共生要求各方能够清晰认识并整合彼此的资源，做到优势互补，相互促进。通过资源的共享和协同利用，实现资源价值最大化，避免资源的重复建设和浪费，使联盟能够以更高效的方式应对市场挑战和把握发展机遇。

（四）利益一致

品牌联盟的成功离不开各方对利益诉求的一致性。只有当各品牌都能从联盟中获得合理且相互认可的利益回报时，才会有足够的动力积极参与和推动联盟的发展。通过明确利益分配机制，确保各方在付出与收获之间达到平衡，避免因利益分歧而导致联盟内部的矛盾和不稳定。

（五）机会均等

联盟中的每个品牌都应当享有平等的机会参与决策、获取资源和享受发展成果。不能因其品牌实力较强或影响力较大而占据过多资源优势，要营造公平竞争和发展的环境。机会均等可以激发各品牌的积极性和创造力，增强联盟的凝聚力和活力，使每个品牌都能在联盟中充分发挥自身潜力，共同推动联盟朝着更好的方向前进。

章节小结

（1）次级品牌联想是利用有利的品牌联想去打造共同点和差异点，次级品牌知识对于建立强有力的、偏好的和独特的品牌联想非常重要。

（2）次级品牌联想的杠杆作用是通过整合品牌的外部资源，以达到借力、省力来创建品牌资产的效果。

（3）影响品牌杠杆效应的因素包括实体本身的知名度和相关知识、实体相关知识的意义、实体知识的可转移性。

（4）公司、终端渠道、区域产业品牌、原产国等外部实体反映了品牌的来源渠道，品牌需要从中借力；与品牌相关的人物（代言人等）、事件（公益赞助、体育文化活动、第三方认证等）、其他品牌（成分品牌、联盟品牌等），也可以借力给品牌，让品牌具有更高的辨识度和独特性，增加消费者对品牌的情感联结。

（5）提升国家品牌形象需要遵循以下基本原则：把握关键时刻，有效推广国家品牌形象；培育声望品牌并发挥其示范作用；弘扬优秀文化并增强国家品牌文化底蕴。

（6）区域产业品牌的背书作用体现在为单个企业提供品牌担保；为中小企业提供经济保护伞；区域产业品牌的资源整合效应。

（7）打造区域产业品牌的营销策略包括提高知识产权意识，注册区域产业品牌集体商标；实施标准化工程，提升产品整体质量；推动产业升级，提升区域产业品牌竞争力；提升公共服务水平，打造区域企业合作平台。

（8）农产品品牌的代言者价值体现在品牌信息聚合价值、品牌个性显性化价值、创造品牌信源背书价值、精准传达品牌核心价值。

（9）品牌联盟可以整合各自的特色和优势，共同构建一个区别于竞争对手的独特定位，丰富品牌形象，降低消费者感知风险，减少进入新市场的风险，提升销售额和盈利能力。

思考与讨论

(1) 次级品牌联想在农业品牌创建中的重要性体现在哪些方面？请结合实际例子进行说明。

(2) 在农业领域，如何整合外部资源来实现次级品牌联想的杠杆作用，从而省力地创建品牌资产？

(3) 对于农业品牌来说，与品牌相关的人物、事件和其他品牌在创建品牌资产中分别起到什么样的作用？

(4) 区域产业品牌的背书作用对农业品牌有哪些具体的益处？如何充分发挥这些作用？

(5) 品牌联盟在农业品牌创建中的机遇和挑战是什么？

(6) 农产品品牌的代言者价值如何在品牌创建和发展中得到最大化的体现？

案例分析

新西兰"佳沛"奇异果在中国的品牌营销之路

新西兰奇异果品牌佳沛（Zespri）创立于1996年，是全球知名的水果品牌，销售市场遍及全球54个国家和地区，占全球奇异果市场总销量的30%，居世界领先地位，是新西兰的国果和国家名片。1999年，佳沛首次进入中国市场，在大陆的销售额占全球销售比例还不到2%。2005年该品牌在北京举行了中文标识媒体发布会，将其命名为"佳沛"，取自"佳境天成，活力充沛"之意，旨在让中国消费者将崇尚营养健康、活力充沛的生活方式与该品牌联系起来。截至2018年，佳沛在中国的销售额占到全球总额的20%以上，销售收入为5亿新西兰元，使得大中华区超过日本成为佳沛在全球的最大市场。中国已成为佳沛奇异果在全球增速最快的市场之一。

佳沛背后两千多名果农就是佳沛的股东，产权100%归于果农，并根据股份多少进行年终分红，利益完全绑定，果农十分维护标准化的生产和品牌的价值。佳沛拥有绿果海沃德、阳光金果G3和红宝石三款奇异果品种的专利，并每年投入超过3500万新西兰元用于创新研究并成功转化为自主知识产权。佳沛负责人表示，佳沛多年联合新西兰皇家植物与食品研究院专注于奇异果品种的创新，大力开展植物新品种保护以及打击假冒伪劣产品的工作。农产品是一种极难被标准化的产品，然而佳沛的奇异果每一颗都像流水线生产的一样，共有8项严格的品质把控逐一进行，遵循统一的采收标准，只有达到6.2的甜度标准才予以采收，采收完成的奇异果会送去实验室检验农药成分残留。另外，包装厂也需要通过ISO9001：2000，HACCP及British Retail Consortium的认证，再以计算机设备依据果子的种类和大小分装，最后佳沛的产品不仅大小、外观几乎一致，就连酸甜度都相差无几。

作为最早从事奇异果出口的国家，在1965年就研发出第一台奇异果轨道分装机，1970年成立了包装与冷藏公司，1984年制定了奇异果品质管理标准，并拥有专有冷冻货柜船，1990年研究出了最佳保存奇异果的方法，这些经验都让其他国家望尘莫及。1992年，为了避免再次出现此前奇异果出口混乱无序的状况，政府成立了"新西兰奇异果营销局"，将所有的出口渠道进行统一管理，本国果农之间的恶性竞争和无谓的内耗被有效遏止。新西兰政府出台了新的质量监控系统，并与佳沛宣布投入资金扶持奇异果研究。在未来七年内投入3570万新西兰元，预算翻番。2014年，习近平主席和时任新西兰总理约翰·基在奥克兰共同揭牌新中奇异果实验室，这对未来产业升级和中新两国贸易合作关系产生深远影响。借此契机，佳沛将继续加强和中国政府、行业协会的紧密合作，积极参与启动两国奇异果产业的对话机制。

佳沛进入中国市场之后，精准定位高端市场，论颗卖的形式几乎开创了新型水果销售模式的先河。尽管每一颗都价格不菲，不少消费者仍乐意为其买单。其中，奇异果本身丰富的营养价值的吸引力自然不言而喻，公司的宣传策略同样起到了至关重要的作用。第一，宣传到位，佳沛邀请女排运动员朱婷、滑雪冠军谷爱凌作为品牌代言人，代言人形象符合产品关注健康、营养丰富的定位，并有较高的国民度，收获良好反响。同时，佳沛注重场合多样的广告投放，确保可以吸引到最多的消费者。根据界面新闻2019年的报道，佳沛每年投入1.9亿新西兰元（约8.2亿元人民币）用来做市场营销。第二，打通线上线下渠道，佳沛积极与电商平台合作，销售渠道上，佳沛两成以上的销售是电商带来的。目前品牌已经与百果园、沃尔玛、京东超市等电商和零售商建立了合作关系，希望借助它们的渠道进入更多二线城市。第三，2020年11月16日，新西兰佳沛与四川省国有资产经营投资管理有限责任公司在四川正式签署了佳沛奇异果四川合作种植试点的意向合作备忘录。双方旨在携手通过全供应链的合作，来共同促进中国奇异果产业的更高发展，以期进一步推动中国农业现代化进程。第四，佳沛积极推出联名，通过与lululemon的品牌联名、皮卡丘的IP联名，有效增强品牌认知度和曝光度，打造品牌重视健康的形象，帮助佳沛拓展新的市场和消费群体。第五，积极开展公关活动，佳沛作为受邀参展企业，在2023国际水果展上大放异彩。此外，佳沛第二次参加在上海举办的第二届中国国际进口博览会为佳沛提供了与潜在客户和合作伙伴直接交流的平台，有助于佳沛加强与其他同行业者的交流和合作。第六，努力践行社会价值，佳沛富有责任意识，提出助力健康中国建设，尤其关注女性健康，佳沛官网设计了可持续发展专栏，提出碳足迹相关目标，这些对于佳沛的企业形象塑造有着积极影响，提高了社会知名度、美誉度，为其创造出能带来长期利益的社会环境。

资料来源：梁璋菡."新西兰'佳沛'奇异果在中国的品牌营销之路分析"[J].国际公关，2024，(7)：51-53.

思考：对于中国的农业品牌，在借鉴佳沛的经验时，如何结合本土特色和资源优势，从次级品牌联想的角度出发，打造具有国际竞争力的农业品牌？

第十二章　品牌文化与农产品文脉品牌创造策略

 知识与技能目标

（1）理解品牌文化的定义、构成要素以及与企业文化的区别。
（2）理解农产品文脉品牌缔造中"文脉心像"的概念。
（3）能够运用塑造农产品品牌文化的途径，为特定农产品设计品牌文化策略。
（4）学会运用农产品文脉品牌缔造的方法，打造具有特色的农产品文脉品牌。
（5）能够根据消费者的文脉心像，制定农产品品牌的推广和营销策略。

 情境导入

重庆市长寿区曾是中国丹砂之乡，也被誉为中华长寿原乡，中国养生长寿文化鼻祖的巴寡妇清出生于此。特殊自然景观，水曲流巴字，山长幻寿文；养生物产丰富，长寿鱼、长寿柚、长寿橘、长寿鸡蛋，皆是具有丰富营养的健康农品；人多寿考，朱德曾写《长寿县》一诗赞誉："长江北岸长寿县，九十老人寻常见。七十老人不稀罕，百岁老人仍康健。""长寿"二字是长寿区天地与先祖留于此地的宝贵文化遗产，是区别于其他地区的重要差异化元素，且农产品与长寿具有极强链接关系。融合悠久深厚的长寿文化和消费者的长寿农品认知，芒种品牌管理机构将品牌核心价值聚焦于此地的地域核心文化——长寿将品牌名称确定为"自然长寿"。其一方面指的是长寿区天然生态孕育出自然物产，是纯真、原生态的好物产，使消费者对品牌产生好感、建立信赖；另一方面，"自然"含有"自然而然"的含义，也向消费者传递"吃长寿农产品就能获得健康长寿"的涵义。品牌口号："品自然好味，享长寿滋味"。"享长寿滋味"，既指代享受长寿区的美食、长寿的山水好景、千年文化，也表示享受长寿人生，直击消费者内心。"品自然好味，享长寿滋味"是对品牌名称"自然长寿"的具体演绎，延展了长寿的内涵文化，朗朗上口，易于记忆，更易进驻消费者心智。"自然长寿"品牌的诞生不仅昭示着长寿区走上了乡村产业品牌化发展之路，更展现了长寿区在推动现代农业向高质量发展的创新思维。既是对自身优质资源的价值整合和重塑，也是实施"乡村振兴战略"以及实现农民增收致富、产业快速发展、区域经济腾飞的重要举措。

资料来源：芒种品牌智库．基于地域文化的价值赋能——"自然长寿"品牌解读 ［EB/OL］．http://www.brand.zju.edu.cn/2018/1204/c57340a2294450/page.htm，2019-12-04/2024-07-20．

思考：如何在保持地域文化特色的同时，满足现代消费者对健康、品质和文化体验的需求？

习近平总书记强调，"民族要复兴，乡村必振兴。"全面建设社会主义现代化国家，实现中华民族伟大复兴，最艰巨最繁重的任务依然在农村。党的二十大报告明确提出："加快建设农业强国，扎实推动乡村产业、人才、文化、生态、组织振兴。"农业农村部发布的关于加快推进品牌强农的意见指出，品牌是市场经济的产物，是农业市场化、现代化的重要标志。品牌强农是经济高质量发展的迫切要求，是推进农业供给侧结构性改革的重要路径，是提升农业竞争力的必然选择，是促进农民增收的有力举措。

美国历史学家戴维·兰德斯（Darid Landes）在《国富国穷》一书中提出："如果经济发展给了我们什么启示，那就是文化乃举足轻重的因素"。文化在塑造农产品区域公用品牌差异化方面的作用越来越受到关注。品牌农业能够聚集资金、信息、人才、技术等多重生产要素，对区域内相关产业及区域经济产生整体的带动与支持。在此背景下，越来越多的农产品区域公用品牌平地而起。然而，随着农业科技的发展，农产品地域限制壁垒逐渐被打破，产品同质化趋势明显，单一产品诉求无法形成差异化竞争力。挖掘地域历史文化的价值内涵，成为各地提炼农产品区域公用品牌核心价值的突破口。实践证明，地域文化的开发与利用，是农业品牌创建与发展的重要手段。从日本农业、中国台湾地区农业等东方农业的典范来看，他们成功的关键源于深度挖掘地域文化并精准链接消费情感。顺应市场趋势，创新地继承文化，是提炼各地农产品品牌核心创意的关键。

第一节　品牌文化的内涵与特征

一、品牌文化的内涵

（一）品牌文化的含义

依据人类学对文化的理解，文化是作为社会成员的人们习得的复杂整体，包括知识、信仰、艺术、道德、法律、习俗以及其他的能力和习性。功能主义学派认为文化包含了物质和精神两个方面，既包括了道德及价值观等抽象的概念，也包括具体的物质实体。在现代语境中，通常将文化视作组织或社会成员间共有的意义、仪式、规范和传统的集合。而亚文化则指某一文化群体中的次级群体成员共有的独特信念和价值观。

【知识拓展】

亚文化

亚文化又称集体文化或副文化，指与主文化相对应的那些非主流的、局部的文化现象，指在主文化或综合文化的背景下，属于某一区域或某个集体所特有的观念和生活方式，一种亚文化不仅包含着与主文化相通的价值与观念，也有属于自己的独特的价值与观念。亚文化有各种分类方法，罗伯逊将亚文化分为人种的亚文化、年龄的亚文化、生态学的亚文化等。如年龄亚文化可分为青年文化、老年文化；生态学的亚文化可分为城市文化、郊区文化和乡村文化等。由于亚文化是直接作用或影响人们生存的社会心理环境，其影响力往往比主文化更大，它能赋予人一种可以辨别的身份和属于某一群体或集体的特殊精神风貌和气质。

资料来源： MBA 智库百科 https：//wiki.mbalib.com/wiki/亚文化

品牌文化是基于某一品牌对社会成员的影响、聚合而产生的亚文化现象。品牌文化是某一品牌的拥有者、购买者、使用者或向往者之间共同拥有的、与此品牌相关的独特信念、价值观、仪式、规范和传统的总和。

通过这个基础的定义，我们可以判断，品牌文化与品牌对消费者心理与行为的影响有密切关系。属于某种品牌文化群体中的消费者，他的身份、情感、价值观、行为习惯中的一部分已经与这种品牌紧密联系在一起。在营销人员的思维中，文化通常被视作无法忽视亦难以改变的背景，迈克尔·R·所罗门（Michael R. Solomon）在《消费者行为学》中强调"离开文化背景就很难理解消费"。

（二）品牌文化与企业文化

品牌文化是由消费者和品牌持有者共有的价值体系，而企业文化是由企业组织内成员共同拥有的价值体系。企业文化是企业的组织文化，是企业成员共有的一套意义共享的体系，使组织独具特色，区别于其他组织。

品牌文化与企业文化的区别体现在：

（1）企业文化更侧重企业自身的发展。它是企业形成的共同遵守的价值观、信念和行为方式的总和，重点是企业价值观、企业理念和行为方式的塑造，是企业生产与发展的指导思想。

（2）品牌文化的作用更多地体现在维持产品与消费者关系方面。品牌文化以品牌个性、精神的塑造和推广为核心，使品牌具备文化特征和人文内涵，通过各种策略和活动使消费者认同品牌所体现的精神。如茅台的国酒文化（国酒茅台，喝出健康来）、孔府家酒的家文化（孔府家酒，让人想家）、青酒的情感文化（喝杯青酒，交个朋友）、金六福的福文化（庆功的酒，好日子离不开它）。品牌文化的塑造很难通过具有强制力的正式规范来获得，必须取得消费者的认同。

企业文化与品牌文化的区别，可总结为如表 12-1 所示内容。

表 12-1 企业文化与品牌文化的区别

对比项	企业文化	品牌文化
建立基础	管理与运营	销售领域
建立目的	解决企业存在的目的、未来发展方向，如何做等问题	解决与消费者的关系问题
建立环境	相对封闭	完全开放
主要构成	形象、行为、制度以及价值观	品牌建立、推广维护、再生
形成形式	由少数人倡导和实践，不断总结提炼	也有自发过程，最终需要精心策划
目标人群	企业内部为主	消费者为主

二、品牌文化的特征

（一）内涵的兼容性

品牌文化的内涵兼容性是一个多维度的概念。企业在塑造品牌文化时，其经营理念和价值判断不仅是企业长期发展战略的凝练,更是对社会责任和行业使命的担当。商品本体的属性,无论是内在的品质、技术含量,还是外在的设计、包装等,都能成为品牌文化的一部分。同时,消费者的审美品位和精神需求也是品牌文化内涵中不可忽视的因素。随着消费者对个性化和情感体验的追求不断增加,品牌需要深入了解并满足他们的精神层面需求。例如,一些品牌通过打造具有艺术感和文化底蕴的形象,吸引具有相同审美追求的消费者。

这种内涵的兼容性使得品牌文化能够全方位地与企业、产品和消费者产生深度的连接和共鸣,从而增强品牌的吸引力和影响力。

(二)传播的持久性

品牌文化的形成绝非一蹴而就,而是一个漫长而持续的过程。这要求企业在传播品牌文化时,应具备坚定的决心和长期的战略规划。持续不断的有效传播意味着企业需要在时间的长河中保持稳定的投入和努力,通过各种渠道,如广告、公关、社交媒体等,向消费者传递一致且连贯的品牌信息。在这个过程中,品牌文化中的精神属性部分尤为关键。它是品牌的灵魂所在,需要通过长期统一的诉求内容和风格来塑造和强化。例如,可口可乐多年来一直以"快乐"为主题进行传播,让消费者在潜意识中把可口可乐与快乐联系在一起。只有经过多年的积累和沉淀,品牌文化才能在消费者心中生根发芽,形成独特而深刻的印象,从而在激烈的市场竞争中脱颖而出。

(三)鲜明的个性化

在当今竞争激烈、产品同质化严重的市场环境中,品牌要想在众多竞争对手中崭露头角,差异化是关键。品牌的差异化营销不仅是产品功能和特点的区分,更是品牌文化和价值的独特呈现。品牌的差异化传播需要长期坚持独特的诉求方式。通过持续一致的品牌传播,不断强化品牌的核心识别价值,逐渐形成独特的品牌个性。这种鲜明的个性化品牌文化能够吸引具有相同价值观和偏好的消费者,形成忠实的品牌粉丝群体,为品牌的长期发展奠定坚实基础。

三、品牌文化的功能

品牌文化一旦形成,就会对品牌的经营管理产生巨大影响和能动作用。它有利于各种资源要素的优化组合,提高品牌的管理效能,增强品牌的竞争力,使品牌充满生机与活力。具体地讲,品牌文化有如下功能。

(一)品牌文化引导品牌健康发展

品牌文化规定了品牌所追求的远大目标,引导品牌的健康发展。一般而言,任何文化都是一种价值取向,规定着组织和个体所追求的目标,具有导向的功能。良好的品牌文化直接引导员工的心理和行为,形成统一的步调。农业企业、农民合作社通过价值观念来引导员工、社员,能够使员工、社员潜移默化地接受品牌的核心价值观,把思想、观念和行为引导到品牌发展目标上来,进而影响消费者。

(二)品牌文化提升消费者价值认同

品牌文化能够使消费者主动将该品牌的产品及形象作为其身份、社会阶层或者生活态度的积极象征物。消费者在购买商品、接受品牌文化的同时,也是对品牌精神、情感

的认同，将品牌所持有和主张的观点、信念与自己原有的观点、信念结合，构成统一的态度体系，从而实现自我形象的重新塑造。如消费者认为"我们不是在吃麦当劳快餐，而是在享受麦当劳的饮食文化"，"星巴克咖啡意味着休闲的时光和美式生活的乐趣"。

（三）品牌文化培养消费者品牌忠诚

让消费者对品牌忠诚，让品牌升华为消费者的信仰，引导消费需求，是每一个品牌的终极使命。品牌文化是通过建立一种清晰的品牌定位，利用各种内外部传播途径形成受众对品牌在精神上的高度认同，从而提升品牌产品销售量和企业的核心竞争力。

（四）品牌文化强化企业内部管理

品牌文化以一种无形的、非正式的、非强制的各种规范和人际伦理关系准则，对每个员工的思想和行为起到约束作用。将品牌文化渗透到企业的生产经营中，提高整个企业的文化意识和文化观念，创造与品牌文化相适应的文化氛围和工作环境，能优化企业内部管理，增强企业凝聚力。

（五）品牌文化有助于形成品牌聚合力

品牌文化使得品牌社区的形成成为可能，而品牌社区活动则强化了参与者的品牌忠诚。一方面，在企业内部，品牌文化像一种强力黏合剂，从各个方面、各个层次把全体员工紧密地联系在一起，使他们同心协力，为实现企业的目标和理想而奋力进取。这样，品牌文化就成为团队精神建设的凝聚力。另一方面，在企业外部，品牌所代表的功能属性、利益认知、价值主张和审美特征会对广大消费者产生磁场作用，使品牌像磁石一样吸引消费者，从而极大地提高消费者对品牌的忠诚度。同时，其他品牌的使用者也有可能被吸引过来，成为该品牌的追随者。

第二节 塑造农产品品牌文化

一、农产品品牌文化的内容

农产品品牌文化由企业对品牌战略进行全面规划与建设的过程中不断积累和发展所逐渐形成，由品牌精神文化、品牌行为文化、品牌物质文化构成。

（一）品牌精神文化

品牌精神文化是在长期的品牌经营过程中，因受社会经济和意识形态影响而形成的文化观念和精神成果，是品牌文化的核心，是企业管理品牌的指导思想和方法论。因此，企业在规划和建设品牌文化的过程中，最为关键的是提炼出品牌的精神和价值观，并通过品牌的精神和价值观来规范与指导企业的生产、营销及传播行为。

农产品经营者创建品牌精神文化，就是要在市场营销与传播过程中形成一种有别于其他品牌的意识形态和价值观念，包括品牌价值观、品牌伦理道德、品牌情感、品牌个性、品牌制度文化等。品牌精神文化是品牌文化的核心和灵魂，决定了品牌的个性、品牌形象以及品牌在营销传播活动中的行为表现，如麦当劳的品牌精神文化强调"家庭价值"。

（1）品牌价值观。品牌在追求经营成果的过程中所推崇的基本信念和奉行的目标。
（2）品牌伦理道德。品牌营销活动中应遵循的行为和道德规范，如诚信、公平竞争、社会责任、消费者权益等。

（3）品牌情感。掌握目标顾客情绪的一种品牌承诺，是品牌忠诚的构成要素。

（4）品牌个性。有关品牌的人格特质的组合，能透过人、物、图景或品牌角色承载，与消费者产生许多联系。

（5）品牌制度文化。与品牌营销活动中形成的品牌精神、价值观等意识形态相适应的企业管理体制和组织结构。

（二）品牌物质文化

品牌物质文化是品牌产品内在的物质文化要素，主要由构成产品或品牌的物质和符号构成，通过产品的物质形态或品牌的传播符号等各种表现方式向目标消费者传递并予以体现。品牌的物质构成要素包括产品文化，也包括多种构成品牌识别的元素和符号，如品牌名称、标志、基本色、基本字体、品牌广告曲、产品包装、质地、产品味道等。消费者通过对物质元素的感知和体验形成对产品品牌的综合认知和判断，进而对品牌产生深刻的印象。

（1）产品文化，是在长期的生产经营中自然形成的涉及质量控制的意识规范、价值取向、思维方式、道德水平、行为准则、法律观念等。产品文化也成为消费者对农产品品牌进行判断的主要标准之一。

（2）包装文化，为在流通过程中保护产品、方便储运、促进销售，按一定技术防范而采用的容器、材料及辅助物等的总体名称。产品包装蕴含着品牌个性，体现着品牌形象。

（3）名称和标志文化。品牌名称是品牌中能够读出声音的部分，是形成品牌文化概念的基础。品牌标志是品牌中可以被识别，但不能用语言表达的部分。

（三）品牌行为文化

品牌行为文化是品牌精神文化的贯彻，是品牌与消费者关系建立的核心过程，是企业经营作风、精神风貌、人际关系的动态体现，也是企业精神、企业价值观的折射。

（1）品牌营销行为。从文化的高度确定市场的营销战略和策略，既包含商品构思、设计、造型、款式、包装、广告，又包括对营销活动的价值评价、审美评价和道德评价。

（2）品牌传播行为。品牌传播行为包括广告、公共关系、新闻、促销活动、组织等。传播行为有助于品牌知名度的提升和品牌形象的塑造。

（3）品牌个人行为。不仅包括品牌形象代言人、企业家的个人行为，还包括员工和股东等的个人行为。每个与品牌有直接关系的个人，其言行要尽可能做到与品牌所倡导的文化内涵保持一致，也有利于品牌形象的塑造与传播。

二、塑造农产品品牌文化的途径

品牌文化是由企业的外部相关利益者共享的一套价值体系，相对而言更为不可控。因此，企业在塑造品牌文化方面，需要考虑的元素更为多元。

（一）创造象征符号

塑造品牌文化需要将品牌元素根植于消费者心智中，并成为某种象征符号，品牌显

性要素设计中也被赋予了象征意义。象征符号通常是企业的形象识别要素,如品牌名称、品牌标识、产品包装、产品形象、代言人、商标、声音识别等。

(二)营造消费仪式与消费场景

仪式是一套复合的象征性行为,这些行为有固定的发生顺序,而且常常需要定期重复进行。有些品牌希望消费者对产品的使用与特定的仪式紧密联系在一起。有些品牌则试图将产品的使用过程本身仪式化,例如,竹叶青茶给购买产品的消费者分享了一分钟的视频,具体说明产品仪式化的饮用方式。还有很多地区的地理标志产品等,通过定期的、具有文化传统的仪式进行塑造和传播,如马家沟芹菜节。

(三)塑造名人效应

与品牌密不可分的人物是品牌文化的重要载体。许多品牌将其品牌的创始人塑造成为品牌的代表。品牌创始人的行为、言论和个人魅力很容易被消费者嫁接到对品牌的认知中,而品牌创始人往往也是企业领袖,他们可以通过传输理念、讲故事、确定承诺、彰显个性等多种人性化的方式帮助品牌建立文化认同。

(四)创建品牌社区

品牌社区是指使用同一品牌的一群消费者聚合联结而成的、以该品牌为关系基础的社会群体。品牌社区的成员对于品牌及其他使用者有相当程度的了解,他们知道自己属于一个以品牌为中心的群体,在这个群体中他们会分享品牌的各种知识和社会关系。品牌社区中一些核心消费者对品牌有更高的熟悉度和忠诚度,企业需要强化与核心消费者的关系,因为他们对社区其他成员具有重要的影响作用。随着互联网的普及,各种社交网站和即时通信技术与工具使消费者形成品牌社区越来越容易。如山东思远专业合作社建立思远庄园微信公众号、客户群,成为消费者获取关于庄园产品、分享品牌体验、获得其他消费者帮助的重要渠道。

【知识拓展】

社区与品牌社区

社区理论最早由德国社会学家费迪南德·滕尼斯(Ferdinand Tönnies)提出,他在《Gemeinschaft und Gesellschaft》(《共同体与社会》)一书中提出了"社区"(Gemeinschaft)这一概念,强调社区是由特定地域内的人群构成的社会生活共同体,具有地域性、社会互动性和调节适应性的特征。后来,桑德斯(Sanders)在《社区论》中进一步完善了社区的理论,他将社区视为一个社会互动的动态体系。在此基础上,Boorsfin等学者结合社区理论与营销实践,提出了"消费社区"(Consumption Communities)的概念,认为消费社区是消费者在决定如何消费、购买何种商品过程中,基于共同兴趣和价值观自发形成的无形社区。消费社区不仅在消费行为上形成互动,还在情感上对特定品牌或商品形成独特认同。品牌社区(Brand Community)是消费社区的一种延伸,其显著特点是消费者对某一品牌的情感依附和价值认同。在品牌社区中,消费者认为品牌的体验价值、形象价值与自身的生活观、价值观契合,因而产生心理共鸣和归属感。此外,品牌社区内的消费者常通过参与品牌活动、组织内部仪式等形式进一步强化其忠诚度和象征意义。

资料来源：[德] 斐迪南·滕尼斯，林荣远译. 共同体与社会 [M]. 北京：商务印书馆，2005.

王宁. 消费社会学 [M]. 北京：社会科学文献出版社，2006.

（五）重视并传播品牌历史

文化的形成需要历史的沉淀。塑造品牌文化需要重视和积累品牌成长的历史素材，在品牌创立之初就要有意识地对资料和具有历史价值的各类资料进行保留，如第一款产品创意、第一笔合同、第一批员工名录等。另外，讲述和传播自己的品牌故事是非常重要的品牌文化塑造手段。品牌故事可以叙事梳理成品牌传记，除了官方的陈述和出版物之外，还可以以具有娱乐性和传播性的载体，如微电影等形式进行传播。如贵州省打造的区域公用品牌"三穗鸭"，因其"眼高颈细形似船，嘴方脚橙尾像扇，公鸭绿头身棕褐，母鸭麻羽体背宽"的独特外形，放养式饲养，低脂肪、高蛋白质、肉质细腻的品质深受消费者的喜爱，是中国地方四大名鸭之一，历史上最早的文字记载追溯至今已有600多年。讲好品牌故事能够在市场上获得更多消费者关注和认同。

【案例12-1】

思远农业企业文化与品牌文化

1. 组织使命

我们致力于中国现代农业的绿色、高效和可持续发展！

绿色：民以食为天，食以安为先！食品安全既是农产品生产者的底线，也是我们的经营服务宗旨。

高效：农业生产者的辛苦付出应当获得合理的回报，只有帮助他们提高收益，才能体现我们存在的价值。

可持续：农业生产事关国计民生，必须要以长远的眼光来看待。我们不单要考虑自己，更要为子孙后代考虑。所以，农业生产必须得是可持续的、健康的！

2. 组织定位

中国现代农业标准化生产专业服务机构。

中国：立足中国，服务中国农业。（我们的心态是开放的，我们愿意接纳、吸收一切先进的东西来促进自我成长。）

现代农业：区别于传统农业，表现在生产组织形态、管理理念、生产技术应用、市场运作等方面。

标准化生产：区别于传统的经验主义，让生产的各个环节有标准、高标准，从根源上保障食品安全，提高生产效率。

服务：我们如此定位是基于这样一种认识：我们的客户需要的不仅仅是产品（农产品），更是这种产品带来的特定或个性化服务，是系统化的解决方案，以及由此产生的一种被尊重和自我价值实现的体验。我们要与客户建立长期共赢的伙伴关系。

定位结果：

我是谁？——思远农业

我的客户是谁——投身现代农业的种植管理者

我的核心优势是什么——服务

定位——中国现代农业标准化生产专业服务机构

我能提供什么产品——系统、完善的标准化解决方案（包括组织管理解决方案、标准化技术解决方案、教育培训解决方案、配套产品解决方案、生产服务解决方案、市场运作解决方案）。

我的价值是什么——对生产者：省心、省钱、省力，高产量、高品质、高效益；对消费者：绿色、安全、放心、健康；对社会：服务农业，发展农业；对环境：生态、安全、可持续！

我如何与客户合作——导入运作模式，提供标准化方案，实现无忧生产。

标签——标准化让生活更美好！

7F标准化——新型职业农民的致富宝典

思远服务——新型职业农民的贴身管家

思远培训——新型职业农民的田间课堂

思远农资——新型职业农民的丰收保障

3. 战略目标

建设中国现代农业社会化服务第一品牌。

社会化服务：技术研发体系；配套产品体系；市场服务体系；组织建设体系；7F标准化体系；教育培训体系；客服督导体系；品牌建设体系；信息化服务体系；农产品流通体系。

4. 核心理念

标准化让生活更美好！

（1）国家：农业生产事关国计民生，标准化在农业生产中扮演着越来越重要的角色。

（2）行业：只有把产前、产中、产后全过程纳入标准化轨道，才能加快农业从粗放经营向集约经营转变，才能提高农业科技含量和经营水平，才能完全适应现代农业要求的管理体系和服务体系。

（3）企业：思远农业自成立之初便致力于农业生产标准化的研发与推广工作，在技术体系、服务体系、组织建设体系、教育培训体系、信息化服务体系、品牌建设体系及农产品流通体系方面不断探索、实践、进步，这一切旨在促进实现农业生产过程中的生态安全、食品安全、农民增收，充分发挥标准化的价值，让生活更美好！

5. 思远农业文化标志

标志的故事：2004年春天，我们的事业在伟大的齐文化发祥地临淄开始。在"孔子闻韶处"做服务的时候，于地头秦砖汉瓦中发现了5件春秋时期的铁制农具，其中两件是有三个爪的刨地工具，古人称"耒耜"（lei si）古称"天子亲载耒耜"，我们决定以此为原型来创意思远农业的标志。本标志意味着思远农业的责任就是传承华夏农耕文明，我们要有所成就，就要像先祖一样辛勤耕耘，从种到收认真做好每一件事。

6. 思远农业经营管理理念

（1）思远农业价值观精髓。

千万不要忘记我们是农民！

不要丢弃我们朴实的美德,因为我们有远大的目标,共同的价值观,高尚的人格,顽强的精神,在做世界上最有价值的事业。

一屋不扫,何以扫天下!

这是我们预防丧失斗志和企业官僚化的前提。

我们没有脱产的管理者。

到一线才能了解情况,才能指导工作,才能实现价值。

作为思远农业的工作者,必须冲锋在前,享受在后。

不抛弃,不放弃。

每天进步一点点。

(2) 思远农业的社会责任。

思远农业要担起一个企业应负的责任,不懈地服务农业、发展农业,把利国、利民、利社会、利地方作为思远农业的奋斗目标。

利国:响应国家号召发展农业、服务三农;

利民:为企业社员和广大菜农带来切实的增产、增收;

利社会:生产出安全绿色的蔬菜供应广大消费者;

利地方:为北方保护地蔬菜种植的持续发展做出应尽的义务。

资料来源:思远农业企业宣传资料

思考:思远农业是如何塑造其企业文化与品牌文化的?

第三节 农产品文脉品牌创造方法

一、文脉与文脉品牌

(一)文脉

"文脉"一词,最初源自语言学领域中对于上下文关系的精准描述,而后这一概念以其强大的延展性被广泛应用,并深刻地延伸至描述某一事物在时间与空间(场景)双重维度上与其他相关事物之间所构建的千丝万缕的联系。针对"文脉"所进行的分析研究,在起始阶段往往将重心放置于特定语境所独具的特异性之上。其引申出的意义则更为显著地强调了一个事物与其他诸多事物之间源远流长、盘根错节且深邃复杂的内在关联。不少学者曾对此展开深入探讨,其中就有学者将其简洁且精准地概括为"一种文化的脉络"。美国人类学家克莱德·克拉柯亨以其独到的视角,将"文脉"界定为"历史上所创造的生存的式样系统",为这一概念赋予了更为宏观且系统的解读。德国的恩斯特·卡西尔则另辟蹊径,通过符号系统来深入阐释文脉,并着重强调"人对外部事物意义的认知,本质上就是对符号意义的破译工作",从而为我们理解文脉提供了一个独特的思维路径。真正意义上的文脉核心要义在于果敢地挣脱既有的符号形式特征所施加的重重束缚,凭借极具开创性的全新形式与结构,对其原本的意义予以全面且深入的再次诠释和拓展。

(二)文脉品牌

当文脉与品牌建立起紧密的连接时,有日本学者阿久津聪等着重指出,品牌的文脉涵盖了诸多关键要素，如有关品牌的联想、品牌的背景知识和丰富信息、品牌商品所处的消费环境等。胡晓云在2007年出版的专著《中国农产品的品牌化——中国体征与中国方略》中更是进一步强调，品牌文脉，实质上是指一个品牌的脉络体系与根脉渊源。"品牌的脉络体系"所涉及的范畴，包括有关品牌自身的联想、背景知识和详实信息、品牌商品的消费环境等，这与日本学者所理解和阐述的意义高度契合。而"根脉渊源"，则具体指向的是一个品牌产生的地域背景、独有的文化特色、显著的价值独特性等。当"文脉"这一概念与品牌相关联时，其重点突出的是一个品牌与其他品牌、各类事物、不同的人、特定的环境、悠久的历史、多元的文化等之间多种多样且错综复杂的渊源关系，以及由此衍生出的富有吸引力的故事性。

因此，文脉品牌，指的是依托于一个品牌的脉络体系以及其深厚的根脉渊源而得以形成和发展的品牌。正因为其对历史文化等一系列文化性元素的高度依赖和深度融合，文脉品牌所具备的显著的文化性、引人入胜的故事性、独一无二的独特性，以及无形价值的溢价功能，是那些单纯从物理的角度出发，只强调产品物理功能的品牌所难企及的。例如，某些传统手工艺品品牌，其制作工艺传承百年，背后蕴含着地域文化和匠人精神，消费者在购买时，不仅是看重产品本身的实用功能，更是被其丰富的文化内涵和品牌故事所吸引，愿意为这种无形的价值支付更高的价格。而那些只注重物理功能的品牌，由于缺乏这些深层次的文化元素，往往在市场竞争中难以形成独特的优势和持久的吸引力。

二、农产品文脉品牌创造

（一）探索消费者"文脉心像"

文脉心像，在此处所指的乃是消费者内心当中有关地理标志产品的文脉资源以及文脉消费价值的评价趋向。每一位消费者，对于各种事物都会存在由内而外生发的判断，对于一个地理标志产品亦是如此，而且，即便在事先并不知晓该产品的情况下，这种判断依然存在。在品牌传播过程中常常会出现的"认知不调和"现象，其根源便在于此。

深入探索"文脉心像"的根本目的，在于去发现和挖掘地理标志产品与消费者的潜意识、集体无意识、认知以及经验相互之间的弥合程度。一种文脉元素、文脉特色能否成功引发消费者的关注、形成消费者的偏好、激发消费者的消费热情，以及促使消费者进行口碑传播等，都取决于两者之间的弥合程度。弥合程度越高，消费者在认知方面的障碍就越少，实现同频共振的可能性也就越大，将文脉成功植入消费者心智的说服力也就更为强劲。

例如，某一具有独特地理标志的茶叶产品，其产地的独特气候、土壤条件以及传统的采摘和制作工艺构成了丰富的文脉资源。如果这些文脉元素能够与消费者对优质茶叶的期待、对传统文化的欣赏以及过往的品茶经验高度弥合，那么消费者就更容易对该产品产生浓厚兴趣，不仅会主动购买，还会积极向他人推荐；反之，如果弥合程度低，消费者可能对其感到陌生甚至排斥。又如，一款源自特定地区的手工艺品，其蕴含的地方特色工艺和历史文化故事作为文脉特色，若能与消费者内心对艺术的追求、对传统技艺的尊重以及与过往的审美认知深度契合，那么就能在消费者心中留下深刻印象，激发他们的购买欲望和传播意愿。

（二）农产品品牌构建中的文脉价值

1. 品牌构建的内容

品牌构建的内容与程序，大致可归结为四大关键板块：

其一，建立品牌识别。这涵盖了多个层面，在符号识别层面，包括独特的标志、名称、色彩等视觉元素，它们共同构成了品牌在消费者眼中的初始印象；在个性识别层面，展现出品牌独有的性格特质，如创新、可靠、时尚等；在意义识别层面，则着重于传递品牌所承载的深层内涵和象征意义；在价值识别层面更是关键，明确品牌所主张和践行的核心价值观。

其二，形成品牌认知。这包含了对品牌形象的认知，让消费者对品牌有一个整体的印象和感受；利益认知，使消费者清楚了解品牌能为他们带来的实际好处；情感认知，触动消费者内心的情感，建立起情感联系；自我关系认知，让消费者觉得品牌与自身的身份、形象和需求相契合；价值认知，即对品牌意涵的深入理解，明白品牌所代表的生活方式和价值取向。

其三，产生品牌态度。这体现在品牌偏好，消费者在众多品牌中对特定品牌的偏爱；价值发现，消费者能够洞察到品牌的独特价值所在；自我表达，消费者通过选择品牌来展示自身的个性和价值观，达到品牌态度的一致性。

其四，激发品牌行为。这包括引发品牌消费行为，促使消费者实际购买和使用品牌产品或服务；促成口碑传播，消费者自愿向他人推荐品牌，形成良好的口碑效应；品牌忠诚，培养消费者对品牌的长期信任和依赖，实现品牌行为的正向互动。

2. 农产品品牌化建设的关键

在农产品的品牌化进程中，要实现品牌传播要素的成功形成（即品牌识别）、品牌认知关系的有效构成（即品牌认知）、品牌态度的高度一致性（即品牌态度）、品牌行为的积极正向与良好互动性，并达成品牌溢价的目标，其中的关键要点在于以下两个方面。

首先，在品牌系统工程当中，品牌识别发挥着至关重要的作用，它精心勾勒出品牌符号、品牌个性以及品牌形象之间的显著差异化。通过独特的标识、色彩、图案等品牌符号的设计，传递出品牌的独特视觉特征；凭借品牌个性的塑造，展现出品牌与众不同的性格特质，如勇敢、优雅、创新等；借助对品牌形象的精心构建，在消费者心中树立起清晰且独特的印象。在建立品牌识别的过程中，必须致力于发现、深入挖掘、用心传承、合理改造以及大胆创新文脉价值。这意味着要对地理标志产品所蕴含的独特地域文化、历史传承、传统工艺等文脉元素进行全面而细致地梳理和剖析。不仅要珍视和传承那些历经岁月沉淀的宝贵财富，还要以创新的思维和现代化的手段对其进行改造和优化，使其适应市场的需求和时代的发展。

其次，品牌传播则如同桥梁一般，紧密地连接起品牌、企业、产品与消费者以及所有相关利益者。它通过各种渠道和方式，将品牌的信息、价值和魅力传递给目标受众，促进品牌与各方之间的交流、理解和互动。在形成品牌认知、诱导品牌态度、激发品牌行为的各个阶段，关键在于能够高效且精准地传播品牌文脉的丰富意涵。这需要运用多样化且富有吸引力的传播策略和渠道，将地理标志产品背后的文化故事、独特价值、情感连接等内容生动地传递给消费者。通过引人入胜的叙述、精彩的视觉呈现、身临其境的体验活动等方式,让消费者能够深切地感受到品牌文脉的魅力和内涵,从而在内心建立起对品牌的深刻认知、积极态度以及主动的消费行为。

3. 文脉价值对农产品品牌创建的作用与程序

文脉的传承与创新,其所具有的意义和价值不容小觑。它不仅能够敏锐地发现文脉所蕴含的特殊价值,而且对品牌战略的顺利实施、品牌创意设计的灵感激发以及品牌个性化生命的形成,都将产生极其重要的推动作用。文脉的传承,使得品牌能够扎根于深厚的文化土壤,汲取历史积淀的智慧和力量,为品牌赋予独特的文化底蕴和历史厚重感。创新则为文脉注入新的活力和时代元素,使其与现代社会的需求和审美相契合,保持与时俱进的魅力。

根据以消费者为中心的品牌塑造原则,要发现文脉价值,形成文脉对品牌构筑的作用,程序如下:

第一,深入地探索、精准地发现消费者的"文脉心像"。探索在消费者内心深处有关品牌的文脉资源以及文脉消费价值的倾向和偏好。

第二,考察品牌自身是否拥有与之相关的文脉资源,然后对这些资源进行全面整合以及富有成效的传播表达。

第三,经过消费者的认知来加以验证,要确保消费者能够认同这一文脉对于自身所具有的价值。

第四,在此基础上,展开两者之间的对应性分析,精心挑选出与消费者"文脉心像"能够同构共振的文脉核心意涵,再通过有效的传播手段进行推广。唯有如此,品牌所独有的文脉价值才能够真正得以形成。

具体程序如图 12-1 所示。

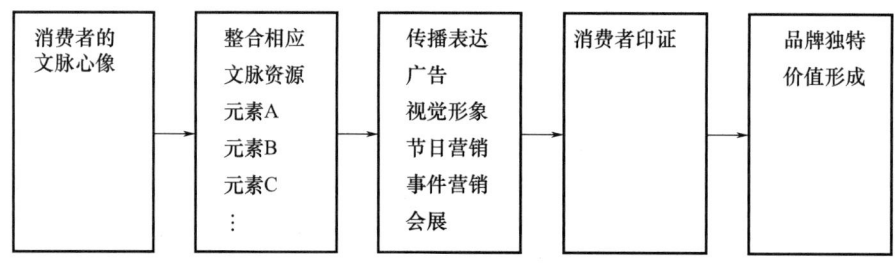

图 12-1　从消费者的"文脉心像"到品牌独特价值构成①

三、中国农产品的文脉品牌缔造

(一) 农产品文脉品牌缔造的意义

根据胡晓云教授的研究,我国农产品品牌建设存在两个极为突出的问题:其一,众多农产品的经营者未能给予文脉应有的尊重。在产品的包装设计、符号呈现以及品牌个性的表达方面,人为地造成文脉的中断与流失,彻底抛弃了文化传承。如此一来,不但致使产品出现文化断层的现象,还让消费者陷入困惑迷茫,难以理解产品所蕴含的文化

---

① 胡晓云. 中国农产品的品牌化:中国体征与中国方略[M]. 北京:中国农业出版社,2007,142-155.

内涵。其二，部分农产品，例如茶叶的经营者，虽然努力地借助文脉、传承文脉，将文脉视作品牌的关键利益诉求点，但在运用文脉过程中欠缺对消费者的"文脉心像"以及地域、产品的文脉之间关联度的敏锐洞察与积极沟通，对于文脉的运用也缺乏具有时代感和时尚化的精彩演绎。基于此，鉴于农产品所具有的农耕文化背景，农产品品牌的创建工作理应更加着重强调文脉的传承关系，充分借助文脉的强大力量来提升品牌的价值。

我国的农产品，无一不具备或者说必然需要具备由独特区域性特征所赋予的独特的文化性和故事性。无论这种文化性和故事性源自地域的独特风貌、悠久的历史传承、丰富的文化积淀，还是产品自身的特性，对于地理标志产品而言，文脉的意义远不止是与品牌本身相关的脉络或者渊源那么简单，它更是品牌诞生和发展的"语境"。这一"语境"涵盖了丰富多样的内容，如地域文化所蕴含的独特风情、地理特色所造就的与众不同、价值观所引领的发展方向等。如果我们能够成功地发现地理标志产品所蕴含的文脉，深度挖掘其文脉价值，并不遗余力地对其文脉价值加以保护和传承，进而创造出独具特色的"文脉品牌"，那么对于提升这类产品的品牌溢价将具有非同寻常的重要意义。

（二）农产品文脉品牌缔造的方法

1. 撷取文脉元素，强化独特价值

"撷取"，意为采集精华，此词出自宋代陆游的《东篱记》："放翁日婆娑其间，掇其香以嗅，撷其颖以玩"。撷取的整个过程，实则是针对某个地理标志产品所拥有的区域文脉资源展开挖掘、全面盘点、精心选择以及深度萃取的综合流程。我国地域辽阔，历史源远流长，各地的文脉丰富多样且数量众多。每一个地理标志产品都在各自不同的文脉体系当中生根发芽、茁壮成长。如何能够成功地发现、精准地辨析、巧妙地撷取地理标志产品自身所独具的文脉优势，并将其与消费者的"文脉心像"建立有效的链接，从而切实有效地提供地理标志产品消费的文脉价值，已然成为一个极具专业性的重要问题。

【案例12-2】

"户县葡萄"

2016年，"户县葡萄"因其产品的核心价值"户太8号"品种被其他地区广泛种植，原本具有的品种优势丧失，在西安市场的销售面临"户太8号"品种红海竞争，"户县葡萄"优势顿失。为了避开西安市场基于品种的红海竞争，"户县葡萄"意欲进入上海市场，与东部市场消费者对接。

为了对应上海国际化、时尚化的大市场，必须重新挖掘"户县葡萄"的优势。经过对户县的区域文化、产业特征等各方面的调研，发现除了"户太8号"品种优势之外，"户县葡萄"具有众多的文脉背景：历史文脉，包括文王故里、汉唐京畿、全真祖庭重阳宫；地域文脉，包括西安近郊、秦岭北麓、农民画之乡；产品文脉，包括种植规模6万亩、研发葡萄品种"户太8号"。进一步考察各种文脉资源，探寻与消费者"文脉心像"的链接可能，发现在诸多的文脉资源中，有三个文脉资源值得重视：第一，农民画之乡；第二，户县地处秦岭山脉，而"秦岭"是人所共知的地标；第三，葡萄上市期间正好是多个中国特色节庆时间。于是，品牌设计充分采用了种植葡萄的农民特殊的生活方式——白天种植葡萄，晚上画户县独特风格的农民画。将户县葡萄种植者的生活方式与消费者"文脉心像"进行链接，对"画家"与"种葡萄者"的双重身份这一文脉进行彰显。利用种植者的生活方式，强调种植葡萄与画画之间的艺术品关联、精细化专业精神关联，提出"户县葡萄"的品牌定位为"户县葡萄，农作艺术品"，同时，针对上海市场消费者不太了解户县的认知前提，提出"户县葡萄"的传播口号："粒粒香甜醉秦岭"，将"秦岭"这个中国人所共知的地标作为品牌所在的区域区位指引，并增加生态环境价值的隐形联想诉求。

进一步撷取其独特的系列元素、产品上市期间时间表中的节庆等，链接与"户县葡萄"的消费关系，形成了系列品牌形象包装设计：推出文化主题礼盒，如传统文化礼盒，民俗特色礼盒，选用农民画、鼓舞、道教文化等当地特有的符号元素，表现户县独特的民俗文化特征，并通过产品的特色包装，展示户县的旅游景点，实现农旅融合。在葡萄成熟季节（8~10月），推出节庆主题礼盒装；七夕节（8月）推出"浪漫七夕，情定户县"主题礼盒；中秋节（9月）推出"中秋佳节，团圆户县"主题礼盒；国庆节（10月）推出"普天同庆，相约户县"主题礼盒。

通过撷取"户县葡萄"在种植区域、种植过程、种植人等方面的文脉元素，为原来基于技术语言、单一的"户太8号"葡萄品种，增加了丰富而独特的文脉色彩、无形价值，使得其进入中国消费桥头堡市场——上海市场有了独特而足够的文脉底气、文化价值，获得了上海市场的好评。

资料来源： 芒种品牌智库. 发现多重文脉价值, 创造独特文脉品牌 [EB/OL] . https: //www.163.com/dy/article/GTFN3B0M05389QFM.html, 2022-01-12/2024-07-20.

思考： 分析"户县葡萄"品牌如何通过挖掘和利用地域文化、产业特征等文脉资源，实现从红海竞争中突围，并举例说明这些文脉资源的运用如何影响消费者的购买决策。

由户县葡萄案例可见，在撷取文脉的过程中，选择何种文脉与消费者"文脉心像"进行对接是关键。所选择的文脉元素必须具有真正的独特性、对产品品质的决定性作用力，对应消费者的"文脉心像"，从而引发消费意向与消费期待。如"户县葡萄"的系统品牌设计，会引发消费者类似的评价："像制作艺术品一样地种植葡萄，其葡萄一定是品质不一般的""在秦岭山脉种植的葡萄，一定得尝一尝"，等等。作为地理标志产品的"户县葡萄"由此突破了区域限制，成为东部消费市场的新宠。其文脉品牌形象如图12-2所示。

图12-2 "户县葡萄"地理标志产品的文脉品牌形象塑造

2. 移植文脉元素，凝练核心价值

"移植"，其原本的意思是把植物迁移到别的地方进行栽种，这是一个科学术语。在此处，它所指的含义是把区域文化或者处于一定语境范围的相关文脉迁移并应用到地理标志产品之上，以此来展现该地理标志产品独特的形象、鲜明的个性、独有的精神气质以及产品所带来的利益等方面的特点。移植文脉及其元素的一个根本前提在于，所移植的文脉与地理标志产品在生产流程、工艺技术等相关特质方面的匹配程度。这种匹配度越高，所产生的说服力也就越强大，进而所能达到的传播效果也会更加显著。

陕西武功县生产的武功猕猴桃，是地理标志证明商标。从该产品生长的区位地理生态环境、种植历史、种植规模、市场影响力而言，武功县都无法与其周边的周至猕猴桃、眉县猕猴桃相比拟。

但武功猕猴桃有其他国内外猕猴桃产品所无法替代的地理标志产品特色：其一，种植生长在名为"武功县"的区域境内，"武功"一词，是中华文脉的重要元素，通过它，人们能够联想到武功猕猴桃与中华文脉的关系；其二，武功县是农业始祖后稷教民稼穑的圣地、中国农耕文明的发祥地之一；其三，武功猕猴桃产区光照充足，全年光照时数为 2100 小时，为全国猕猴桃产区的最高值；武功猕猴桃产区土壤肥沃，有机质含量高出全省产区平均值 1.2%；其四，武功县昼夜温差大，糖分积累多，境内水资源丰富，三条河流同属渭河水系，润泽全境。最值得关注的是，武功猕猴桃产业体系发展完善。在经营主体上，武功猕猴桃产业采取龙头企业、合作社为主导（其他国内猕猴桃产区大多为千家万户生产）；在渠道建设上，初步实现"互联网＋果业"发展模式；在标准化生产上，出台《武功猕猴桃标准综合体》，加强猕猴桃标准化生产；在技术支撑上，积极与西农大等科研单位交流，获得了坚强的技术后盾。

2016 年，武功猕猴桃提炼了自身背后的产业价值链特色：农耕始祖——后稷教民稼穑圣地，中华农耕之源；天时地利——光照充足土质肥沃，纳天地之灵气；规范管理——标准化组织化管理，技术规范领先；监测溯源——果园精准监测溯源，保障安心品质；匠心守护——严格规定采摘时间，充分沉淀营养。

进而，针对消费者对"武功"的文脉联想，将"武功"这一源自区域名称的文脉移植到武功猕猴桃的产业与产品身上，确立武功猕猴桃的核心价值，提出品牌口号为："下功夫，成好果"（如图 12-3 所示），并将五大价值支撑进一步提炼为"下功夫"的"一招五式"，阐释"下功夫，成好果"的具体内涵。

图 12-3 "武功猕猴桃"地理标志产品的品牌符号设计与品牌价值诉求

"下功夫,成好果","功夫"是核心重点,是和武功县内外兼具的链接点,亦是武功猕猴桃符号创意的出发点。将功夫元素和猕猴桃结合,通过拟人化的表达,进一步加深消费者对武功、对功夫、对品牌核心价值的认知。基于此,创意武功猕猴桃的虚拟品牌代言形象"武功小子"。

至此,成功移植中华文脉中关于"武功"与"功夫"的惯性想象,实现与"武功县"的"武功"二字、武功猕猴桃生产过程中的"下功夫,成好果"的品牌链接。进一步以"比武"的概念,表达品牌的自信,让"武功小子"以互联网的方式进入电商市场,如图12-4、图12-5所示。

图12-4 "武功猕猴桃"地理标志产品的"武功小子"品牌价值链表达

图12-5 "武功猕猴桃"地理标志产品的"武功小子"在户外广告上

3. 改造文脉元素，重塑核心价值

"改造"，意指进行选择、修改或者完全改变旧有的从而创造出新的事物。这一词汇最初出现在《诗·郑风·缁衣》："缁衣之好兮，敝，予又改造兮。适子之馆兮，还，予授子之粲兮。"在此处，其含义是指，当某个地理标志产品的区域资源、所处的地理生态环境因素、蕴含的历史文化因素与现代的消费时代、消费观念以及消费对象无法直接建立联系时，可以依据文脉的原本含义来进行适当的调整和改变，以实现良好的沟通效果。文脉改造的重要前提是绝对不能曲解原文脉的原本意义。否则，不仅会造成对文脉不尊重、人为切断文脉的恶劣后果，还可能引发消费者的认知不调和，进而导致他们对品牌态度、品牌价值观以及品牌诉求产生反感。

【案例 12-3】

武当道茶文脉品牌化

十堰市的"武当道茶"产业，背靠著名的道教名山——武当山。因此，其地理标志产品名曰"武当道茶"。当该产品进行品牌化时，如何定位自己与消费者的关系，如何创造"武当道茶文脉与消费者'文脉心像'之间的同构关系等一系列问题被提了出来。审视"武当道茶"的区域生长环境可见，该地理标志产品生长于武当道教的祖庭——武当山系；究其生命历程可见，其每天都在"闻道而长"。武当道教的独特性在于其重视内丹修炼，强调忠孝伦理、三教融合。上述分析可见，该茶具有以下特征：

法自然：500～1200米适宜海拔，尽情沐浴阳光，自在呼吸新鲜空气，与自然万物相偎相依。循心行：春雨温润每一颗芽，经历风雨洗礼，芽叶肥壮，自由生长。静修炼：静谧山间，远离世俗凡尘，闻道而长，潜心积淀，散发回味醇香。严取舍：淳朴茶农，严格限制采摘时间，精挑细选，恪守品质优先。守方圆：杀青、过筛、烘焙、发酵，坚守制茶工艺方圆，承受更多锤炼。益心身：常饮此茶，修身养性，心平气舒，遇事宠辱不惊，闲看花开花落。

探寻武当道茶文脉的过程，也是探寻武当道教与当下消费者的价值观关系的过程，通过探寻发现其文脉内涵，进一步对接消费文化，强调品牌态度。

根据调研结果，当下消费者特别是互联网时代的原住民，其人与社会之间的关系现状是：积极寻求自由状态，但不想守规则。而武当道精神，是顺道、苦修。综合消费者需求与武当道文脉，将道家文化与武当精神转化为武当道茶的品牌价值基础，同时，将顺应自然的品质与追随内心的品格相融，实现哲学高度的辩证统一，确定"武当道茶，朴守方圆，循心而行"的品牌口号（如图 12-6 所示），以此亮相"武当道茶"的品牌态度：遵循规则，方得自由。同时，也以此隐喻"武当道茶"的品牌品格：按照高品质茶的制作规则，严修每一个环节，方成就了好茶，如图 12-7 所示。

图 12-6 武当道茶品牌组合标志

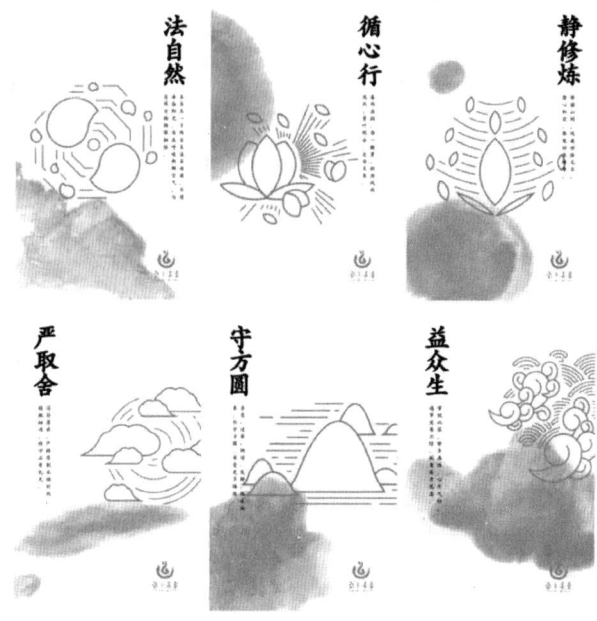

图 12-7　武当道茶品牌精神

资料来源：庄庆超，耿雨薇. 武当道茶：茶品牌里的中国文化基因［EB/OL］. http：//www. brand. zju. edu. cn/2017/0502/c57340a2294441/page. htm，2017-05-02/2024-07-20.

思考：在"武当道茶"的品牌化过程中，是如何将武当道的文脉内涵与当下消费者的需求相结合，从而确定品牌口号和品牌态度的？

独特的文脉是地理标志产品的天赋品牌资源，在创造差异化品牌的进程中，具有独一无二的品牌营建价值。如何加强文脉利用，凸显文脉特征，提升文脉价值，创造品牌文脉新境界，这是地理标志产品品牌化中的重要命题，可以持续不断地研究。

本章小结

（1）品牌文化是某一品牌的拥有者、购买者、使用者或向往者之间共同拥有的、与此品牌相关的独特信念、价值观、仪式、规范和传统的总和。

（2）品牌文化与企业文化的区别体现在，企业文化更侧重企业自身的发展，品牌文化的作用更多地体现在维持产品与消费者关系方面。

（3）品牌文化的特征包括内涵的兼容性、传播的持久性、鲜明的个性化。

（4）品牌文化的功能主要体现在引导品牌健康发展、提升消费者价值认同、培养消费者品牌忠诚、强化企业内部管理、有助于形成品牌聚合力。

（5）农产品品牌文化由企业对品牌战略进行全面规划与建设的过程中不断积累和发展所逐渐形成，由品牌精神文化、品牌行为文化、品牌物质文化构成。品牌精神文化是在长期的品牌经营过程中，因受社会经济和意识形态影响而形成的文化观念和精神成果，是品牌文化的核心，是企业管理品牌的指导思想和方法论。品牌物质文化是品牌产品在内的物质文化要素,主要由构成产品或品牌的物质和符号构成,通过产品的物质形态或品牌的传播符号等各种表现方式向目标消费者传递并予以体现。品牌行为文化是品牌精神文化的贯彻,是品牌与消费者关系建立的核心过程,是企业经营作风、精神风貌、人际关系的动态体现,也是企业精神、企业价值观的折射。

(6) 塑造农产品品牌文化的途径主要有创造象征符号,营造消费仪式与消费场景,塑造名人效应,创建品牌社区,重视并传播品牌历史。

(7) 文脉是指一个事物与其他诸多事物之间源远流长、盘根错节且深邃复杂的内在关联。品牌文脉,实质上是指一个品牌的脉络体系与根脉渊源,指的是依托于一个品牌的脉络体系以及其深厚的根脉渊源而得以形成和发展的品牌。

(8) 在农产品文脉品牌创造中,文脉心像指的是消费者内心有关地理标志农产品的文脉资源以及文脉消费价值的评价趋向。

(9) 农产品文脉品牌缔造的方法包括撷取、改造、移植。

思考与讨论

(1) 请举例说明企业文化和品牌文化是如何相互影响的,以及在哪些情况下可能会出现冲突。

(2) 对于一个新创立的农产品品牌,如何在品牌文化建设的初期确保其内涵的兼容性,并为未来的发展预留空间?

(3) 品牌文化的传播持久性在农产品品牌中如何实现?可以列举一些成功的案例进行分析。

(4) 如何确定一个农产品品牌的文脉心像,以及如何根据这种心像来调整品牌策略?

(5) 在农产品文脉品牌缔造中,撷取、改造和移植这三种方法各有什么优缺点?请结合具体案例进行讨论。

(6) 讨论在互联网时代,农产品品牌文化和品牌文脉的传播方式发生了哪些变化,以及如何适应这些变化。

(7) 如何平衡农产品品牌文化的传承与创新,以适应不断变化的市场需求和消费者观念?

案例分析

安岳柠檬:文化赋能"柠"字牌 "酸"产业大有甜头

四川安岳——中国柠檬之乡,有着近百年的柠檬种植历史,享有"中国柠檬看四川,四川柠檬看安岳"的美誉。近年来,安岳县狠抓品牌打造,积极推动品牌营销,以文化传播为载体,赋予安岳柠檬"健康、时尚、活力"的品牌内涵,走出一条文化助推产业发展的新路子。

1929年,安岳种下了第一株柠檬树,开启柠檬在安岳种植、繁育的时代。如今,

安岳县柠檬种植规模、产量、市场占有率均占中国的 80% 以上，是中国重要的柠檬商品生产基地县。安岳柠檬先后获得国家地理标志认证、中国驰名商标等认定，纳入中国农业品牌目录，入列首批中欧地理标志协定保护名录，成为四川省第一个在渤海商品交易所挂牌上市的农产品。近年来，安岳县一手抓品牌质量，一手抓品牌营销，"健康、时尚、活力"的品牌文化深入人心，助力安岳柠檬产业走上高质量发展道路。

1. 筑牢质量根基 "健康文化"深入人心

安岳县大力推进标准化生产，加大柠檬健康功效宣传，柠檬健康文化属性被广泛认可。建立产地环境、种植、收获、储藏、运输、加工等各个环节的可追溯体系，完善企业质量安全诚信体系，确保柠檬及其产品从田间到舌尖上的质量安全。推进标准化生产，完善"县+乡镇（街道）+基地"三位一体培训模式，加大种苗繁育、整形修剪、施肥用药、土壤改良、科学储运等方面标准化生产技术推广培训，着力推行深施有机肥、以草抑草等绿色生态种植技术。精心打磨安岳柠檬的优异品质，其药用价值和提高免疫力、抗衰老、促进血液循环等十大功能逐渐被市场熟知，安岳柠檬保健文化逐步深入人心。

2. 强化融合发展 "时尚文化"激活消费

安岳县综合各种营销手段，将柠檬元素融入文艺创作、城乡建设和日常消费中，丰富柠檬"时尚"文化内涵，以文化的凝聚力、渗透力和辐射力增强产业的竞争力，提高产业附加值。融入流行文艺创作，创作柠檬歌曲近百首，"我要去安岳，那里有柠檬飘香，我要去安岳，那里有柠檬姑娘把手招……"，柠檬主题歌曲《柠檬香飘》被广泛传唱；《欢乐柠檬花》《雨后柠乡》《金色柠檬》等婀娜多姿、生动形象的舞蹈，在《欢乐中国行·魅力资阳》中一展光彩，惊艳全场。融入城乡建设，将柠檬元素融入商超、道路、酒店建设，柠都广场、柠都大酒店、柠都大道、柠都超市等"柠"字招牌成为安岳新地标。融入日常消费，与蜜雪冰城等企业建立长期稳定供应关系，柠檬雪花鱼、柠檬香烤鲈鱼、青柠拌凤爪等柠檬特色餐饮比比皆是，柠檬面膜、柠檬茶、柠檬酒、柠檬醋融入人们日常生活中，激活并引领新的消费需求。"种柠檬树、赏柠檬花、品柠檬茶、吃柠檬宴、饮柠檬酒"等柠檬生态旅游为川东旅游添色不少，在带动三次产业集聚发展的同时，也促使柠檬"时尚"文化内涵日渐丰富，柠檬品牌效应日渐凸显。

3. 完善营销平台 "活力文化"加强渗透

积极搭建安岳柠檬营销平台，创新安岳柠檬品牌宣传形式，全方位展示安岳柠檬"活力"。先后举办两届世界柠檬产业发展大会，十余届中国柠檬节、柠檬花生态旅游节。安岳柠檬花生态旅游节成功入围"中国文化产业金鼎奖·节庆文化品牌二十强"，安岳"魅力柠海"景区荣膺四川省十大最美花卉观赏的称号，柠檬产业活力全面激发。2012 年 7 月，北京西往返成都的、途经四省一市、全程 2042 公里的 K1363/1364 次列车被赋予新的名字——"中国柠檬之都号"，列车海报、台布到展架彩贴、卧铺票卡、列车播音全面植入了安岳柠檬元素，对营销安岳柠檬起到了良好的推广作用。安岳地域歌曲 MV 专辑《柠檬花开》由四川音像出版社在全国公开发行，曲风清新自然，画面唯美动感，充分展示了安岳柠檬产业生机勃勃的活力，大大提高了安岳柠檬的知名度与美誉度。

安岳柠檬产业发展并非一帆风顺。当地在经历了有果无量、有量无质、果贱伤农等一系列事件后认识到，创响安岳柠檬品牌至关重要。以文化促传播是安岳柠檬提升产业竞争力的关键。安岳县抓住品牌营销关键点，建立"健康、时尚、活力"的品牌文化。贴合柠檬产品特征，紧跟市场消费趋势，将其融入文艺创作、城市建设和消费者的日常生活，有力提升了安岳柠檬品牌的渗透力、辐射力和带动力，为推动柠檬产业高质量发展提供了持久动力。

资料来源：农产品市场—中国农村网. 安岳柠檬：文化赋能"柠"字牌，"酸"产业大有甜头［EB/OL］. http：//journal. crnews. net/ncpsczk/2023n/d19q/sdpp/958405_20231017105512. html，2023-10-17/2024-07-15.

思考：结合安岳柠檬的发展历程，分析"健康、时尚、活力"的品牌文化是如何通过融入文艺创作、城乡建设和日常消费等方面，提升其品牌的渗透力、辐射力和带动力的。

第十三章　品牌资产评估与农业品牌建设评价

 知识与技能目标

（1）掌握凯勒"基于顾客的品牌资产模型"的核心观点，明确顾客心智在塑造强势品牌中的重要性。

（2）掌握农产品区域公用品牌价值测评的三个一级指标（品牌收益、品牌强度乘数、品牌忠度因子）的含义及相互关系。

（3）学会通过市场调研等方法，测量品牌知名度、品质认知度和消费者的品牌态度，并据此提出改进建议。

（4）能够运用农产品区域公用品牌价值测评的指标体系，对特定的农产品区域公用品牌进行价值评估，并提出提升品牌价值的策略。

 **情境导入**

2023年12月，浙江大学CARD中国农业品牌研究中心、中国农业科学院茶叶研究所《中国茶叶》杂志、浙江大学茶叶研究所、中国国际茶文化研究会茶业品牌建设专业委员会和浙江永续农业品牌研究院等机构联合组建课题组，延续2011年开始的"中国茶叶企业产品品牌价值研究"公益课题，开展第十四次评估研究。评估依据"中国农产品企业产品品牌价值评估模型"（简称CARD模型2，中国茶叶企业产品品牌价值＝品牌收益×品牌忠诚度因子×品牌强度乘数），采用科学、系统、量化的方法，通过品牌持有单位调查、消费者评价调查、专家意见征询、海量数据分析，最后形成相关评估结果。根据167个中国茶叶企业产品品牌价值的有效评估数据的显示，中国茶叶企业产品品牌的品牌价值稳步增长，品牌收益持续攀升，但品牌收益能力差距渐趋显著。品牌产品的市场价格变化平缓，多数品牌的品牌忠诚度因子随之提升，品牌强度整体增强。近年来，尽管中国茶叶企业产品品牌在国际市场遇冷，但我国茶企持续探索文化与科技赋能品牌的经营发展路径，努力提高品牌价值，呈现出企业（产品）品牌与区域公用品牌协同发展的态势。未来，中国茶叶企业需把握趋势，正视自身的竞争特色，以文化、创意与联盟等多元化方式增强品牌竞争力，进而推动品牌价值的全面提升。

资料来源：中国农业品牌研究中心．2024中国茶叶企业产品品牌价值评估报告［EB/OL］．http：//www.brand.zju.edu.cn/2024/0621/c57343a2938011/page.htm.2024-06-21/2024-07-19．

思考：在品牌收益能力差距显著且国际市场遇冷的情况下，茶企应如何利用"品牌忠诚度因子"和"品牌强度乘数"来提升品牌价值？

习近平总书记在2022年12月23日至24日召开的中央农村工作会议上曾发表重要讲话，强调了加快建设农业强国、推进农业农村现代化的重要性。其中指出农业强国是社会主义现代化强国的根基，而建设农业强国，基本要求是实现农业现代化，要建设的农业强国既有国外一般现代化农业强国的共同特征，更有基于中国国情的特色。农业品牌的建设和提升是实现农业现代化、推动农业强国建设的重要途径之一，而品牌资产评估又是农业品牌建设中的一个重要环节，可以帮助了解品牌的价值和影响力，为品牌的发展和推广提供参考。如江西省在2023年7月12日发布了《关于开展2023年江西省农产品品牌价值评价的通知》。通知的指导思想以习近平总书记视察江西时的重要讲话精神为指导，深入推进该省农业品牌建设，着力健全农产品品牌价值评价体系及"赣鄱正品"品牌认证体系，旨在不断浓厚全社会关心支持农产品品牌创建的氛围，增强各级农业农村部门和农产品企业品牌意识，显著提升江西绿色有机及富硒农产品品牌发展实力。

第一节　品牌资产的构成

凯文·凯勒（Kevin Lane Keller）曾提出在企业全球化的浪潮中，建立强势品牌的基本关键是建立品牌资产，并建立长期测量与管理品牌资产的机制。品牌资产提升了品牌在营销战略中的重要性及地位，也为企业的营销管理和相关研究提供了重心。

一、品牌资产的定义

品牌资产是指与品牌、品牌名称和品牌标识等相关的一系列资产或负债，它们能够增加或减少某产品或服务所带给该企业或顾客的价值。对品牌资产的界定一般从两个角度阐述：一是基于企业视角的品牌资产；二是基于消费者视角的品牌资产。

（一）基于企业视角的品牌资产

一般从企业的营销和财务两个方面分析。首先，从企业营销的角度分析品牌资产的基本属性，是希望借助品牌的影响力，帮助企业提高品牌产品的销售量和利润率。营销的产出可以由品牌在商品市场上的绩效来反映，包括品牌溢价能力、价格弹性、市场占有率、品牌的扩张力和延伸力、品牌的盈利能力。因此，品牌资产是一系列关于品牌顾客、渠道成员和品牌所属企业的联想与行为，这使强势品牌比弱势品牌更容易获得市场利润。

其次，从财务视角分析品牌资产的基本属性，是对品牌资产的评估，包括根据股价走势、未来收益等评估品牌价值，以便向投资者或股东提交财务报表，为各项商业活动提供证明企业资产价值的依据。

"品牌资产"一词的关键在于"资产"，它更多是会计学上的含义。和其他易于理解的有形资产一样，品牌是一种无形资产。因此，品牌除了本身具有经济价值（可以估值）之外，还可以为其带来稳定的超额收益，是企业创造经济价值不可缺少的一种资源。"品牌资产"一词表明，品牌是企业无形资产的重要组成部分。

（二）基于消费者视角的品牌资产

凯勒"基于顾客的品牌资产模型"认为，强势品牌的理论源于顾客的心智。虽然企

业营销努力的最终目标是增加销售收入，但必须先在顾客心中留下清晰、美好、积极的品牌印象，进而使顾客对品牌产生正面态度和评价。品牌资产来源于企业与消费者之间的关系，具有价值性、无形性、波动性、累积性等特征。

基于顾客心智的品牌资产中，最终能够为品牌所有者带来丰厚的利润，获取更多市场份额的便是品牌忠诚度和品牌溢价能力这两大资产。品牌忠诚度和品牌的溢价能力属于结果性的品牌资产，是伴随品牌知名度、认可度、品牌联想这三大品牌资产创建后的产物。

【知识拓展】

农产品区域公用品牌价值评估和影响指数评价

中国农业品牌目录首批农产品区域公用品牌价值评估和影响力指数，是由中国农产品市场协会组织中国农业大学等单位，选取了"中国农业品牌目录2019农产品区域公用品牌"中的100个品牌开展的公益性价值评估和影响力指数评价，涵盖十大类农产品。评估和评价工作立足于我国农业的资源禀赋、产业规模、品牌价值、市场号召力，以及生产传统等要素，坚持市场导向，以评估的独立性、科学性和动态性为原则，以品牌价值理论和超额价值理论为基础，旨在构建农产品区域公用品牌价值评价体系。

农产品区域公用品牌价值评估和影响力指数评价，有利于各级政府部门掌握我国农产品区域公用品牌建设的实际情况，为顶层设计、政策创设及扶持政策的出台提供服务；有利于提升农产品区域公用品牌竞争力；有利于增进消费者对我国优秀品牌的了解和提高认知度，增强消费者对国内品牌的消费信心。

资料来源：首批农产品区域公用品牌价值评估结果公布［J］.农村百事通，2020（7）：27.

首批农产品区域公用品牌价值评估榜单详见中国农业品牌研究中心网站http：//www.brand.zju.edu.cn/

二、品牌资产的特点

所谓品牌资产就是消费者关于品牌的知识，是有关品牌的所有营销活动给消费者造成的心理事实，其主要有以下几个特点。

（一）无形性

品牌资产不具有独立实体，人们无法使用感官直接感受到。它必须通过一定的载体来表现自己，直接载体是品牌名称、符号等品牌元素，间接载体是与产品和企业有关的品牌知名度、美誉度和忠诚度等。从取得的方式来看，有形资产通常通过市场交换的方式得到，而多数品牌资产是通过企业的经营活动自创的，只有极少部分是通过收购兼并等方式取得的。另外，品牌资产兼具可确指和不可确指无形资产的特点。一方面，它常常需要和特定的产品（或企业）结合在一起，但强势品牌与其所代表的产品或企业密不可分，一旦建立，竞争企业很难模仿或复制；另一方面，品牌资产在某些时候也可以游离于企业之外而单独存在，其他企业通过购买或接受转让等方式直接获得品牌的所有权或使用权。

（二）品牌资产可以买卖和有偿转让

与其他资产一样，品牌资产可以进行买卖和有偿转让，前提条件是其价格可以相对科学地估算出来，并得到买卖双方的认可。

（三）品牌资产的形成需要一个长期积累的过程

纵观世界知名品牌，无不是在企业长期不懈的努力下，经历了岁月的风雨，才拥有了今天的地位。品牌资产的创建和维护过程是一个长期的系统工程，决不是单独依靠某个因素就可以得到的。

（四）品牌资产的投资和使用具有交错性

不同于有形资产在使用中通过折旧的方式实现价值，品牌资产在使用过程中必须对其进行持续投资和维护，根据市场情况的变化制定有效的策略，并持续投入相应的资源，避免品牌资产贬值。同时，对品牌资产的科学管理和使用还会使品牌资产不断增值，如成功的品牌延伸和市场扩张等都会促使品牌资产增值。

（五）品牌资产的构成和估价复杂

品牌资产构成的复杂性为科学地评估其价值和价格，对其进行有效管理增加了难度和不确定性。

（六）品牌资产的收益具有不确定性

品牌资产可以为其所有者带来收益，但与有形资产不同的是，不仅同一个品牌被不同的企业拥有时收益不同，即使被同一个企业拥有，也会因为使用范围（地理空间、产品类别等）的不同而发生变化。同时，品牌资产在使用过程中还需要不断地投资，否则就会出现贬值的趋势。

另外，需要注意的是，虽然品牌资产是企业无形资产的重要组成部分已经成为不争的共识，但是，目前国际会计准则还不允许将自创的品牌资产的数值纳入资产负债表中。因此，多数企业资产的账面价值远远低于实际价值，品牌资产的价值没有得到体现。

三、基于顾客心智的品牌资产

大卫·艾克（David A. Aaker）提出品牌资产的五角星模型，认为品牌资产包括品牌忠诚度、品牌认知度、品牌知名度、品牌联想、其他专有资产（如商标、专利、渠道关系等）5个方面，这些资产通过多种方式向消费者和企业提供价值。如图13-1所示。

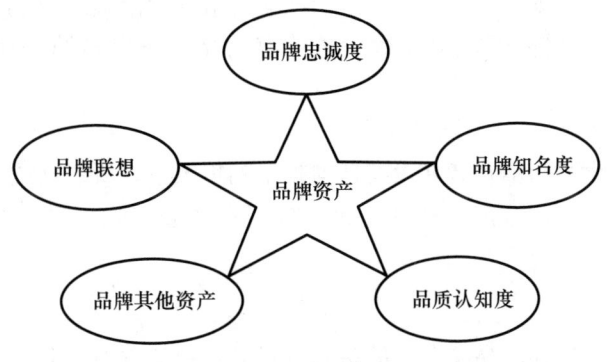

图13-1 品牌资产的五角星模型

(一)品牌知名度

品牌知名度是指某品牌被公众知晓和了解的程度,它表明品牌被多少或多大比例的消费者所知晓,反映的是顾客关系的广度。品牌知名度是评价品牌社会影响大小的指标,可以通过创造独特且易于记忆的广告、不断展示品牌标志、运用公关手段、运用品牌延伸手段等来提高品牌知名度。

品牌知名度一般分为四个层次:无知名度、提示知名度、未提示知名度和第一提及知名度。从品牌管理的角度,一般考虑后三个方面。它们呈金字塔形,层次越高越难实现,如图13-2所示。

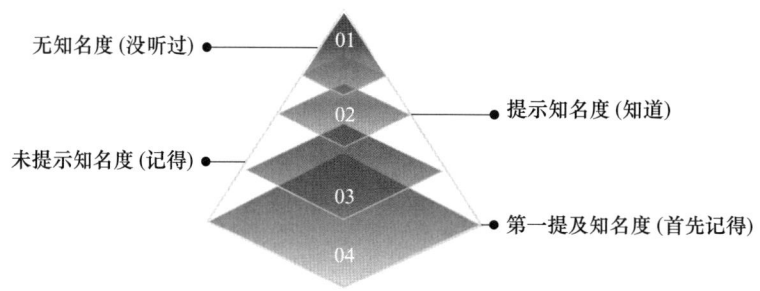

图 13-2 品牌知名度的层次

1. 无知名度(没听过)

无知名度是指消费者对品牌没有任何印象,原因可能是消费者从未接触过该品牌,或者是该品牌没有任何特色,容易让消费者遗忘。消费者一般不会主动购买此品牌的产品。

2. 提示知名度(知道)

提示知名度是指消费者在经过提示或某种暗示后,想起某一品牌,能够说出自己曾经听说的品牌名称。例如,当问人白菜有哪些品牌时,他可能说不出什么品牌,但经提示"胶州大白菜"后给出肯定的回答,那么"胶州大白菜"就是一种提示知名度。这个层次是传播活动的第一个目标,它在顾客购买商品选择品牌时具有十分重要的地位。

3. 无提示知名度(记得)

无提示知名度是指消费者在不需要任何提示的情况下能够想起某种品牌,即能正确区别先前所见或听到的品牌。对某类产品来说,具有无提示知名度的往往不是一个品牌,而是一串品牌。例如,对于梨品牌,你可能说出砀山酥梨、库尔勒香梨、莱阳梨、河北鸭梨、京白梨等很多区域梨品牌,虽然有的品牌没有被第一个想到,但也非常重要。

4. 第一提及知名度(首先记得)

第一提及知名度是指消费者在没有任何提示的情况下,所想到或说出的某类产品的第一个品牌。例如,在山东提及茶叶,大部分消费者会想到"崂山绿茶",说到大蒜,大部分消费者会想到"金乡大蒜"。

(二)品质认知度

品质认知度是指在知晓品牌名称的基础上对品牌的各方面信息的了解程度,是消费者对某一品牌在品质上的整体印象。对品牌认知的因素包括产品功能、特点、适用性、可信赖度、包装、服务、价格、渠道等。品质认知度的层次一般包括听说而已、有所了解、比较了解、非常了解四个层次。

品质认知度可以成为消费者决定购买的理由，能为企业提供品牌差异化定位和为品牌的延伸打下基础。农产品生产经营者可以通过多种方式提高品质认知度，如保证高品质、承诺高品质、重视顾客参与、追求品质文化、注重创新、传递高品质信息、设计品质认知信号、广告宣传、提供有效保证与寻求支持、完善服务系统等。

（三）品牌联想

联想是一种重要的心理现象和心理活动。事物之间的不同联系反映在人脑中，就会形成心理现象的联系。品牌联想是指消费者在看到某一品牌所勾起的所有印象、联想和意义的总和，如产品特点、使用场合、品牌个性、品牌形象等，具体如图13-3所示。

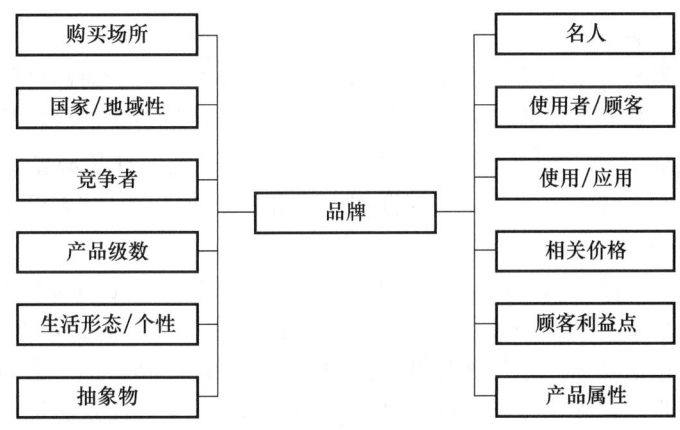

图 13-3　品牌联想的内容

1. 品牌联想的类型

品牌联想可分为三个层次：品牌属性联想、品牌利益联想、品牌态度，如图 13-4 所示。

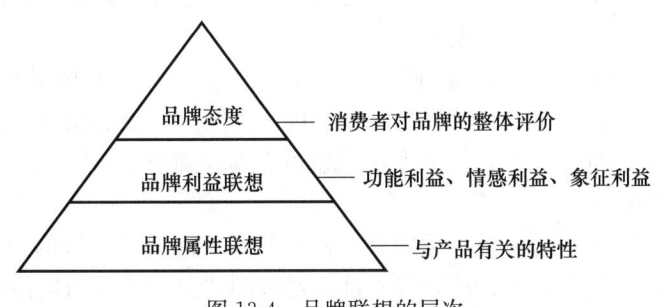

图 13-4　品牌联想的层次

（1）品牌属性联想。

品牌属性联想是指对于产品或服务特色的联想，例如消费者认为产品和服务是什么。根据与产品或服务的关联程度，我们可把属性分为与产品有关的属性和与产品无关的属性。与产品有关的属性联想是指产品的物理构成或服务要求，它们决定着产品性能的本质

和等级。与产品无关的特性并不直接影响产品性能,但它可能影响购买或消费过程,例如产品颜色和包装,产品的制造厂家或国家,产品出售场所,哪些人认同该品牌等。

(2)品牌利益联想。

品牌利益联想是指消费者感知的某一品牌产品或服务属性带来的价值和意义。品牌利益联想又可分为功能利益联想、象征利益联想和体验利益联想。功能利益是指产品或服务内在固有的可以提供给消费者的利益,这种利益一般与产品或服务相关属性匹配,是消费者购买该产品或服务最基本的动机,例如购买有机蔬菜,就是为了保证食品的安全健康。象征利益是指产品或服务能提供给消费者的相对外在的利益,它一般与产品或服务无关属性匹配,尤其是与使用者状况相匹配。这种象征性的利益可以满足消费者的社交需要、自尊需要等一些比较高层次的需要。体验利益是指消费者消费产品或服务后的感受,它既与产品或服务相关属性相匹配,又与产品或服务无关属性相匹配,这些利益能使消费者获得愉悦感或者某种刺激。

(3)品牌态度联想。

品牌态度是最高层次也是最抽象的品牌联想。它是指消费者对品牌的总体评价和选择。品牌态度通常建立在品牌属性和品牌利益上。例如,消费者对乡村旅游民宿的态度建立在它的位置、客房、外观设计、服务质量、娱乐设施、食品质量、安全性和收费上。品牌态度有几个幅度,如从厌恶到喜欢。值得一提的是,品牌态度是难以改变的。

2. 构建品牌联想

品牌联想有助于品牌认知,扩大品牌知名度,是品牌差异化和品牌延伸的基础,可以通过讲述品牌故事、借助品牌代言人、建立"品牌感动"等方式建立良好品牌联想。构建品牌联想可以从如何产生品牌强度、品牌偏好性和品牌独特性三方面入手:

(1)品牌联想的强度,是指品牌商品在生产过程中产量和质量方面的功能。不断增强联想强度的两个因素为个人对产品信息的关注程度、产品信息宣传的密度。如为更好地唤起消费者的需求,王老吉的电视广告选用了消费者认为日常生活中最易上火的五个场景:吃火锅、通宵看球、吃油炸食品薯条、烧烤和夏日阳光浴,画面中人们在开心享受上述活动的同时,纷纷畅饮红罐王老吉。结合时尚、动感十足的广告歌反复吟唱"不用害怕什么,尽情享受生活,怕上火,喝王老吉",促使消费者在吃火锅、烧烤时,自然联想到红罐王老吉,从而促成购买。

(2)品牌联想的偏好性,是指确信品牌所具有的属性和利益能满足消费者的需求。影响偏好性的两个因素,一是品牌联想的理想度,即品牌联想的相关性、独特性和可信度;二是品牌联想的可传达性,产品实际或潜在的绩效能力、现在或未来的沟通前景、顾客接受的性能的持续性。

(3)品牌联想的独特性,是指品牌具有稳定的竞争优势或独特的销售定位。可以通过与竞争对手直接比较而清晰传达,在不确定对手的情况下可以间接传达。

【案例 13-1】

徐闻菠萝品牌创建

徐闻县位于中国大陆最南端,地处热带季风气候,阳光、雨量充沛,覆盖着火山灰的红土地富含矿物质,酸碱度适宜,为菠萝种植提供了绝佳自然条件,种植出的菠萝果大、汁多、内脆、味甜。2019年，为解决菠萝滞销问题，徐闻首创菠萝"12221"市场体系，即建设"1"个农产品大数据，组建销区采购商和培养产区经纪人"2"支队伍，拓展销区和产区"2"大市场，策划采购商走进产区和农产品走进大市场"2"场活动，实现品牌打造、销量提升、市场引导、品种改良、农民致富等"1"揽子目标。这一体系不仅解决了销售问题，还成功"出海"打开全国市场，提升了徐闻菠萝的知名度和单价，让果农切实获益。"徐闻菠萝"区域公用品牌LOGO的中心图形为菠萝的抽象图形，上部为菠萝叶，下部由一片片的红土菠萝田构成菠萝主体，主体颜色用鲜绿色和橙色，象征安全、健康、新鲜、快乐、活力。图形整体简洁和扁平化，易于记忆及媒体传播，是徐闻菠萝的天然形象识别系统。具体LOGO如图13-5所示。

资料来源：南方农村报. 强品牌，谋发展！徐闻菠萝区域公用品牌LOGO正式发布[EB/OL]. http：//www.brand.zju.edu.cn/2021/0429/c57338a2351961/page.htm. 2021-04-29/2024-07-79.

图13-5 徐闻菠萝区域公用品牌LOGO

（四）品牌忠诚度

一部分消费者在品牌选择上呈现高度的一致性，即在某一段时间甚至很长时间内重复选择一个或少数几个品牌，很少将其选择范围扩大到其他品牌。这种消费者在一段时间甚至很长时间内重复选择某一品牌，并形成重复购买的倾向，称为品牌忠诚。品牌忠诚度是来自消费者对品牌的满意并形成忠诚的程度，是消费者对某一品牌偏爱程度的衡量指标，是品牌资产中的核心因素。培养品牌忠诚度的方法主要包括给顾客不转换品牌的理由；推出新产品、更新广告、举办促销等活动；努力接近消费者，了解市场需求；提高消费者的转移成本等，其主要途径是增加品牌差异化的附加价值。

品牌忠诚一般分为无品牌购买者、习惯性购买者、满意购买者、情感购买者和忠诚购买者五个层次，如图13-6所示。

1. 无品牌购买者

这一层消费者会不断更换品牌，对品牌没有认同，对价格非常敏感。哪个价格低就选哪个。许多低值易耗品、同质化行业和习惯性消费品都没有什么忠诚品牌。在农贸市场、集市上销售的农产品通常也没有品牌忠诚消费者。

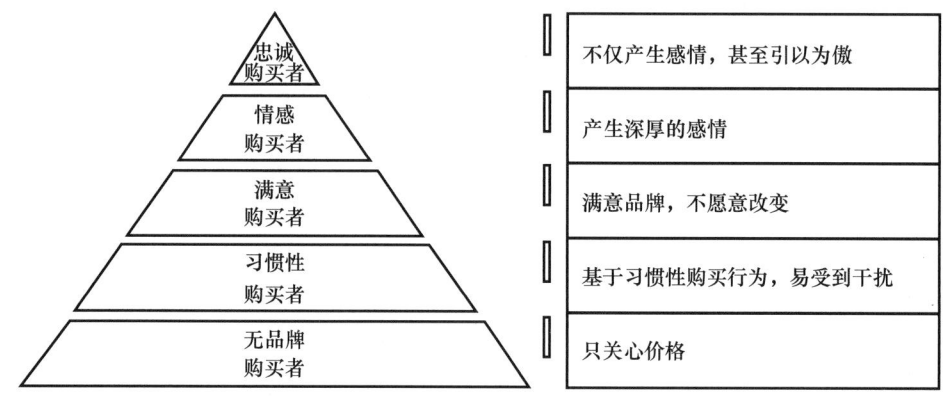

图 13-6 品牌忠诚度金字塔

2. 习惯购买者

这一层消费者忠于某一品牌或某几种品牌，有固定的消费习惯和偏好，购买时心中有数，目标明确。如社区直营店销售的农产品，会积累一些习惯购买用户。但如果竞争者有明显的诱因，如用价格优惠、广告宣传、独特包装等方式鼓励消费者试用，让其购买或续购某一产品，消费者就可能进行品牌转换购买其他品牌。

3. 满意购买者

这一层的消费者对原有品牌已经相当满意，而且已经产生了品牌转换风险忧虑，也就是说购买另一款新的品牌会有效益的风险、适应上的风险等。如消费者在某个电商平台上购买到满意的农副产品，则会持续购买此平台上销售的产品。

4. 情感购买者

这一层的消费者对品牌已经有一种爱和情感，某些品牌是他们情感与心灵的依托，之所以能历久不衰，是因为已经成为消费者的朋友，生活中不可或缺的用品、且不易被取代。如褚橙，励志橙的品牌精神激发消费者的情感认同，使其成为情感购买者。

5. 忠诚购买者

这一层是品牌忠诚的最高境界，消费者不仅对品牌产生情感，甚至引以为傲。品牌忠诚主要通过消费者的情感忠诚、行为忠诚和意识忠诚表现出来。其中，情感忠诚表现为消费者对企业的理念、行为和视觉形象的高度认同和满意；行为忠诚表现为消费者再次消费时对企业的产品和服务的重复购买行为；意识忠诚则表现为消费者做出的对企业的产品和服务的未来消费意向。

（五）其他资产

其他资产是指那些与品牌密切相关的，对品牌增值能力有重大影响的、而不易准确归类的特殊资产，如专利、专有技术、创意等。其他品牌资产可以使品牌差异化变为可能，也使竞争对手的模仿变得困难。对其他品牌资产的投资包括对品牌的保护，对任何假冒自己品牌的行为决不能姑息，否则将会减少自己的品牌资产。

第二节 品牌资产评估

品牌资产价值评估可以使企业明确品牌在市场中的地位和优势，了解自身品牌的价值，为品牌战略规划、投资决策、资源分配等提供依据，为品牌买卖、并购、合资等交易活动提供价值参考。一般来说，有多种不同的方法可用以揭示与品牌相关的联想类型，以及对应的强度、偏好性和独特性。

一、消费者心智视角的品牌资产评估

（一）定性研究方法

定性研究方法是一种相对非结构化的调研方法，允许一系列的问题和回答，所以常常是探索消费者对品牌和产品感知的有效的第一步。定性研究方法对识别品牌价格弹性、品牌选择和品牌偏好等具有重要价值。

1. 自由联想法

自由联想法是描绘品牌联想最简便、最有效的方法。让受访者在没有任何特定引导或限制的情况下，尽可能自由地说出他们看到某个品牌时脑海中即刻浮现出的想法、词语、印象或记忆等。通过这种方式，可以深入挖掘消费者潜意识中对品牌的认知和联想，了解他们对品牌最直接、最本能的感受和联系，这些信息对于分析品牌在消费者心目中的形象、定位以及独特性等具有重要意义，能帮助评估者更全面、深入地理解品牌的内涵和价值。

自由联想法的主要目的是识别消费者心目中可能出现的品牌联想范围，也能一定程度上反映品牌联想的相对强度、偏好性、独特性等。通过出现顺序的先后给自由联想编码，可以粗略评估联想的强度；比较某一品牌与竞争品牌联想，可以反映品牌的相对独特性；消费者对品牌联想的措辞方式也能在一定程度上反映出品牌联想的偏好程度。为更好地掌握联想的偏好程度，还可以让消费者排列出对各联想的喜爱程度，或者说出他们最喜爱品牌的哪些方面。

农产品品牌应用自由联想法开展调查，可以通过消费者的自由联想，了解到该农产品品牌在消费者心中最直观的认知，例如是否联想到了新鲜、绿色、健康等品质特征，或者是否联想到了某个特定的地域形象，这些联想有助于评估品牌形象的塑造程度、独特性以及给消费者留下的印象深刻程度等。

2. 投射技术

投射技术是用于探究那些在某些问题上消费者不愿或不便表达真实想法或感受的有效工具。要成功揭示品牌资产的来源，就必须尽可能准确、完整地描绘出消费者的品牌知识结构。它的基本原理是通过给被试者呈现一些模糊的、不明确的刺激，如图片、未完成的句子、模糊的场景等，让被试者根据自己的内在感受、想法、经验和潜意识来做出解释、完成描述。投射技术的优点在于能够绕过被试者的心理防御机制，获取更真实、深入的心理信息。但它的解释和评估往往具有一定的主观性，需要专业的训练和经验来准确解读。常见的投射技术包括罗夏墨迹测验、主题统觉测验等。

在农产品品牌评估中，投射技术可以用于了解消费者对农产品品牌的认知、态度和情感。例如，研究者可能会让消费者看一些与农产品品牌相关的图片或视频，然后要求他们写下自己的想法、感受或故事。或者，通过让消费者完成一些句子填空、角色扮演或其他创意任务，来揭示他们对品牌的潜意识认知和情感。通过让消费者对农产品品牌进行描述、联想或画图等方式，了解他们心目中品牌的形象特征，如品牌的个性、价值观、品质等,揭示消费者选择农产品品牌的潜在需求和动机。也可以用来分析消费者对农产品品牌广告或宣传材料的反应,了解广告是否能够准确传达品牌的核心信息和价值观,以及是否能引起消费者的兴趣和共鸣。

3. 萨尔特曼隐喻诱引技术

萨尔特曼隐喻诱引技术(ZMET)是一种结合非文字语言(图片)与文字语言(深入访谈)的崭新消费者研究方法,是哈佛商学院的萨尔特曼(Gerald Zaltman)教授于20世纪90年代提出的(Zaltman and Coulter,1994;Zaltman and Coulter,1995),是一项专利研究技术。ZMET 撷取了心理学、认知科学、社会学、符号学、视觉人类学等多种学科的精华,而形成其深厚稳固的理论基础。

ZMET 以受访者收集而来的图片为素材,透过个人深度访谈,来抽取受访者的构念并联结构念间的关系,描绘出阐释消费者感觉及想法并产生行动或决策的心智模式地图。心智模式,以广义而言,可包括看法、情绪和感觉、象征、活动、目标、个人价值、印象、过去消费者议题的记忆、经验预期消费观和经验知觉的陈述,如触觉、味觉和嗅觉等。再者,由于 ZMET 是以视觉隐喻与图片为基础,因此当这些研究结果要转化成广告、电影、网站等强调视觉元素的传播媒介时,更是有其便利性与有效性。

ZMET 技术的工作原理是取得那些人们不自觉地与某种产品或感觉联系起来的深度隐喻。它要求试验对象画出能代表他们对某件事物的想法和感情的图画,即使他们无法解释为何这样画。通过这种方式,ZMET 技术可以越过往往不可靠的抽样小组调查,避免不相干因素的干扰,掌握顾客的真正需求。萨尔特曼隐喻诱引技术的核心价值在于了解在消费者行为背后的"为什么",围绕驱动消费行为的关键元素制定出营销策略,从而"构建"消费者的情感意识。

4. 神经研究法

神经研究法是一种利用神经科学的原理和技术来研究人类认知、情感、决策等心理和行为现象的方法。借助神经科学的技术和理论,如功能性磁共振成像(FMRI)、脑电图(EEG)、正电子发射断层扫描(PET)等,来研究消费者的大脑活动和神经反应,从而深入了解消费者的感知、情感、决策等心理过程。神经营销为企业提供了更深入、更精确的消费者洞察,有助于制定更有效的营销策略和商业决策。例如,通过 FMRI 观察消费者在看到不同品牌或产品广告时大脑的兴奋区域,以判断消费者对品牌的喜好程度和购买意愿;利用 EEG 监测消费者在面对价格变化时的脑电波变化,分析其对价格的敏感度。

神经学研究已经被用于营销领域的很多方面。如通过神经科学的方法和技术,了解消费者对产品外观、包装、功能等方面的潜意识反应,优化产品设计;测试广告内容的吸引力、记忆度和情感影响力,分析消费者观看广告时大脑的兴奋区域,判断广告是否有效传递信息并引发积极情感;根据消费者的神经反应模式进行更精准的细分,发现对特定产品或营销刺激有独特神经反应的消费群体;设计更能吸引消费者注意力和促进购买的店铺布局、陈列方式。一些公司已经将神经学研究应用于营销实践中。例如,布雷恩公司通过眼动追踪、脑电技术、皮电技术等神经学研究方法,为企业提供广告效果和媒体效果评估、用户体验研究和产品需求研究等服务,帮助企业提升营销效率和产品成功率。

5. 民族志研究法

民族志主要用于深入研究特定文化群体或社区的生活方式、行为模式、价值观念、社会结构等方面。其特点表现在：研究者深入到研究对象的生活环境中，进行长时间的实地观察和参与，以获取第一手资料；强调在自然发生的情境中观察和理解人们的行为和互动，而非在人为设定的实验环境中；强调在自然发生的情境中观察和理解人们的行为和互动，而非在人为设定的实验环境中。

例如，星巴克通过民族志研究法深入了解消费者在咖啡店内的行为和体验。他们的研究人员会在咖啡店内观察消费者的点单行为、交流方式、座位选择等，甚至会与消费者进行交流，了解他们对咖啡的口味偏好、消费习惯以及对咖啡店环境的期望。这些研究结果帮助星巴克优化了店铺布局、菜单设计和服务流程，提升了消费者的满意度和忠诚度。

（二）定量研究方法

虽然定性评估对于识别可能的品牌联想的范围，以及品牌联想的强度、偏好性、独特性很有帮助，但还需要对品牌进行更加明确的描绘，以便制定更加可信稳健的品牌战略和方案。通过对品牌认知、品牌联想、品牌判断和感受、品牌关系的定量评估，能够更好地了解消费者一段时期的品牌知识结构。

品牌认知与消费者记忆中与品牌相关的联想强度有关，反映为消费者在不同情形下识别各种品牌元素的能力（如品牌名称、标识、符号、形象代表、包装、广告语等）。品牌认知反映了不同情境下品牌在消费者脑海中出现的可能性，以及不同提示类型下品牌在大脑中出现的难易程度。

1. 品牌识别

品牌识别关系到消费者在各种不同环境条件下识别品牌的能力，包括对各品牌元素进行识别。最基本的识别流程是，给定一些视觉或听觉对象，然后询问消费者是否见过或者听过，有时测试中还会掺杂一些"诱饵"（如消费者可能从来没见过或者听说过的对象）。消费者除了回答"是""否"之外，可能还要给出他们对这种识别的确定程度的评分。

此外，一些更精细的识别评估用于测试消费者品牌识别能力。如在品牌名称识别测试中故意遗漏字母，测试消费者在提供不完全信息条件下识别品牌名称的能力。应用这些直接或间接的方法，可以确定哪些品牌元素能够留存在记忆中。为了确定品牌元素能否在各种不同环境下被准确回想起来，还需要进行品牌回忆评估。

2. 品牌回忆

品牌回忆要求在测量时先给定一些相关提示或线索，然后消费者从记忆中检索出实际的品牌元素。根据向消费者提供的提示类型，可以采用不同的品牌回忆评估方法。无提示回忆是提供"全部品牌"，然后让消费者识别出最强势的品牌。提示回忆是利用各种形式的提示帮助消费者回忆。提示回忆的顺序可以采取逐渐缩窄式提示（如产品档次、产品品类、产品类型标签），从而洞察消费者的品牌知识结构。

在回忆评估中，将产品属性或品类提示与情境或用途提示得到的结果结合，便可得出品牌回忆的广度和深度指标。还可以根据回忆的次序以及反应时间或速度进一步区分品牌回忆。以产品属性或使用目标为提示，能够直接针对消费者对产品特定方面的记忆进行探测，有助于了解品牌在特定功能、特点或用途方面在消费者心中的占位情况。而针对购买决策情境或消费场合进行测试，则更贴近实际的消费场景，能更真实地反映品牌在消费者日常生活中的存在感和影响力。当品牌联想与这些非产品要素紧密相连时，意味着品牌已经在消费者心中建立了更丰富、更全面的认知体系。消费者不仅记住了产品本身的特点，还将品牌与各种具体的消费情境融合在一起。根据评估结果，了解消费者对品牌的记忆和认知情况，为品牌策略的制定和改进提供依据。例如，如果品牌回忆广度较低，可以考虑加强品牌宣传和推广；如果回忆深度不够，可以优化产品设计或品牌传播内容。

3. 品牌形象

消费者对品牌总体的态度和关系，通常取决于对具体特定属性和利益的感知。应用定量研究方法可以对品牌联想的强度、偏好性和独特性进行有效评估。

（1）开放式评估法。

开放式评估方法是一种在研究和调查中给予被评估者较大自由和空间来表达观点、想法和经验的方法。如研究人员提出各种可能的相关属性，让被试者逐条指出给定的品牌具有哪些属性；或让被试者根据不同品牌与某属性联系的密切程度进行排序。为了得到更具体和深入的信息，可以根据强度、偏好性和独特性进行等级评分，如（1＝极不同意，7＝非常同意），（1＝非常不好，7＝非常好），（1＝非常不独特，7＝非常独特）等。

（2）多维标度法。

多维标度法是一种用于分析数据中对象之间相似性或差异性的统计方法。其基本思想是将对象之间的相似性或距离信息转换为低维空间（通常是二维或三维）中的坐标，使得在低维空间中对象之间的相对位置能够反映它们在原始数据中的相似性或差异性。常用于分析消费者对不同品牌、产品或服务的感知相似性，帮助企业了解市场定位和竞争态势。MDS将消费者对相似性或偏好性的判断转换成知觉空间的距离。例如，如果受访者认为在一系列品牌中品牌A与品牌B最相似，MDS算法会对品牌A和B进行定位，使A和B之间的距离小于其他任何品牌之间的距离。受访者可以根据任何有形或无形因素来判断品牌间的相似性。

4. 品牌响应

评估品牌更一般化、更高层次联想的目的是，找出消费者如何将有关品牌的具体的低层次联想组合形成不同类型的品牌响应和评价。

（1）购买意向。

购买意向是与品牌态度和考虑紧密关联的变量，它关注的是购买某品牌或者转换品牌的可能性。当要求消费者预测他购买某产品或品牌的可能性时，必须确切说明具体情境，如购买目的、购买场合、购买时间等。用量表来衡量消费者的购买意图是一种常见且有效的方法。例如，可以用一个11分量表来表明消费者的购买意图：0代表绝不会买，10代表肯定会买，以提供较为细致和精确的购买意向度量，相较于简单的"会买""不会买"等二元回答，这种方法能捕捉到更多的消费者态度差异。

（2）推荐意愿。

净推荐值（Net Promoter Score，简称NPS）是一种用于衡量客户忠诚度和口碑的指标。企业通过向消费者发放调查问卷，询问"您有多大可能性向朋友、家人或同事推荐我们的品牌？"让消费者在 0 到 10 分之间进行打分。根据消费者的打分，将其分为以下三类：推荐者（9—10 分），这些消费者是品牌的忠实拥护者，不仅自己会持续购买，还会积极向他人推荐品牌；被动者（7—8 分），他们对品牌的态度比较平淡，可能会根据情况选择购买，但不太可能主动推荐；贬损者（0—6 分），这类消费者对品牌不满，可能会传播负面评价，对品牌形象造成损害。NPS＝（推荐者的比例－贬损者的比例）×100％。通过持续跟踪和比较 NPS 值，企业可以了解品牌在消费者心中的地位变化，采取针对性的措施来提升品牌形象和客户满意度。

【知识拓展】

NPS

NPS 又称净促进者得分，亦可称口碑，是一种计量某个客户将会向其他人推荐某个企业或服务可能性的指数。它是最流行的顾客忠诚度分析指标，专注于顾客口碑如何影响企业成长。通过密切跟踪净推荐值，企业可以让自己更加成功。净推荐值最早是由贝恩咨询公司客户忠诚度业务的创始人弗雷德里克·雷赫德（Frederick Reichheld）在 2003 哈佛大学商务回顾文章《你需要致力于增长的一个数字》中提到，随后在他的书《终极疑问：驱动良性利润和真正发展》中出现。NPS 的得分值在 50％ 以上被认为是不错的。如果 NPS 的得分值在 70％～80％ 则证明公司拥有一批高忠诚度的好客户。调查显示，大部分公司的 NPS 值还是在 5％～10％ 徘徊。

资料来源：Reichheld, F. F. The Ultimate Question: Driving Good Profits and True Growth. Harvard Business School Press. 2006.

5. 品牌关系

从品牌共鸣的关系看，品牌关系包含 4 个关键维度，即行为忠诚度、态度依恋、社群归属感、主动融入。

第一，行为忠诚度。要想了解消费者的品牌使用情况和消费行为的忠诚度，可以直接向消费者提出一些问题，如在过去的消费中，使用某品牌的比例有多高（过去的购买记录），以及未来购买该品牌的可能性有多大（未来的购买意向）。例如，某农产品品牌的营销者可能会问下述问题："在过去的一年里，您购买农产品时，选择我们品牌产品的次数占您农产品总购买次数的比例大概是多少？""在未来的半年内，您有多大的可能性会继续购买我们品牌的农产品？"这类问题可以为品牌提供消费者品牌态度和消费方面的信息。营销人员选择开放式、品牌二选一、多项选择或评分量表等测量方式，可将这些问题的答案与消费者行为的实际评估结果进行比较，以评估预测的准确性。

第二，态度依恋。部分研究者喜欢从品牌至爱的角度来刻画态度依赖。品牌至爱的量表，包括 10 个题项：①这是一个极好的品牌；②这个品牌让我感觉良好；③这个品牌非常棒；④我对这个品牌保持中立态度（反向编码题项）；⑤这个品牌让我感到高兴；⑥我爱这个品牌；⑦我对这个品牌没有特殊的感觉（反向编码题项）；⑧这个品牌令人心花怒放；⑨我对这个品牌有热情；⑩我非常依恋这个品牌。

另一项研究构建了品牌至爱的 11 个维度[①]，分别是：①热情（对品牌的热爱和积极情感）；②关系的持久性（与品牌建立长期关系的意愿）；③自我一致性（品牌形象与个人自我形象的一致性）；④梦想（品牌是否支持消费者的梦想和目标）；⑤回忆（品牌能够唤起消费者的美好回忆）；⑥喜悦（由品牌提供）；⑦吸引力（对品牌的感觉）；⑧独特性（针对品牌或关系）；⑨美丽（针对品牌）；⑩信任（品牌从未令人失望）；⑪情感宣言（针对品牌）。

品牌依恋可以从品牌自我联结和品牌显著度两个潜在构念入手来定义。品牌自我联结体现在联结性与定义自我部分。消费者与品牌之间的联结程度可以通过他们对品牌的认知、情感和行为来衡量，如消费者对品牌的熟悉程度、品牌在他们生活中的重要性以及他们与品牌的互动频率等。品牌可以成为消费者自我概念的一部分，影响他们对自己的认知和评价。例如，消费者可能会选择与自己个性、价值观或生活方式相符合的品牌，以表达自己的身份和认同。

品牌显著度表现为潜意识和自然性。品牌在消费者潜意识中的存在程度可以反映品牌的影响力。即使消费者没有主动思考品牌，品牌的信息也可能在他们的潜意识中浮现，影响他们的决策和行为。品牌在消费者脑海中自然浮现的程度可以反映品牌的记忆度和吸引力。当消费者在相关情境中能够自然而然地想起某个品牌时，说明该品牌在他们心中具有较高的显著度。

企业可以通过加强品牌与消费者的情感联系、提高品牌的自我一致性、增强品牌在消费者潜意识中的存在，以及提升品牌的自然性等方面来提高品牌依恋程度。

第三，社群归属感。社交货币（Social Currency）是一个与社群紧密相关的重要概念，由全球品牌咨询公司 Vivaldi Partners Group 创始人埃里克·帕特纳斯（Erich Joachimsthaler）提出。该概念是指个体在日常工作或家庭生活中分享品牌及其相关信息的程度，反映了品牌在社交互动中的影响力和传播价值。根据 Vivaldi Partners Group 的研究，社交货币可划分为以下六个核心维度：

（1）归属感：指用户对品牌的归属感，品牌需要主动为用户创作交流互动的机会和场景，去建立用户的归属感。

（2）交流讨论：指品牌出现在人际交流中，能否进一步推进双方的互动，为交流者提供额外的观点看法。

（3）实用价值：指品牌是否是人们日常社交的必备要素，能否通过增强人们的社交互动来创造实用价值。

（4）拥护性：指品牌拥有的死忠粉数量，铁杆用户会不遗余力地向他人推荐品牌。

（5）信息知识：指用户对于品牌或产品了解的信息越多，就越能与其他消费者进行有效的交流。

（6）身份识别：指品牌的用户能否在日常生活中识别出其他用户。

第四，主动融入。根据品牌共鸣模型，人们对品牌的主动融入是指除在品牌购买和消费期间所花费的那些资源以外，消费者在多大程度上愿意将他们的个人资源，如时间、精力和金钱等投入到品牌中。品牌主动融入度高的消费者更有可能积极参与口碑

---

① Batra, R., Ahuvia, A., & Bagozzi, R. P. Brand Love [J]. Journal of Marketing, 2012, 76 (2), 1-16.

传播。

他们可能会通过以下方式传播品牌信息：

（1）分享体验，消费者在使用产品或服务后，如果感到满意，可能会主动与他人分享自己的积极体验；

（2）推荐品牌，他们可能会向朋友、家人或同事推荐品牌，鼓励他们尝试；

（3）参与品牌活动，积极参与品牌组织的线上或线下活动，并在活动中与他人交流品牌相关信息；

（4）在线评价，在社交媒体、电商平台或其他在线渠道上发布对品牌的评价和推荐。主动融入也体现在消费者的线上行为，如消费者可能会关注品牌的官方社交媒体账号，以获取最新的产品信息和活动动态；积极参与品牌在社交媒体上发起的互动活动，如投票、抽奖等；主动搜索品牌的相关信息，了解品牌的历史、产品特点等。

二、企业市场业绩视角的品牌资产评估方法

企业视角品牌资产评估的逻辑是，品牌价值由品牌在商品市场上的绩效来反映。衡量企业品牌资产一般运用六类指标：①溢价。它是指顾客愿意为品牌支付额外价格的程度。②价格弹性。它是指品牌价格上升和下降引起的需求量的变化程度。③市场占有率。④品牌扩张力或延伸力。它是指品牌在支持产品线延伸、品类延伸，以及在相关品类引入新产品等方面的能力。这个指标反映品牌在提升现有收入方面的潜力。⑤成本结构。它是指因品牌在顾客心中的沉淀，从而能在减少营销费用支出的同时维持或提升营销绩效的能力。⑥品牌盈利能力。

常用的品牌资产评估方法（如表13-1所示）综合考虑了财务要素、市场要素、消费者要素。

表13-1 常用的品牌资产评估方法

评估方法要素	评估方法特点	代表方法
财务要素	品牌资产是公司无形资产的一部分，是会计学意义的概念	历史成本法、重置成本法、市场价格法、收益计量法
财务＋市场要素	品牌资产是品牌未来收益的折现，因此，对传统的财务方法进行调整，加入市场业绩要素	Interbrand方法、Financial World方法
财务＋消费者要素	品牌资产是相对于同类无品牌资产或竞争者品牌而言，消费者愿意为品牌所付的额外费用	溢价法、联合分析法（Conjoint Analysis）
消费者＋市场要素	品牌资产是与消费者的关系程度，着眼于品牌资产的运行机制和真正驱动因素	品牌资产评估（Brand Asset Valuator）、电通模型、品牌资产十要素综合分析法

（一）基于财务要素的方法

1. 成本法

对于一个企业品牌而言，其品牌价值的原始成本有着不可替代的重要地位。因此，对一个企业品牌的评估应当考虑品牌价值购置或开发的全部原始价值，以及考虑品牌再

开发的成本与各项损耗价值之差两个方面。成本法主要分为两种：一种是历史成本法，另一种是重置成本法。

历史成本法是完全基于财务数据的一种方法。该方法的计算过程简单明了。但缺点是：由于企业对品牌的投入与产出的弱相关性，加上企业对品牌投资通常与整个投资活动联系在一起，很难将品牌产品的投资单独剥离出来；另外，品牌成长是一个长期的过程，企业往往没有保存关于品牌投资的完整的财务数据，所以，使用该方法对品牌价值进行评估，得出的数据往往会低于品牌的现实价值，造成企业的资产被低估，不利于企业的长远发展。

重置成本法是通过确定被评估品牌资产的重置成本减去各项贬值来评定品牌资产价值的一种评估方法。用公式可表示为：品牌资产的评估价值＝品牌资产的重置成本－失效性贬值－功能性贬值－经济性贬值。由于重置成本法的原理简单，成本资料容易取得和掌握，在品牌资产价值的评估中有不少使用。然而，采用重置成本法进行品牌评估具有很大的局限性，其一是失效性贬值、功能性贬值和经济性贬值难以计算，其二是没有考虑市场需求和经济效益的变化对品牌资产价值评估的影响。

2. 市场价格法

市场价格法是在市场上找出一个或几个与被评估品牌资产相类似的资产的近期交易价格，作为参照物与被评估品牌资产进行比较对照，在此基础上再按照一定要求对这些参照物进行修正，最后根据修正后的价值来确定被评估品牌资产的价格。市场价格法的理论依据是资产评估的"替代原则"。由于市场价格法是以替代原理为理论基础，以市场上实际的资产交易价格为评估基准，因此，只要有类似资产的交易实例，即可应用。

3. 收益计量法

该方法的经济理论基础是预期原则和效用原则。采用该方法对品牌价值进行评估是为了获得该品牌用以取得预期收益的权利而支付的货币总额。具体步骤通常包括：①预测未来收益。基于品牌的历史表现、市场趋势、竞争状况、企业的营销计划等因素，对品牌在未来一段时间内（通常为若干年）能够产生的收益进行预测。②确定折现率。选择适当的折现率，以反映资金的时间价值和风险水平。折现率通常参考市场平均回报率、行业平均水平以及企业自身的风险特征等因素确定。③计算现值。将预测的未来收益按照选定的折现率进行折现，计算出这些收益的现值总和。④分离品牌收益。如果企业有多个业务或产品，需要将品牌带来的收益从总体收益中分离出来。该方法评估的着眼点是品牌预期的未来收益可以反映品牌的价值，即品牌长期的、超额的获利能力代表了品牌的价值。这符合品牌资本化的本质特征，该方法被认为是目前国际上比较合理、科学、客观的一种评估方法。

（二）基于财务和市场要素的方法

1. Interbrand 模型

英国的 Interbrand 公司是世界上最早研究评价品牌的机构，世界十大驰名商标就是由这一机构评选的。当一种品牌在出售时，应有其确定的价格将品牌作为一项无形资产，并列在资产负债表上。根据这一思想，该公司设计出了衡量品牌价值的公式：$E=I \times G$。其中，E 为品牌价值；I 为品牌给企业带来的年平均利润；G 为品牌强度因子。品牌强度是衡量品牌为其所有者带来的长期收益能力。通过 10 个关键指标来衡量品牌作用力，分别是内部因素中的品牌清晰度、品牌承诺（内部重视程度）、品牌管控、品牌响应，以及外部因素中的品牌真实性、品牌相关性、品牌差异性、品牌一致性、品牌存在感和品牌参与度。对这些维度的评估是相对于同行业中其他品牌进行的，通过这种分析，可以判断某个品牌在哪些方面最具品牌实力。

Interbrand方法是基于资产评估的收益法而对品牌价值进行评估的方法。此方法对过去和未来年份销售额、利润等方面的分析和预测，以及对处于成熟且稳定市场的品牌而言，是一种较为有效的方法。但是评定品牌强度所考虑的七个因素是否囊括了所有重要的方面，以及各方面的权重是否恰当，还是值得考虑的。

2. Financial World法

《金融世界》杂志每年发布的全球品牌价值排行榜即采用这一方法。该方法强调品牌的市场业绩，并更多地以专家意见来确定品牌的财务收益等数据。其品牌价值评估公式为：品牌价值＝纯利润×品牌强度系数。首先从公司销售额开始，根据专家对行业平均利润率的估计，计算出公司的营业利润；然后再从营业利润中剔除与品牌无关的利润额，例如资本净收益（根据专家意见估计出资本报酬率）和税收，从而最终得出与品牌相关的收益。通过市场领导力、稳定性、市场份额、国际化程度、品牌趋势、品牌支持和品牌保护等七个方面的指标来评估品牌的强度，并根据Interbrand法品牌强度的七因子模型估计品牌强度系数。品牌强度系数为6～20。

（三）基于财务要素和消费者要素方法

1. 联合分析法

联合分析法是一种多元的统计分析方法，是一种定量研究消费者选择偏好的方法，用于估测消费者对一些能够详细定义的产品属性的相对重要性和属性水平的效用的评价。联合分析法，又称结合分析法，是对结合效应的评价，从而有效地解决了传统调查方法中需要调研对象独立评价属性的问题。联合分析有三种主要形式，包括权衡矩阵法、两两比较法和全轮廓法，其中又以全轮廓法最为常用。该方法提供给研究的参与者一系列产品描述，参与者被要求浏览所有的描述，做出一系列评价，对调研结果进行数学方法分析后，就可以导出该类产品的各属性的效用值。联合分析法的主要优点是，能够同时研究不同品牌以及产品或者营销项目（产品组成、价格、分销渠道等）的不同方面。因此，可以获得消费者对目标品牌和竞争性品牌不同营销活动的反映信息。

2. 溢价法

溢价法是品牌价值评估的一种方法，其使用的前提是市场交易中存在同类产品品牌的比较，且比较所需要的信息被充分提供。在这样的前提下，如果要衡量一个产品品牌的价值，就可通过同其他产品品牌的比较后得到的溢价，得出该品牌的价值。但溢价法的基本假定是企业创立品牌主要是为了获得溢价，而实际情况并非如此，很多企业创立品牌是为了使未来的需求更加稳定和具有保障，并提高资产的运用效率。溢价法另一局限是需要某一品牌的参照产品，以确定使用该品牌后，消费者愿意为品牌支付多少溢价，这在实际操作中是很难做到的。

（四）基于消费者要素和市场要素的方法

这类评估方法主要依据消费者对品牌各方面属性的认知和感受进行评价，评估结果可以反映出消费者对品牌真实的感受,反映了现在品牌资产理论越来越重视品牌与消费者关系的发展趋势。

1. 品牌资产十要素模型

品牌资产十要素模型是由品牌管理大师戴维·阿克(David Aaker)于1998年提出的,该模型从消费者和市场两个角度,对品牌资产进行了评估。10个指标被分为5个组别,前4组代表消费者对品牌的认知,第5组反映市场状况。具体如表13-2所示。

表13-2 品牌资产十要素

组别	要素
忠诚度评估	1. 价差效应 2. 满意度/忠诚度
品质认知/领导性评估	3. 品质认知 4. 领导性/受欢迎度
联想性/区隔性评估	5. 价值认知 6. 品牌个性 7. 企业联想
知名度评估	8. 品牌知名度
市场状况评估	9. 市场占有率 10. 市场价格

品牌资产十要素模型为经营者提供了有效、可信及系统化的测量手段,通过对一系列要素的评估测量,企业可以清晰地了解到自己的品牌价值。该评估系统兼顾了两套评估标准:基于长期发展的品牌强度指标,以及短期性的财务指标。其评估因素以消费者为主,同时也加入了市场业绩的要素。它既可以用于连续性研究,也可以用于专项研究。而且品牌资产十要素模型所有指标都比较敏感,可以以此来预测品牌资产的变化。其不足之处在于,对于具体某一个行业品牌资产研究,品牌资产十要素模型指标要作相应的调整,以便更适应该行业的特点。

2. 品牌资产评估电通模型

品牌资产评估电通模型是电通公司提出的一种品牌资产评估模型,该模型从品牌的差异性、相关性、品牌地位和品牌认知度四个维度来评估品牌。①差异性。即品牌在市场上的独特性和差异性程度。差异性是品牌之所以产生和存在的原因,是品牌的核心竞争力之一。②相关性。即品牌与消费者的关联程度,以及品牌个性与消费者的契合程度。相关性和差异性共同构成了品牌的强度,是品牌未来发展的重要指标。③品牌地位。即品牌在消费者心目中的受尊敬程度、认知质量和受欢迎程度。品牌地位反映了品牌在市场中的影响力和竞争力。④品牌认知度。即消费者对品牌内涵及价值的认识理解深度。品牌认知度高,表明消费者和品牌的关系亲密,是品牌资产的重要组成部分。

在这四个指标的基础上,该模型构建了两个因子:品牌强度等于差异性与相关性的乘积,反映了品牌的成长潜力和市场竞争力;品牌高度等于品牌地位和品牌认知度的乘积,反映了品牌的实现力量和市场影响力。通过这两个因子,品牌资产评估电通模型可以将品牌划分为不同的类型,如强势品牌、弱势品牌、成长品牌等,为企业的品牌管理和战略决策提供参考。品牌资产评估电通模型的优点是简单易懂,可以覆盖广泛的品牌范围和产品种类。它摆脱了传统的"认知—回忆"模型,从品牌力的角度进行评估,有利于品牌资产的诊断和战略管理。

第三节 农业品牌价值评估

建立农业品牌化测评制度,能够提供一个客观、量化的标准,清晰地展示一个区域在农业品牌化方面所取得的成果和存在的不足,进一步巩固和强化区域品牌优势,精准分析判断品牌化建设中的问题,针对性制定改进措施。通过品牌化测评,可以引导品牌经营者提升品牌价值,提高品牌声誉,实现品牌溢价,推动我国农业品牌化进程。

2009年,浙江大学CARD中国农业品牌研究中心基于上述国际上的相关研究成果、中国农业产业的特殊性研究,发表了"CARD1—中国农产品区域公用品牌价值评估模型",并依此于2009~2015年持续进行了年度农产品区域公用品牌的品牌价值评估活动。2010年,浙江大学CARD中国农业品牌研究中心在"CARD1—中国农产品区域公用品牌价值评估模型"基础上,根据农业产业、农产品、企业或产品品牌的特殊性,发布了"CARD2—中国农产品企业(产品)品牌价值评估模型",并依此于2010~2020年,对中国茶业企业(产品)品牌进行了11个年度的品牌价值评估活动,评估结果与数据分析报告(连续)发表于《中国茶叶》杂志。2014年,由中国国家质量监督局(原)与中国国家标准化管理委员会共同发布了《品牌价值评价 农产品》国家标准,规定了农产品品牌价值评价的测算模型、测算指标、测算过程等内容的相关要求,并进行了首度农产品品牌价值评估活动。

一、区域农业品牌化率

区域农业品牌化率是指一个地区或区域内农业品牌的数量或价值在该地区或区域农业总产值中所占的比例。它反映了该地区农业品牌的发展程度和品牌对农业经济的贡献程度。区域农业品牌化率的测评指标体系由两个一级指标、7个二级指标构成。一级指标包括区域内总体品牌经营管理、区域内农产品(服务)的品牌溢价率等两个指标,二级指标包括区域内管理机构与制度健全程度等7个指标。具体如表13-3所示。

表13-3 区域农业品牌化率测评参考指标体系

一级指标	二级指标
区域内总体品牌经营管理	管理机构与制度健全程度
	商标注册中介机构与制度健全程度
	区域内涉农商标的注册数量
	区域内年涉农商标注册的同比增长率
	区域内年涉农商标的国际注册率
区域内品牌农产品(服务)的平均品牌溢价率	区域内品牌农产品(服务)的平均品牌溢价率
	区域的品牌农产品(服务)的平均品牌溢价率

二、品牌声誉评估

品牌声誉是指社会公众对品牌的综合评价和认知,是品牌在市场中所积累的信誉和形象。良好的品牌声誉有助于在消费者心目中树立独特、鲜明且积极的品牌形象,能吸引到更优秀的供应商、经销商等合作伙伴,拓展业务渠道和资源,有助于扩大市场份额,增加销售额和利润。

品牌信息一致性三角模型由美国科罗拉多大学汤姆·邓肯(Tom Duncan)提出,他认为品牌声誉与价值由品牌所说、品牌所做、品牌确认三部分构成。在评估指标上,主要采用曼弗雷德(Manfred)提出的二维结构模型。该模型认为,声誉是一个由认知(构成竞争力)和情感(构成感召力)两部分组成的态度结构。

"中国农业品牌声誉评价模型"参考了品牌信息一致性三角模型,品牌声誉由品牌感知力和品牌感召力两项一级指标构成。品牌感知力由品牌能见率和品牌认知行动率两项二级指标构成,品牌感召力由品牌好感评价率和品牌消费体验评价率两项二级指标构成。具体测评中,感知力由所说、所做构成,感召力由所评、所在构成,包括4个一级指标、9个二级指标。一级指标分别为所说(品牌的自身诉求形象)、所做(品牌的产品与服务表现)、所评(大众媒体与相关利益者品牌评价)、所在(品牌在同行业中的竞争地位)等构成。具体如表13-4所示。

表13-4 农业品牌的品牌声誉测评参考指标体系

一级指标	二级指标
所说(品牌的自身诉求形象)	社会责任感(具有环境责任感)
	品牌愿景及领导能力(拥有优秀的领导层,战略愿景明确,能识别和充分利用市场机会)
所做(品牌的产品与服务表现)	创新性(创新技术与工艺、创新服务)
	高品质(产品与服务的物超所值)
	社会贡献度(纳税、公益事业、员工就业)
所评(大众媒体与相关利益者的品牌评价)	情感吸引力(大众媒体及相关利益者对品牌的好感、信任、赞美与尊敬)
	工作环境(工作氛围好、拥有优秀员工)
所在(品牌在同行业中的竞争地位)	财务业绩(良好的利润记录、投资风险低、良好的发展期望、拥有良好的竞争优势)
	行业地位(在本行业中的竞争地位)

【案例 13-2】

2023中国农业产业强镇品牌声誉评价

农业产业强镇是指以我国现有乡镇行政区划为区域单位,聚焦一个或多个农业主导产业,并在此基础上推动产城融合、产村融合、一二三产业融合发展而形成的具有较强综合服务功能和宜居宜业功能的乡村产业融合综合体。2018~2023年,农业农村部、财政部相继联合发布了六批1509个中国农业产业强镇示范建设名单。从以农业产业为特色的强镇品牌创建的角度来看,品牌声誉是本地居民、旅游者、产品消费者、公众、媒体等利益相关者、社会公器对其相对应的区域形象、区域内生产的产品与服务（景点、农产品、民宿等）等一系列内容的综合质量感知、好感评价，既有情感的带入，也有认知的评价。作为重要的无形资产之一，品牌声誉能够令农业产业强镇品牌通过品牌声誉获得溢价能力，获得超额利润和持久的盈利能力，并具有比品牌形象更稳定、更持续、更整体的效果。六批共计1509个中国农业产业强镇的品牌声誉评估数据显示，整体的品牌声誉得分区间在660.35~860.93，平均值为763.75，没有一个研究对象得分高于900.00。这说明了两个问题：一是不同农业产业强镇对品牌声誉的建设、维护和传播的意识与能力存在显著差距，强弱品牌声誉之间的差距在加大；二是整体上而言，系统地构建、提升品牌声誉的能力还有待进一步提升。数据显示，在品牌能见率方面，农业产业强镇要想突出重围，必须构建较为多元、立体的品牌传播媒体矩阵，在互联网信息平台覆盖度、大众传媒覆盖度、社交媒体覆盖度等指标上做到全面均衡发展，或者至少在其他指标不甚突出的情况下，某一两个指标能够脱颖而出。品牌认知行动率的检索数据表明，农业产业强镇建设要"两手抓"，且"两手都要硬"，既要抓生产，专心搞好产业、产品和特色，又要抓信息传播，试着从大众传播、消费者/受众的角度去考虑乡村品牌的营销传播，让大众传媒、消费者/受众主动搜寻相关信息、了解相关信息，吸引消费者/受众到乡镇去旅游、去消费、去体验，并主动开展二次传播。

资料来源：中国农业品牌研究中心.2023中国农业产业强镇品牌声誉评价报告[EB/OL]. http：//www.brand.zju.edu.cn/2023/1120/c57343a2828400/page.htm. 2023-11-20/2024-07-19.

思考：在当前形势下，农业产业强镇应如何缩小品牌声誉建设的差距，提升整体构建品牌声誉的能力？

三、农产品品牌价值的测评

由于农业的产业特殊性，农产品品牌呈现为以集体商标、证明商标为商标形式的区域公用品牌，以商品商标、服务商标为商标形式的企业（产品、服务）品牌等两类性质的品牌。不同性质的品牌，其品牌价值的构成要素有所不同。与企业（产品）品牌相比较，农产品区域公用品牌具有品牌资源与生产区域性品牌使用公用性、品牌所有与品牌使用相分离等特征，需要建立农产品（服务）区域公用品牌、农产品（服务）企业（产品）品牌两种不同性质品牌的价值测评制度与测评指标体系[①]。

（一）农产品区域公用品牌的价值测评内容

农产品区域公用品牌的价值测评内容由品牌收益、品牌强度乘数、品牌忠诚度因子等3个一级指标构成。在可量化的基础上，指标着重强调、优化与农产品区域公用品牌之间的匹配性与适用性，以便准确、合理地反映农产品区域公用品牌价值的真正内涵和市场竞争力水平。

品牌强度一级指标由品牌带动、品牌资源、品牌经营、品牌传播、品牌发展等5个指标构成。品牌带动指标是反映品牌在区域内的辐射影响力、对资源配置的吸引力及其

---

① 胡晓云.品牌价值评估研究：理论模型及其应用[M].杭州：浙江大学出版社，2013.

在区域经济、区域文化中的重要程度的指标,具体由品牌在区域内的联动程度(劳动力就业、对其他产业的联动作用)和经济地位(即区域经济贡献度)、文化地位(即区域文化贡献度)构成。品牌资源指标是品牌各项历史与现实资源的综合反映,也是对历史传承与文化体验的指标考量,具体指标包括品牌的历史、文化和生态环境资源。品牌经营指标是全面反映品牌经营管理实施情况的指标,具体指标由品牌的标准体系、检测体系、认证体系、组织管理执行等4个二级指标构成。品牌传播指标是衡量品牌的传播效果及其在消费者心中地位的指标,具体指标由品牌知名度、品牌认知度、品牌好感度等3个基于消费者认知和态度层面的指标构成,是产生品牌忠诚度的前提指标。品牌发展指标是表达品牌未来发展空间的指标,具体指标由品牌保护、市场覆盖趋势、生产趋势、品牌营销趋势等4个指标构成。具体如表13-5所示。

计算公式为:

农产品区域公用品牌价值＝品牌收益×品牌强度乘数×品牌忠诚度因子

其中,品牌收益＝年销量×(品牌零售均价－原料收购价)×(1－产品经营费率)

品牌强度乘数:$250y=x^2$,$x\in[0,50]$;$(y-10)^2=2x-100$,$x\in(50,100]$

(其中,x为品牌强度得分,y为品牌强度乘数,y值在0~20)

品牌忠诚度因子＝(过去3年平均售价－销售价格标准差)÷过去3年平均售价

表13-5 农产品区域公用品牌价值测评参考指标体系

一级指标	二级指标
品牌收益	年销售量 品牌零售均价
品牌强度乘数	品牌带动 品牌资源 品牌经营 品牌传播 品牌发展
品牌忠诚度因子	品牌平均售价(过去3年品牌平均售价－销售价格标准差)÷过去3年品牌平均售价

(二)农产品企业(产品、服务)品牌的价值测评

根据品牌价值评价—农产品国家标准(GB/T 31045—2014),品牌价值折现系数为行业平均资本收益率与品牌强度系数的乘积。其中,农产品品牌强度测算指标包括质量、创新、服务、法律权益和社会责任。具体如表13-6所示。

表13-6 农产品品牌强度评价指标

一级指标	二级指标	评价内容
质量	质量水平	生产水平;产品实物质量;产品执行标准先进性;产品通过检验、认证情况。
	质量信用	国家级、省级等产品质量监督抽查情况;近3年产品质量安全事件;质量信用报告发布情况。
	质量管理水平	管理体系建设及运行有效性;质量管理信息化水平;近3年获得质量成果及奖励情况。

续表

一级指标	二级指标	评价内容
创新	创新机制	创新机制建设情况；企业创新技术支持平台。
	特色保障	产品产地独特性情况；产品种源独特性情况；产品技术独特性情况。
	创新能力	技术研发水平；新产品市场占有情况及产值率；产品研发经费投入及行业排名情况。
	创新成效	产品技术专利拥有情况；获得科技成果及奖励情况；参与地方、行业、国家、国际标准制修订情况。
市场与服务	市场控制力	国内市场占有率及变化情况；国际市场出口额及变化情况；企业近3年在市场营销方面的投入情况。
	市场影响力	主营业务销售收入在行业中的排名位置；主营产品销售范围；出口额占销售收入比例在行业中的排名位置。
	服务体系	服务机制及标准（包括售前、售中及售后制度建设，提供服务种类的多样性程度、措施保障及特定化服务需求）、服务基础条件（包括服务人员、服务设施、服务网点、服务获得的便捷程度等与服务能力承诺的匹配情况及投入）、服务规定执行情况（服务响应时间、响应能力、服务准确率、近三年服务投诉率）。
	客户关系	顾客性价比评价（同类产品、产品历史性价比比较情况）；顾客满意度（第三方满意度测评及持续改进情况）；股东权益；供应链相关方的评价。
法律权益	政策法规	产业政策符合情况；其他知识产权受保护情况。
	品牌地位	本品牌产品在区域经济发展中的重要程度；品牌知名度（产品质量、价值、用途、声誉等在市场上的知晓程度）；品牌忠诚度（第三方顾客溢价支付意愿测评情况）；品牌保护情况（企业及注册商标历史、地理标志产品被授权情况）；品牌宣传推广经费投入情况；获得各类荣誉称号、标志、证书情况。
	品牌建设	品牌培育管理机构及专职人员情况；品牌培育管理体系（品牌标识、包装应用、品牌管理战略规划及相关制度文件）；企业文化（品牌历史延续情况、文化内涵、品牌文化制度建设举措及成效）。
社会责任	相关体系建设情况	社会责任管理体系；环境管理体系建设；职业安全健康管理体系建设；无公害投入品管理体系建设
	经济贡献	区域经济收入贡献情况；相关从业人群经济收入增长情况。
	生态贡献	自然生态环境保护情况；生产及加工生态管理情况。
	社会贡献	社会公益、慈善和福利活动；社会承诺；社会责任报告；产品所在区域就业创造能力；产品所在区域民众生活质量贡献情况；产品所在区域人文历史及农耕文明传承情况。

资料来源：品牌价值评价—农产品. 中华人民共和国国家标准 GB/T 31045—2014. 中国标准出版社，2014.12.

CARD2—中国农产品企业（产品、服务）品牌的价值评估模型，建立了由品牌收益、品牌强度乘数、品牌忠诚度因子等3个一级指标构成的测评指标体系，具体如表13-7所示。

表 13-7　农产品企业（产品、服务）品牌价值测评参考指标体系

一级指标	二级指标
品牌收益	品牌现金流 品牌价值折现率 永续增长率
品牌强度	质量 创新 市场与服务 法律权益 社会责任
品牌忠诚度因子	品牌平均售价（过去 3 年品牌平均售价－销售价格标准差）÷过去 3 年品牌平均售价

区域农业品牌化率、农产品区域公用品牌的品牌声誉及品牌价值等测评，原则上由承担测评任务的第三方测评机构负责发布测评结果。需注意的是，此类测评若属于接受区域政府部门、相关职能部门以及行业协会等委托开展的，在向社会公布时，应当清晰标明委托单位，例如标注"受农业部委托，对某区域实施农业品牌化率测评，现向社会公布测评结果"等字样，从而确保测评结果发布的规范性和透明度。农产品企业（产品、服务）品牌的品牌声誉、品牌价值测评如受被测评企业的委托，可向委托企业收费，对社会公布时须注明收费标准。

章节小结

（1）品牌资产是指与品牌、品牌名称和品牌标识等相关的一系列资产或负债，它们能够增加或减少某产品或服务所带给该企业或顾客的价值。

（2）凯文·莱恩·凯勒（Kevin Lane Keller）"基于顾客的品牌资产模型"认为，强势品牌的理论源于顾客的心智。虽然企业营销努力的最终目标是增加销售收入，但必须先在顾客心中留下清晰、美好、积极的品牌印象，进而使顾客对品牌产生正面态度和评价。

（3）戴维·阿克（David Aaker）提出品牌资产的五角星模型，认为品牌资产包括品牌忠诚度、品牌认知度、品牌知名度、品牌联想、其他专有资产（如商标、专利、渠道关系等）5个方面，这些资产通过多种方式向消费者和企业提供价值。

（4）品牌知名度是指某品牌被公众知晓和了解的程度，它表明品牌被多少或多大比例的消费者所知晓，反映的是顾客关系的广度。

（5）品质认知度是指在知晓品牌名称的基础上对品牌的各方面信息的了解程度，是消费者对某一品牌在品质上的整体印象。

（6）品牌态度是最高层次也是最抽象的品牌联想。它是指消费者对品牌的总体评价和选择。品牌态度通常建立在品牌属性和品牌利益上。

（7）品牌资产价值评估可以使企业明确品牌在市场中的地位和优势，了解自身品牌的价值，为品牌战略规划、投资决策、资源分配等提供依据，为品牌买卖、并购、合资

等交易活动提供价值参考。

（8）区域农业品牌化率是指一个地区或区域内农业品牌的数量或价值在该地区或区域农业总产值中所占的比例。它反映了该地区农业品牌的发展程度和品牌对农业经济的贡献程度。

（9）农产品区域公用品牌的价值测评内容由品牌收益、品牌强度乘数、品牌忠诚度因子等3个一级指标构成。在可量化的基础上，指标着重强调、优化与农产品区域公用品牌之间的匹配性与适用性，以便准确、合理地反映农产品区域公用品牌价值的真正内涵和市场竞争力水平。

思考与讨论

（1）结合凯勒"基于顾客的品牌资产模型"，讨论农业企业应如何在顾客心中留下清晰、美好、积极的品牌印象。请举例说明。

（2）对于农产品区域公用品牌，如何提高其品牌收益？有哪些有效的策略和途径？

（3）品牌强度乘数在农产品区域公用品牌的价值测评中起到怎样的作用？如何准确确定品牌强度乘数？

（4）品牌忠诚度因子对于农产品区域公用品牌的价值有何重要意义？如何培养消费者对农产品区域公用品牌的忠诚度？

（5）讨论区域农业品牌化率与农业经济发展之间的关系。如何通过提高区域农业品牌化率来促进农业经济的增长？

（6）在农产品区域公用品牌的价值测评中，如何确保品牌收益、品牌强度乘数、品牌忠度因子等指标的准确性和可靠性？

案例分析

中国地理标志农产品区域公用品牌声誉评价报告

2022年底，中央农村工作会议围绕"做好'土特产'文章"作出了重要部署，对处于高质量发展背景下的"土特产"内涵有了新的定义与阐释。中国地理标志农产品，作为乡村特色产业的排头兵，是各地基于自然生态及历史人文特征而形成的最具特色优势的农产品区域公用品牌，是实现乡村高质量发展的重要抓手。浙江大学CARD中国农业品牌研究中心、浙江永续农业品牌研究院、浙江芒种品牌管理集团、浙大城规院数字品牌研究所、新华社《中国名牌》杂志社等组建联合课题组，扩大了评价范围。

获评的4471个中国地标品牌，平均品牌声誉为749.98，品牌声誉最高值达到了922.07。其中，品牌声誉高于900的品牌数量为6个；品牌声誉介于800至900之间的品牌共计984个，占本次获评地标品牌总量的22.01%；品牌声誉介于750至800的品牌共计1021个，占本次获评地标品牌总量的22.84%；2460个品牌的品牌声誉低于750，占本次获评地标品牌总量的65.02%，其中品牌声誉不足700的品牌有1012个。可见，高品牌声誉的品牌极为稀少。各类获评地标品牌的平均品牌声誉均高于730，其中，平均值在750以上的有茶叶、加工食品和果品等3类地标品牌，分别为788.95、778.46和755.25；表现相对较低的是蔬菜、中药材和水产等3类地标品牌，平均品牌声誉分别为738.12、738.46和739.82。从品牌感知力比较，茶叶、加工食品、果品和畜牧等4类地标品牌的平均品牌感知力在700以上，分别达到了748.06、731.61、713.55和700.85；从品牌感召力比较，茶叶和加工食品地标品牌的平均品牌感召力达到了829.83和825.31，是两个平均品牌感召力高于800的品类，其次是果品和畜牧地标品牌，平均值为796.95和790.91，蔬菜、粮油、水产、中药材和其它地标品牌的平均值则均在780至790之间。茶叶地标品牌表现突出，共计36个品牌名列品牌声誉百强，是唯一一个获评百强与获评品牌总量占比超10%的品类；百强品牌数量位于第二位的品类是果品地标品牌，共计26个，但在获评果品地标品牌总量中的比例不高，仅为2.37%；中药材、加工食品和其他等3类地标品牌分别有9个、6个和4个品牌获得百强，均占各自品类获评地标品牌总量的2%至3%之间；畜牧、水产、蔬菜和粮油等4类地标品牌的百强品牌数量分别为7个、6个、4个和2个，品类获评品牌与百强比重均在2%以下。

各类地标品牌中获得品牌感召力最高值的品牌均与获得品牌感知力最高值的品牌不同，没有一个品牌同时获得该类地标品牌的品牌感知力和品牌感召力最高值。分别获得各品类地标品牌的品牌感召力最高值的是：太平猴魁茶（916.53）、长岛海带（894.33）、缙云爽面（901.42）、大荔冬枣（935.64）、阿拉善锁阳（893.21）、洛阳牡丹（891.19）、富平羊奶粉（902.33）、台山大米（903.12）和焉耆红辣椒（896.16），其中茶叶、加工食品、果品、畜牧和粮油等5类地标品牌的品牌感召力最高值在900以上。

不同品类的地理标志农产品区域公用品牌，在面对互联网大数据环境下，有着自然的、不同的表现。本次获评地标品牌在品牌声誉整体表现上呈现出两个具有显著差异的特征：其一，是以茶叶、果品、加工食品等品类的地标品牌，整体上在互联网的品牌能见度、品牌传播声量等相对较强，如柳州螺蛳粉等带"网红"属性的地方特色小吃，随着社交媒体、短视频平台的突飞猛进，该类地标品牌也获得了较大"流量"；其二，是粮油、蔬菜、水产、畜牧和中药材等地标品牌，除却个别如五常大米、涪陵榨菜、阳澄湖大闸蟹、盐池滩羊肉、新会陈皮等本身极具话题性的地标品牌之外，大部分地标品牌在互联网上的声量不大。

这一方面与产品是否具备"网红属性""电商基因"有关，另一方面与产品的消费场景相关。对于大多数需要再加工、或者直接通过大流通渠道进入市场的地标产品，多未在消费市场端露出品牌，仅作为渠道、餐饮、深加工品等背后的食材、药材等原料供应，是"产业英雄"，而尚未成为"品牌英雄"。

品牌声誉是品牌生命力的市场化表现，是地标品牌从生产者地里走向消费者心里的至关重要的桥梁，是品牌未来制胜的关键要素。期待未来，那些目前已经处于品牌声誉高地的地标品牌，能够通过科学的品牌传播及其声誉管理，达到更高的品牌声誉，以决胜千万里；同时期待，那些尚处于品牌声誉"洼地"的地标品牌，在地理标志农产品区域公用品牌的战略提升、价值升维进程中，能够围绕品牌的价值内核，寻找适合自身的发声平台，提高品牌感知力，不断提升产品品质与消费体验，提高品牌感召力，从而保障品牌声誉得以持续性积累，产生整合的品牌声誉效力。品牌声誉，是地标品牌未来的法宝，也是我国各地乡村能够让农业更强、农村更美、农民更富的必经之路。

资料来源：中国农业品牌研究中心.2023 中国地理标志农产品区域公用品牌声誉评价报告［EB/OL］.http：//www.brand.zju.edu.cn/2023/1120/c57343a2828426/page.htm.2023-11-20/2024-07-19.

思考：如何借鉴茶叶、果品、加工食品等地标品牌的成功经验，在互联网大数据环境下提升品牌感知力和品牌感召力，以摆脱作为"产业英雄"而尚未成为"品牌英雄"的困境？

参考文献

[1] 阿久津聪,石田茂.文脉品牌:让你的品牌形象与众不同[M].韩中和译.上海:上海人民出版社,2005.

[2] 艾略特·艾登伯格.4R营销:颠覆4P的营销新论[M].文武等译.北京:企业管理出版社,2006.

[3] 爱德华·霍尔.超越文化[M].何道宽译.北京:北京大学出版社,2010.

[4] 安迪·派克.品牌与品牌地理化[M].邓龙安译.北京:经济管理出版社,2016.

[5] 白光,马国忠.中国要走农业品牌化之路[M].北京:中国经济出版社,2006.

[6] 布鲁斯·特克尔.品牌赋能:打造超级爆品的9大逻辑[M].信任译.北京:北京联合出版公司,2019.

[7] 大卫·艾格.品牌经营法则:如何创建强势品牌[M].沈云聪,汤宗勋译.呼和浩特:内蒙古人民出版社,1999.

[8] 戴光华.平面设计艺术学[M].北京:中国书籍出版社,2017.

[9] 戴维·阿克.管理品牌资产[M].奚卫华,董春海译.北京:机械工业出版社,2007.

[10] 丹尼尔·西格尔.心智的本质[M].杭州:浙江教育出版社,2021.

[11] 菲利普·科特勒,凯文·莱恩·凯勒.营销管理[M].何佳讯等译.北京:格致出版社,2016.

[12] 宫承波,齐立稳,刘佳佳.广告策划[M].北京:中国广播影视出版社,2015.

[13] 中国农产品包装设计大赛获得作品集编委会.符号的力量:中国农产品包装设计大赛优秀作品集[M].北京:中国农业出版社,2012.

[14] 胡晓云.品牌传播智慧:20个农产品品牌典范的专业解读[M].北京:中国农业出版社,2011.

[15] 胡晓云.中国农产品的品牌化:中国体征与中国方略[M].北京:中国农业出版社,2007.

[16] 胡晓云.中国农产品区域公用品牌发展报告(2009—2012)[M].北京:中国农业出版社,2013.

[17] 胡晓云.安静思想:胡晓云自选论文集[M].杭州:浙江大学出版社,2013.

[18] 胡晓云.价值再造:中国农业品牌战略规划选本精要[M].2版.杭州:浙江大学出版社,2019.

[19] 胡晓云.品牌价值评估研究:理论模型及其开发应用[M].杭州:浙江大学出版社,2013.

[20] 胡晓云.中国农业品牌论:基于区域性前提的战略与传播研究[M].杭州:浙江大学出版社,2021.

[21] 黄江松.品牌战略[M].北京:中国金融出版社,2004.

[22] 黄静.品牌管理[M].武汉:武汉大学出版社,2005.

[23] 姜琳.地理标志国际保护问题研究:利益纷争及中国制度选择[M].哈尔滨:哈尔滨工业大学出版社,2013.

[24] 杰克·特劳特,史蒂夫·里夫金.新定位[M].北京:机械工业出版,2019.

[25] 杰克·特劳特,史蒂夫·里夫金.重新定位[M].北京:机械工业出版社,2017.

[26] 杰克·特劳特.什么是战略[M].北京:机械工业出版社,2012.

[27] 卡尔·古斯塔夫·荣格.原型与集体无意识:荣格文集(第五卷)[M].徐德林译.香港:国际

文化出版公司，2011.

[28] 凯文·莱恩·凯勒. 战略品牌管理 [M]. 4版. 吴水龙等译. 北京：中国人民大学出版社，2014.
[29] 李笑来. 把时间当作朋友：运用心智获得解放 [M]. 北京：电子工业出版社，2010.
[30] 刘常宝. 品牌管理 [M]. 2版. 北京：机械工业出版，2014.
[31] 刘丹. 品牌营销全解析 [M]. 昆明：云南科学技术出版社，2013.
[32] 刘国华. 品牌形象论：构建独一无二的品牌价值 [M]. 北京：人民邮电出版社，2015.
[33] 刘云. 赢在品牌：知名品牌只做不说的营销秘密 [M]. 北京：中国财富出版社，2014.
[34] 吕瑛. 品牌管理 [M]. 北京：北京邮电大学出版社，2011.
[35] 罗兰·巴特. 神话——大众文化诠释 [M]. 许蔷蔷，许绮玲译. 上海：上海人民出版社，1999.
[36] 迈克尔·波特. 竞争战略 [M]. 陈小悦译. 北京：华夏出版社，2003.
[37] 庞守林. 品牌管理 [M]. 北京：清华大学出版社，2011.
[38] 史亚军等. 新农村可持续发展模式与农业品牌建设 [M]. 北京：金盾出版社，2010.
[39] 汤姆·邓肯等. 品牌至尊：利用整合营销创造终极价值 [M]. 廖宜怡译. 北京：华夏出版社，2000.
[40] 汤姆·邓肯. 整合营销传播：利用广告和促销建树品牌 [M]. 周洁如译. 北京：中国财政经济出版社，2004.
[41] 唐 E. 舒尔茨等. 重塑消费者：品牌关系 [M]. 沈虹，郭嘉等译. 北京：机械工业出版社，2015.
[42] 唐·舒尔茨，海蒂·舒尔茨. 唐·舒尔茨论品牌 [M]. 高增安，赵红译. 北京：人民邮电出版社，2005.
[43] 唐孝威. 智能论：心智能力和行为能力的集成 [M]. 杭州：浙江大学出版社，2010.
[44] 唐玉生. 品牌管理 [M]. 北京：机械工业出版社，2013.
[45] 田村正纪. 品牌的诞生：实现区域品牌化之路 [M]. 胡晓云，许天译. 杭州：浙江大学出版社，2017.
[46] 王成敏等. 农产品品牌成因成长机理研究 [M]. 北京：经济科学出版社，2014.
[47] 王海忠. 高级品牌管理 [M]. 北京：清华大学出版社，2014.
[48] 王海忠. 品牌管理 [M]. 北京：清华大学出版社，2014.
[49] 杨鸿章，唐文龙. 品牌管理研究 [M]. 重庆：重庆大学出版社，2012.
[50] 杨建峰. 每天懂一点色彩心理学 [M]. 汕头：汕头大学出版社，2014.
[51] 余明阳，戴世富. 品牌战略 [M]. 北京：清华大学出版社，2009，
[52] 张丙刚. 品牌视觉设计 [M]. 北京：人民邮电出版社，2014.
[53] 赵文琰. 信息时代品牌视觉设计研究 [M]. 长春：吉林大学出版社，2018.
[54] 朱立. 品牌管理 [M]. 2版. 北京：高等教育出版社，2015.
[55] 祝合良. 战略品牌管理 [M]. 北京：首都经济贸易大学出版社，2013.
[56] Aaker, David, and Alexander Biel. Brand Equity & Advertising: Advertising's Role in Building Strong Brands. Lawrence Erlbaum Associates，1993.
[57] Aaker, David, and Erich Joachimsthaler. Brand Leadership. Free Press，2000.
[58] Aaker, David. Aaker on Branding: 20 Principles That Drive Success. Morgan James Publishing，2014.
[59] Aaker, David. Building Strong Brands. Free Press，1996.
[60] Aaker, David. Managing Brand Equity. Free Press，1991.
[61] Ambler, Tim, and Patrick Barwise. The Trouble with Brand Valuation. Journal of Brand Management，1998.
[62] Ambler, Tim. Marketing and the Bottom Line. Pearson Education，2003.

[63] Biel, Alexander L. How Brand Image Drives Brand Equity. Journal of Advertising Research, 1992.
[64] Chernev, Alexander. Strategic Brand Management. Cerebellum Press, 2017.
[65] Davis, Scott M. Brand Asset Management. Jossey-Bass, 2000.
[66] De Chernatony, Leslie, and Malcolm McDonald. Creating Powerful Brands. Butterworth-Heinemann, 1992.
[67] Esch, Franz-Rudolf, Tobias Langner, Bernd H. Schmitt, and Patrick Geus. Are Brands Forever? How Brand Knowledge and Relationships Affect Current and Future Purchases. Journal of Product & Brand Management, 2006.
[68] Fombrun, Charles J., and Cees B. M. van Riel. Fame & Fortune: How Successful Companies Build Winning Reputations. FT Press, 2004.
[69] Fournier, Susan. Consumers and Their Brands: Developing Relationship Theory in Consumer Research. Journal of Consumer Research, 1998.
[70] Kapferer, Jean-Noël. Strategic Brand Management: Creating and Sustaining Brand Equity Long Term. Kogan Page, 2008.
[71] Kapferer, Jean-Noël. The New Strategic Brand Management. Kogan Page, 2008.
[72] Keller, Kevin Lane, and Donald R. Lehmann. The Brand Value Chain: Linking Strategic and Financial Performance. Journal of Marketing, 2003.
[73] Keller, Kevin Lane. Building, Measuring, and Managing Brand Equity. Pearson Education, 2013.
[74] Keller, Kevin Lane. Conceptualizing, Measuring, and Managing Customer-Based Brand Equity. Journal of Marketing, 1993.
[75] Keller, Kevin Lane. Strategic Brand Management: Building, Measuring, and Managing Brand Equity. Pearson Education, 2013.
[76] Kevin Lane Keller, Vanitha Swaminathan. Strategic Brand Management (Fifth Edition), Pearson Education Limited, 2019.
[77] Knox, Simon, and David Bickerton. The Six Conventions of Corporate Branding. European Journal of Marketing, 2003.
[78] Kotler, Philip, and Gary Armstrong. Principles of Marketing. Pearson Education, 2018.
[79] Kotler, Philip, and Kevin Lane Keller. Marketing Management. Pearson Education, 2016.
[80] Kotler, Philip, Hermawan Kartajaya, and Iwan Setiawan. Marketing 4.0: Moving from Traditional to Digital. Wiley, 2017.
[81] Lassar, Walfried, Banwari Mittal, and Arun Sharma. Measuring Customer-Based Brand Equity. Journal of Consumer Marketing, 1995.
[82] Louro, Maria J., Cunha, and Paulo V. Brand Management Paradigms. Journal of Marketing Management, 2001.
[83] Low, George S., and Ronald A. Fullerton. Brands, Brand Management, and the Brand Manager System: A Critical-Historical Evaluation. Journal of Marketing Research, 1994.
[84] Mahajan, Vijay, and Kamakura, Wagner A. Quantitative Analysis in Marketing Management. Addison-Wesley, 1996.
[85] Moran, Gustavo, and Schweidel, David A. Customer Equity: Measurement, Management and Research Opportunities. Foundations and Trends in Marketing, 2014.
[86] Olins, Wally. Corporate Identity: Making Business Strategy Visible through Design. Harvard Business Review Press, 1995.

[87] Park, C. Whan, Bernard J. Jaworski, and Deborah J. MacInnis. Strategic Brand Concept-Image Management. Journal of Marketing, 1986.

[88] Ries, Al, and Jack Trout. Positioning: The Battle for Your Mind. McGraw-Hill, 2000.

[89] Rust, Roland T., Valarie A. Zeithaml, and Katherine N. Lemon. Driving Customer Equity: How Customer Lifetime Value is Reshaping Corporate Strategy. Free Press, 2000.

[90] Schmitt, Bernd H. Experiential Marketing. Free Press, 1999.

[91] Smith, Tim. Pricing Strategy: Setting Price Levels, Managing Price Discounts, & Establishing Price Structures. Cengage Learning, 2012.

[92] Srivastava, Rajendra K., and Allan D. Shocker. Brand Equity: A Perspective on its Meaning and Measurement. MSI, 1991.

[93] Tauber, Edward M. Brand Leverage: Strategy for Growth in a Cost-Control World. Journal of Advertising Research, 1988.

[94] Tybout, Alice M., and Brian Sternthal. Brand Positioning. In Kellogg on Branding. John Wiley & Sons, 2005.

[95] Urde, Mats. Brand Orientation: A Strategy for Survival. Journal of Consumer Marketing, 1994.

[96] Wernerfelt, Birger. A Resource-Based View of the Firm. Strategic Management Journal, 1984.

[97] Wood, Lisa. Brands and Brand Equity: Definition and Management. Management Decision, 2000.

[98] Zeithaml, Valarie A. Consumer Perceptions of Price, Quality, and Value: A Means-End Model and Synthesis of Evidence. Journal of Marketing, 1988.